江苏省高等学校精品教材（苏教高〔2011〕27号）
『十二五』江苏省高等学校重点教材（编号：2015-1-143）

语文教学技能全程训练新编

修订版

主编　徐林祥　张中原

江蘇鳳凰教育出版社
Phoenix Education Publishing, Ltd

图书在版编目(CIP)数据

语文教学技能全程训练新编 / 徐林祥、张中原主编. --修订版
. --南京 ：江苏凤凰教育出版社，2018. 11
ISBN 978 - 7 - 5499 - 7773 - 4

Ⅰ. ①语… Ⅱ. ①徐…②张… Ⅲ. ①汉语－教学法－师范大学－教学参考资料 Ⅳ. ①H193

中国版本图书馆 CIP 数据核字(2018)第 270883 号

书　　名	语文教学技能全程训练新编(修订版)
主　　编	徐林祥　张中原
策　　划	章俊弟
责任编辑	吴文昊
装帧设计	许　畅
出版发行	江苏凤凰教育出版社(南京市湖南路 1 号 A 楼　邮编 210009)
苏教网址	http://www.1088.com.cn
排　　版	江苏凤凰制版有限公司
印　　刷	江苏凤凰通达印刷有限公司
厂　　址	南京市六合区冶山镇牡丹村 6 号(邮编 211523)
开　　本	787mm×1092mm　1/16
印　　张	23
版　　次	2019 年 9 月第 1 版 2019 年 9 月第 1 次印刷
书　　号	ISBN 978 - 7 - 5499 - 7773 - 4
定　　价	58.00元
网店地址	http://jsfhjycbs.tmall.com
公 众 号	苏教服务(微信号:jsfhjyfw)
邮购电话	025 - 85406265，025 - 85400774，短信 025 - 85420909
盗版举报	025 - 83658579

主　编

徐林祥　张中原

第一版(2009年版)作者

（以姓氏笔画为序）

王乃森　王从华　王学义　王家伦　石耀华

乔　晖　朱洪祥　苏伟林　时金芳　宋灏江

杨兆君　张中原　张良田　周玉荣　金荷华

柯华桥　唐书杰　徐林祥　倪三好　龚孟伟

屠锦红　靳　健　潘纪平

第二版(2018年版)修订者

（以姓氏笔画为序）

马　磊　王乃森　王从华　王家伦　石耀华

史成明　乔　晖　朱洪祥　苏伟林　时金芳

宋灏江　张中原　张立兵　张良田　金荷华

柯华桥　唐书杰　徐林祥　龚孟伟　潘纪平

内容简介

本书系普通高等学校本科汉语言文学专业(师范类)教学用书。本书依据新课程的教师教育理念,全面介绍了识字写字教学的技能、阅读教学的技能、写作教学的技能、口语交际教学的技能、语文知识教学的技能、指导综合性学习与研究性学习的技能、说课听课评课的技能、教学评价与反思的技能、开展教学研究的技能、运用网络与现代教育技术的技能等语文教学技能,并从师范生培养的实际出发,讨论了各种技能的内涵、外延和训练要求,每种技能均附有案例评析和思考练习。

目录

绪　论

一

所谓教学技能，就是教学者通过训练而形成的运用教学理论知识和经验完成某种教学任务的能力。教学技能是达成教学目标，提高教学质量，促进学生学业进步和教师专业发展的重要手段。教学技能的形成，离不开教学理论的指导，也离不开教学实践的操练。

所谓语文教学技能，就是语文教师通过职前的练习培养和在职的历练提高，逐渐形成乃至巩固熟练的，运用教学理论知识和经验完成语文学科教学任务的能力。语文教学技能是达成语文教学目标，提高语文教学质量，促进学生语文学业进步和语文教师专业发展的重要手段。语文教学技能的形成，同样离不开语文教学理论的指导，也离不开语文教学实践的操练。

语文教学技能包括语文学科识字写字教学的技能、阅读教学的技能、写作教学的技能、口语交际教学的技能、语文知识教学的技能、指导综合性学习与研究性学习的技能、说课听课评课的技能、教学评价与反思的技能、开展教学研究的技能以及运用网络与现代教育技术的技能等。语文教学技能是一名合格的语文教师应该具备的业务素养，也是每位普通高等学校本科汉语言文学专业师范生必修的科目。

二

20 世纪 90 年代以前，国内对教学技能的教学与研究和对语文学科教学技能的教学与研究，均未给予应有的重视。高等学校师范生乃至广大中小学教师缺乏系统的教学技能训练，这在一定程度上降低了教学效率，制约了师生水平能力的提高。这种情况，直至 20 世纪 90 年代初才有所改观。

近 20 多年来，我国教学技能和语文学科教学技能的教学与研究，大致上经历了三个发展阶段。

第一阶段：20 世纪 90 年代前期和中期，以“教学基本功训练”为主的阶段。

1992 年 9 月，国家教委师范教育司印发《高等师范学校学生的教师职业技能训练基本要求(试行稿)》(教师司〔1992〕39 号)，作为高等师范学校对学生进行教师职业基本技能训练的依据。1994 年 3 月，国家教委师范教育司委托首都师范大学起草了《高等师范学校学生的教师职业技能训练大纲(试行)》(教师司[1994]2 号)，进一步要求对高师学生切实加强教师职业技能训练。这两个文件将高等师范学校学生的教师职业技能训练内容规定为讲普通话和口语表达、书写规范汉字和书面表达、教学工作、班主任工作等四个部分。根据这两个文件的要求,全国许多师范院校加强了师范生教师职业技能训练,并在教学实践中总结了一系列行之有效的训练方法,提出了诸如"三字一话"(粉笔字、钢笔字、毛笔字、普通话)、"五练一熟"(练讲,一副好口才;练写,一手好字;练画,一笔好简笔画;练做,动手能力强;练管,管理能力强;一熟,熟悉教材和教改情况)等方面的要求。为配合师范生教师职业技能训练,有关单位和个人编写出版了一些相关的教材和读物。如:郭友等编著《教师教学技能》(首都师范大学出版社 1993 年版)、李克东主编《教师职业技能训练教程》(北京师范大学出版社 1994 年版)、傅建明主编《课堂教学基本技能训练》(杭州大学出版社 1995 年版)、郑庆昇主编《教学工作技能训练》(华东师范大学出版社 1997 年版)等。

就语文学科而言,有代表性的高校教材和通俗读物主要有:周庆元、王松泉主编《语文教师职业技能训练教程》(高等教育出版社 1996 年版),饶杰腾、王问渔主编《基础教育现代化教学基本功·中学语文卷》(首都师范大学出版社 1997 年版),左仪珍主编《基础教育现代化教学基本功·小学语文卷》(首都师范大学出版社 1997 年版)等。其中周庆元、王松泉主编的《语文教师职业技能训练教程》,是国内较早的一本供高师中文专业本专科学生以及非师范中文专业毕业从教人员进行语文教学技能训练使用的教材,也是中国教育学会语文教学法研究会组织编写的语文教育学系列教材之一。全书分为语文教师基本技能训练、语文教学基本技能训练、教育管理基本技能训练三编,包括口语、书写、读写、教学设计、课堂教学、教学训练、复习检测、活动辅导、教学媒体使用、教学研究、集体教育和个体教育等 12 种技能训练。该教材在内容与编制上有以下几个特点:一是以传统技能训练为主。每一种技能训练又细分为若干小的技能训练,内容充实,层次分明。二是编制体例上各章大致统一。每一技能又都由训练意义及要求、训练内容和步骤、训练示例与评点、训练作业及检测四部分组成,整齐划一,易于安排教时进行系统训练。三是安排一定数量的教学示例与习题。把理论讲解与实际训练结合起来,克服了一般技能训练教材重理论阐述轻实际训练的倾向,习题数量较多而且类型多样,为受训者提供了模仿、巩固、练习的机会。

这一阶段的教学技能训练和语文教学技能训练,就总体而言,在训练内容方面,侧重于以"三字一话"为代表的传统教学基本功的训练,对各学科特有的课堂教学技能以及以渗透现代教育教学理念和现代教育技术为代表的现代教学技能的训练,尚未有足够的重视;在教材编写方面,较多篇幅用于理论的阐述与一般性的介绍,实际训练的内容较少,实用性、可操作性不强。

第二阶段:20 世纪 90 年代后期至 21 世纪初,以"课堂教学技能训练"为主的阶段。

1998 年 12 月,教育部制定并颁布《面向 21 世纪教育振兴行动计划》,其中提出实施"跨世纪园丁工程",大力提高教师素质的要求。1999 年 9 月,教育部颁布《中小学教师继续教育规定》,规定了中小学教师继续教育的内容和类别、组织和管理、条件与保障、考核与奖惩等内容,从而为我国教师职业技能训练工作规范化、制度化铺平了道路。在此背景下,教师职业技能训练研究一时成为人们关注的热点。与此相关的读物有杨国全、张柏涛主编的《教师职业技能训练丛书》(中国林业出版社 2001 年版)等,该丛书包括《教师职业技能训练概论》《备课技能训练指导》《课堂教学技能训练指导》《班主任工作技能训练指导》《说讲普通话技能训练指导》《语言表达技能训练指导》《学法指导与学业考评技能训练指导》《教育科研技能训练指导》等分册。

1998 年,教育部师范教育司编写的《中小学教师继续教育课程开发指南》由东北师范大学出版社出版。该《指南》规定:“小学语文课堂教学技能训练”为小学语文学科初级教师继续教育的专业必修课程,24 学时,3 学分;“中学语文课堂教学技能训练”为中学语文学科初级教师继续教育的专业必修课程,32 学时,4 学分。为适应师范生的培养和中小学教师继续教育的需要,有关方面先后组织编写和出版的语文课堂教学技能训练的教材主要有:李颖主编《中学语文微格教学教程》(科学出版社 1999 年版),李玉学主编《小学语文课堂教学技能训练》(东北师范大学出版社 1999 年版),徐林祥、张悦群主编《中学语文课堂教学技能训练》(东北师范大学出版社 1999 年版),徐林祥、刘成华、张悦群主编《小学语文课堂教学技能训练》(语文出版社 2000 年版)等。这些教材为汉语言文学专业的师范生和在职语文教师提高课堂教学技能提供了训练依据。其中徐林祥、张悦群主编的《中学语文课堂教学技能训练》有以下几个特点:一是现代与传统的统一。该教材根据现代教学设计理论,提出了一系列现代教学技能,诸如“编码的技能”“序化的技能”“激活的技能”“帮助同化的技能”“设计先行组织者的技能”“课件制作的技能”等,同时也列出了一些传统教学技能,诸如“设计预习的技能”“突破难点的技能”“导入的技能”“板书的技能”等,进而构建了一个新的课堂教学技能训练体系。二是课堂教学诸要素的统一。本着训练的需要,该教材把课堂教学技能分为四个部分:教材加工篇、教师导学篇、主体关怀篇和情境设置篇。三是历练操作与理论指导的统一。全书共梳理出 40 种教学技能,每一技能都包括训练目标、训练过程、训练检测三部分内容。其中训练目标都分成知识、理解、运用三块,分别用简洁精要的语言指出每一技能训练需要理解的内容、重点与范围。训练过程都由明确界说、了解类型、遵循原则、掌握步骤、教例评点五块构成,前三块提供正确的教育教学理论指导,后两块安排实际的教学训练。训练检测提供大量习题,既注意让受训者复习训练目标中知识部分的内容,又注意让他们掌握训练目标中理解部分的内容,最后训练他们运用知识设计具体教学方案、解决实际教学问题的能力。该书经教育部师范教育司组织评审,被列为全国中小学教师继续教育教材。

这一阶段的教学技能训练和语文教学技能训练,在训练内容方面,已由侧重以“三字一话”为代表的传统教学基本功的训练,转变为侧重于各学科的课堂教学技能的训练,并开始注意借鉴最新的教育教学理论(如认知学派、建构主义、人本主义等理论),关注中小学生的学习心理,同时注意到现代教育技术的运用;在教材编写方面,实际训练的内容有所增加,且注意到案例的运用。

第三阶段:进入 21 世纪实施新课程以来,以“教学技能全程训练”为主的阶段。

1999 年 6 月，中共中央、国务院发布《关于深化教育改革全面推进素质教育的决定》(中发〔1999〕9 号)。2001 年 5 月，国务院发布《关于基础教育改革与发展的决定》(国发〔2001〕21 号)。为了贯彻这两个文件精神，教育部决定，大力推进基础教育课程改革，调整和改革基础教育的课程体系、结构、内容，构建符合素质教育要求的新的基础教育课程体系。2001 年 6 月，教育部颁发了《基础教育课程改革纲要(试行)》(教基〔2001〕17 号)。2001 年 7 月，教育部颁布了各科全日制义务教育课程标准。2001 年秋季，义务教育新课程在全国 38 个国家级实验区开始实验。2003 年 3 月，教育部正式印发《普通高中课程方案(实验)》和高中 15 个学科的课程标准。2004 年秋季，山东、广东、海南、宁夏四省(自治区)率先进入高中新课程实验。新课程的推进，在改变传统的教学理念与教学行为方式的同时，也对教师的职业技能提出了新的要求。《基础教育课程改革纲要(试行)》明确要求："师范院校和其他承担基础教育师资培养和培训任务的高等学校和培训机构应根据基础教育课程改革的目标与内容，调整培养目标、专业设置、课程结构，改革教学方法。"在此背景下，一些适应新课程的教学技能的教材著作先后出版。如杨九俊主编的《新课程教学问题与解决丛书》(教育科学出版社 2004 年版)，该丛书包括《新课程教学组织策略与技术》《新课程备课新思维》《新课程教学现场与教学细节》《新课程说课、听课与评课》《新课程教学评价方法与设计》等 5 种。又如杨莲菁、王钢主编的《小学课堂教学微观技术丛书》(上海教育出版社 2004 年版)，该丛书包括《对话》《反馈》《问题行为》《交流》《情景创设》《导入》《练习》《板书》《教材剪裁》《学习方式》等 10 个分册。再如郑金洲主编的《新编教学工作技能训练》(华东师范大学出版社 2007 年版)等。

在语文学科方面，有黄麟生、林润之主编的《语文教学技能培育教程》(广西人民出版社 2006 年版)，武玉鹏主编的《语文教师专业技能训练与教育实习》(高等教育出版社 2007 年版)，王相文、王松泉、韩雪屏主编的《语文课程教学技能》(高等教育出版社 2007 年版)等教材问世。黄麟生、林润之主编的《语文教学技能培育教程》，全书 9 章，分别为语文教学技能概说、语文教学的备课技能、语文教学的设计技能、语文教学的说课技能、语文课堂教学的技能、语文学法的指导技能、语文教学的检测技能、语文教学媒体的运用技能、语文教学的评价技能。武玉鹏主编的《语文教师专业技能训练与教育实习》，全书 10 章，分别为备课技能训练、课堂教学基本技能训练、语文课堂教学专门技能训练、说课听课评课技能训练、语文教学评价技能训练、运用现代教学技术技能训练、开发利用语文课程资源技能训练、开发校本课程技能训练、语文课程与教学研究技能训练、语文教育实习。王相文、王松泉、韩雪屏主编的《语文课程教学技能》，全书共分 5 编，对语文课程的准备技能、教学实施技能、教学检测与研究技能等方面的 13 种教学技能进行了全面、翔实的介绍，并提供了切实可行的操作方法。该书特色是作为师范院校"语文课程与教学论"系列教材中的一部，与《语文课程教学概论》《语文课程教学资源》相互配套，相得益彰，努力做到理论与实践、知识与能力、接受与发现兼顾，以培养和训练学习者的教学实践能力。

这一阶段的教学技能训练，特别是语文学科教学技能训练，在训练内容方面有两个共同点：一是体现了新课程的教育理念。二是虽然仍然以课堂教学技能为训练重点，但训练的范围已逐步拓展至课前的准备、课后的评价，乃至课程资源的开发利用等方面，适应了课程改革对师资培养的需要；在教材编写方面，已较多地采用案例示范的形式。

考察20多年国内教学技能训练与语文教学技能训练的教学与研究状况，我们可以明显地感受到这一领域所发生的巨大变化：从只关注以“三字一话”为代表的教学基本功的训练，到重视课堂教学技能的训练，再到课前、课中、课后的全程训练。

三

作为一部相对晚出的高等师范院校汉语言文学专业教学用书，本书以“语文教学技能全程训练新编”为名，意在强化以下几个方面的特点：一是“语文”，针对语文教学的特点，针对高等学校汉语言文学专业师范生的特点，增强学科性；二是“教学”，兼顾教师和学生，促进教学质量的提高，促进学生的学业进步和教师的专业发展，增强实践性；三是“技能”，对各种技能的定义、类型，作较为详尽的解析，增强可操作性；四是“全程”，这不仅指课前、课中、课后的技能训练，而且指职前的培养训练和在职的历练提高，增强全面性；五是“训练”，每种技能均提示训练要点，提供教学案例，安排思考练习，增强可模仿性；六是“新编”，体现课程改革理念，融入现代教育思想，增补新的教学技能，增强时代性。

本书于2009年由江苏教育出版社出版后，曾在10多个省市20多所高校使用，并于2011年被江苏省教育厅评为江苏省高等学校精品教材，2015年被江苏省教育厅列入江苏省高等学校重点教材立项建设名单。

本次教材修订，主要出于以下三个方面的考虑：

一是体现《教师教育课程标准（试行）》《关于加强师范生教育实践的意见》等文件精神，进一步加强师范生“专项技能训练”。

2010年7月，《国家中长期教育改革和发展规划纲要（2010—2020年）》颁布。《纲要》在关于加强教师队伍建设方面提出：“深化教师教育改革，创新培养模式，增强实习实践环节，强化师德修养和教学能力训练，提高教师培养质量。”2011年10月，教育部下发《关于大力推进教师教育课程改革的意见》（教师〔2011〕6号），要求“强化教育实践环节”“加强师范生职业基本技能训练”。同时发布的《教师教育课程标准（试行）》以育人为本、实践取向、终身学习为基本理念，以教育信念与责任、教育知识与能力、教育实践与体验为课程目标，将教学技能作为教师专业发展的重要内容。2012年2月，教育部下发《关于印发〈幼儿园教师专业标准（试行）〉〈小学教师专业标准（试行）〉和〈中学教师专业标准（试行）〉的通知》（教师〔2012〕1号）。《通知》指出：《专业标准》是国家对幼儿园、小学和中学合格教师专业素质的基本要求，是教师实施教育教学行为的基本规范，是引领教师专业发展的基本准则，是教师培养、准入、培训、考核等工作的重要依据。《通知》要求：要依据《专业标准》调整教师培养方案编写教育教学类课程教材，作为教师教育类课程的重要内容。幼儿园、小学、中学教师专业标准都将“能力为重”列为基本理念之一。2014 年 8 月，教育部印发《关于实施卓越教师培养计划的意见》(教师〔2014〕5 号)，明确实施卓越教师培养计划的目标是“培养一大批师德高尚、专业基础扎实、教育教学能力和自我发展能力突出的高素质专业化中小学教师”。2016 年 3 月，教育部印发《关于加强师范生教育实践的意见》(教师〔2016〕2 号)，将“专项技能训练”列为其中重要内容。据此，本次修订强化了文本解读、在特定语境中表达与交流等汉语言文学师范生专项技能训练的内容。

二是体现《义务教育语文课程标准(2011 年版)》《普通高中语文课程标准(2017 年版)》《关于全面深化课程改革 落实立德树人根本任务的意见》《关于深化教育体制机制改革的意见》等文件精神，将师范生专项技能训练的目标指向学生语言文字运用能力的培养和语文核心素养的提升。

《国家中长期教育改革和发展规划纲要(2010—2020 年)》颁布后，为贯彻落实《纲要》精神，适应新时期全面实施素质教育的要求，深化基础教育课程改革，提高教育质量，教育部组织专家对义务教育各学科课程标准进行了修订完善。修订后的义务教育语文等学科课程标准(2011 年版)，于 2012 年秋季开始执行。与教育部 2001 年颁布的《全日制义务教育语文课程标准(实验稿)》和 2003 年颁布的《普通高中语文课程标准(实验)》相比，《义务教育语文课程标准(2011 年版)》进一步突出了语文课程的核心目标——学习祖国语言文字的运用，这对语文学科教师也提出了新的要求。2014 年 3 月，教育部印发《关于全面深化课程改革 落实立德树人根本任务的意见》(教基二〔2014〕4 号)，提出研究制订“学生发展核心素养体系”，并指出核心素养的内涵，即学生应具备的“适应终身发展和社会发展需要的必备品格和关键能力”，要求体系应“突出强调个人修养、社会关爱、家国情怀，更加注重自主发展、合作参与、创新实践”。2017 年 9 月，中共中央办公厅、国务院办公厅《关于深化教育体制机制改革的意见》进一步强调“要注重培养支撑终身发展、适应时代要求的关键能力。在培养学生基础知识和基本技能的过程中，强化学生关键能力培养”。新颁布的《普通高中语文课程标准(2017 年版)》将“以核心素养为本，推进语文课程深层次的改革”作为课程的基本理念，并指出：语文学科核心素养是学生在积极的语言实践活动中积累与构建起来，并在真实的语言运用情境中表现出来的语言能力及其品质；是学生在语文学习中获得的语言知识与语言能力，思维方法与思维品质，情感、态度与价值观的综合体现。主要包括“语言建构与运用”“思维发展与提升”“审美鉴赏与创造”“文化传承与理解”四个方面。据此，本次修订致力于汉语言文学师范生关键能力的培养，充实与细化了指导综合性学习、研究性学习等技能的内容。

三是根据近十年来语文课程与教学论、教学技能训练的研究进展和实际教学情况，以及江苏省高等学校重点教材要求和教材使用中师生的反馈意见，对全书各章节均作了适当修改，完善了各项技能的解说和训练要点，更新了部分技能的案例及评析，特别是适应网络与现代教育技术的发展，新增了运用网络与现代教育技术的技能一章，增加了微课、翻转课堂、资源型学习等内容，使技能的阐释与训练更具针对性和可操作性。全书精选典型案例45个，并加以评析，浅显易懂，实证性强，易于模仿，适合教学。全书附有各种训练题112条，有利于促进学生学科知识向教学能力的转化。

四

本书依据新课程的教师教育理念和师范生培养的实际，将语文教师应掌握的教学技能分为特殊教学技能和一般教学技能两个部分，共10大类38小类，讨论了各种技能的内涵、外延和训练要求。在实际教学中，需注意处理好以下三个方面的关系。

一是单项技能训练与全部技能训练的关系。

以往教学技能的训练，多集中于对课堂教学技能的训练，依据课堂教学流程，主要是导入技能、讲解技能、提问技能、应变技能、巩固技能、结束技能和板书技能的训练。拓展到课堂教学技能之外的教学技能训练，又以课堂教学为中心，分为课前教学技能(如教学设计技能)训练、课中教学技能训练、课后教学技能(如指导课外活动技能)训练。训练目标单一，项目指向明确，有利于教学与检测。然而，语文教学是一项系统工程，各种语文教学技能既有各自的特点，又是相互联系的。本书将语文教学技能分为特殊教学技能和一般教学技能两个部分。特殊教学技能是基于语文教学内容某个方面的技能，包括识字写字教学的技能、阅读教学的技能、写作教学的技能、口语交际教学的技能、语文知识教学的技能。一般教学技能是特殊教学技能之外的涉及语文教师素养某个方面的技能，包括指导综合性学习与研究性学习的技能、说课听课评课的技能、教学评价与反思的技能、开展教学研究的技能、运用网络与现代教育技术的技能。在实际教学中，要处理好单项技能训练与全部技能训练的关系，根据教育情境，选用教学技能，或者采用某一种教学技能，或者综合运用几种教学技能。作为一名合格的语文教师，应当掌握全部语文教学技能，且应不断提高综合运用各种教学技能的能力。

二是外显行为技能与内隐情意观念的关系。

以往教学技能的训练，多把教学技能仅当成固定的外显行为模式进行重复训练，忽视了外显行为技能与内隐情意观念的关系。事实上，教学者完成某种教学任务的能力，总是受教学者主观意识支配的。外显行为技能总是受内隐情意观念支配的，这些情意观念包括情感、态度、教育观、师生观、知识观等。在实际教学中，不能止于外显行为技能的训练，将教学技能的训练变成纯粹的技术操练，要重视和加强情感、态度和教育观、师生观、知识观的教育，在教学技能训练过程中渗透教育信念与责任、教育知识与能力的教育。内隐情意观念的教育与外显行为技能训练同步推进，教学理论的指导与教学实践的操练有机结合，教学技能的运用方能形神兼备、游刃有余。

三是遵守共同规范与激发个性创造的关系。

以往教学技能的训练，多注重各项技能应具有的共同规范的训练，忽视了受训者的个性和主观能动性。事实上，教学者完成某种教学任务的能力是因人而异的。每一位教师的课堂教学活动，都凝结了教师本人的知识结构、实践积累、个人素养，具有强烈的个性色彩。教学是科学，也是艺术。同样的教学技能由不同的教学者实施或者施加于不同的学生，其过程和结果可能是不太一样的，就如艺术创造不可重复一样。在实际教学过程中，引导受训者遵守各项技能共同规范的同时，要调动受训者的积极性，发挥他们的个性、特长和创造力。比如：如何在运用教学技能时充分体现语文学科的特点，如何整合网络与信息技术服务于语文教学，等等。教学技能的运用，既有规范，又有创新，才能出神入化，常教常新。

教学技能及语文教学技能都不是静态的、固定的、封闭的行为方式，而是动态的、发展的、开放的结构体系。随着时代的发展、课程改革的深入，教学技能也将不断更新、不断完善，同样，有关培养教学技能与语文教学技能的教材也将与时俱进，不断修订完善。我们期待使用本书的师生，乃至广大教育工作者加入到教学技能与语文教学技能的研究队伍中来，提升我们的学科教学水平，推动我国语文教育事业的发展。

第一章　识字写字教学的技能

识字、写字是阅读和写作的基础。识字写字教学的技能包括识字教学的技能和写字教学的技能。

第一节　识字教学的技能

一、技能概说

（一）定义

识字是儿童启蒙教育的重要环节，也是语言学习的初步阶段。识字教学是语文教育的初始阶段，一般被认为是正式的学校教育的标志。其实，在儿童启蒙的语言学习阶段，言语的习得要早于识字，儿童自降生到这个世界就自然地生活在一个鲜活的语言世界里，他们从无意识到有意识地接受外部世界的语言熏陶，渐渐形成初步的语言能力，即听话说话的能力。当一个儿童到了入学年龄阶段时，或者说到了正规的学校教育阶段时，学习语言的环境、方式都发生根本的变化。比如，学前教育、小学教育、中学教育，语言学习步入规范、正式、有序，也更加科学的阶段。就识字来说，正规的学校教育之前或许就普遍发生在以家庭为中心的教育情境中，但是这种以家庭为中心的教育大多是零星的、局部的、不系统的。本书所指的识字教学是学校的正式语文教育活动。

在这里有必要区分几个不同的概念：识字、识字教学、识字教学技能。

识字是语文学习的重要组成部分，识字包括对字的形音义的认知。

识字教学是语文教学的重要组成部分，是教师根据国家课程标准规定的识字教学的目标和要求对学生施加识字影响的过程。

识字教学技能是语文教师指导学生识字的综合教学能力。识字教学技能主要体现为教师对识字教学理念的认识与理解、对汉字基本特点的把握、对识字教学的基本方法和技巧的应用，以及对学生识字认知心理的科学认识等。识字教学技能是语文教师的知识素养和教学艺术素养在识字教学活动中的体现。

（二）类型

根据识字原理与方法的不同，识字教学可以划分为集中识字和分散识字两大类型。据此，识字教学的技能也可以分为集中识字教学的技能和分散识字教学的技能。

1. 集中识字

集中识字是我国识字教学实践中既古老又有活力的识字教学类型。所谓集中识字就是根据汉字的基本特点以及识字量与读写之间的关系而创设的一种识字教学方法，即用较短的时间（一般为两年左右）认识 2000 多汉字的教学方法。

从先秦到新中国建立之前，我国识字教学基本上都采用了这种方法。从古代较早的识字教材《史籀篇》《仓颉》《爰历》《博学》到南宋以后普遍使用的"三、百、千"(即《三字经》《百家姓》《千字文》)，都是用两年左右的时间使儿童识得2000多个汉字，在这2000多个字量的基础上开展读写活动，用读写巩固识字的效果，用已有的识字量拓展阅读的范围，用书写加强形音义的联系。1949年以后，我国语文教学进入新的历史阶段，集中识字教学一方面被许多新的识字方法所代替，另一方面也在部分学校得到进一步的改造和发展。

2. 分散识字

分散识字也叫随课文分散识字，是现代学校教育制度的产物，也是识字教学在新的教育背景下的产物。所谓分散识字就是边识字边读书，寓识字于阅读中的识字教学方法。

在两个基本类型之外，人们还创造了诸如韵语识字、字理识字、字族识字、注音识字等识字教学的具体方法。

二、训练要点

识字教学训练要遵循汉字教学的规律。训练中应该注意以下几个方面。

(一) 了解汉字的数量与实际使用频率的关系

我国汉字的数量大约有六万多个，东汉许慎《说文解字》收录9353个，《康熙字典》收录汉字约47035个，台湾《中文大字典》收录汉字49905个，《汉语大字典》收录54678个，而常用的《现代汉语词典》收录各类单字13000多个，词语69000余条(商务印书馆2012年第6版)；最通行简便的《新华字典》收录单字13000多个，以字统词，收带注解的词语3300多个(商务印书馆2011年第11版)。实际生活中常用汉字大约4000到5000个。周有光归纳出的"汉字出现频率不平衡规律，也叫汉字效用递减率"[①]，认为：最高频的1000字，覆盖率大约是90%；以后每增加1000字，大约提高覆盖率1/10。根据汉字效用递减率，3800个汉字总覆盖率为99.9%。也就是说，在实际的教学中，教学生识字的数量是有限的，而不是汉字总数的全部。教育部2001年颁布的《全日制义务教育语文课程标准(实验稿)》和2011年颁布的《义务教育语文课程标准(2011年版)》都要求学生掌握3500个左右常用汉字。

(二) 借鉴传统识字教学的经验和方法

识字教学不是现代学校语文教育独有的，它是我国几千年识字教学的延续，所以借鉴传统识字教学的经验和方法是必须的。当然借鉴不是生搬硬套，必须坚持"取其精华，去其糟粕"的原则。

我国几千年的识字教学的经验和方法主要是根据汉语汉字的基本规律总结而形成的。

① 周有光：《中国语文纵横谈》，人民教育出版社，1992年版，第156页。

1. 集中识字的方法

古代识字教学注意到识字量与读写之间的关系，故采用了集中识字的方法，就是让儿童用两年左右的时间，集中认识 2000 个左右的汉字。实践证明这是一种科学有效的方法，所以历经数千年而为每一个时代的人们所使用。当代识字教学主要集中在小学低年级完成，就是集中识字方法的体现。

2. 形成较稳定的识字教材体系

我国的识字教材源远流长，历史上出现了大量的识字教材。比如有《史籀篇》《仓颉》《爰历》《博学》《凡将篇》《急就篇》，以及后来较稳定的《千字文》《百家姓》《三字经》等等。

3. 重视汉语的声韵特点

押韵、对偶、平仄、句式整齐等声韵特点是汉语所特有的，古人在识字教学中充分利用了这一特点。韵文朗朗上口，便于记忆，充满音乐感，有助于激发儿童的学习兴趣。比如，《千字文》里：

天地玄黄，宇宙洪荒。日月盈昃，辰宿列张。

寒来暑往，秋收冬藏。闰余成岁，律吕调阳。

《三字经》里：

人之初，性本善。性相近，习相远。

苟不教，性乃迁。教之道，贵以专。

4. 知识性、趣味性融为一体

识字并非单纯的识字，古人将知识、趣味、教育融为一体，达到识字与学知识、学事理的和谐统一。例如，《三字经》里：

养不教，父之过。

教不严，师之惰。

《千字文》里：

九州禹迹，百郡秦并。岳宗泰岱，禅主云亭。

孟轲敦素，史鱼秉直。庶几中庸，劳谦谨敕。

（三）根据汉字的基本特点教学汉字

汉字教学必须根据汉字的基本特点来进行。汉字可以说是世界上非常独特的文字。汉字是形音义结合的文字，它的表音、表意的特点非常明显，它的形体结构由象形逐渐抽象到今天比较稳定的形态。后来的许多种识字的方法都是根据汉字的基本特点演化而来的，其科学的依据也就在此。

1. 汉字构形部件与音义的关系

例如：三点水（氵）与水的关系。像江河湖海、清澈涟漪、汪洋湾潭，这些字的意义都与水相关联。

又如：两点水（冫）与冰冻的关系。像冰冻冷凛冽、寒冬凄凉，这些字都与寒冷冰冻相关。

2. 汉字的声部与音义的关系

例如：戋，像浅钱线贱笺，这一组字的读音都与“戋”相关。这种情况可谓比比皆是，不再例举。

（四）遵循学生汉字认知规律

现代识字教学必须应用现代认知心理学的成果，尊重学生的认知规律。

1. 识字教学的切入时段

识字教学的切入时段很重要，不是越早越好。儿童从出生到入学前这段时间，主要是语言的学习阶段，语言对应儿童生活的世界，并不断建立对应的概念世界。有人以为很早让儿童识字可以促进儿童智力的发展，其实这是不科学的。因为，对于儿童来说文字是相对复杂的抽象符号。如果没有一个相对成熟的语言条件，识字对于儿童来说是非常困难的，不利于学习兴趣的培养，所以当前的识字教学一般从幼儿园起始，集中于小学阶段，发展于初中阶段并伴随人一生的学习。

2. 识字教学的数量分布

识字教学中应当注意识字数量的层级分布。《义务教育语文课程标准(2011 版)》对此做出了明确的规定。

第一学段(1—2 年级)1600 个；

第二学段(3—4 年级)2500 个；

第三学段(5—6 年级)3000 个；

第四学段(7—9 年级)3500 个。

这个数量分布是根据学生成长和对应的年级安排的，不可以擅自增加或减少。不是数量越多就越好，它是与学生阅读水平相适应的。

3. 不同字类的学习阶段

识字对字类的要求也是严格的。一般说来，必须遵循先简单后复杂、先单体后合体、先实词后虚词、先常用后次常用的基本原则。

4. 反复训练不断运用

识字教学必须遵循反复训练的原则。识字非一日之功，必须经常读经常写，这样方能得以巩固。识字必须与实际的运用结合起来，不断地运用就是与阅读、书写、写作(写话)结合起来。它们相互关联，相互促进，做到识字、写字、阅读、书面表达的融合。

（五）严格按照课程标准的相关要求进行

《义务教育语文课程标准(2011 版)》关于识字问题有明确的要求。

1. 目标要求

总体目标要求：认识 3500 个左右常用汉字。

学段目标要求：

第一学段　喜欢学习汉字，有主动识字的愿望；认识常用汉字1600个左右；学习独立识字。

第二学段　对学习汉字有浓厚的兴趣，养成主动识字的习惯。累计认识常用汉字2500个左右；有初步的独立识字能力。

第三学段　有较强的独立识字能力。累计认识常用汉字3000个左右。

第四学段　能熟练地使用字典、词典独立识字。累计识字3500个左右。

2. 实施建议

体现“多认少写”的原则；注意儿童心理特点；运用多种识字教学方法和形象直观的教学手段，创设丰富多彩的教学情境。

3. 评价建议

识字的评价，要考查学生认清字形、读准字音、掌握汉字基本意义的情况，以及在具体语言环境中运用汉字的能力，借助字典、词典等工具书检查字词的能力。

从目标看，低年级重点在兴趣培养和习惯的养成，高年级才强调识字的能力；识字数量体现为层级推进、循序渐进的达成过程。

从教学的实施建议看，尊重儿童，体现以儿童为中心这一重要教育理念。以儿童的认知特点来选择教学策略与方法，以汉字的自身特点作为教学的基本依据。

三、案例评析

【案例1-1】

《姓氏歌》教学设计

史　振

一、教学目标

1. 认识“姓、氏”等12个生字，会写“姓、什”等7个生字，认识部首“弓、走、钅”。

2. 正确、流利地朗读课文，背诵课文。

3. 了解中国的传统姓氏文化，培养热爱祖国文化的情感。

二、教学重难点

1. 正确、规范姓氏读法。

2. 识字、写字。

三、教学准备

多媒体课件、生字卡片

四、课时安排

两课时

五、教学过程

第一课时

（一）结合学生姓氏，谈话导入

1. 请同学们拿出自己课前准备好的姓名卡片，说说自己姓什么，叫什么名字。

2. 教师根据学生的交流情况进行小结：每个人都有自己的名字，名字分为两个部分，姓和名，通常情况下，名字中的第一个字就是姓。（指导生字“姓”的书写：左右结构，女加生，“女”字在作偏旁时，第三笔横画改为提画，不能出头。）

3. 板书课题：姓氏歌，指名学生朗读，注意正音（“姓”是后鼻音，“氏”是整体认读音节）。

4. 齐读课题。

（二）学习课文第一小节

1. 学生借助汉语拼音自主朗读课文第一小节，注意读准字音，读通句子。

2. 检查学生自读情况。

（1）指名学生朗读第一、二行，相机出示词语卡片“什”“么”“李”，指名学生认读，注意正音（“什”是前鼻音，“么”读轻声，“李”是边音），交流“李”的识字方法：上下结构，“木”加“子”，“李”。

（2）指名学生朗读第三、四行，出示词语卡片“张”，强调“张”是翘舌音，交流识字方法：左右结构，“弓”加“长”，“张”。

（3）指名学生朗读第五、六行，出示词语卡片“古”“吴”“双”，指名学生认读，教师给予鼓励和指导：“双”是翘舌音，“吴”是上下结构，“口天吴”。

3. 再读第一小节。

（1）学生再次自由朗读第一小节，将这一小节中出现的姓氏用笔圈画出来，和同桌交流。

（2）指名学生朗读第一小节，汇报出现的姓氏，教师相机板书：李、张、胡、吴、徐、许。

（3）引导学生观察字形，说说是怎样记住这些字的。相机指导：“李”“吴”是上下结构，“张”“胡”“徐”“许”是左右结构。“张”的部首是“弓”，表示“用弓箭、用力”等意思，以“弓”为部首的还有“引、弯、强”等字。

（4）重点区别：“胡”和“吴”、“徐”和“许”。

质疑：这两组姓氏读音很接近，当别人没有听清是姓“胡”还是姓“吴”，是姓“徐”还是姓“许”的时候，该怎么办呢？

学生交流汇报，教师适时小结：可以通过字形的不同组合来加以区分。

学生再次朗读：“古月胡，口天吴，双人徐，言午许。”

4. 游戏巩固识字。

“我爱微笑”——课件展示六张笑脸，笑脸上分别标上序号1—6，学生任意选择一个，点开后将上面的姓氏读出来，并说一说班上姓这个姓氏的同学有哪些。

5. 熟读并背诵。

(1) 学生再次练习朗读第一小节。

(2) 多种形式朗读:指名读,师生一问一答读,小组对读,全班齐读。

(3) 指名学生背诵,全班齐背。

(三) 写字指导

1. 出示第一小节要求会写的字:"什、么、双",指名学生认读,口头组词"什么""双人"等。

2. 学生自主观察字形,交流识记方法,教师给予鼓励和指导。

3. 教师小结并范写:"什"左右结构,要写得左窄右宽;"么"是独体字,两撇不一样;"双"左右相同,左边略小,左边"又"字的捺画变成点画。

4. 学生在《习字册》上自主描红、仿写,教师巡视指导,强调正确的写字姿势。

5. 教师选取部分学生书写的字,通过屏幕展示交流,评议提高。

(四) 课堂小结

同学们,这节课我们一起认识了生活中一些常见的姓氏,区分了它们的字形,还学写了生字。课后请同学们继续了解自己身边的人还有哪些姓氏,下节课继续分享。

第二课时

(一) 复习旧知,谈话导入

1. 出示生字词卡片:姓氏、什么、双人、李、张、胡、吴、徐、许,指名认读。

2. 说说我们班同学还有哪些不同的姓氏,教师相机板书。

3. 过渡:中国的姓氏有很多,古人曾编过一本书,叫《百家姓》,里面收集了常见的姓氏,这节课我们就一起来学习。

(二) 学习课文第二小节

1. 学生借助拼音自由朗读第二小节,注意读准字音,读通课文。

2. 检查学生自读情况。

(1) 指名朗读第二小节。

(2) 根据学生的朗读情况相机正音,并出示词语卡片:国、赵、钱、孙、周、王、东方、上官,指名学生认读,正音:"赵、周"是翘舌音,"王、方"是后鼻音。

(3) 齐读第二小节。

3. 巩固识字。

(1) 学生再次朗读第二小节,画出其中的姓氏,再读一读。

(2) 指名学生交流第二小节中出现了哪些姓氏,教师根据学生的交流情况适时张贴词语卡片:赵、钱、孙、李、周、吴、郑、王、诸葛、东方、上官、欧阳。

(3) 打乱顺序,指名学生认一认这些姓氏,并说一说自己的家人或同学有哪些人是这个姓。

(4) 鼓励学生说说自己是如何记住这些字形的，在此过程中，教师要给予学生充分的鼓励，并渗透一定的识字方法。如："赵、钱、孙"都可以用第一小节的汉字组合法来识记；"周"是半包围结构，里面是"土"加"口"等。"赵"的部首是"走"，一般和走路有关，类似的还有"起、赶、越"等字；"钱"的部首是"钅"，一般都和金属有关，类似的还有"铁、铜、钢"等字。

4. 了解单姓和复姓。

(1) 教师引导学生发现黑板上这些姓氏有什么不同。

(2) 指名学生交流，教师小结：中国的姓氏，大部分是一个字，也有两个字的，如：东方、欧阳、上官等，这样的姓叫复姓，如"诸葛亮、欧阳修"等都是复姓，说说身边复姓的人名。

5. 游戏巩固。

教师出示一张姓氏卡片，问："你姓什么？"班上是这个姓氏的同学站起来，如回答："我姓钱，金钱的钱。"(教师引导可以运用拆字法和组词法。)

6. 熟读并背诵第二小节。

学生自由朗读第二小节，通过拍手读感受其中的节奏，指名读、开火车读、齐读，练习背诵。

(三) 拓展延伸，激发兴趣

1. 过渡：通过刚才的学习，我们知道中国的姓氏有很多，除了课文中提到的姓氏，你还知道哪些姓氏？

2. 学生自主交流，教师根据学生的交流相机板书，拓展学生的识字量。

3. 小结：古人把常见的姓氏编成了一本书《百家姓》。这本书原来收集姓氏411个，后又增补到504个，其中单姓444个，复姓60个，《百家姓》并不是按照姓氏人口的多少来排序的。根据最新的统计显示，以"王、李、张、刘"为姓氏的人最多。

4. 说说你所知道的名人姓什么。

学生自主交流，教师适时板书。(如司马光姓司马，杜甫姓杜，毛泽东姓毛，周恩来姓周等。)

(四) 写字指导

1. 出示第二小节要求会写的字："国、王、方"，指名认读，口头组词"国家、国王、方向"等。

2. 学生自主观察字形，交流识记方法和书写笔顺，教师给予鼓励和指导。

3. 教师讲解并范写："国"是全包围结构，笔顺规则是先外后内再封口；"方"字的笔顺中，第三笔是横折钩，略呈仰势。

4. 学生在《习字册》上自主描红、仿写，教师巡视指导，强调正确的写字姿势。

5. 教师选取部分学生书写的字，通过屏幕展示交流，评议提高。

(五) 课堂小结

同学们,这节课我们初步了解了《百家姓》,知道中国姓氏有很多,其实,每一个姓氏都有自己的来历和故事,课后同学们可以在爸爸妈妈的帮助下,去查一查自己姓氏的故事,你一定会有新的收获。

(六) 作业设计

1. 比一比,再组词。

姓(　　)什(　　)双(　　)国(　　)王(　　)方(　　)

星(　　)行(　　)欢(　　)回(　　)主(　　)万(　　)

2. 汉字变变变。

女＋生＝(　　)　亻＋十＝(　　)　又＋又＝(　　)

口＋玉＝(　　)　三＋丨＝(　　)　、＋万＝(　　)

3. 问答游戏。

(1) 拆字法:你姓什么?我姓____。什么____?____ ____ ____。

(2) 组词法:你姓什么?我姓____。什么____?____ ____ 的____。

【评析】

由江苏省淮安市实验小学史振老师执教的《姓氏歌》是根据汉字基本特点和识字教学基本规律设计的典型课例。在教学设计及教学过程中有以下特色。

一是随文识字,突出语境。

小学一二年级语文课文中的所有生字都是带拼音的,只要学生学会了拼音,他们都能借助拼音顺利地初读课文,即使在读的过程中遇到了没学过的生字,也能通过拼音和声调,将这些生字读准确。因此,在阅读环节教师让学生借助拼音朗读课文,一边读一边找出要学习的生字,培养他们通过初读课文来自主学习生字的习惯。学生找出了生字后,教师再借助标有拼音的生字卡片,让学生练习读准生字的字音,同时让他们感知字形,争取做到不借助拼音便能读通、读顺课文。随文识字是在实际的语言环境中进行的,识字与具体的语境结合,构成生动的活动情境,增强了有意识记的效果。

二是分析字形,突出字理规律。

识记字形是小学低年级语文识字教学的重点和难点,教师要引导学生分析生字的字形特点,使他们掌握不同的识字方法,进而提高他们的识字效率。常用的识字方法有结构记忆法、联想记忆法、笔画笔顺记忆法、加减笔画记忆法等。学生掌握了这些方法,就能够通过自主学习和讨论交流来学习生字,且学习效果要比教师的讲授好得多。生字的字义与其偏旁有很大的联系,比如,本课的生字“钱”的偏旁部首是“钅”,大都与金属有关,学生就会说出其他的字,如“铁”“铜”等。因此,教师可以让学生借助结构记忆法来认识这些生字,理解其字义。再如,本课的姓氏生字可以用“拆字法”和“组词法”来记住字形，如“弓长张、方向的方”等。这样，学生不仅掌握了生字的读音，理解了字义，还学习了识字方法，提高了识字能力。汉字的字理体现为汉字形音义之间的关系，字理是识字教学的根本。

三是游戏巩固，趣味盎然。

课堂上学生对字音、字形都已理解时，要及时巩固，巩固阶段宜采用游戏的形式。因为低年级学生注意力集中的时间有限，再加上临近下课，大多数学生都难免把心思放在下课上，所以这时的教学更要生动有趣，帮助学生集中注意力。如本课中的“我爱微笑”环节，活泼可爱的图案，随机自主选择，一定会让学生来精神、感兴趣，这样的游戏既能巩固生字，又能愉悦身心。

四是读写融合，情境相生。

读是心口活动，写是心手运动，读写融合可以调动学生的全部身心，身心互动，顿生情境。课例当中，学生读，教师读，生师互读，教师指导下，学生再读。读成为教学的主线，也是主要的活动方式，更是核心的教学活动。识字与写字，如影相随，识字促成写字，写字巩固识字，传统的经验在新的学习教学环境中依然魅力四射。在这样的情境之中，读写融合，师生互动，课堂生机勃勃，一颗颗渴望创造的种子悄然种下。

四、思考练习

1. 现阶段我国语文教学中主要的识字教学法有哪些？

2. 古代的识字教学传统在当今识字教学中有什么价值？

3. 自己查阅小学语文关于“识字教学”的案例一则，加以评析。（注意总结识字教学的方法；发现识字教学的规律；洞悉识字教学方法对学生思维训练的积极作用。）

4. 教学以“衣”“示”为偏旁的汉字，如“袖”“衬”“褂”“被”；“神”“社”“祈”“福”。设计一份教学方案。

第二节　写字教学的技能

一、技能概说

（一）定义

写字教学技能指的是中小学语文教师教学生书写汉字的能力，教学内容包括用硬笔书写正楷字、行楷字和用毛笔书写正楷字。

《义务教育语文课程标准（2011 年版）》明确要求，小学生要能用硬笔和毛笔书写楷书；初中生要能用硬笔熟练地书写正楷字，学写规范、通行的行楷字，提高书写速度，并要求能临摹名家书法，体会书法的审美价值。至于高中生，理应在此基础上达到更高的水平。因此，写字教学技能是语文教师必备的教学技能之一。

（二）类型

教师的写字教学，包括硬笔楷书的教学、硬笔行楷书的教学和毛笔楷书的教学三种类型。据此，教师的写字教学技能，包括硬笔楷书的教学技能、硬笔行楷书的教学技能和毛笔楷书的教学技能三种类型，毛笔行草书的书写技法不在中小学教学范围之内。硬笔与毛笔正楷字的书写彼此相通，硬笔正楷的书写技法以毛笔正楷为依托，而行楷书的字形和书写技法与楷书有较大差异，因此本节内容以毛笔楷书教学技能和硬笔行楷书教学技能为重点。硬笔楷书技法可以触类旁通。需要特别加以说明的是，教师的写字教学技能必须以自身的写字技能为基础，自身学习的内容与教学生学习的内容是一致的。目前大部分教师自身的写字水平还有待提高，因此本节的训练内容，既是教师自身写字技能的学习内容，又是写字教学技能的学习内容。

二、训练要点

（一）毛笔楷书技能训练

毛笔楷书技能训练内容：掌握正确的执笔用笔方法，毛笔楷书基本笔画的写法，毛笔楷书基本结构类型和结构技巧，能选择一种正楷字帖熟练临写。

1. 毛笔的执笔和运腕训练

（1）执笔训练

毛笔的执笔方法有多种，最常用的是“五指执笔法”。这种执笔方法五指皆用，强调指实掌虚、管直腕平、松紧适度和高低相宜。

指实掌虚：指实，即五指齐用力，稳执笔管；掌虚，即手掌中空，状如握卵。具体方法是，用拇指和食指的第一节捏住笔管，用中指的第一节勾住笔管外侧，用无名指的指甲根部抵住笔管的内侧，小指不触及笔管，垫在无名指下辅助着力。食指、中指、无名指、小指自然弯曲，形成半握拳状，拇指微微向外弯曲，与食指一道围成一个椭圆形。见图1-1。

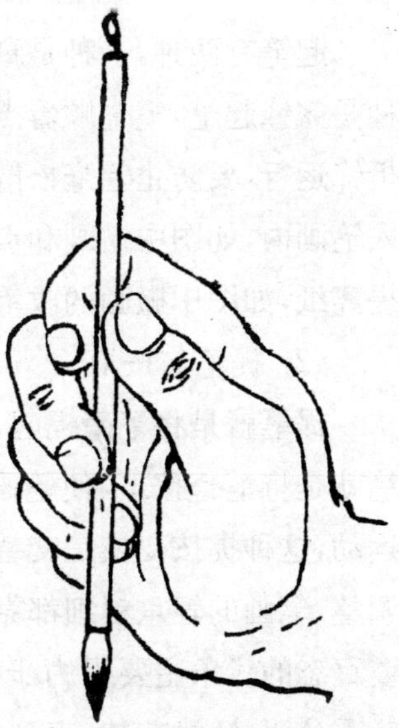

图1-1

管直腕平：管直，是指在书写过程中，笔管基本垂直于纸面；腕平，是指书写时手腕和小臂与纸面大体平行，若站立书写，小臂则略略下垂。

松紧适度：执笔并非愈紧愈好，而应松紧适度。太松当然运笔无力，太紧也必然运笔不灵活，并且容易导致手部酸累疲劳。

高低相宜：执笔的高低应根据字的大小和不同的字体来确定。写大字执笔要高些，写小字执笔宜低些。通常以无名指着力处距笔头1—2寸为宜，参见图1-1。

（2）运笔训练

毛笔书法的运笔方法有以下三种。

运腕法，就是以手腕运笔写字的方法。常用的运腕方法有枕腕法、提腕法、悬腕法三种。

枕腕法：写字时手腕微贴桌面。这种方法，运动轴心在腕上，运动幅度小，适用于写小字。

提腕法：写字时右臂肘部撑在桌面上，将腕部提起。这种方法，运动轴心在肘部，运动幅度较大，适用于写较大的字。

悬腕法：又称悬肘法，写字时肘部悬起，小臂悬空与纸面平行，运动轴心转移到肩头，运动幅度更大，腕力不受任何牵制，挥写自如，适用于写大字与大幅行书、草书。

运腕时还必须注意利用左手的力量，右手执笔，左手按住纸角，两手同时着力，左右均衡，这样运笔才稳健。

2. 毛笔用笔训练

正确的用笔方法是毛笔书法最重要的技法。用笔又称笔法，通常是指毛笔字笔画线条的写法。用笔训练就是培养对笔毫的驾驭能力，以控制笔画线条的形态。用笔方法包括以下几项内容：

(1) 起笔、行笔和收笔

这是指书写一种笔画时笔锋运动的全过程，任何一种笔画的书写都要经过这三个阶段。见图 1-2。

图 1-2

起笔有两种，一种是藏锋起笔，欲左先右，欲上先下，如图中横画和撇画的起笔。还有一种是露锋起笔，笔毫顺着点画运行方向下笔，如图中点画的起笔。行笔阶段要求控制笔锋，折锋运行，要防止笔毫松散，也不能顺笔平拖。收笔也有两种，一种是藏锋收笔，将笔锋回收入笔画内，如图中横画和点画的收笔。另一种是露锋收笔，收笔时将笔毫顺笔画运行方向轻提离纸，如图中撇画的收笔。露锋收笔时不能草率，要稳稳地将笔毫送至笔画末端。

(2) 提笔与按笔

提笔就是将笔毫提起，但不离纸面，使笔画线条变细。按笔就是将笔毫按下，使笔画线条变粗。提与按是笔毫的上下运动，这种提按变换是交替进行、迅速而连贯的。笔锋的转化调整，笔画的轻重粗细都靠提与按的配合作用，毛笔书法中千姿百态的线条主要得力于提按技法。提按灵活得当，则笔画轻重分明，活泼有神，表现出丰富的节奏和情感，提按不足则笔画单调呆板。见图 1-3。

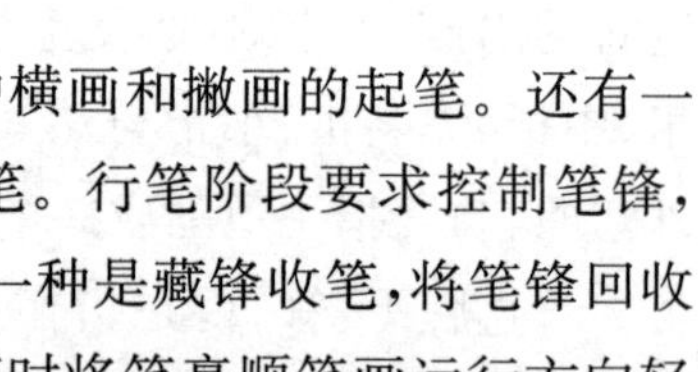

图 1-3

（3）转笔与折笔

转笔是指笔锋在纸上作平面旋转运动，而不是转动笔管。使用转笔就是在笔画的转弯处笔不停驻，顺势转锋，写出没有方折棱角的圆浑笔画。折笔是指笔锋在纸上作平面转折运动。使用折笔就是在笔画的转弯处顿笔折锋，写出方正刚劲、棱角分明的笔画。见图 1－4。

图 1－4

（4）中锋和侧锋

中锋是指书写时笔尖处于笔画中心的一种运笔形式。中锋行笔，管直锋正，墨汁均匀渗开，写出来的笔画圆润结实，具有立体感，篆书、楷书多用这种笔法。侧锋是指书写时笔尖处于笔画一侧的一种运笔形式。侧锋行笔，变化丰富，写出来的笔画跌宕多姿，行草书中常见这种笔法，楷书中也会运用到。在毛笔书写过程中，中锋与侧锋是相互配合的两种基本笔法。楷书虽以中锋用笔为主，但也要结合运用侧锋。见图 1－5。

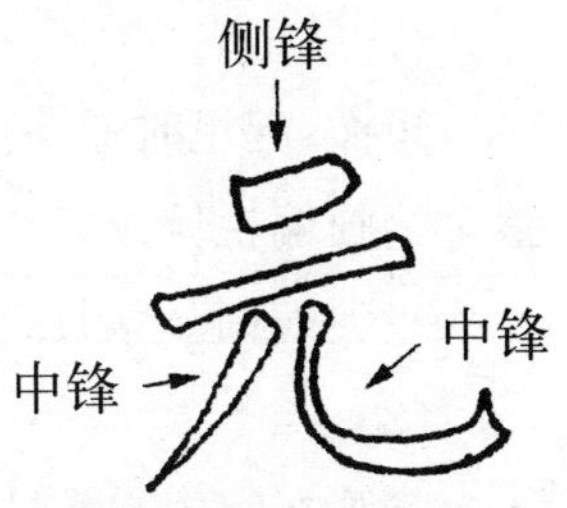

图 1－5

（5）藏锋与露锋

藏锋就是笔画的起笔或收笔将笔锋包藏在笔画之中。这样写出的笔画精神内含，形态饱满。露锋就是在笔画的起笔或收笔处将笔锋显露出来。有些点、横的起笔与大量的竖、撇、捺、钩的收笔均用露锋。露锋用笔，笔画形态灵活，神采飞扬。在楷书中，藏锋和露锋均为常用笔法。见图 1－6。

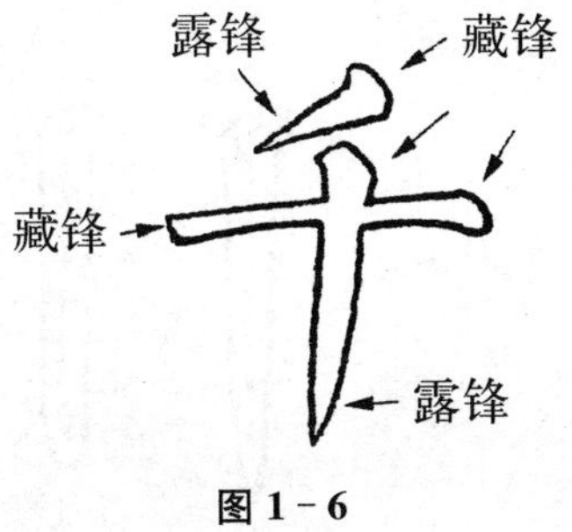

图 1－6

以上介绍的各种基本的用笔方法，在实际书写过程中是要综合运用的，任何一个笔画的书写都要同时用到两三种笔法。这就给用笔训练带来一定困难。练习时可以先作单项练习，再来综合运用，逐步达到熟练的程度。

3. 楷书笔画训练

楷书，形成于魏晋，成熟于唐代，故初学楷书一般以唐人楷书为范本，本节以唐代书法家柳公权的《玄秘塔碑》为例来说明楷书笔画、结构的特点及书写技法。有些字的写法虽与当代规范汉字的写法不同，但基本笔画、结构方式和书写技法仍可作为学习的范例。

（1）横

横画与竖画均为字的主体骨架，要写得端正稳健。横画形态因字而异，有平横、短横、细腰横、左尖横等不同类型，其中以平横为基本形态。如“平”字之第二横。见图 1－7。

平横：起笔时逆锋向左上落笔，然后折锋向下按笔。行笔时向右作中锋运行，笔毫稍稍上提。收笔时提笔上昂又向下按笔，再提笔向左回锋收笔。

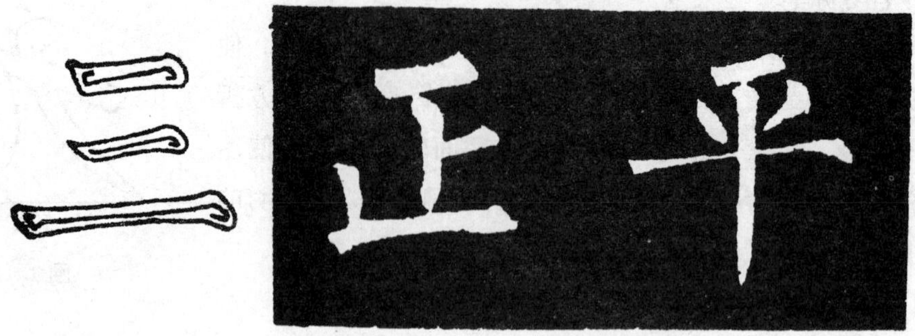

图 1-7

短横：起笔时逆锋落笔，直切而下按笔。行笔时侧锋用笔，略向上斜。收笔时顿按回锋。整个笔画偏粗偏方。

左尖横：起笔顺锋落纸，略略下按，行笔时稍有侧锋，收笔时顿按回锋。

（2）竖

竖画在字中起支柱作用，要写得劲健挺拔。竖画有垂露竖、悬针竖、上尖竖、细腰竖、粗腹竖等，以垂露竖、悬针竖为基本形态。见图 1-8。

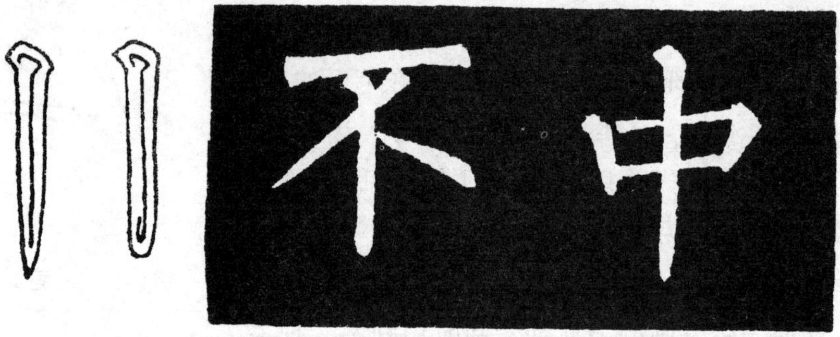

图 1-8

悬针竖：悬针竖形似悬针。起笔逆锋向左上落笔，顿按较重。行笔则中锋垂直下行，将至收笔处逐渐提笔，使笔锋顺着笔画的中心线收拢，出锋提起。

垂露竖：起笔、行笔与悬针竖同，收笔时略作顿按，然后向上回锋，收笔圆满，像垂挂的露珠。

（3）点

点画是字中的眉目，要写得顾盼有神。点的形态有左点、右点、竖点等。见图 1-9。

左点：左点起笔多自右向上至左下顺锋落笔，作明显顿按，再提笔回锋，向右挑出。

右点：右点起笔常用藏锋，起笔逆锋向左上落笔，略作顿按呈微方状，行笔时且按且转，收笔时提锋回锋，可挑出露锋，也可不挑出作藏锋。

竖点：竖点写法同垂露竖，形状较短。

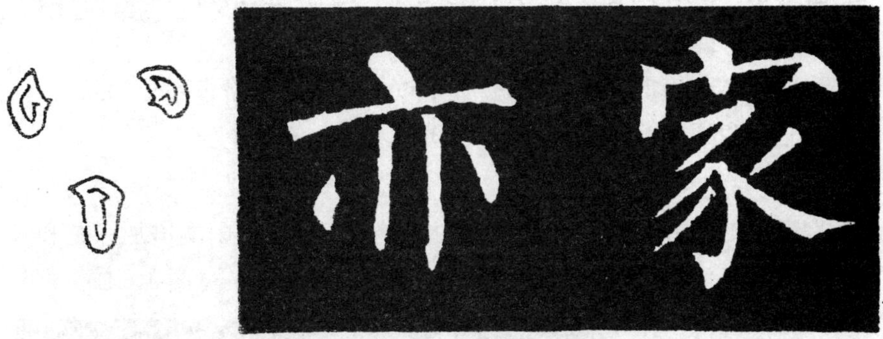

图 1－9

（4）撇

撇画在字中如风行水面，拂掠而过，要写得峻利飘逸，舒展生动。撇画有斜撇、弧撇、平撇、回钩撇等，其中以斜撇为基本形态。见图 1－10。

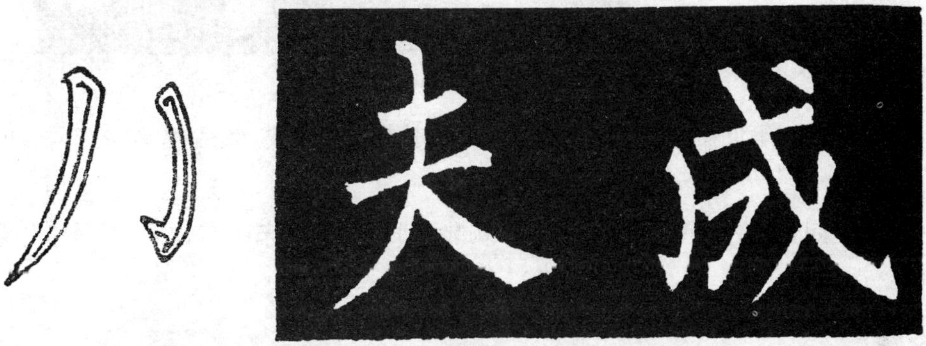

图 1－10

斜撇：写法如同悬针竖，自右上向左下行笔，收笔阶段仍要保持中锋，稳稳提笔，力送到底，切勿转作侧锋，力戒漂浮。

回钩撇：这是一种变形的撇画。起笔、行笔同于斜撇，收笔处先向左作按顿，然后作钩。

（5）捺

捺画又称“波”，这是指捺画像波浪一样波折起伏，在字中形态生动。捺画笔法复杂，比较难写，要着力写好。捺画有斜捺和平捺两种基本形态。见图 1－11。

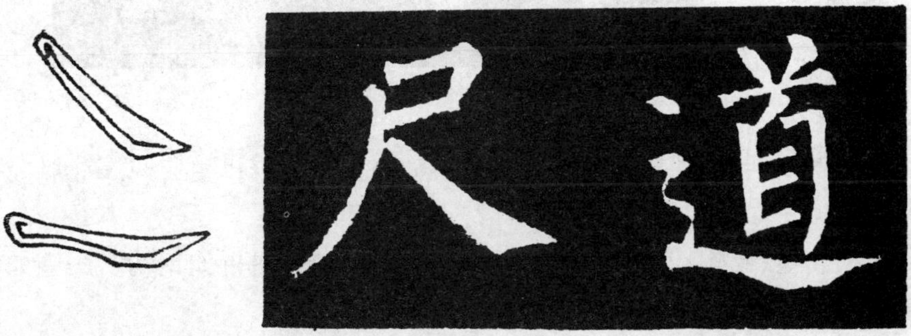

图 1－11

斜捺：起笔用藏锋，逆锋向左上落笔，转笔向右下行笔，且行且按，略带弧度，笔画逐渐加粗，收笔处先作一重重按顿，呈现方角，再折锋向右上稳稳出锋。

平捺：起笔用藏锋，逆锋向左上落笔，折锋下按，转锋行笔，略带向上的弧度，再平滑过渡到向下的弧度，且行且按，至收笔处作一重按，再向右上出锋收笔。

(6) 钩

钩画又称“趯”，如人之踢脚，全力注于脚尖，骤然踢出，在字中能增加锋芒和骨力。钩画要写得快踢急收，沉着劲健。钩画有竖钩、斜钩、浮鹅钩等形态。见图 1－12。

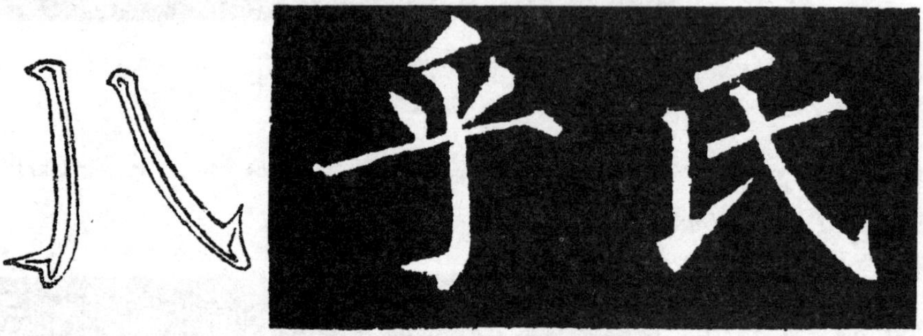

图 1－12

竖钩：竖钩的起笔同于一般竖画，收笔处先向左下作顿按，然后提笔回锋，再向左提笔出锋。

斜钩：起笔同竖钩，行笔用中锋，向左作明显弯曲，收笔处先向右顿按，然后略作回锋，向右上出锋。

(7) 挑

挑画又称“提”，是从左下向右上挑出的一种笔画。挑画笔势锐利，斜向上行，使字的结构灵动，精气昂扬。挑画的形态有短挑、上挑、横挑等。见图 1－13。

图 1－13

挑画一般用藏锋起笔，逆锋向左上落笔，折锋向右下顿按，再略作回锋，向右上出锋。

(8) 折

折画是由横和竖(或撇)连接起来的笔画。古人说折画“曲折如钢钩”，用笔如钢条垂折，纵横连接紧密。书写时要刚健挺拔，圆实有力。见图 1－14。

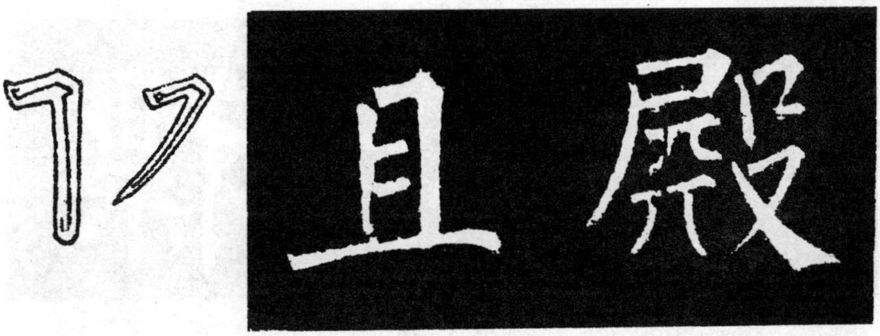

图 1－14

写折画起笔如横画，逆锋落笔，折锋下按，行笔至转折处顿笔折锋，再略作回锋，提笔中锋下行。竖画收笔处回锋而上，撇画收笔处则提笔顺势出锋。

以上介绍的八种笔画是楷书笔画的基本形态，由于这些笔画在字中所处的位置不同，其形态会有许多变化，而且由于各家书法风格不同，同一种笔画的形态和写法也有差异。但是掌握这八种基本笔画的形态和写法，便可举一反三，触类旁通。

4. 楷书结构训练

所谓字的结构，也称间架、结字或结体，即单个字中笔画的组织形态。结构技能与用笔技能一样，也是书法最重要的技能。楷书结构训练，要求掌握楷书结构的基本类型和技巧，能达到熟练临写的程度。先将楷书结构的基本类型和书写要求分述如下。

（1）独体结构

独体结构就是指那些独体字的结构样式，独体结构的笔画简约，组合紧凑。字中若含有可伸展的笔画，如长横、长竖或长撇等，可尽量伸展一些，其他笔画则应收拢。字中若无长画，整个字则宜内敛而不宜扩张。见图 1－15。

图 1－15

（2）左右结构・平正

左右结构中的平正一类是左右结构的基本样式，字形的左右两部分高低大体相平，整个字形端正平稳。见图 1－16。

图 1－16

（3）左右结构·扬左

扬左结构即左高右低的结构形态，这是为了追求结构的灵活多姿而作的安排。在柳字中，这种左高右低表现得十分突出，但是整个字形并不偏斜。见图 1－17。

图 1－17

（4）左右结构·扬右

扬右结构即左低右高的结构形态，如扬左结构一样，也是在平正中求活泼。但是，这些扬右字的左边偏旁本来就小于右边偏旁，因此看上去并不显夸张。见图 1－18。

图 1－18

（5）左中右结构

这类结构由左、中、右横向并列的三部分组成。汉字楷书宜方忌扁，书写时三部分皆不能太宽，中间部分尤其要紧凑，并要讲究与左右双方的穿插。为了避免呆板，左部、右部应有笔画向外延伸。见图 1－19。

图 1－19

(6) 上下结构 · 上密下疏

汉字的上下结构很少是上、下两部分大小相等的，一般均处理成上密下疏或上疏下密。上密下疏结构，上部紧凑，下部舒展，平稳之中显出对比变化。见图 1－20。

图 1－20

(7) 上下结构 · 上疏下密

上疏下密结构的安排同样是追求平稳中的变化，但是这种安排要注意上下悬殊不宜过大，以免头重脚轻，还要注重下部务必端正居中，不能偏斜，否则重心不稳。见图 1－21。

图 1－21

(8) 上中下结构

这种上中下结构在形态上更显得变化丰富。在安排上，又可分为上下宽、中间窄与上下窄、中间宽两种。从形态上看，中间紧凑、上下宽松者比较悦目，而中间空松者容易犯结构松散的毛病。因此，“喜”字的中部只有一横作较大延伸，两竖则短小紧凑。见图 1－22。

图 1－22

(9) 包围结构

包围结构是一种特殊的独体结构，故单独归为一类。其中四面皆围的称为全包围结构，只围三面的称为半包围结构。全包围结构的中心部分要写得较紧凑，上与下、左与右的距离要大致相等，且一般不与四框相连接。缺下边的半包围结构，中心部分通常不超出字框的下界，而缺右边的半包围结构，中心部分却常常超出字框的右界。见图 1－23。

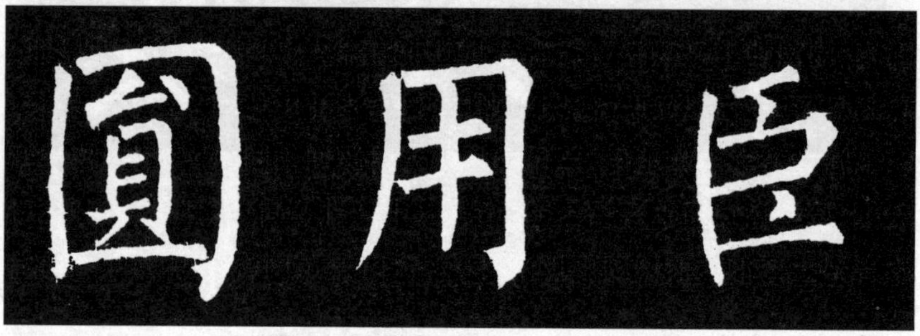

图 1－23

5. 楷书结构技巧

(1) 穿插

穿插的目的是使字的结构紧凑。“德”字右边“四”的左竖上部向左倾斜，下横向左伸出，均插入左部“彳”的空处，使得左右两部分紧密结合。“禁”字下边的“示”的上横，安放到上边“林”的两竖之间，避免上下脱节。“锺”字右边“重”的下横一直伸展到左边“金”的下面，更是独到的穿插技巧。见图 1－24。

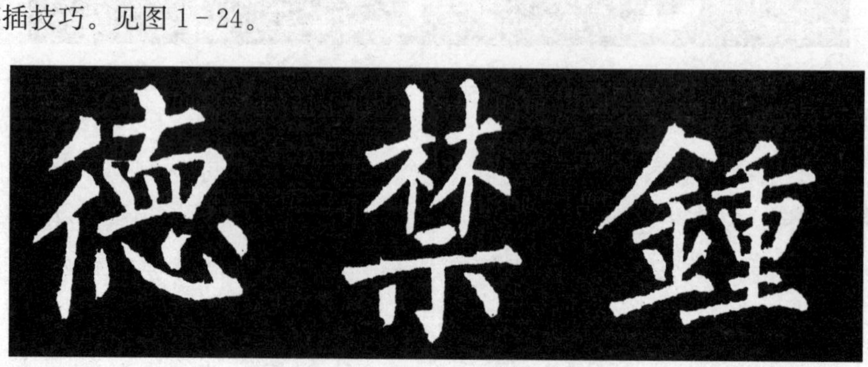

图 1－24

（2）避让

讲究避让是为了防止结构局促，点画相犯。“瞻”字右边的一撇之所以特别舒展自如，是因为左边的“目”预先让出地步。“峥”字左边的“山”的右竖较长，右边“争”的三横作明显避让。“導”字的下边有“寸”的横与竖，上边“道”的平捺便不能下伸，于是避向右上方。见图 1－25。

图 1－25

（3）疏密

讲究疏密是为了追求字形构图上的对比效果，以避免因笔画分布过于均匀而导致呆板单调。在柳字中，这种技巧通常是把字的“中宫”（中间部分）收紧，而将“四廓”（四周笔画）放开。“唐”字的中间部分本来就很密，左边的一撇又有意向中间挤入，因而横与撇都显得舒展起来了。“街”字右边的一竖移到一横的左端，使得本来并不长的一横似乎伸长了许多，整个字形中间特别紧，四周却十分宽松。“風”字的中间很紧，外框作了很大的弯曲夸张，使得本来难以舒展的折画也竟然潇洒起来了。见图 1－26。

图 1－26

楷书的结构比笔画难掌握，了解楷书的结构类型和结构技巧有一定的作用，但更重要的是多多临写范字，要能够掌握 400 个字的具体结构，才能在安排结构时达到胸有成竹的境界。

（二）钢笔行书书写技能训练

钢笔行书训练要求掌握钢笔的执笔运笔方法、钢笔行书笔画和偏旁的写法、行书的结构特点、常用书写款式，能够运用行书熟练地书写。

1．钢笔的执笔和运笔训练

钢笔的执笔方法和毛笔有显著区别。常用的方法是，拇指与食指自然前伸，指端相并，压在笔杆上方，中指的指甲侧面顶住笔杆下方，三指齐力捏紧笔杆。无名指与小指自然弯曲，垫在中指下方。笔杆上端斜靠在虎口旁边的食指根部，手掌中心空虚。执笔时不要以拇指包住食指，手指也不宜过于弯曲，以致无名指和小指抠住掌心。执笔的高低一般是中指前端距笔尖约 2 厘米，笔杆的倾斜度在 45°左右。钢笔的运笔方法也不同于毛笔，由于钢笔字较小，一般运用指力就行了。书写时可将手腕搁在桌面上。需要注意的是书写时手与字的位置关系，在书写时，手的位置应当始终在所写字的右下方，而不应在字的正右方。见图 1 - 27。

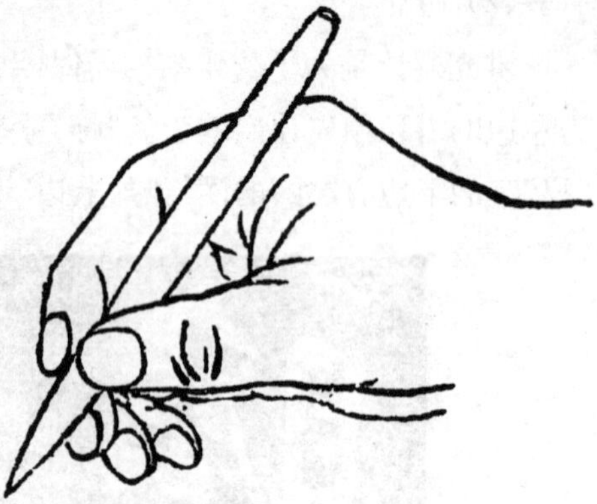

图 1 - 27

2. 钢笔行书的笔画训练

钢笔行书的笔画形态和写法与毛笔行书有相似之处，可以借鉴毛笔书法的技法来写钢笔行书。钢笔字的线条粗细变化不大，笔画形态也不如毛笔字那样复杂，因而笔法相对说来要简单一些；但也有一定的用笔要求，讲究运笔的提按与轻重、圆转与方折，讲究线条的力度与流畅，也要掌握各种笔画的基本形态。现将钢笔行书基本笔画的写法示例如下。见图 1 - 28。

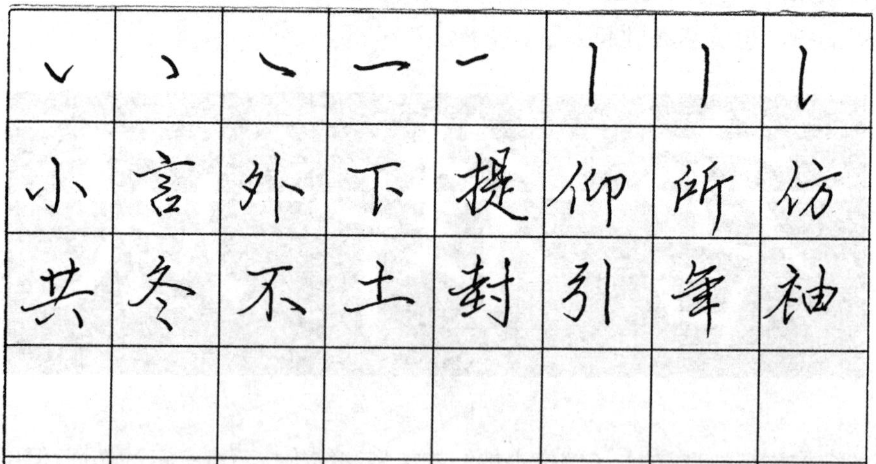

图 1 - 28

3. 行书常用偏旁训练

偏旁是汉字构字的基本单位。常用汉字有三四千个，而常用偏旁却只有 200 个左右。因此，写好汉字常用偏旁是写好汉字的捷径。行书偏旁的写法虽然不如草书和楷书那样严格，但也有一定的书写习惯，并非信手而为之；而且这种习惯写法与楷书有较大差异，因此练好行书偏旁对于写好行书极为重要。现将钢笔行书基本偏旁的写法示例如下。见图 1 - 29、1 - 30。

巾	示	辶	廴	木	扌	禾	冫
帛	禁	造	延	村	抗	移	次
带	祭	道	建	材	找	税	决
氵	亻	彳	忄	子	弓	歹	马
河	信	行	快	孔	张	列	驰
沙	傲	彼	忙	孩	弛	殊	骋
女	纟	火	王	礻	车	犭	米
娘	纹	炒	玖	社	轩	狄	料
妮	绅	炳	玲	福	斩	猛	粮
月	钅	豸	足	走	方	阝	刂
肤	铁	豺	跌	赴	族	队	刚
脸	银	豹	踪	超	旋	防	判

图 1－29

图 1－30

4．行书结构训练

楷书的结构端正严谨，行书的结构则灵活多变，主要表现在笔画减省，连笔牵丝、体势放纵三方面。

笔画减省：行书的笔画乃至某些偏旁构件在不影响整个字形轮廓的前提下均可减省变化，这样使得行书的结构比楷书更简洁。

“每”字的中间两点并为一撇，“常”字中间的“口”省作一短横，“度”字中间的两横并为一横，“府”的两撇省去一撇，“朝”字左边的偏旁、“能”字的左右两部分均作了减省变化。见图 1－31。

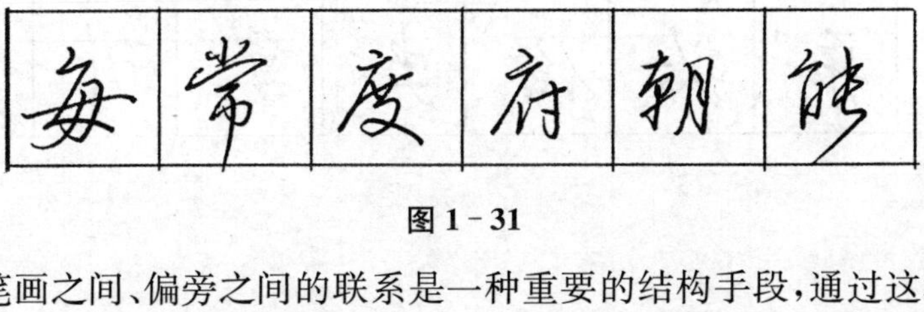

图 1－31

连笔牵丝：笔画之间、偏旁之间的联系是一种重要的结构手段，通过这种联系将字的各部分连接成一个有机整体，在行书中，运用连笔与牵丝增强了各部分的联系。连笔，就是把一些首尾相邻的笔画连成一笔。

“石”字与“右”字上部的撇与横都以一笔写成，“狄”字左边的偏旁，撇与竖钩连写，“好”字、“弘”字左右偏旁均作一笔，“时”字左边的一横与右边的一横也可连成一笔。见图1-32。

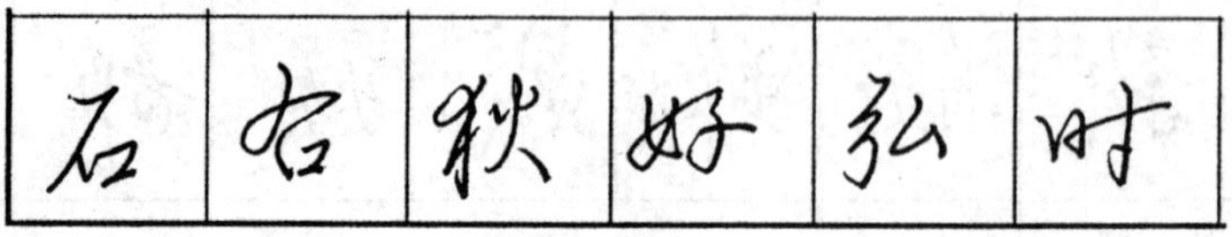

图1-32

有些笔画相距较远，不能连成一体，则采用牵丝来显示其间的联系。连笔是两个具体的笔画相承接，线条较实，而牵丝则是两个笔画之间衍生出来的过渡部分，因而线条较虚。“家、寺、悲”三字以牵丝连接上下两部分，“散、影、沙”三字以牵丝连接左右两部分。见图1-33。

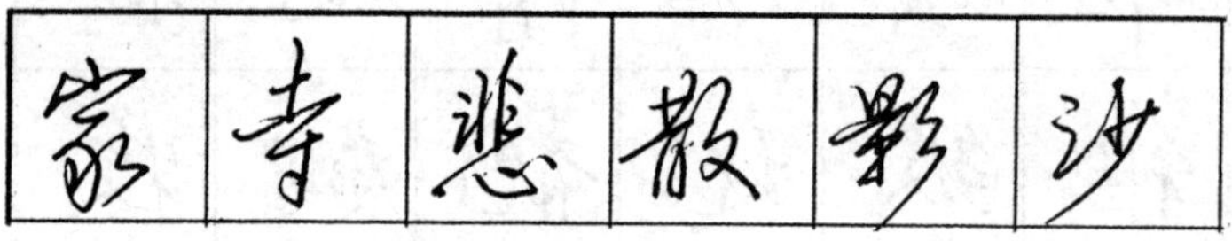

图1-33

体势放纵：楷书字形方正端正，笔画疏密均衡，而行书则突破楷书的体势，多呈放纵之态。其一表现为正斜互见，常以欹侧取势。如“夫、平、必、伯”字形端正，而“史、更、刑、名”横画斜度明显加大，整个字形左低右高，显得峻峭超拔。其二表现为字形长扁交错。如“山清水秀”“讷言敏行”，长则气宇轩昂，扁则沉稳安详，交相叠映，更显得节奏分明。其三表现为疏密对比。行书中常常有意延伸字中的某些笔画，向上下左右尽情挥洒，造成一个字中强烈的疏密对比，特别是通过伸展的笔画表现出潇洒自得的风度。如“神、畔”二字为左密右疏，“使”字为左疏右密，“集”字为上密下疏，“戟、首”二字为上疏下密，而“安、泰”二字则中密外疏。见图1-34。

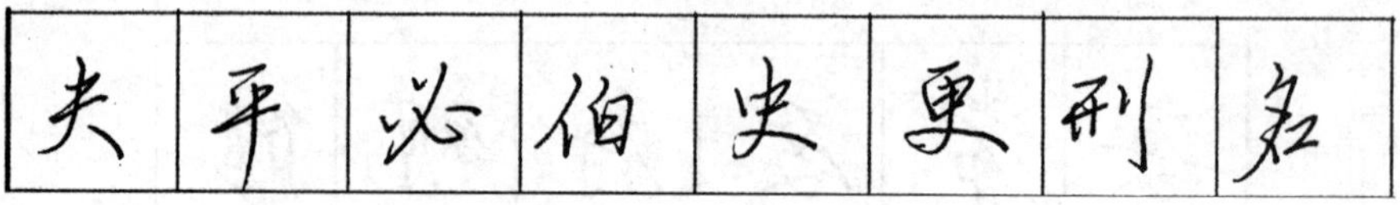

图 1－34

5. 书写款式训练

整幅字的书写应当注意款式，即讲究布局安排和整体效果。常用款式有横式和竖式两种。横式书写时，标题安排在首行正中，正文另作一行由左至右书写，首行空两格，标题与正文之间常留空行，落款，即签名和日期写在右下方。竖式书写时，标题写在右边第一行的正中偏上处，正文另作一行从上至下、从右至左书写，标题与正文之间可空行。正文首行常空二格，若仿古也可不空，落款写在卷面的左下方。要注意竖式不能由左至右书写，同一幅字中，不能既有横写又有竖写，以免款式混乱。无论是横式还是竖式，上下左右均要留有空白，习惯上称为留有天地。卷面上字迹太满，会使人有拥挤堵塞之感。此外，还应注意字行整齐，卷面整洁。

三、案例评析

【案例 1－2】

毛笔楷书结构训练

训练要求：掌握楷书的结构类型和结构技巧。

训练内容：用“单钩法”摹写楷书的结构。具体方法是，要求学生用白纸蒙在楷书字帖上，用钢笔或铅笔钩出字中笔画的中心线，显示全字的结构，然后用毛笔书写。由于钩出的是单线，故称“单钩法”。单钩法通常用于毛笔字的结构训练。

指导学生在字帖上选出楷书 9 种结构类型的单字，用单钩法摹写，并注意分析、体会 3 种基本的结构技巧。这种练习可反复进行。

【评析】

楷书的结构是一项重要的训练内容。初学者在临帖时，注意力常常在笔画形态及写法上，结构上偏差较大。该案例指导学生用单钩法预先定好结构再摹写，容易入门。这是一种行之有效的传统方法。一般学生由于怕麻烦，缺少耐心，往往试过几个字便不再坚持，教师应予以必要的鼓励与督促。

【案例 1 - 3】

钢笔行书训练示例

训练要求：掌握钢笔行书的笔画形态和写法。

训练内容：选择一种毛笔行楷书字帖，用钢笔临写。要求注意笔画的起笔和收笔、圆转和方折，以及行书笔画的基本形态，尤其是捺画的形态和写法。课堂教学中可以让学生在黑板上用粉笔临写，然后由教师讲评并作必要的示范。这种练习也可反复进行。

【评析】

钢笔字字形和技法原本以毛笔字为基础，因而用毛笔字帖作范本来练习钢笔字，可以较清楚地看出各种笔画的形态和用笔方法，并且吸收运用到钢笔字中来，这样能使钢笔字的笔画带有明显的毛笔字的韵味，提高书写效果。需要注意的是，用钢笔模仿毛笔字的笔画要适度，防止提按和转折处过于夸张。另外，对于大多数学生而言，这种方法只是训练方法之一，应当允许学生主要以钢笔字帖作临写范本。

四、思考练习

1. 按照教材所提供的范例，掌握毛笔书写的执笔用笔方法、楷书的笔画形态和结构特点。

2. 选择一本适合的楷书字帖，如颜真卿《勤礼碑》、柳公权《玄秘塔碑》、欧阳询《九成宫碑》等，每天临写 30—40 个字(包括重复写的字)。

3. 按照教材所提供的范例，掌握钢笔书写的执笔用笔方法、行书的笔画形态和结构特点。

4. 选择一本适合的钢笔行书字帖进行临写，也可采用毛笔行书字帖，如王羲之《兰亭序帖》《集王圣教序帖》、李邕《李思训碑》等，以钢笔临写。采用方格簿或单行簿，每天练习 200 字。在直接临写的基础上，结合采用“背临”的方法，熟记积累字形，达到能准确、熟练地书写 400 个范字的程度。

5. 按照行楷书写要求来记好各科笔记。

第二章　阅读教学的技能

阅读是运用语言文字获取信息、认识世界、发展思维、获得审美体验的重要途径。阅读教学的技能包括教材研读的技能、教学设计的技能、目标预设的技能、导入的技能、朗读的技能、讲授的技能、对话的技能、创设情境的技能、结课的技能、板书图示的技能等。

第一节　教材研读的技能

一、技能概说

（一）定义

语文教材是最根本、最重要的语文课程资源，是进行阅读教学的载体和凭借，是学生化知为识、化识为能的桥梁。阅读教学视域中教材研读的技能是指根据语文课程标准规定的阅读教学的目标和要求，顺应教材编者的意图、作者的旨趣、学生的阅读意向、教师的教学风格等，综合应用语文学科的系统知识和教育学、心理学、教学论等相关专业理论对教材整体编排体系、各单元的编排意图、教学要求、教学重点等准确把握，对每篇课文的知识系统、范文系统、助读系统、作业系统等内容要素进行科学而艺术地加工、转化和创生，实现教学要素的优化组合，达成教学目标的能力。

（二）类型

教材研读可以从阅读理论的视角和教材文体的视角做出不同的分类，据此，教材研读的技能也可以从阅读理论的视角和教材文体的视角做出不同的分类。

1. 从阅读理论的视角对语文教材研读的分类

（1）社会学研读

语文教材的研读终究不是“躲进小楼成一统”的个人现象，不只是个人欣赏与单纯求知的表现，它必须在具体的社会情境中定位，体现其意义和价值。① 语文教材中所选的都是古今中外文质兼美的名家名篇，这些作品富于浓郁的时代气息、典型的社会环境、独特的艺术构思、精美绝伦的语言、摄人心魄的艺术魅力。对这些语文教材的研读，一方面要强调阅读主体的社会性认知。教材的研读者应该明确阅读不只是个人的行为，在阅读活动中也不存在客观意义上的自然人，教材的研读者是“社会人”。语文教材研读者的身份、地位、生活的社会环境及个体所处的情境与心理状态，都会在语文教材研读活动中自觉或不自觉地体现出来。教师会站在今天的社会文化立场透视语文教材中作品的现代意义，以当下社会文化的观点衡量作品的优劣得失。另一方面，语文教材的研读要考虑阅读客体即具体作品的社

① 万宇：《谈谈阅读社会学的发展前景》，《中国图书评论》，2005 年第 3 期。

会因素。不同的社会有不同的文化背景，社会学研读必须考量每篇课文所具有的时代背景、社会状况、作者特殊的社会阅历、作者对文本本身所持的态度和情感、作品所反映的思想内容和特定历史条件下的重大事件等。因此，语文教材的研读应还原到特定的社会历史背景中解读，使教材的研读活动回溯到对特殊历史环境和特定社会文化系统的再现，使教师与学生从中认识社会，认识历史，认识人生，受到感情的熏陶和思想教育，以完成完整的“阅读之旅”。

（2）语义学研读

语义学研读注重阅读教学中的语言分析，对语文教材内容的研读要透过表层的意思，把握它的深层内涵，从而在更深的层次上理解和把握文章的思想内容和精妙的语言运用。语义学研读的重点是思维方法和语言运用的技巧，培养学生语言观察能力、理解能力、评判能力及运用能力。首先，在进行语言分析时要字不离句，句不离段，段不离篇，在理解个别语句遇到困难的时候，要把它同文章的主题、背景及作者的思想联系起来。其次，通过具体的语言环境把握词义。语境是使用语言表达思想感情所形成的特定环境。一个词的意义往往是多项的，而在具体的文章中，一个词语的含义往往要取决于上下文的关系，要结合具体语境来理解。此外，还要注意分析语言交际的社会环境，包括时间、地点、场所、对象、话题、使用语言者流露的思想感情。再次，从语法知识的角度确定词义，体味其表达作用；借助修辞手法来领会语句的含义及作用；学会通过掌握语言的感情色彩和意境来理解文义。最后，要抓住关键词语或中心句子来解读文章的核心意思，并学会揣摩文本中特定概念的限定性成分，使读者准确把握概念的内涵和外延，正确解读作者的思想感情和态度倾向。①

（3）接受美学研读

接受美学理论认为在阅读中最重要的是读者，作者在创作活动完成以后，文本仍处于一种潜在状态，其意义的生成与开发，有待于潜在文本与实际读者“相遇”，在阅读活动中加以实现。唯有通过读者的阅读活动，文学作品才能真正获得其社会功能和效果。在语文教材的研读中，因为教材最初是由作家写出来的，探求作家写作初衷，成为研读的起点。诚如叶圣陶所说：“作者思有路，遵路识斯真；作者胸有境，入境始与亲。”（《语文教学二十韵》）只有“遵路”和“入境”，才能与之契合，这成为理解课文的必由之路。语文教材中有不少课文，作者原始意义往往难于追寻，需要从课文本身去理解，由师生介入后赋予和揭示出来。教师研读教材和学生阅读文本都不是被动地反映作家和文本的意思，而是积极、主动地把自己主观认识注入到课文中去，构成课文意义的一部分。过去，我们往往不太重视学生这个接受主体，把他们当作接受知识的“容器”，实施“填鸭式”教学，造成教学上的许多错位现象。接受美学启示我们，研读教材中文本的意义，应该充分发挥师生双方的聪明才智，让师生都参与

① 冯克诚：《中学语文阅读教学与课堂讲读指导（下）》，内蒙古大学出版社，2000 年版，第 111—115 页。

课文意义的生成，更好地提高语文教师的教材研读能力，也有效地提高学生顺应文本召唤结构，填补文本空白图式，实现文本价值的能力。[①]

2. 从文体的视角对语文教材研读的分类

(1) 实用文章教材的研读

实用文章教材的研读包括记叙文教材研读、说明文教材研读、议论文教材研读和应用文教材研读。这类教材的研读应该抓住文体的特点，从整体上把握该类文体在教材中的地位，充分发掘它们的教学价值。

(2) 文学作品教材的研读

文学作品教材的研读包括小说教材研读、散文教材研读、诗歌教材研读和剧本教材研读。这类教材研读不仅要掌握文体特点，而且要注重培养学生的鉴赏能力，通过对作品产生背景和作者情感态度的理解，解读文本内涵，开阔知识视野，训练思维能力，提高鉴赏水平。

(3) 文言诗文教材的研读

文言诗文研读包括古典诗、词、曲以及用文言写成的记叙文、说明文、议论文、小品文等的研读，研读时要了解历史知识，消除时代隔阂；弄懂字、词、句的含义，疏通文意，批判地继承作品中的文化遗产，对诗、词、曲要掌握其艺术结构，体味意境，理解主题，分析其表现技巧。

二、训练要点

（一）整体把握教材，四位一体研读

培养语文教师教材研读的技能需要教师整体把握语文教材的体系，了解每册教材在整个教材体系中的地位、作用、编写的特点、教学的基本要求与建议等，以确定每册教材的教学目标和教学的重点、难点，体现语文课程标准的要求。研读单篇语文教材，一方面要了解其在整个单元中的地位与作用，另一方面要采用整体研读的策略，对教材进行整体感知和整体把握，《普通高中语文课程标准(2017 年版)》中有关整体研读教材的要求是：“从整体上把握文本内容，理清思路，概括要点，理解文本所表达的思想、观点和感情。努力从不同的角度和层面进行阐发、评价和质疑，对文本作出自己的分析判断。”[②]这种整体研读教材的要求也会不同程度地体现在单元说明中。因此，从语文课程标准和语文教材本身来看，语文教师掌握整体阅读的技能不可或缺。我们可以将整体研读教材的方法和策略概括为以下几个方面。[③]

第一，在课文内容上，抓关键问题和关键句段作为教学的突破口。

第二，在教学结构上，理清作者思路，进行思路教学；或提炼教学主题，进行主题性教学。

---

① 冯克诚：《中学语文阅读教学与课堂讲读指导(上)》，内蒙古大学出版社，2000 年版，第 80—81 页。
② 中华人民共和国教育部：《普通高中语文课程标准(2017 年版)》，人民教育出版社，2018 年版，第 32 页。
③ 李山林：《语文课程与教学论案例教程》，湖南师范大学出版社，2006 年版，第 195—200 页。

如文言文教学，在落实字词句翻译之前，有必要向学生讲述一下课文的整体内容和文章思路，这有助于学生对文言字词句的理解和翻译。

第三，在教学方法上，诵读、复述、概括、提要、讨论、改写、情景教学等都是常用的整体教学方法。

第四，在教学策略上，建立“语境”，进行语境教学。建立语境是整体阅读教学的重要策略之一。

四位一体研读是指解读语文教材要考虑编者的编写意图、作者的写作意图、教师的教学目的、学生的学习心理和需求。研读教材时，首先要考虑编者的编写意图。编者在编写教材时要按照语文课程标准的要求，同时要体现作者的写作主旨。其次，研读时要追寻作者的原意，“因为作品文本最初是由作者创造出来的，作者把自己的观念、意识注入了作品。因而，追踪作者的原初意义，就成为读解的第一步”①。再次，研读教材需要考虑教师的教学目的。一篇课文的研读总会根据它所隶属的单元目标，确定本篇课文的教学目标，而教学目标正是教师教学目的的具体呈现。最后，研读语文教材必须考虑学生的学习心理和需求。在整个读解过程中，教师要充分考虑学生已有的知识基础、认知水平、学习心理和现实需求，引导学生积极参与课文的研读，发挥他们研读教材的积极性。

（二）正确切入文本，解析重难疑点

恰当的切入点能够唤起新旧知识之间的联系，激发教师专业可持续发展的动机和学生的阅读兴趣，也符合学生的学习心理，可以更好地解决教材中的重点、难点和疑点问题。科学而艺术地选择切入点要符合学生研读教材时的阅读预期和心理流向，也要能有效地从新旧知识的结合处入手，使教材研读的切入点成为知识体系扩展创新和由知识向能力转化的关键点，切入点的选择必须与教师整体的教学设计和学生的学习密切结合起来，要与教材的内容紧密联系，既要突出教材中课文的重点、难点和疑点，又要点面结合，形成有机的整体。此外，切入点的选择还要根据教师本人的教学目的、教学能力和教学风格，只有这样才能使教学繁而不乱，新奇有序。

教材研读首先就要抓住课文重点，它是文章的要害，关系到课文主旨、情感脉络、艺术构思等，抓住重点就能做到纲举目张，突破难点，解析疑点，因为它是全文的灵魂、教材研读的核心，也是教学目标得以落实的关键之处。其次，教材研读要紧扣难点，有针对性地研究。对于教材难点会由于内容繁多、线索不明、方法失当而导致教师的教学受阻，学生的学习受挫，这时候就需要化繁为简，根据学生的认知水平把难点的问题分化为相对简单的序列问题，各个突破，然后再加以综合，引导学生整体理解。最后，研读教材要深究疑点。教材中的疑点是教材研读过程中学生不能确定的地方，即学生学习中的疑惑之处，对疑点的探究不仅

① 王相文、韩雪屏、王松泉：《语文教材研究》，高等教育出版社，1999年版，第56页。

可以拓展学生研读教材的思维深度，而且可以加深对教材内容的理解。

（三）巧妙组织内容，创造性研读教材

语文教材研读一方面为了巧妙组织内容进行教学设计，便于有效施教；另一方面，教师创造性研读教材可以引发学生创造性思维和个性化阅读文本，即师生积极互动，共同进行创造性研读。巧妙组织内容必须根据课文的教学目标、教学内容，选择教学策略、教学模式、教学方法、教学媒介，对教学效果进行预测，突出教学重难点，根据个人的教学艺术风格和学生接受的心理流向，采用建构主义整体教学设计“自上而下”的思路，把课文内容的精华有效组织起来，使之脉络清晰，点面结合。

创造性研读教材不能局限于教学用书和专家、权威对文本的单向研读，需要采用多元解读的方式，读出教师或学生自身的感受与体会，但这种研读也不是漫无边际、毫无根据的，它应该在文本或作者身上找到现实的依据，如对戴望舒《雨巷》的研读，可根据作者生活的时代背景，将作品的主旨解读为在白色恐怖统治时期人生理想难以实现的苦闷与彷徨；也可从接受美学的角度解读为对爱情的追求与迷茫；还可从当时作者个人感情遇挫的角度解读为作者情感世界的真实流露。

三、案例评析

【案例 2－1】

品一品“故都”的“秋味”①

钱理群

“秋味”无疑是郁达夫这篇《故都的秋》里的“关键词”，从开章第一段即提出“故都的秋味”，以后各段里不断地重复（强调）：“秋的味”，秋雨“下得有味”，文人写得“有味”，“秋的深味”，秋的“回味”……一气贯到底，确实让人“回味”无穷。

这本身即是郁达夫的发现与独特体验：古今中外文人多有写“秋声”“秋色”的，写“秋味”即使不是“绝无”，也是“少见”的。而“味”是需要“品”的，或者如郁达夫在文章开头所点明：“秋味”是要“饱尝”“赏玩”的。对待生活、大自然这样有滋有味地品尝、欣赏，正是“北京（故都）文化”的特色——研究者早已指出：“典型的北京人是知味者，如北京人那样对待味，则是文化，出于教养。人人都在生活；不但生活着，而且在生活中咀嚼、品味这生活的，或是更有自觉意识的人。”（参看赵园《北京：城与人》，上海人民出版社）如果说北京市民的这种将生活（自然）艺术化的鉴赏态度，是一种文化积淀的不自觉的流露，那么，郁达夫，作为一个曾居住于北京，深知其“味”的文化人，他以“北京人”的眼光看北京的秋天，自觉地从中寻求审美满足，并诉诸文字，他就成了真正的“北京文化”（在他的笔下，“北京人”对待自然、生活的品尝已经成为一种“文化”）的欣赏者与表现者。——这篇《故都的秋》的意义正在于此。

① 王丽：《新讲台：学者教授讲析新版中学语文名篇》，中央编译出版社，2001 年版，第 22—26 页。

该从哪里去发现、欣赏、描述这“故都的秋”？现成的答案是到“故都”丰富的历史文物古迹中去寻找——郁达夫也真的写到了“陶然亭的芦花，钓鱼台的柳影，西山的虫唱，玉泉的夜月，潭柘寺的钟声”，但却只是一笔带过；这是因为，这些“旅游胜地”仅是历史留下的外在印痕、象征，恰恰是“外来人”最易注目与把握的，而渗透于骨髓里的传统神韵，却存在于北京普通老百姓的日常生活中。在世俗生活中寻求享用“美”（“美”的人生、“美”的文化）——这才是真正的“北京人”的眼光。

于是，郁达夫引导我们“租人家一椽破屋来住着，早晨起来，泡一碗浓茶，向院子一坐”——仅这“破屋”“清晨”“浓茶”“深院”，就足以把你带入北京所特有的悠闲、自如，而又有一点落寞的“意境”“姿态”与氛围之中。然后，指点您“看”“很高很高的碧绿的天色”，“听”“青天下训鸽的飞声”；“细数”从槐树叶片“一丝一丝漏下来的日光”，“静对”“破壁腰中”“像喇叭似的牵牛花的蓝朵”。然后，再和您一起絮絮地闲扯：牵牛花以哪种色彩最好——蓝色，白色，紫黑，还是淡红；又想象如果在牵牛花底再“长着几根疏疏落落的尖细且长的秋草，使作陪衬”，那该是怎样一番情景（与情意）。——如此精细的审美眼光，又是这般悠静的审美心理，自然、生活，连同人自身，都充分地美化、艺术化了。您大概咂摸出一点“秋味”儿，“感觉到十分的秋意”了吧？

再欣赏一回“北国的槐树”这“秋来的点缀”，怎么样？——郁达夫又带着我们开始新的，也是更深的审美体验：面对满地落蕊，视觉似乎已经无力（“像花而不是花”），音感、嗅觉也无从把握（“声音也没有，气味也没有”）；只能通过“一点点极微细极柔软的触觉”，来感受那其中的美，让您感到十分满足，又有些朦胧说不清楚，是不是？有着极其敏锐的审美力的郁达夫又指引您注意那“扫街的在树影下一阵扫后，灰土上留下来的一条条扫帚的丝纹”，您凝神默对，许久才恍然领悟到一种“既觉得细腻，又觉得清闲，潜意识下并且还觉得有点儿落寞”的“味儿”。郁达夫这才告诉您“古人所说的梧桐一叶而天下知秋的遥想，大约也就在这些深沉的地方”，这正是点题之笔：所谓“秋味”，所谓“故都”的“秋味”，就是这“细腻、清闲与落寞、深沉”的互为显、隐，表、里。

接着，郁达夫又指引您听“秋蝉的衰弱的残声”的“啼唱”，告诉您“秋蝉”之“在北平”，就和蟋蟀、耗子一样，像是“家家户户都养在家里的家虫”，一个“养”字道尽了其中的闲适、亲切，却又隐隐有着说不出的凄寂。说起“秋雨”，而且是“北方的秋雨”，郁达夫又似乎别有感受，一说它“下得奇”，二说它“下得有味”，三说它“下得像样”有派儿，仿佛“人”也似的从容、洒脱。于是，在一阵“秋雨”过去，云散、天青、太阳露脸之时，“北京人”终于款款而出。请注意，在此之前，只有“秋景”，或者说人隐没于、渗透于“秋景”之中，现在“人”从“景”中走了出来，更会有一番光景。且看郁达夫怎样描述、鉴赏“故都”的“秋味”的真正品尝者“北京人”。他首先着力渲染一个“闲”字：身份的“闲”，是十足的“都市闲人”；

"穿着很厚的青布单衣或夹袄",一副"闲散"的模样;"咬着烟管,在雨后的斜桥影里,上桥头树底去一立":姿态、神情,是这般闲适、潇洒、帅气。然后又抓住北京人特有的"说话的艺术"大作文章,一如研究者所说,"'说'这种行为曾经是包括王公贵族和里巷小民在内的北京人的重要消闲方式,以至聊天('海聊''神聊''神吹海哨''侃大山'等等)的北京人,与提笼架鸟的北京人一样,竟也成为北京人的典型姿态,易于识辨的特殊标记"(赵园:《北京:城与人》)。郁达夫抓住这一点,正表明他对"北京文化"的深切理解。而他对北京人"说话艺术"的具体把握也是十分准确,抓住了要点:他强调北京人说话的"声调","平平仄仄"的音乐性,以及其间的"韵味"(那"念得很高,拖得很长"的一声"了"字是何等的"有味儿"!),并由这说话的"腔调儿"推知(感知)其情态心境的"悠闲",又从那"熟人"间"微叹着互答着"的说话神态里体味北京人人际关系的和谐、随意、谦恭,以至于在这种有腔有调的"闲聊"("唉,天可真凉了——""可不是么?一层秋雨一层凉啦!")中,突出的是一种情感、心绪的交流,言语的语义功能反而不那么重要,也就是说,人们说话的目的在于沟通心灵,甚至什么目的也没有,仅在于一种语言的享受:自我(彼此)陶醉于那说话的腔调、韵味之中。而这腔调、韵味,如前所说,是能够唤起并沉醉于一种既悠闲(清闲)又落寞的感觉的——这时候,大自然季节、景物("秋")的"味儿",人的主观心绪的"味儿",以及这"说话"的腔调的"味儿",已经融为一体,"三合一"了。

文章到此已经把"故都"的"秋味"写足,以后再叙北京的"果树",以至与世界文人笔下的"秋"的同与异,与"南国之秋"相比下的"特异"等等,都只是"余墨",一种境界的扩展,我们也无须多说了吧。还是再回到"命题"上来。我们已经知道,所谓"故都的""秋味"实际上是一种"客体"("北京"这个特定城市里的大自然的"秋天")与"主体"("北京人"以及有着"北京人"的眼光的作者)的交融;我们并且从中既"品"出了"清闲"(悠闲、闲适、从容、洒脱……),又品出了"落寞"(凄寂……),这种"情"与"理"的互相依存、制约,就形成了"北京文化"的特殊神韵,同时也是"东方文化"的神韵所在。我们从"故都"的"秋味"里所品尝到的,也正是"北京文化"(以及"东方文化")的"真味":读郁达夫的《故都的秋》是一次真正的文化享受(陶醉)。

我们的"品味"真该结束了,但似乎意犹未尽,还有一点"余文"。当我们经过自己独立的审美体验,从郁达夫的《故都的秋》里"品"出了他笔下的"故都"的"秋味"包括着"淡淡的喜悦"与"淡淡的忧郁"两个侧面并且互为表里时,我们有一种"重新发现"的惊喜。因为在此之前,众多的"阅读指导"都告诉我们,郁达夫笔下的"秋味"充满了"深远的忧虑和孤独者冷落之感"。也就是说,我们自己在郁达夫的文章里读出来的"秋味"是"一剂复药",传统(几乎成了定论)的分析,却开出"一服单方"。这里确实存在着一个"审美误差"。我们还想问:"误差"

是怎样产生的？除了某种传统观念造成的“思维定势”（例如，写“秋”必“悲”之类）之外，我们又注意到了如下分析（逻辑推理）：“1933年4月，由于国民党白色恐怖的威胁等原因，郁达夫从上海移居杭州，撤退到隐逸恬适的山水之间，思想苦闷，创作枯淡。”“由于作者身处的时代，在作家的内心投下了深远的忧虑和孤独者冷落之感的阴影，因此，作者笔下的秋味，秋色和秋的意境与姿态，自然也就笼上一层主观感情色彩。”不能否认一个时代、社会的“大气候”（即我们通常所说的时代精神、氛围）对生活在时代、社会中的作家的思想、感情与创作的影响。但同时要看到，作家的思想、感情是复杂的，影响作家思想、感情的因素也是多元的；时代、社会对作家思想、感情的影响更是复杂曲折的，作家思想、感情在具体作品中的体现同样复杂，甚至是微妙曲折的。如果满足于线性思维的简单推理，“时代是苦闷的→作家必定时时处处陷入单一的绝对苦闷中→他写出的每一作品必定是充满了单一的绝对的苦闷感”，由此得出的结论，偏离于作品描写的实际，就几乎是难于避免的。我想，我们分析一篇作品的“起点”（出发点）不应该是某种既定的观念，还是老老实实地从本文开始吧——一字一句地阅读、琢磨、品味，这本身就是一种绝妙的审美享受：要珍惜自己从作品实际中得出的审美体验，它正是一切“分析与研究”的基础与起点。

【评析】

从阅读文体的视角来看，本案例属于对文学作品类散文教材的研读；从阅读理论的视角看，它规避了以往社会学研读的线性思维，兼容了语义学研读和接受美学研读的方法，体现了语文教师多元化研读教材的技能。

钱理群教授摒弃了线性逻辑分析，突破了传统的看法：时代是苦闷的，作者笔下的“秋味”必定充满“深远的忧虑和孤独者冷落之感”。他从接受美学的角度，根据教师自身独立的审美体验，生成新的课文意义，使教材解读的多种潜在可能变为现实，于是，钱理群教授有了“重新发现”的惊喜，从文化的视阈品出了“故都”的“秋味”包含着“淡淡的喜悦”与“淡淡的忧郁”，这种研读使得教师在反思中培养了深入研读教材的能力；从语义学研读的角度看，钱理群教授认为研读教材要“一字一句地阅读、琢磨、品味，……要珍惜自己从作品实际中得出的审美体验，它正是一切‘分析与研究’的基础与起点”。因此，他遵循作者在教材文本中呈现的思路和情感脉络，紧扣“故都”的秋景对教材的语言进行研读，通过对教材语言表层意蕴的研读，抓住关键的词句，如“清”“静”“悲凉”，把握了教材文本的深层内涵——“故都”的“秋味”及其文化意蕴。

从教材研读的技能上看，首先，钱理群教授对《故都的秋》的研读，从整体上把握了文本的内容和情感基调，顺着作者的思路从“外在的印痕”到“渗透于骨髓里的传统神韵”，提纲挈领地品味了要点。他根据本文的教学目标确定了以“故都”的“秋味”为研读的重点，以对作者思想和感情基调的理解为本文的难点，在厘清作者思路的基础上，提炼出品鉴“故都的秋味”的教学主题，采用了“四位一体”的研读策略，综合考虑了编者的意图、作者的意图、教师的教学目的、学生的学习需要。其次，本案例体现了钱理群教授恰当切入文本的独特视角和重点、难点解析的技能。他从北京文化——“对待生活、大自然这样有滋有味地品尝、欣赏”——的视角切入，紧扣“故都”秋天的特点来品鉴“故都”的“秋味”。他以教材蕴含的感情为核心，研读出“故都”秋景的文化特色，从而得出郁达夫以知“秋味”的文化人的眼光，自觉地寻求审美的满足，成为“故都”文化的欣赏者与表现者的结论。再次，案例也体现了教师创造性研读教材和个性化阅读的技能。钱理群教授从文化的角度对教材做出了自己的分析判断，从全新的层面进行了个性化阅读，获得了独特的审美感受和体验。这种研读不仅有利于培养教师在研读教材时的想象力、思辨力和判断力，也能够很好地落实《普通高中语文课程标准(2017 年版)》中的对学生的要求：“在感受形象、品味语言、体验情感的过程中提升文学欣赏能力。”①

总之，培养语文教师教材研读技能是语文教师教学专业可持续发展的必需，是语文教师实施有效教学，提高教学效率和教学质量的保证，也是语文教师的教育使命和责任担当，它需要语文教师在教学实践中不断提升理论素养，虚心借鉴优秀语文教师研读教材的案例，汲取先进经验，掌握教材研读的策略。

四、思考练习

1. 教材研读的基本类型有哪些？
2. 分析钱理群教授是如何对《故都的秋》进行创造性阅读的。
3. 查找资料，尝试对戴望舒的《雨巷》进行多元解读。

第二节 教学设计的技能

一、技能概说

(一) 定义

古人云：“凡事预则立，不预则废。”因此，对教学事先设计与规划可以规避盲目施教而造成的断章取义或南橘北枳的现象。当代教学设计大师加涅指出教学设计是一个系统化规划教学系统的过程。我国教学设计研究专家盛群力教授认为：“教学设计实质上是对教师课堂教学行为的一种事先筹划，是对学生达成教学目标、表现出学业进步的条件和情境做出的精

① 中华人民共和国教育部：《普通高中语文课程标准(2017 年版)》，人民教育出版社，2018 年版，第 17 页。

心安排。”[1]以一般原理为基点从语文学科的视角来看：“语文教学设计是以哲学、教育学、心理学、课程论、教学论等作为理论基础，从教学设计的一般原理出发，结合语文学科特点，按照语文课程的教学目标和要求，根据教学内容的实际和学生认知规律的实际，结合教师自身特点和优势，对教学过程的安排和教学方法的运用所做出的一种策划。”[2]语文教学设计的技能是指在“为学习而设计”的思想指导下，为实现语文课程标准所规定的总目标或达成单元教学目标、单篇课文教学目标而进行语文教学系统设计的能力。

（二）类型

教学设计可以从整体与局部的关系分类，也可以从教学设计的范畴分类。据此，教学设计的技能，也可以从整体与局部的关系、教学设计的范畴分类。

1. 从语文教学设计整体与局部的关系分类

（1）自上而下的总分式语文教学设计

“自上而下”的教学设计思路是建构主义教学理论的基本主张之一，它符合人类认知的规律——我们认识事物总是先整体后局部，先整体感知课文的思想内容、情感基调、文体风格、重点难点等，然后才能逐层深入地剖析课文的局部，可见这种“自上而下”的整体感知是全局性、轮廓性地对课文的把握，虽然这种整体认知还是模糊的，但它是必不可少的，在语文教学设计中这种整体性感知课文的环节相当重要，没有它，对课文的掌握是零碎的，往往造成一知半解，“见一叶而不见森林”的局面。在整体把握课文全局的基础上再把握脉络、分段探究、突出重点、质疑问难，才能做到精微剖析、点面结合。“自上而下”的语文教学设计走的是总览—分析—总结的教学设计模式，有其内在的合法性与合理性。

（2）自下而上的分总式语文教学设计

“自下而上”的教学设计思路是根据美国教育心理学家布卢姆的教育目标分类思想而产生的分总式语文教学设计类型。布卢姆和他的同事们以学生的外显行为作为分类的标准，将教学目标分为“认知领域”“情感领域”“动作技能领域”三个部分，按照这一教学目标分类思想进行语文教学设计，往往是导入课文以后，进行课文分段，然后紧扣文章线索逐一分段研读、探究，在精讲了各段之后，辅之以练习巩固，最后对课文进行总结。这种“自下而上”的语文教学设计走的是分析—综合的语文教学设计模式，它“由于目标分类过细，层次繁多，往往导致教师对细小目标的追求，而影响对目标的整体把握”[3]。

2. 从语文教学设计的范畴分类

（1）语文课程教学设计

语文课程教学设计是指按照语文课程标准的要求，对语文课程的教学做出整体性的规划，包括语文课程的总体教学目标、教学内容、教学进度、教学的基本情况分析等，它是对语

---

① 盛群力等：《教学设计》，高等教育出版社，2005年版，第4页。
② 张彬福：《语文教学设计的理论与实践探索》，《中学语文教学》，2005年第9期。
③ 胡淑珍等：《教学技能》，湖南师范大学出版社，2000年版，第24页。

文教学设计基本原理的运用，又渗透到语文课程教学实施的具体环节中，因此，掌握语文课程教学计划的整体设计成为语文教师必备的基本技能。

(2) 语文教学单元设计

语文教学单元设计是以单元为教学块，通盘考虑识字与写字、阅读与写作、口语交际、语文综合性实践活动等各方面教学内容，对整个单元的教学工作做出全面的安排。无论是教学方式方法的选择，还是具体教学环节的实施都应该立足于单元教学的整体训练效应。语文教学单元设计的结构包括：课题名称、教学要求、教学目标、课型和教学方法、课时安排等。

语文单元教学设计示例①

教学目标：1. …… 2. …… 3. …… 4. ……
教学进程(或步骤)：共 10 课时 起领课 1 课时，内容要点：…… 教读课 3 课时，内容要点：…… 自读课 2 课时，内容要点：…… 比读课 1 课时，内容要点：…… 写作课 2 课时，内容要点：…… 总结课 1 课时，内容要点：……
课时安排： 第一课时：内容要点…… 基本课型…… 基本教法…… ↓ 第十课时：内容要点…… 基本课型…… 基本教法……

单元教学进度计划表

单元名称		课型	
教学目标			
教学重点 难点和关键			
教学方法			
单元名称		课型	
课时安排			
备注			

(3) 语文课堂教学设计

语文课堂教学设计主要针对语文阅读教学过程而言，是对语文课堂教学过程进行的精心设计，其实质就是“对教学环节和教学阶段的划分和安排以及对教学环节和教学阶段之间的

① 饶杰腾、王向渔：《中学语文教师教学基本功讲座》，北京师范学院出版社，1991 年版，第 248 页。

衔接的组织。教学过程的组织最终体现为教学的纵向结构，对教学结构规律性的总结就形成一定的教学模式，这就是教学过程、教学结构和教学模式之间的关系”[①]。语文课堂教学设计的主要内容包括以下五个方面：教学目标的确定、教学过程的安排、教学策略的运用、教学评价的组织和教学方案的编制。语文课堂教学过程设计包括一个教学单元的教学过程设计、一篇课文的教学过程设计和一个课时的教学过程设计。语文单元课堂教学模式可设计为整体把握→教读示范→自读迁移→单元总结→反馈补偿；单篇课文的课堂教学可设计为阅读准备→整体感知→具体理解→总体把握→欣赏评价→反馈调控；一个课时的课堂教学过程可设计为导入新课→目标定向→朗读课文→正音释词→提问讨论→分析归纳→练习活动→总结收束。[②] 语文课堂教学设计应根据具体的课堂教学情境、教学目标和学生的学习需求灵活调控，使语文课堂教学设计做到预设与生成的有机统一。

（4）语文教学媒体设计

语文教学媒体包括传统教学媒体、现代教学媒体和当代教学媒体。传统教学媒体包括板书、挂图、简笔画、卡片、模型、实物教具等，主要用于增强语文教学的直观性，使语文教学的内容变得具体、形象、生动，但对语文教学结构的影响不大。现代教学媒体包括幻灯、录音、电影、电视和程序教学机器等。现代教学媒体增加了信息刺激的强度，优化了语文信息的传播过程，改变了语文教学结构、密度和强度。当代教学媒体包括计算机、多媒体、语文教学网站、语文学习软件等，它有利于学生多感官整体认知课文，全面发展学生的创造力，提高教学效率，训练学生思维，实现学习方式的多样化。语文教学媒体的设计应该根据语文教学的客观环境、条件、语文教学内容、教师的教育技术、学生的学习方式等加以确定，各种语文教学媒体的选择并没有绝对的优劣之分，应结合实际巧妙运用。

二、训练要点

（一）整体掌握，教学设计思路清晰

语文教学设计技能的培养应顺应语文教师专业发展的新理论，坚持语文学科的基本理念，在正确把握语文教育特点的基础上，整体研读教材，正确认识编者的意图和课文在教材中的作用与地位，整体掌握单篇课文的教学要求、教学目的、教学目标、教学内容等，预测学情，预测可实施的教学方法，预设教学过程和教学评价，教师也要了解自身的教学风格和可开发的教学资源。教学设计要做到思路清晰、严谨，教学结构有序，但不呆板，具有弹性，切忌教学设计思路不清，教学结构混乱，因为教学设计的思路直接关系到教师课堂教学的思路和程序，能够自上而下整体设计教学，是实现语文有效教学的根本保证。

（二）主题突出，教学目标科学合理

语文教学设计过程中要注重培养提炼教学主题的技能。所谓教学主题是围绕一个教学

① 李山林：《语文课程与教学论案例教程》，湖南师范大学出版社，2006年版，第229页。
② 李山林：《语文课程与教学论案例教程》，湖南师范大学出版社，2006年版，第229—233页。

目标而组织的整体教学结构中的一个小单元，它是以一个教学重点问题为中心，选择相应的教学内容，采用合适的教学方法构成的教学单元。一节课的教学不可能面面俱到，总是由两三个教学主题构成，因此，一节课的教学重点一定要突出教学主题。语文教学目标的确定和表述要科学合理，要符合语文课程标准的总目标和阶段目标的要求，又要考虑学生的实际情况、单元目标和课文所承担的任务，编制教学目标要做到明确性、整体性和弹性兼顾，表述教学目标要做到科学、准确、有条理。

（三）方法得当，教学过程灵活紧凑

语文教学设计必须根据教学内容的需要和教师的个人特点选择合适的教学方法，新课程倡导反思性教学、探究性教学、对话性教学、建构主义教学等，相应也主张学生采用自主、合作、探究的学习方式，教师在教学设计中应制定最优的教学策略和教学方法，以促进师生之间积极地交流互动，教学相长。语文教学设计还要根据教材内容、学生的问题和需要设计教学过程，教学过程既要严密紧凑，以便能够循序渐进、有条不紊地施教，又要灵活而有弹性，以便根据教学实施的具体情况，预留调整的空间，这样的语文教学设计才能使课堂教学达到预设和生成的辩证统一。

（四）满足需求，教学资源开放多元

“解决学生问题、满足学生需求是‘以人为本’理念的体现，也是教学设计的出发点和归宿。……要根据学生的求知需求、情感需求和发展需求设立教学目标，安排内容，把学生的发展作为教学追求的根本目标。”[①]而要满足学生的需求，教学资源的开发是不可或缺的要素，因此，语文教学设计中教师开发教学资源的技能成为教师专业发展的重要方面。信息时代，语文教学资源丰富多样，不仅包括图书馆、博物馆、社区、超媒体的网络语文资源等，还包括人的因素，教师、学生、家长、亲友等均可成为语文教育的资源，课堂上教师与学生以及学生之间的交流碰撞产生的思想灵感、情感态度等都可以将教学引向深入，提高教学质量，可见语文教学设计过程中开发教学资源的技能也是重要的。

三、案例评析

【案例2－2】

走进《水浒》　畅游梁山

——《水浒》语文教学设计[②]

林丽芳

《水浒》是四大文学名著中最通俗易懂的，在民间广为流传。同时，《水浒》是纯古代白话文，阅读障碍比较少。本课主要是让学生整体了解《水浒》，加深认识英雄形象，深入阅读文本，并尽可能提高他们的鉴赏能力和审美能力。学生

① 苏立康：《中学语文教学研究》，中央广播电视大学出版社，2003年版，第73页。
② 林丽芳：《走进〈水浒〉　畅游梁山——〈水浒〉语文教学设计》，《中小学信息技术教育》，2007年第11期。有删改。

已上初中，对《水浒》应该不会陌生，但是包括本班学生在内的当代中学生名著阅读的现状并不令人乐观。很多人对文字类的阅读兴趣不够浓厚，热衷于网络、漫画等快餐式阅读。即便有文字类阅读，往往“偏食”、猎奇、求速——读畅销书的多，读经典文学作品的少；粗读、泛读多，精读少。有的学生纯粹为应试而死记硬背关于名著的知识，只关注故事情节，而忽略了作品的艺术性、思想性，很少沉下心来去感悟，以致阅读质量不高。因此，尽管学生对其中的人物形象或多或少有所了解，但这种了解不够深刻、全面，必须引导他们阅读和欣赏。学生经常上网查找资料、聊天、阅读等，完全可以通过电子图书馆进行原著的网上阅读，并作读后的简单批注、分析。

一、教学目标

1. 在初步了解《水浒》这部名著的思想内容和艺术成就的基础上，熟知水浒故事，积累与水浒人物相关的歇后语等，汲取中国古典文学作品丰富优美的语言营养；培养语言文字的积累能力、表达能力；引导他们深入阅读文本，提高赏析能力。

2. 通过竞赛、讲故事、成果展示以及教师的提示讲解等方式完成教学任务。

3. 通过活动，让学生感受对祖国灿烂文化的自豪感及对水浒英雄人物的崇敬之情；激发学生阅读《水浒》及其他文学名著的兴趣，体验文学作品的魅力，逐步培养艺术欣赏力。

二、教学重点、难点

重点：激发学生阅读文学名著的兴趣；初步了解《水浒》的主要内容，加深认识《水浒》的英雄形象。

难点：深入阅读文本，提高鉴赏能力。

三、设计思想

名著阅读亟需有针对性的指导，使学生尽可能养成良好的阅读习惯，从而对学生成长起到积极作用。为达到效果，开学初，我便制定了精读《水浒》系列活动的计划，开展主题阅读活动，设计多样的活动形式，尽可能提供丰富的资料和范例，如《水浒》英雄故事会、精彩情节赏析讲座、英雄人物评论等。

《水浒》是一部长篇小说，要完全在课堂上学习是不可能的，所以课堂上只是简单学习这部作品，是整个阅读过程中的一个阶段性的展示。学生通过不同层次的学习了解《水浒》故事，积累有关《水浒》的知识，欣赏品味《水浒》，认识到它的价值，了解它的艺术魅力，进而激起阅读更多名著的兴趣。

四、信息技术应用分析

课前，学生利用数字电子图书馆阅读《水浒》及相关资料，了解故事，做一些批注，并选定一个赏析点批注、赏析，作为小组学习交流的基础。在创设情境、引入新课环节，运用视频播放电视连续剧《水浒》的主题曲《好汉歌》，充分渲染气氛，调动学生的学习兴趣。

课堂中，依靠信息技术开展多种形式的学习，调动学生的学习兴趣。

在“知”的环节借助VCM白板让学生做连线题，互动性强，一目了然。

用电子抽号的方式随机抽学生答题，增加刺激性，调动课堂学习气氛。

在“说”的环节上，用EC-click表决器对台上的说话者投票，提高学生参与的积极性，营造竞赛气氛。

借助PPT展示教学内容，逐步引导学生深入学习。

在赏析环节，学生调出在电子图书馆阅读时所做的批注进行小组学习成果展示，分享他们在独立阅读及小组学习时的心得。

五、教学过程

（一）创设情境，导入新课

运用多媒体播放电视连续剧《水浒》的主题曲《好汉歌》。

师：同学们，听完歌曲以后是否觉得热血沸腾呢？你们知道这部电视连续剧是取材于我国的哪部古典名著吗？你们想到了其中的哪些豪侠之士？

师：众多的水浒英雄演绎了许多脍炙人口的故事，如鲁提辖拳打镇关西等。大家已经通过电子图书馆在网上阅读了这部名著，了解了这些故事，现在就让我们一起走进《水浒》，畅游梁山，感受英雄吧！

设计意图：开头激趣相当重要，通过同学们熟悉的《水浒》主题歌，引入《水浒》，并以行侠仗义的豪侠之士触动学生的兴奋点，让他们初步感受梁山英雄的侠义精神，再顺势导入主题。

（二）知《水浒》

师：下面先考考大家对《水浒》这部名著的大概了解情况，以抢答的方式竞赛，看哪个小组的同学最厉害。

1.《水浒》内容填空（电子随机抽号回答）。

2. 人物绰号（在电子白板上连线）。

3. 人物与情节（在电子白板上连线）。

4. 补全回目（在电子白板上连线）。

5. 猜谜（看题抢答）。

6. 说歇后语（看题抢答）。

7. 据图猜故事（看题抢答）。

设计意图：本环节借助各种信息技术，从学生感兴趣的浅层知识入手，以竞赛的形式再一次激发学生的学习兴趣，让学生初步感知《水浒》。

（三）说《水浒》

师：《水浒》讲述的是一个个英雄的故事，梁山好汉个个胸襟豁达，光明磊落，敢作敢为。下面要求大家简明扼要地在小组中交流自己喜欢的水浒人物故事，选其中一些小组代表向全班同学汇报，限时1分钟。再用EC-click表决器对台上的讲述者投票，看谁说得最好。

1. 请说说你喜欢的水浒人物的故事。

2. 请以“××,我想对你说”的句式对这个人物说一句话。

师:刚才我们大家交流了自己喜欢的水浒人物故事,说得都非常的好。事实上《水浒》这部小说塑造的人物有很多,仅梁山就有108个好汉。这些好汉自然会赢得我们的喜爱。

设计意图:《水浒》实则是一个英雄的传记,阅读《水浒》的过程其实是感受英雄的过程。设计本环节可让学生深入了解人物和情节,同时提高学生读、说的能力。后面的表决又极大地提高了学生的参与性。

(四) 赏《水浒》

课前让学生在数字电子图书馆注册,利用课余时间阅读《水浒》及相关资料,要求每一个小组选择一个赏析点进行研究,可以赏析小说的思想内容、艺术手法,也可以就小说中的精彩情节或人物发表自己的看法。课堂上学生调出在电子图书馆阅读时所做的批注进行小组学习成果展示,分享各自在独立阅读及小组学习中的心得,老师适当点评。赏析内容如:

1. 精彩片段赏析:《鲁提辖拳打镇关西》。

2. 不同人物的比较赏析:武松与林冲。

3. 水浒人物绰号赏析。

设计意图:学生受知识水平限制,读名著仅停留于知道人物与情节的层面上,本环节重点在于引导学生一步步地深入阅读作品,尽可能提高他们的鉴赏能力和审美能力。

(五) 归纳,总结

师:这节课,我们一起走进了《水浒》,畅游了梁山,了解了更多的《水浒》知识、《水浒》故事,赏析了《水浒》写作上的一些精彩之处。《水浒》这部鸿篇巨制对后世产生了深远的影响,不愧为我国古代四大名著之一。当我们再次听到这气势恢弘的旋律,那一个个《水浒》故事、《水浒》人物一定会在我们眼前一一浮现。

多媒体再次播放《好汉歌》。

设计意图:再次播放《好汉歌》,使本课首尾呼应,同时也使得学生对歌词有进一步的思考、领会。

六、教学反思

上名著课似乎很容易,让学生读小说而已;上名著课似乎又很难,学生对这名著不感兴趣,或者读了也不觉其“名”在何处。所以,不要轻视了名著课,引导好了,给学生打开一扇通往名著宝藏的大门;引导不好,让学生对名著敬而远之。这堂课上完后,教学效果不错,调动起了学生阅读名著的热情,学生对于《水浒》这部文学名著充满兴趣。从中可以看出,这堂课教学目的、教学重难点设计合理,顺应了由浅入深的规律,体现了语文新课标的要求。

【评析】

本教学设计开篇阐明了《水浒》一文的教学要点是让学生整体了解《水浒》，加深认识英雄形象，深入阅读文本，并尽可能提高他们的鉴赏能力和审美能力。为了实现这一教学目标，林丽芳老师对学生学习的基本情况做了深入分析，为整体教学设计厘清了思路。教学目标设计体现了从知识与能力、过程与方法、情感态度与价值观三个维度提高学生语文素养的要求，但应该把小说的文体特征和小说写作与阅读的基础知识设计为重点，这是因为九年级学生对小说这种文学体裁的认识还不够深刻，教学难点设计成提高鉴赏能力紧扣了义务教育语文课程标准的要求。从教学设计思想中可以看出《水浒》一课是经过精心准备和设计的，融合了课内外语文学习资源，教学形式多元，这堂课成为关于《水浒》系列教学活动的核心。《水浒》教学设计的一大亮点是充分利用了以信息技术为基础的多媒体进行教学，无论是听《好汉歌》创设情境，电子随机抽号回答，做电子白板连线题，还是用 EC-click 表决器投票，阅读电子图书及做批注，都进行了精心设计与策划。这一方面调动了学生的学习兴趣，提高了学生的参与意识和教学的效率，另一方面创新了教学方式，提高了学生利用信息技术学习的能力，深度整合了信息技术与语文学科的教学。整个教学过程循序渐进、环环相扣、思路清晰，知《水浒》、说《水浒》、赏《水浒》构成教学的主干，其间教师逐层深入地引导，学生自主、合作、探究式学习，积极对话，教学效果显著，教学反思比较到位，能较好地体现反思性教学的精神。

四、思考练习

1. 语文教学设计的类型有哪些？

2. 语文教学设计的训练要点有哪些？

3. 按照语文教学设计的一般原理与语文教学设计的基本要求，从现行的中小学语文教材中选择一篇课文进行教学设计，并编写成教案。

第三节 目标设计的技能

一、技能概说

（一）定义

语文课程与教学目标，是对语文课程与教学结果的合理预期。语文课程与教学目标，可以分解为“语文课程目标”与“语文教学目标”。未来的“教学设计”更多应该是一种“学习设计”，要综合考虑人才培养目标、学生既有认知结构与认知特点等因素，设计合宜的学习进程与相应的学习活动。本书所言之“目标”，更多是指“语文学习目标”。

从“技能训练”的角度，可将“语文学习目标设计技能”界定为：综合考虑语文课程目标、语文学习材料、学习者的已有认知结构与认知特点等因素，对学习结果进行合理预期并予执行的能力。宏观地说，目标设计的主体可以是教师，也可以是学生，甚至是其他语文学习的参与者。而从学习活动的实践逻辑来看，主要是教师。目标设计技能是教师素养的重要构成。本书也主要是在这个层面使用“目标设计技能”的概念。

（二）类型

狭义的目标设计仅指目标预设。鉴于语文学习是一个涵括学习设计、学习开展、学习评价等环节在内的有机体系，因此，广义的目标设计不仅包括学习活动开始之前的“目标预设”，还包括学习进程乃至学习评价中的“目标生成”。

以语文学习活动的流程为依据，可将语文学习目标设计技能分为这样三类：一是目标预设技能，体现为教师学习设计过程中的课标研读、内容开发、学情判断，主要在教师头脑中进行；二是目标表述技能，即教师将头脑中基于课标研读、内容开发和学情判断预设的学习结果外化，用文字固定；三是目标执行技能，主要表现为教师根据教学设计过程中合理预设并以文字顺利外化的关于学习结果的预期，有序开展学习活动，适时进行学习评价。

以语文学习目标的来源为依据，可将语文学习目标设计技能分为这样三类：一是课标研读技能，即准确理解语文课程标准关于语文课程性质、课程目标、课程内容的相关要求，并据此开发课程资源、生成学习内容、制定学习目标；二是学习内容开发技能，指语文教师根据课标要求与学习材料的性质，生成合宜的学习内容，指导学生语文学习活动的顺利开展；三是学情分析技能，即教师依据课标要求与所学新知识的性质特点，精准判断学生已有认知结构与认知特点，并据此确定学习活动的立足点与着眼点，确保语文学习活动的有序与有效。

二、训练要点

语文学习目标存在诸多不同来源，受制于多种复杂因素，贯穿语文学习设计、学习活动开展以至学习结果评估的所有环节。考虑本书体例，在“技能训练”的角度，本节着重探讨如下几个问题。

（一）理念上重视语文学习目标

理念对于行动有着不容小视的制约作用，从某种意义上可以说，有什么样的理念，就有什么样的行动。从技能训练的角度来说，语文学习目标设计者，通常是指语文教师，从理念上重视“目标”对于语文学习的价值与意义，是设计合宜语文学习目标的前提。从理念上重视语文学习目标的应有价值，是合理进行语文教学设计、有序开展语文学习实践乃至科学开展语文学习评价的基石，也是语文课程与教学“科学化”历程的基石。

（二）课标研读技能的训练

1. 树立“基于标准开展语文教学”的信念

树立“基于标准开展语文教学”的信念，既是研读语文课程标准的起点，也是终点，这可以从如下两方面进行理解。

第一，这里的“标准”有两重含义：一是“语文课程标准”，它以政府文件的形式出现，从

“国家课程”的层面对语文课程与教学系统做出宏观要求；二是“合理”“合规律”，即是说，语文课程与教学必须走出“凭经验”“随意化”的窠臼，走上“合规律”“科学化”的坦途。当然，语文课程标准也非凭空产生，而是源于对语文课程与教学实践的系统考查与宏观思考，是集体智慧的结晶，一定程度上能够代表语文课程与教学的“科学化”方向。

第二，作为语文课程与教学系统的指导性文件，语文课程标准的价值在于宏观指导语文教师的教学实践，这既是语文教师研读课标的出发点，也是最终归宿。换句话说，一方面，语文教师奔着语文教学科学化、标准化的目的“走进”语文课程标准，明了其关于语文课程的性质定位、语文课程目标与课程内容、语文课程与教学实施等方面内容的规约与解释，精准理解课标精神内核；另一方面，又必须将这种理解付诸自己的语文教学实践与学生的语文学习实践。惟如是，才能真正体现课标对于语文课程与教学的指导作用，彰显课标的应有价值。

2. 区分三种类型的语文课程目标

就语文学习目标的设计来说，语文教师研读课程标准，必须重点关注“课程目标”部分。语文课程标准中的课程目标大体包含三种类型：内容目标、活动目标与能力目标。①

第一，内容目标，又叫“内容标准”，它直接指明学生语文学习中“学什么”的问题，学习内容是明确的，例如“能够区分写实作品和虚构作品”，了解“诗歌、散文、小说、戏剧等文学样式”等。

第二，活动目标，又叫“表现性目标”，它指明的是学生要进行什么样的语文活动，并期望通过这些活动实现相应的语文学习，例如“能主动进行探究性学习”，根据自己的学习目标“选读经典名著和其他优秀读物”等。

第三，能力目标，又叫“表现标准”，它仅仅指出学生某方面语文能力“应该达到什么水平”，例如，写记叙文做到“内容具体”，写简单的说明文做到“明白清楚”，写简单的议论文做到“有理有据”，口语交际方面做到“自信、负责地表达自己的观点”，要“清楚、连贯、不偏离话题”等。

循此标准审视语文课程标准会发现，越到高年级，越是以“能力目标”为主，这给语文学习内容的明确与语文学习目标的设计提出了不小的挑战。

3. 掌握不同类型“课程目标”向“教学目标”的转化技巧

语文课程标准中的“课程目标”不能直接等同于“教学目标”或“学习目标”，但它又是语文学习目标的重要来源，因此，语文教师设计学习目标时，要掌握相应技巧，将“课程目标”落地，转化为具体的、可操作的“学习目标”，真正发挥语文课程目标对于语文学习实践的指导作用。研究指出，对于语文课标三种不同类型的课程目标，其转化策略各有侧重。②

第一，对于“内容目标”，“学习内容”与“目标”多数是“属于”关系，可采用“分解”策略使课程目标具体化，成为“课堂教学中易于达到并可检测”的教学目标，实现课程目标向教学目

①② 王荣生：《语文课程目标：转化与具体化——基于〈义务教育语文课程标准（2011 年版）〉的语文教学建议》，《中小学管理》，2012 年第 4 期。

标的转化。例如“阅读简单的议论文，区分观点与材料，发现观点与材料之间的联系，并通过自己的思考，做出判断”，就可分解出“议论文”“观点”“材料”“观点与材料间的关系”等学习内容，进而形成“区分”“发现联系”“思考和判断”等教学目标。

第二，对于“活动目标”以及一些指向比较明确的“能力目标”，学习内容与学习要求蕴含在“活动”之中，因此可以通过“揭示”的策略发掘“学习”和“活动”之间的关系，生成相应的学习目标。例如“能根据日常生活需要，运用常见的表达方式”，就需要揭示“表达方式”“运用表达方式”以及日常生活等“写作语境”之间的关联，进而形成相应的学习目标。

第三，对于指向不明的“能力目标”，则要通过“提炼”“开发”等策略从课文等学习资源以及听、说、读、写等语文实践中“提炼”甚至“开发”相应学习内容，形成学习目标。例如“品味作品富于表现力的语言”，就需要结合不同语篇的体式特征与阅读要求，寻找该类语篇中的“重要词语”“富于表现力的语言”，进而明确“体会”“推敲”“品味”等学习要求的真正内涵，生成具体学习目标。

（三）学习内容开发技能的训练

1. 区分语文课程内容、语文教材内容、语文学习内容之间的关系

生成适切、合宜的语文学习内容，是设计合理、可行的语文学习目标的重要因素。对于语文教师来说，必须从理念上区分三个概念：语文课程内容、语文教材内容与语文学习内容。[①]

第一，语文课程内容，是语文课程具体形态层面的概念，主要面对语文课程“教什么”的问题，即是说，为了有效达成语文课程标准所设定的语文素养目标，语文课程研制者建议的“一般应该教什么”。语文课程内容宏观上包括两个方面：一是构成人文素养的文学、文化经典作品以及对它们的理解；二是一般意义上的语文知识。

第二，语文教材内容，是语文教材层面的概念，主要面对“用什么去教”的问题，即是说，为了使学生掌握既定的课程内容，教材编写者提供的“通常可以用什么去教”的建议。理想状态的“语文教材内容”应该上联“语文课程内容”，下达“语文学习内容”，能够顺利实现“课程内容教材化”与“教材内容教学化”。

第三，语文学习内容，是语文学习层面的概念，它同时面临两个问题：一是针对具体情境中的一个班乃至一组、一个学生，为使他们或他更有效地达到既定课程目标，“实际上需要学什么”；二是为具体情境中的这一班乃至这一组、这一个学生更好地掌握既定课程内容，“实际上最好用什么去学”。

2. 树立“教语文”的信念

受限于语文课程内容的模糊不辨等先天不足，加上多年语文教学实践形成的思维习惯，在广大语文教师的认知系统中，语文课程内容由语文教材内容替代，并基于语文教材内容生发相应的语文教学内容，换句话说，“教语文”演变为“教课文”。实际情况则应是，教师“应该

① 王荣生：《语文课程与教学内容》，教育科学出版社，2015 年版，第 21 页。

教”的、学生“应该学”的只能是“语文”，只能是“知识”。

结合前文关于“语文课程内容”的阐述，这里的“知识”包括两种情况：第一，对于构成人文素养的文学、文化经典篇目，即“定篇”来说，所学知识就是这些篇目本身；第二，对于非经典篇目，如“例文”“样本”来说，它们只是学习材料，所学知识是隐藏于这些材料背后的事实、概念、原理、策略等相关内容。

因此，语文教师开发学习内容、设计学习目标与学习活动的过程中，必须明确意识到，不管是教师的“教”还是学生的“学”，都要围绕“知识”展开，而不能拘泥于课文本身，通俗地说，就是要“教语文”而不能“教课文”。

3. 对语文教材内容进行二次开发，生成合宜的语文学习内容

辨明了“语文课程内容”“语文教材内容”“语文教学内容”之间的复杂关联，澄明了语文课程“教语文”的概念迷思，语文教师设计学习目标与学习活动时，需要基于自身认知与学情判断，对教材、教辅等学习材料进行整合、开发，生成合宜的学习内容，最终落实为学生语文素养的提升，个中逻辑就顺理成章了。

以阅读教学为例，学习内容的开发很大程度上依赖于教师合理、科学的课文解读，这种解读一要依托语文教师的专业知识，二要依据课文的文本体式。阅读教学的努力方向应是学生的阅读回归常态，这就需要着眼阅读方法的指导。不同体式的课文篇目，其阅读方法是不一样的，需要语文教师依托文本体式进行课文解读，选取合宜的阅读方法并形成相应的学习内容供给学生学习实践，最终体现为学生阅读素养的提升。

再如写作教学，写作长期以来一直成为制约语文教学效率的瓶颈已然是个不争的事实。我们已经知道，写作教学效率不高，实际上是因为写作学习内容不明，语文教师设计写作活动、开展写作实践时，往往关注的是“写”本身，而忽视了“写”这个活动指向的知识点与能力点。在进行写作学习设计时，明确本次写作希冀学生发展的知识点与能力点，即开发合宜的写作学习内容，恐怕是提高写作学习效率的必然选择。

（四）学情分析技能的训练

1. 树立“以学生为中心”的教育信念

学生是课程与教学系统真正的主体，这本是常识。要想设计合理、可行的学习目标，必须进行精准的学情判断。学情判断的核心理念便是“以学生为中心”，唯有“眼中有学生、心中有学生、一切为了学生”的伦理观，唯有“始于学生、基于学生、归于学生”的教学观，才是学情判断的理论前提。

2. “学情判断”要同“学习目标”关联

没有抽象、笼统的学情判断，换句话说，学情判断一定同具体的学生、具体的内容关联。审阅不少语文教师教学设计中的学情判断，例如“该年龄段的学生已经具备一定的阅读能力”“初步形成了较为完善的自我，但情感比较脆弱”等等表述，均比较笼统、含混，对学习目标的制定与学习活动的设计指导意义不大。学情判断一定是基于特定学习内容的特定学习

要求,即“学习目标”而来,通俗地说,就是回答“针对需要学习的某个东西而言,学生实际上处于什么状态”的问题。精准的学情判断反过来又会影响学习目标的制定,彼此互相促进,为学习方案的设计与学习活动的开展打下坚实基础。

3. 对学情进行归纳、归类,标定语文教学活动的着力点

学情判断同特定内容挂钩,与具体学生关联。如此一来,常识问题便是,针对特定学习内容的特定学习要求,每个学生的既有状况,即学情,可能都不一样。从理论上讲,有多少学生,便有多少学情。理想状态可能是,针对不同学情,便有不同学习方案与不同学习进度。而在班级授课为主的现代学校体制中,这种设想很难实现。这就需要教师对不同类属的学情进行归纳、归类,找寻彼此的同质成分与异质部分,以“类”为标准设计学习方案与学习活动,在班级授课的体制规约下,尽可能照顾不同特质的学生需求,开展个别化指导,保证学习效果。

(五) 语文学习目标的表述

1. 语文学习目标的两个核心要素

关于语文学习目标的表述,以认知领域为例,目前解释力最强的当属修订版的布鲁姆教育目标分类理论,见表 2-1。[①]

表 2-1 修订版布鲁姆认知目标分类框架

知识维度	认知过程维度					
	记忆	理解	应用	分析	评价	创造
事实性知识						
概念性知识						
程序性知识						
元认知知识						

参考表 2-1,我们知道,一个完整的学习目标应当包含两个核心要素:一是“知识类型”,回答“学什么”的问题,通常表现为语文学习过程中需要学生掌握的事实、概念、命题、策略或态度;二是“认知过程”,回答“学到什么程度”的问题,通常表现为“识记”“理解”“分析”“应用”或者“评价”“创新”等行为动词。只有包含这两个要素的学习目标才是可行的,才好操作,才能检测。此外,遵循“以学生为中心”的教育理念,学习目标的主语当以“学生”为宜,可循“学生理解……”“学生感受……”的思路进行,而不宜是“教师”,例如“使学生……”“让学生……”的言说方式,其隐含主语均是教师,是不恰当的。

2. 明确的学习内容

结合前文所论,我们已经知道,语文教师进行学习设计时的重点与难点在于学习内容的

① [美]洛林·W·安德森等著,蒋小平等译:《布鲁姆教育目标分类学》,外语教学与研究出版社,2014 年版,第25 页。

开发，而学习内容恰恰又是学习目标的核心要素。因此，语文教师在表述学习目标时，要确保学习内容的清晰可辨，这实际上包含两重内涵：第一，语文教师必须结合自身专业知识与精准的学情判断，对语文教材、教辅等学习材料进行整合，顺利实现"教材内容教学化"，形成合适的学习内容；第二，必须找寻合适的语词、概念等符号，准确表征这些学习内容，在教师指导自身语文教学过程的同时，供给学生语文学习实践。唯有学习内容清晰、学习目标明了才能真正发挥其应有的学习价值。

3. 行为动词的选择

行为动词也是目标表述的核心要素，它标识着特定学习内容的具体学习要求。同理，行为动词的选择既要同特定学习内容的学习要求相匹配，又要清晰可辨、可操作，切忌笼统。参考相关研究，结合语文学科的特点，我们以为，语文教师表述学习目标时的行为动词选择可参考表 2-2 至 2-4。①

表 2-2　认知领域教学目标的表述

学习水平	具体要求	可参考的表述动词
识记	对所学知识进行再认或回忆	背诵、回忆、复述、描述……
理解	对概念进行判断或解释，转化知识，实现迁移	比较、归纳、概括、改写、举例说明……
应用	将习得的知识运用于实际领域，解决问题	运用、撰写、鉴赏、评价、制订……
综合	分析习得的知识间的关系，建构知识网络	编写、设计、总结、分析、对照……

表 2-3　技能领域教学目标的表述

学习水平	具体要求	可参考的表述动词
模仿	在来自教师或其他示范、具体指导下完成某项操作	模仿、尝试、临摹、扩写、缩写……
独立操作	独立完成某项操作，进行调整，建立与已有技能的联系	完成、解决、制定、操作……
迁移	将习得的技能运用于新的情境，根据需要解决问题	制定、拟定、灵活应用、触类旁通……

表 2-4　情感领域教学目标的表述

学习水平	具体要求	可参考的表述动词
经历(感受)	从事某项活动，建立感性认知	注意、感受、接受、体验、交流、分享……
反映(认同)	在感受基础上进行表达与判断，并做出反映	关注、认可、欣赏、喜欢、帮助、尊重、同情……
领悟(内化)	有稳定的态度、持续的行为和个性化价值观	形成、养成、热爱、追求、树立、保持……

表 2-2 至 2-4 仅是从总体上对语文教学不同领域、不同层次的目标表述所作的参考性建议，实际操作过程中，语文教师必须充分考虑学生在认知、情感、技能等不同领域的不同发展要求而有变化，从而保证目标设计的合理可行。

① 张昕、任奕奕：《新课程教学设计》，北京理工大学出版社，2007 年版，第 29—30 页。

（六）目标设计中的常见问题

1. 目标虚化

语文学习目标虚化的表现有三：一是没有目标或目标意识不明，教学随意性很大，不能有效区分“语文活动”与“语文学习”，所谓的语文教学实际上是领着学生开展“语文活动”，至于活动中有没有发生语文学习、如何发生等问题，则没有明确的意识。二是设计方案中有目标，但不能有效贯彻到学习过程之中，实际情况可能是，设计是设计，实施是实施，目标是目标，活动是活动，彼此缺乏有效关联。三是目标过于笼统，“放之何处均皆可”，对学习实践的指导意义不大，可操作性不强，这就牵扯出另一个问题：直接移植“课程目标”为“教学目标”。

2. 直接移植“课程目标”为“学习目标”

这实际上是语文学习目标虚化的一种特殊表现。我们已经知道，“语文课程目标”是宏观地、从国家层面对语文学习结果所作的要求，而“语文学习目标”则是微观的，同具体内容、具体学生关联。实际过程中，很多语文教师设计的学习目标，实际上是直接移植语文课程目标的相应条目，例如“正确、流利、有感情地朗读课文”，再如培养学生“自学”“合作”“表达”等相关语文能力，实际都是语文课程目标，是学校体系中的语文课程要完成的总体任务，如果将其直接移植为某个具体内容的学习要求，则未免空洞、抽象，可操作性不强，反映出教师在具体知识的学习内容与学习要求方面的模糊认知。

3. 重“教”轻“学”

这也有两种表现：一是在设计的学习目标中，大多使用“使学生……”“让学生……”的表述方式，主语是教师。语言是思想的反映，这种以教师为主语的学习目标，实际上是“教师中心”的直接体现。二是在学习过程中，目标只存在于教师的认知体系中，学生则一无所知，甚至在学习活动结束时，都对所学内容的学习要求一知半解，模糊不辨。这些状态都有违“学习者中心”“以学定教”等学习理念的相关要求。

4. 割裂“三维目标”的内在联系

始于21世纪的新课程理念倡导“知识与能力”“过程与方法”“情感态度与价值观”的三维目标设计，这实际是“课程”层面的概念，是“课程目标”，许多教师不明其理，将其直接移植为学习目标，此其一；其二，在针对具体内容、具体设计学生学习目标时，也分别从“知识与能力”“过程与方法”“情感态度与价值观”等方面进行设计，这是对新课程“三维目标”的理解偏差，并且时至今日，这种现象仍然十分普遍。三维目标是个有机整体，是提高学生语文素养这个目标的三个维度，对语文课程与教学来说，每个目标均包括“知识”“能力”“方法”“情感”等诸多要素，不能笼统地说某个目标是单纯的“知识目标”“能力目标”或“情感目标”。

三、案例评析

【案例 2-3】

《昆明的雨》教学目标[1]

1. 通过默读全文，找出文中叙写的雨季中的景、事、物、人，体会散文形散神聚的特点。

2. 通过朗读，体会文章平淡质朴、如话家常的语言风格，以及从“凡人小事”中发现美的独特眼光。

3. 体会作者对昆明真切的想念，理解作者淡泊从容的人生态度。

【评析】

对课程目标三个方面的认知充分，三条目标体现了课程目标三个方面的相互融合渗透。

各条目标行为动词隐含的主语是“学生”，不论是“默读”“朗读”还是“找出”“体会”，均表明目标是学生的学习行为和发展结果，这体现了对学生主体地位的尊重和对“以学定教”这一原则的遵循。

学生的学习行为较为具体，如“找出文中叙写的雨季中的景、事、物、人”等。教学的目标要求基本明确，如文体的特征、语言的风格、写作的手法等。这些要求与文本的特征和学生发展的阶段特征是相契合的。

【案例 2-4】

《狼》教学目标[2]

1. 培养阅读浅显文言文的能力和语言感悟能力。

2. 把握狼和屠夫的形象，把握本文写作特色及突出中心的方法。

3. 以《狼》为桥梁，引导学生走近《聊斋志异》，理解作品中人与动物的关系，培养阅读整本书的兴趣。

【评析】

部分目标行为动词隐含的主语是“教师”，如“培养”“引导”，在表述上不够准确规范。

对语文课程培养学生语言运用能力的目标认识较为到位，三条目标中都体现了对语言学习的重视，特别是引申到整本书的阅读，显示出对语文课程的较深刻理解。但是部分目标不够具体充分，如“阅读浅显文言文的能力和语言感悟能力”这一说法就较为空洞，“本文写作特色”也没有揭示出来。

---

① 王静静:《〈昆明的雨〉教学设计》,《语文学习》,2019 年第 2 期。

② 申治云:《〈狼〉教学设计》,《中学语文教学》,2019 年第 2 期。

四、思考练习

1. 谈谈你对“语文课程目标”与“语文学习目标”的理解。
2. 语文教师设计合宜的语文学习目标，需要考虑哪些问题？
3. 从现行语文教材中找一篇课文，并给它设计合理、可行的学习目标。

第四节　导入的技能

一、技能概说

（一）定义

“导入”又叫“开讲”，或“导课”，它是一堂课的起始环节。在语文课堂学习过程中，导入技能是指综合考虑影响语文教学与学习的相关因素，进而采取合目的、合规律的开讲方法，确保语文学习活动顺利开展的能力。合理有效的导入，可以吸引学生注意，唤醒学习兴趣，激发学习动机，定向学习任务，拓宽知识，熏染情感。

（二）类型

关于导入的类型，不同研究从不同标准出发做出过多种不同的界定。例如，周庆元的《语文教学设计论》先从“形式”和“内容”两方面对导入进行“类”的划分。首先，在“形式”上，又可根据主要使用的“方法”分为五大类：一是以“讲”导入，或讲述，或讲解，或讲演，或讲析；二是以“读”导入，如吟诵诗词，朗读背诵，教师泛读，学生默读；三是以“议”导入，提问设疑即是；四是以“练”导入，一般是先做一道小型练习；五是以“看”导入，观察一幅图画或图表、一件模型或实物。其次，在“内容”上，也主要是五个方面：导之以“情”，导之以“趣”，导之以“知”，导之以“智”，导之以“能”。① 另有研究亦从“类”的角度入手，将导入方式分为直观导入、直接导入、故事导入、情境导入等十八种类型。② 还有研究列举了多种具体的导入方法，如民歌导入、名联导入、名词导入、名曲导入、影视故事导入、设问导入、温故知新导入、悬念导入、寓言故事导入，等等。③ 本节同样从“类”的角度入手，以“导入的取向”即导入“指向或朝向什么东西”为标准，将课堂导入分为直接导入、知识取向导入、情感取向导入、兴趣取向导入、现场导入五种类型，也即五种导入的技能。

1. 直接导入

直接导入是指在课堂学习活动开始时，教师以简明扼要的语言，直接阐明本课学习内容与学习目标，解释学习重点与难点，开门见山，直奔主题，如“这节课，我们来学习……”等即是。

---

① 周庆元：《语文教学设计论》，广西教育出版社，1996 年版，第 118 页。
② 肖锋：《学会教学》，浙江大学出版社，2004 年版，第 118—137 页。
③ 云丹敏：《语文新课导入艺术例谈》，《教育艺术》，2002 年第 9 期。

2. 知识取向导入

这是指从需要学生掌握的语文知识入手导入新课。学生对语文知识的掌握情况是评价一堂语文课好坏优劣的重要指标，因此从知识层面导入新课也是常见的语文导课方法。具体来说，它又有复习旧知导入、解题导入、利用背景知识导入、利用其他知识导入等几种情况。

3. 情感取向导入

这是指从学生情感因素入手，通过创设情境等相关手段，调动学生情感的积极参与，开始一堂课的学习。情感不仅是教育的目的，而且是重要的教育手段，情感与认知是相互促进、相互影响的。中小学生的情绪体验正在逐步增强，合宜情境的创设容易引起他们情感上的波澜，优化认知效果。情感取向的导入方式不仅能大大提高认知活动的效率，而且有利于学生情绪情感的丰富。

4. 兴趣取向导入

兴趣是人们心理上想认识某物或从事某种活动的一种心理倾向。语文教师应充分考虑学生的兴趣，利用他们的好奇心，因势利导地导入新课，亦能大大激发学生学习的自主性与能动性，提高学习效率。常见的兴趣取向的导课方法有设置悬念、利用实物、组织活动以及利用谜语、故事、典故、对联等相关资源的不同情况。兴趣取向的导课方式，本质上也是诉诸学生情感，是一种广义上的"情感导课"。

5. 现场导入

现场导入是指充分考虑课堂学习的真实情境，从中发掘可利用的信息、资源、媒介等因素，灵活机动地导入新课学习。它不能简单等同于"直接导入"，而是有目的的、匠心独运的设计；它要诉诸学生的情感、兴趣，也会关联所学知识、所习技能，但又不是一般意义上的知识导课、兴趣导课或情感导课，因为它的素材来自课堂情境本身。这种导课方式在公开课、比赛课中尤为有效。

二、训练要点

（一）理念上重视课堂导入

课堂导入对于语文学习的意义自当不言而喻，设计导入时的首要任务便是从理念上重视它。语文学习材料是包罗万象的，学习活动也是缤纷斑斓的，即便针对同一学习内容、同一学习要求，不同教师设计的导入方法也是千差万别、千变万化的。但是，其中必定存在固有规律，必定有章可循，有据可查。因为，理想的导入设计都会受制于一些特定因素，例如学习内容，即教材、课文等学习资源；再如教师因素，包括教师自身的人格、个性、知识结构等；还有学生因素，指的是学生的认知特点、知识结构、个性等；另外，课型、季节、地域以及学校人文环境也会影响教师的导入设计。[1] 语文教师设计课堂导入时，必须综合考虑这些因素，

① 刘佳音：《高中语文课堂教学导课艺术研究》，东北师范大学硕士学位论文，2007年。

设计新颖生动、适切可行的课堂导入。

（二）常见导入方法的训练

课堂导入对于学习活动的推进与学习任务的完成均有十分重要的作用，理想的导入设计要综合考虑学习内容的属性、学生特点、教师特长等因素灵活机动地进行。本节以阅读教学为例，阐述常见的导入技能的训练要点。

1. 直接导入的训练

直接导入的方法比较简单，它开门见山，直奔主题。教师在上课的时候，以简洁的语言直接交代本课的学习内容、学习目标与学习重难点。这种方法的优点在于不拐弯抹角，省时省事省力，因而颇受老师欢迎。但它也容易平铺直叙，生硬呆板，使用不当的话，很难唤起学生注意、激发学习动机。

2. 知识取向导入的训练

第一，复习旧知识导入。这种方法也比较容易掌握，通俗地说，就是先复习与即将学习的内容相关的旧知识，然后开始本课的学习。“温故知新”是教学基本法则之一。语文学习内容是个庞杂而又互相联系的有机整体，知识与知识之间、知识与技能之间总是存在这样那样的联系，教师要做到心中有数，全面把握学生所学知识的本质内涵及彼此关联，有效利用学生已有知识作为铺垫，使其逐步从“已知”走向“未知”，从“知少”到“知多”，顺利完成学习任务。

第二，解题导入。标题是文章的眼睛，生动新颖的标题能迅速吸引读者的注意力，激发阅读兴趣，而含蓄隽永的标题则能引起读者的联想与想象，激发思维。在阅读教学中，对于有些课文来说，从标题入手导入新课，能顺理成章地引导学生进入文章情境，明确本课学习重难点与学习目标。如学习《记念刘和珍君》时，从题目入手引导学生思考：刘和珍是谁？为什么要记念？谁在记念？“记念”为什么不写作平常通用的“纪念”？顺着这些问题，自然引出了写作背景、写作意图、作者情感等相关学习内容，有助于对文章的理解。不过，这种导入方式的顺利实施，需要标题本身就耐人寻味，具备可挖掘的空间，并且同文章的理解密切相关。

第三，利用背景知识导入。中小学语文教材中的选文大都是名家名篇，这些作品要么具备特定的历史意义，要么具有很高的艺术价值。学生要深入理解文章内涵，少不了对文章写作背景的把握，而这些背景知识多半又能够吸引学生注意力，激发他们的学习兴趣。因此，针对某些篇目的学习，教师可以考虑从写作背景入手，要么介绍作品创作的特定时代背景，要么介绍其在历史上的艺术价值，以作品本身具备的艺术感染力激发学生学习兴趣，优化学习效果。

第四，利用与文章内容相关的其他知识导入。语文学习的外延同生活的外延相等。语文教师做导课设计时，可利用的“知识”远不仅仅限于课文本身，还包括许多其他的知识，如新闻、时政或与作家作品有关的故事、趣闻等等。教师可以有意搜集这些知识，并在导入过程中有效利用。

3. 情感取向导入的训练

情感导入，顾名思义，主要诉诸学生的情感，旨在建立学生情感与所学内容的连接。情感体验的生发，离不开特定情境的营造。实际上，在语文教学实践中，通过创设情境导引学生走进特定学习内容，通过认知与情感的互动来加深理解，提升效率，这种做法由来已久，"情境教学法"就是其中的代表。这种方法通常指教师对课文所描绘的情境予以加工，并借助音乐、图画、实物等手段，创设出一种特定的氛围，让学生有一种设身处地、身临其境的感受，能在情绪上产生共鸣，心灵上受到感染，从而在情景交融中进行教与学的活动。创设情境、唤醒情感的方法很多。以情境创设的手段为标准，易于操作且效果明显的有如下几种。

第一，教师激情讲解。语言从来都是情境营造的重要手段，教师也是重要的课程资源。课堂学习实践中，教师声情并茂的言语解说，再辅以适切的、表现性强的肢体语言，从来都是优化学习效果的做法。教师创设情境，激情导课时，尤其不要忽略自身言语表达的感染力，转而寻求其他手段。设计合理、感染力强的教师语言，能够带领学生迅速进入特定情境，唤醒相应情感体验，顺利开展特定内容的学习。例如，王崧舟教学纳兰性德《长相思》时，是这样导入新课的："同学们，在王安石的眼中，乡愁是那一片吹绿了家乡的徐徐春风；而到了张籍的笔下，乡愁又成了那一封写了又拆、拆了又写的家书；那么在纳兰性德的眼中，乡愁又是什么呢?"一连几个"乡愁"的使用，迅速导引学生进入该词的意境，顺带导出该词的主题。

第二，借助信息技术。在信息技术高度发达的今天，以计算机为核心的多媒体技术在营造情境、渲染情感方面有着极大的优势。多媒体技术以其超强的信息容量，融音频、视频、图画、文字于一体等特点，实际上已经广泛应用于教师的课堂教学，如果运用得当，在课堂情境的营造、学生情感的唤醒方面，均能起到事半功倍的效果。如教学人民教育出版社义务教育语文课程标准教科书中的《音乐巨人贝多芬》，可以利用贝多芬的《命运》交响曲和一些介绍贝多芬的图片、文字营造情境，导入新课。一边播放《命运》交响曲，一边用大屏幕滚动呈现贝多芬的相关资料，学生的注意力很快就集中到课文相关内容上了，后续文章理解等学习活动的推进就顺理成章了。

第三，实践活动体验。情感体验的生发，往往需要借助特定的活动，活动也是情境营造的重要手段。语文教师的导课设计，可以围绕特定内容的特定学习要求设计简便易行的活动，让学生在活动中走进课堂学习情境，唤醒相应情感体验，为学习内容的理解与学习目标的达成奠定基础。活动的设计也不一定要很复杂，条件许可的话，提前排练课本剧、根据课文内容制作贴画、工艺品等，是比较有代表性的做法。简单一点的话，让学生走上黑板听写生字词也可以作为一种活动，也能起到很好的效果。需要说明的是，这里的听写生字词，不是盲目地听写，不是为了听写而听写，一定要同本节课的核心内容的学习关联。例如薛法根老师《雾凇》的学习，让学生听写"气"和"汽"两个字，就同该文的理解直接关联。

4. 兴趣取向导入的训练

第一，巧设问题，制造悬念。设置悬念在评书、相声、章回体小说等艺术类型中经常被用到，在吸引观众注意、激发兴趣方面均有很好的效果。语文教师运用这种方法导入新课，通常需要借用巧妙设置的问题或其他手段，在学生面前“卖关子”，吊胃口，形成心理上的落差，激起强烈的好奇心与探究欲，帮助学习目标的达成。一般来说，可以从课文故事情节的发展走向、人物命运的起伏升降以及作家作品在特定历史时代的特定意义等方面来设置悬念。

第二，利用实物，形象直观。形象直观是教育教学的重要原则，尤其符合中小学生的认知特点。教师可以借助一些实物、模型、卡片、图片等媒介，形象直观地导入课堂学习内容。许多教师已经在这方面做了有意义的尝试，例如，《南州六月荔枝丹》的学习过程中，先向学生呈现一颗荔枝，并问：这是什么？吃过吗？它有什么特点？想不想知道更多关于荔枝的知识？顺理成章地进入了课文内容的学习。

第三，组织活动，唤醒体验。前文已有提及，组织活动是课堂学习的常见形式。活动不仅能让学生迅速进入情境，唤醒体验，同样能够激发兴趣，触发理解。语文课程的许多内容，都可以设置活动，如讨论、辩论、课本剧等，以辅助学习、优化效果。课堂导入的设计，同样可以在教师的指导下，以学生活动为主要形式予以展开。需要说明的是，这种导课方式，重点不在“活动”，而在“内容”，教师的作用不是“观众”，而在“指导”“组织”。换句话说，活动一定是有目的的，目的就在于学习内容的掌握，在学习要求的达成。

第四，关联知识，激发兴趣。人类与生俱来就有探知求知的需求，知识本身具备激发兴趣的功能。语文教师设计课堂导入时，除“以情激趣”外，还可“以知引趣”。一方面可以利用所学知识本身的魅力激发学生探究的欲望与学习的兴趣，同时，还可根据所学知识的特点，因地制宜地选用一些与课文或作者有关的故事、寓言、典故、谜语、歇后语等相关知识来导出所学内容。例如，在《勾践灭吴》的学习过程中，有老师是这样导入的：《聊斋志异》的作者蒲松龄写过一副有名的书联：“有志者，事竟成，破釜沉舟，百二秦关终属楚；苦心人，天不负，卧薪尝胆，三千越甲可吞吴。”“卧薪尝胆”这个成语与春秋时期哪个著名人物有关？对，越王勾践。那么勾践是怎样“十年磨一剑”，奋发图强，东山再起，最后消灭了吴国血洗前耻的呢？让我们一起来学习《勾践灭吴》。[①] 这种导入不仅可以激发学生的学习欲望，而且很有语文特点，符合语文课程的学习规律。

第五，其他激趣方法。在实践过程中，很多语文教师还根据自己的特长或本校、本区特点，创造了很多独具特色的导课方法，如特级教师魏书生针对刚开始上课时学生注意力分散、心有杂念、紧张焦虑、身心疲惫等情况，尝试把气功、冥想作为导入的方法，使学生集中注意力、排除杂念，往往也有很好的实际效果。[②]

5. 现场导入的训练

第一，明确目的。现场导入作为一种行之有效的导课方式，实际过程中也颇受教师青

① 云丹敏：《语文新课导入艺术例谈》，《教育艺术》，2002 年第 9 期。
② 肖锋：《学会教学》，浙江大学出版社，2004 年版，第 136 页。

睐，尤其在公开课、比赛课中，往往起到出其不意的效果。现场导入的操作过程中，教师首先必须明确本次授课的性质与目的。这里的目的有两层意思：一是针对学习内容而言，本次课程的学习内容是什么？学习目标是什么？教师必须了然于胸；二是针对课程本身而言，是常态课、公开课还是比赛课？是为了“比赛”还是“表演”或者同行间的“日常交流”？自己对于本次授课的心理预期是什么？等等。唯有明确目的，才能更好地驾驭现场，利用现场情境导入新课。

第二，机智敏锐。明确目的还只是第一步，实际上，现场导课对教师的素质要求较高。这里的“机智敏锐”，是指教师要在明确本次课程学习内容、学习目标的基础上，能敏锐捕捉现场情境中可利用的一切信息、资源、媒介等要素，迅速发现这些要素与学习内容、学习目标之间的关联，在极短时间内进行整合，活跃现场气氛，导出学习内容。

第三，随机应变。这里的“随机应变”，是针对现场信息与所学内容的整合而言的。教师顺利捕捉到现场可利用的信息、资源、媒介与学习内容之间的关联还是不够的，还要将这些信息与学习内容整合，然后用语言、活动或其他形式表征出来，传递给学生及其他观众，导出所学内容。如此一来，这种表征主要依托“语言”还是“活动”或其他形式，就必须慎重考虑。基本原则是，既要好好利用现场导入新课，又不能过于生硬、牵强，要服务于核心知识的学习要求，要考虑学生的学习效果。

（三）导入设计需要注意的问题

1. 基于学习目标

我们已经知道，导入设计对于课堂学习而言，具有不可忽视的意义。但是，导入的目的毕竟是为了学习任务的完成与学习目标的达成，导入设计要服务于特定学习内容的特定学习要求。不管哪种导入方法，都必须紧扣学习任务与相应的学习目标，不能信马由缰，盲目求新，冲淡课堂主线，甚至妨碍学习任务的完成。

2. 形式灵活多变

从形式上看，语文教师设计课堂导入时，一定要灵活多样，随机应变，切忌机械化、模式化、套路化。要根据学习内容、学生特点甚至自身素质等方面因素综合考虑，不能生搬硬套一些看起来“比较好”的导入方式。实际上也不存在放之四海而皆准的导入方法。可以借鉴，但要变通。理想状态是“无法之法”“无为而为”，专家教师的导课方式往往没有那么多讲究，而是信手拈来，就颇能说明问题。

3. 新颖别致生动

从另外一个层面来看，人的本性喜欢追求新颖生动的东西，因此，语文教师的课堂导入在符合学习内容、学习要求、学生特点等方面特性的基础上，要尽可能新颖别致，融知识性与趣味性于一体，一方面要能够吸引学生注意，唤醒情感体验，确保学习效率，另一方面也要能够体现教师的教学智慧，彰显教师的专业价值。

4. 启迪学生思维

“注重讲解”也好，“组织活动”也好，强调“预设”也好，注重“生成”也好，课堂中的一切都是为了学生，都要服务于学生的学习。未来学习更加强调学生主体意识的激发，强调“学会学习”，即方法的指导。方法的掌握在根本上体现为思维的升级。不管哪种取向的导课方法，在激情、激趣、利于学习的同时，还要能够给予学生思维层面的启迪，在学得相应知识、训练相应能力的同时，升级认知，升格思维，真正提升个体素养。

三、案例评析

【案例 2 - 5】

《行路难》导入①

朱　焘

展示三幅后人所画李白手执酒杯的画像、李白在不同心情下写的六句诗，以及杜甫《饮中八仙歌》四句诗。

豪放：烹羊宰牛且为乐，会须一饮三百杯。——李白《将进酒》

风雅：举杯邀明月，对影成三人。——李白《月下独酌》

浪漫：我醉欲眠卿且去，明朝有意抱琴来。——李白《山中与幽人对酌》

李白斗酒诗百篇，长安市上酒家眠。天子呼来不上船，自称臣是酒中仙。——杜甫《饮中八仙歌》

三幅画中的李白都拿着酒杯，可见他很喜欢酒。从杜甫诗和李白的诗句中，让我们看到了酒文化中的李白（板书：“诗仙”“酒仙”）。可是我们今天要学的诗中，李白却突然连酒都喝不下了，这是为什么呢？我们一起走进诗歌，一探究竟。

【评析】

这个导入充分体现了对学生学习心理的重视，反映出教师重视激发学生学习兴趣的教学理念。

这节课要学习的是李白的《行路难》。教师从介绍作者入手，但不是单纯地介绍李白的生平和文学成就。教师抓住的关键点在于李白是“酒仙”，但在写《行路难》时却“连酒都喝不下了”这一矛盾。因此，教师从李白饮酒的画像、李白写的关于饮酒的诗句入手，并援引杜甫写的关于李白饮酒的诗句“李白斗酒诗百篇，长安市上酒家眠。天子呼来不上船，自称臣是酒中仙”，使学生在头脑中浮现出“酒仙”的形象，然后话锋一转，李白“突然连酒都喝不下了”，这就造成了较强烈的冲击，激起了学生的好奇心，为学生进入《行路难》的学习成功地创设了学习情境。

① 朱焘：《〈行路难〉教学设计》，《中学语文教学》，2019 年第 3 期。

【案例 2-6】

《突破语言表达——遣词技术》导入[1]

刘卫平

师：这节课主要讲作文的语言表达。先问问同学们一个“低智商”的问题：太阳从地平线上______起来。（多媒体展示。）大家快速回答！

生（齐）：升。

师：大家反应很快，不过大家的回答只能说明我们的语文水平还是小学层次。

（生笑，脸上露出疑惑。）

师：大家想想能否用其他更好的词来替代？

生（七嘴八舌）：爬、挪、喷、冲。

师：大家这次的答案明显要比之前的答案好。我也想了几个答案：露、钻、爬、亮、挤、长、喷……有几个咱们是一样的。（多媒体展示上述几个答案。）可见，语言运用中有一个重要特点是可选择性。下面我们看看大师是怎么表达这一意思的。（多媒体展示。）“不久，太阳把早露推开，光明照遍了大地。”（老舍《蜕》）这就是我们这节课要探讨的主题。（多媒体呈现主题：突破语言表达——遣词技术。）何谓遣？何谓遣词？

生：派、送。遣词，指派送词语。

师：这节课主要探讨派送、选送词语的问题。

【评析】

这堂课主要的教学目标是学习遣词的艺术。这个课堂导入的成功在于创设了一个思考的问题，激发了学生的学习动机。

同一个意思，可以用不同的语言形式表达出来，从而产生不同的表达效果。对于教师创设的问题，学生的第一反应是用最常用的词语来填空，而教师则提出“能否用其他更好的词来替代”，也就是追求语言的“陌生化”，以达到更好的表达效果。于是学生的思维活跃起来，作出了其他多种回答，教师适时呈现出各种答案。在此基础上，教师指出语言具有可选择性，继而又出示了语言大师老舍的表达方法，给学生造成心理冲击，从而揭示本节课的学习目标，并解释，所谓“遣词”，也就是选择词语的意思，这个解释与前面讲的语言的可选择性是相吻合的。

四、思考练习

1. 语文课堂学习常见的导课方式有哪些？操作时要注意哪些问题？
2. 请选择高中语文必修教科书中的一篇课文设计一个合理、可行的导入方式。

---

① 刘卫平：《〈突破语言表达——遣词技术〉教学实录及反思》，《语文教学通讯（高中版）》，2018 年第 12 期。

第五节 朗读的技能

一、技能概说

（一）定义

朗读的技能，就是把书面语言转化为有声作品并且准确再现作者思想感情的一种能力。仅仅把书面语言变成有声语言并不能叫朗读，真正意义上的朗读，必须是朗读者在深入理解作品的基础上，充分把握作品的感情基调，然后用口头形式将书面语言准确地表达出来。从这个意义上讲，朗读的过程应该是对书面语言进行一次再创作的过程。

《义务教育语文课程标准（2011 年版）》明确指出："各个学段的阅读教学都要重视朗读和默读。各学段关于朗读的目标中都要求'有感情地朗读'，这是指要让学生在朗读中通过品味语言，体会作者及作品中的情感态度，学习用恰当的语气语调朗读，表现自己对作者及其作品情感态度的理解。朗读要提倡自然，要摒弃矫情做作的腔调。"①

朗读教学在语文教学中有着不可或缺的地位，对于语文教师来说，朗读的技能则是一项十分重要的基本功，也是合格语文教师的必备条件之一。优美的朗读，会使抽象的书面文字变成有生命的、活生生的声音，既可以促使学生感悟文本，发展口语能力，又有助于学生加深对作品的理解，促进思维延伸，进而为提高学生的语文素养奠定坚实的基础。

（二）类型

语文朗读法可分为标准朗读和表情朗读两种。标准朗读其外部行为是标准语音呈现，内部行为是认知加工，表达的是逻辑意义。表情朗读其外部行为是表情语音呈现，内部行为是情感体验，表达的是情感意义。② 朗读要把书面语言转化为有声作品，因而朗读的技能也可以分解为理解文本内容的技能与转换语言形式的技能。

1. 理解文本内容的技能

理解文本内容，涉及许多方面，在朗读的过程中，特别要注意以下两个方面。

（1）把握作品要全面、准确

全面、准确理解作品的内容，体会其中蕴含的思想感情，是朗读成功的前提和基础。成功的朗读离不开各种声音技巧，但是，如果对作品没有全面透彻的把握，甚至理解出了偏差，声音的技巧就失去了存在的基础，就成了无本之木，就无法起到表情达意的作用。比如高中语文课本同一单元中的《沁园春·长沙》和《再别康桥》两首诗。《沁园春·长沙》通过对秋景的描绘和对青年时代革命斗争生活的回忆，抒写了革命青年对国家命运的感慨和以天下为己任、蔑视反动统治者、改造旧中国的豪情壮志，表现的是作者的远大志向和昂扬的激情。

① 中华人民共和国教育部：《义务教育语文课程标准（2011 年版）》，北京师范大学出版社，2012 年版，第 22 页。
② 代顺丽：《语文朗读法的本质及类型》，《课程·教材·教法》，2016 年第 9 期。

《再别康桥》则是以优美的意象和宁静平和的心态，写出了对康桥深深的眷恋之情，反映的是作者的离愁别绪，抒发的是一种留恋之情、惜别之情和理想幻灭后的感伤之情。两首诗不同的思想感情决定了朗读的不同感情基调，假如将两者的感情基调互换一下去朗读的话，那必将会造成对诗意的巨大破坏，也是不可想象并且无法被接受的。

(2) 感悟作品要细致、真切

朗读不是简单地把书面文字变成有声语言，好的朗读需要真情实感，而要有真情实感，朗读者必须走进作品，设身处地地去体验、感悟作品。比如朱自清的散文《荷塘月色》，开篇第一句是“这几天心里颇不宁静”，这可以说是作者写作该文的缘由，可如果我们因此便将这种心情确定为朗读整篇文章的感情基调的话，那“荷香”“月色”之美也就无法读出来了。因此，只有细致、真切地感受作品，随作品的变化而变化，才能使朗读取得成功。

2. 转换语言形式的技能

把握作品、感悟作品是朗读的基础，巧妙运用朗读技巧同样是读好作品不可或缺的条件。

(1) 停顿

在朗读中，作品的段落之间、层次之间、自然段之间和句子之间、词语之间，都必然存在着声音的停顿。停顿既是生理、心理需要，也是语法、逻辑划分的需要。生理需要是被动的，不属于技能的范畴。心理需要则是主动的，它反映的是朗读者对文本的理解能力，同样的语句，理解不同，停顿就会有别，表达的意思也不相同。比如：“要说小莉的妈妈不爱她家里人谁也不相信。”这句话就可以有两种停顿方式：①“要说小莉的妈妈不爱她家里人/谁也不相信”，②“要说小莉的妈妈不爱她/家里人谁也不相信”。

一般说来，停顿可分为语法停顿、强调停顿、结构停顿三种。

语法停顿是反映句子内部关系或句与句之间分界的语音间歇。语法停顿的位置和长短，主要依据标点符号。通常，句号、问号、感叹号、破折号停的时间较长，其次是冒号、分号，再次为逗号，顿号最短。值得注意的是，语法停顿的长短，不能教条式地套用，具体到文本之中，还需读者根据内容、语气和速度而定，当长则长，当短则短。

强调停顿也叫逻辑停顿，是为了强调某个语意或某种感情在没有标点符号的地方进行的特殊停顿。这种停顿依据的是朗读者对文本的理解，比如叶挺的《囚歌》开头两句：“为人/进出的门/紧锁着，为狗/爬走的洞/敞开着”，朗读时在“人”和“狗”处要有停顿，在“门”和“洞”处也要有停顿。只有这样，才能形成强烈对比，才能准确表达出作者堂堂正正做人的坚强意志和对卑躬屈膝者的蔑视。

结构停顿是为了表示文章的段落和层次所作的较长时间的停顿。停顿时间的长短，也要根据具体语言环境而定。一般规律是：段落较长，层次次之。

(2) 重音

朗读作为一种有声语言，读出来的声音不可能是完全均衡的，为了表达的需要，在不改变字词原有声调的情况下，运用加大音量、拖长字音等方法予以强调，也是一种朗读技巧，这就是重音。重音又分为语法重音和强调重音两种。

语法重音是依据语法结构的特点，把句子的某一部分重读。一般规律是：谓语比主语重，定语、状语、补语比中心语重，疑问代词、指示代词、比喻词比一般词语重。

强调重音也叫逻辑重音，是为了突出句子的主要意思或强调某种特殊感情，特意重读某些词语的现象。强调重音的位置是不固定的，它往往随需要强调的意思而移动。强调重音落在不同的词语上，表达的语意也随之发生变化。比如："他爱人民（强调的是'他'）。""他爱人民（强调的是'爱不爱'）。""他爱人民（强调的是爱的对象）。"强调重音不一定每句话中都有，朗读时要根据具体的语境和表情达意的需要灵活确定。

在表达形式上，重音可以是加重音量，也可以是拖长字音，还可以重音轻读。朗读中读音的轻重是相对的，有时，把主要重音有意地读得轻一些，更能起到突出强调的作用。一般在表达极为复杂而细腻的感情时，如深沉、含蓄、细腻的思想感情和轻巧的动作、轻微的声音、幽静的环境等，重音轻读效果会更好些。比如："横眉冷对千夫指，俯首甘为孺子牛。"前句需要加重音量，后句则需要减轻音量。这种读法，使前后诗文形成了更加强烈的对比，更加准确地表达出了诗人对待不同对象的鲜明态度。

（3）语气

人是有思想感情的，人们的任何行为都会为思想感情所支配，在语言表达行为中，语气不同，表达的意思会出现很大差异。朗读也是如此，在具体文本中，有些思想感情仅靠局部文字是难以看出来的，必须根据上下文之间的关系和具体语言环境，借助有声语言的语气变化来体现。

从字面上看，语气中的"语"是通过声音表现出来的"话语"，"气"是支撑声音表现出来的话语的"气息状态"。运用于朗读，语气则包括两个方面的内容：既有内在的思想感情色彩和分量（也称"神"），又有外在的快慢、高低、强弱、虚实的声音形式（又称"形"）。所以说，语气就是朗读中"话语"的"神""形"结合体。

语气的外在表现形式是语调，也称作"语势"。为了能更形象地表达语势，人们通常把语势分为上山类（形如上山，渐次升高）、下山类（形如下山，逐渐下降）、平缓类（形如水平，保持平直）、半起类（形如上山至山腰，气提声止）、波峰类（形如水波，中间凸起）、波谷类（形如水波，中间凹陷）等多种形态。

（4）节奏

在朗读中，受一定思想感情的波澜起伏所左右，朗读者在有声语言的表达上所显示的快与慢、抑与扬、轻与重、虚与实等种种回环交替的声音形式就是节奏。节奏是就整篇作品而言的，朗读时要贯穿于作品始终。节奏的确定要依据作品内容和感情基调，把握节奏的要素是速度，但节奏又不完全等同于速度。一般说来，朗读所形成的节奏可以分为如下几种。

轻快型——语速稍快，多上升语势，语调轻快欢畅，多扬少抑，词语密度大，有时有跳越感。

凝重型——语速适中，语音沉着、坚实有力。

低沉型——语速较慢，多下山类语势，语调沉缓。这种节奏多抑少扬，多重少轻，常用来表现庄重、肃穆的气氛和悲痛、抑郁的情感。

高亢型——语势向高峰逐步推进，高昂爽朗，多上山类语势。语调多扬少抑，声音强劲而有力，常用来表现紧张急迫的情形和抒发激越的情怀。

舒缓型——气长而稳，语音舒展自如，语速适中。这种节奏语速较缓，语势较平稳，声音轻柔而不着力，常常用来描绘幽静的场面和美丽的景色，也可以表现舒展的情怀。

紧张型——急促紧张，气急音短，语速较快，多上山类语势。

在朗读实践中，停顿、重音、语气、节奏是不可分割的统一体，是既互相区别又互相依赖、相互支撑的，只有让它们成为浑然一体的"合声"，才会使朗读走向成功，才算真正掌握了朗读的技能。

二、训练要点

（一）体会感情脉络

要想读好一篇文章，必须正确把握作者的感情脉络，只有这样，才能准确再现作者的创作意图，才能使枯燥的文字变成活的声音。比如在语文教材中写海燕的文章有两篇，一篇是苏联著名作家高尔基的，一篇是我国著名作家郑振铎的。

我们先来看一下高尔基笔下的海燕：

在苍茫的大海上，狂风卷集着乌云。在乌云和大海之间，海燕像黑色的闪电在高傲地飞翔。

一会儿翅膀碰着波浪，一会儿箭一般地直冲云霄，它叫喊着……

在这鸟儿勇敢的叫喊声里，乌云听到了欢乐。

在这叫喊声里，充满着对暴风雨的渴望！在这叫喊声里，乌云感到了愤怒的力量、热情的火焰和胜利的信心。

……

看吧，它飞舞着像个精灵——高傲的、黑色的暴风雨的精灵，——它一边大笑，它一边号叫……它笑那些乌云，它因为欢乐而号叫！

这个敏感的精灵，从雷声的震怒里早就听出困乏，它深信乌云遮不住太阳，——是的，遮不住的！

……

这是勇敢的海燕，在闪电中间，在怒吼的大海上高傲地飞翔。这是胜利的预言家在叫喊：

——让暴风雨来得更猛烈些吧！……

在俄语里，"海燕"一词含有"暴风雨的预言者"之意，在高尔基充满激情的描绘中，海燕的勇敢形象更是一种鼓舞人心的力量。通观全文，《海燕》既是一首色彩鲜明的抒情诗，又是一幅富有音乐节律和流动感的油画，具备诗的音乐美和绘画美，给人很强的艺术感染力。

《海燕》全文情感热烈奔放，场面波澜壮阔，这也就奠定了全文高亢激昂的感情基调。

再来看郑振铎笔下的海燕：

乌黑的一身羽毛，光滑漂亮，积伶积俐，加上一双剪刀似的尾巴，一对劲俊轻快的翅膀，凑成了那样可爱的活泼的一只小燕子。当春间二三月，轻飏微微的吹拂着，如毛的细雨无因的由天上洒落着，千条万条的柔柳，齐舒了它们的黄绿的眼，红的白的黄的花，绿的草，绿的树叶，皆如赶赴市集者似的奔聚而来，形成了烂漫无比的春天时，那些小燕子，那么伶俐可爱的小燕子，便也由南方飞来。加入了这个隽妙无比的春景的图画中，为春光平添了许多的生趣。小燕子带了它的双剪似的尾，在微风细雨中，或在阳光满地时，斜飞于旷亮无比的天空之上，唧的一声，已由这里稻田上，飞到了那边的高柳之下了。同几只却隽逸的在粼粼如纹的湖面横掠着，小燕子的剪尾或翼尖，偶沾了水面一下，那小圆晕便一圈一圈的荡漾了开去。那边还有飞倦了的几对，闲散的憩息于纤细的电线上，——嫩蓝的春天，几支木杆，几痕细线连于杆与杆之间，线上是停着几个粗而有致的小黑点，那便是燕子，是多么有趣的一幅图画呀！

……

如今，离家是几千里！离国是几千里！托身于浮宅之上，奔驰于万顷海涛之间，不料却见着我们的小燕子。

这小燕子，便是我们故乡的那一对，两对么？便是我们今春在故乡所见的那一对，两对么？

见了它们，游子们能不引起了，至少是轻烟似的，一缕两缕的乡愁么？

……

就在这时，我们的小燕子，二只，三只，四只，在海上出现了。它们仍是隽逸的从容的在海面上斜掠着，如在小湖面上一样；海水被它的似剪的尾与翼尖一打，也仍是连漾了好几圈圆晕。小小的燕子，浩莽的大海，飞着飞着，不会觉得倦么？不会遇着暴风疾雨么？我们真替它们担心呢！

小燕子却从容的憩着了。它们展开了双翼，身子一落，落在海面上了，双翼如浮圈似的支持着体重，活是一只乌黑的小水禽，在随波上下的浮着，又安闲，又舒适。海是它们那么安好的家，我们真是想不到。

在故乡，我们还会想象得到我们的小燕子是这样的一个海上英雄么？

海水仍是平贴无波，许多绝小绝小的海鱼，为我们的船所惊动，群向远处窜去；随了它们飞窜着，水面起了一条条的长痕，正如我们当孩子时之用瓦片打水在水面所划起的长痕。这小鱼是我们小燕子的粮食么？

小燕子在海面上斜掠着，浮憩着。它们果是我们故乡的小燕子么？

啊，乡愁呀，如轻烟似的乡愁呀！

与高尔基的“海燕”相比，郑振铎笔下的“海燕”则是截然不同的另一种形象。作者在这里刻画的是美丽可爱的海燕形象，寄托和抒写的是自己思乡念国的深挚情怀。本文的感情基调应该是深沉、舒缓、平和的，如果不加改变地也用高亢激昂的基调来朗读本文，那就是一件很滑稽的事情了。

（二）把握文体特点

文体不同，朗读的要求也不同，朗读技巧的运用也有明显区别。

朗读小说、通讯等记叙性作品，要注意通过各种朗读技巧，表现出不同人物的个性，尤其要读好人物的语言，通过有声语言将不同人物的年龄、身份、性格特征展示出来。整个朗读过程要做到准确、鲜明、生动、感人。

朗读散文要紧紧抓住其抒情性的特点，这类作品往往通过叙事、写景、状物或议论抒情来表达思想感情，这就需要朗读者在深入理解、感受作品的基础上，体会和表现字里行间蕴涵的思想感情，根据其“形散神聚”的特点，把握住全篇主要感情脉络，确定好朗读的感情基调。比如朗读朱自清的散文《春》，其感情基调应该定位在“轻松、明快、欣喜”上，朗读文本时，咬字不宜过重，语调要上扬，语速可稍快，但不宜匀速，要根据内容有快有慢，有张有弛。遇到排比的句子，要注意感情越来越强烈，语调越来越上扬。景物描写的部分朗读节奏要慢下来，以表现春草的可爱，长势的茂盛，读出生机盎然之情。人物活动部分节奏要快，以读出人们在草地上嬉戏的陶醉之情。

诗歌是最适于朗读的作品，也是最难朗读好的作品。诗歌的跳跃性、音律性非常强，在充分理解诗文内容的基础上，还需仔细揣摩诗文的情感，只有恰当运用好停顿、重音、语气、节奏各种朗读技巧，才能读出真情实感来。在诗歌教学过程中，好的朗读完全可以替代讲解。如韩军老师在讲授艾青的诗《大堰河——我的保姆》时①，便采用了以读代讲的方式。一开始，韩军老师便开宗明义：“诗歌本来就是拿来吟唱的。今天我给大家吟唱的是一首诗，《大堰河——我的保姆》。”在音乐的伴奏下，他用了整堂课三分之一的时间朗诵了全诗，并再次明确：“这么好的诗就该好好去读，满怀激情地去读，读出感情来。”在范读的基础上，朗读训练基本贯穿于整个课堂。正是在朗读的过程中，老师引领学生读出了大堰河的勤劳与善良，读出了大堰河对乳儿的爱与期待，读出了大堰河生活的沉重与辛酸，读出了大堰河死后的悲惨与凄凉。

议论性作品主要由论点、论据和论证三要素构成，论点是作者的观点、见解或主张，朗读时一般采用重读、拖长音节的方法来加以突出，同时语气要肯定，态度要鲜明。议论性作品的另一突出特点是句与句、段与段之间有着严密的逻辑关系，朗读者要对这种逻辑关系有较为深刻的认识和感受，并通过恰当运用停顿、重音等技巧予以表现。

说明性作品的朗读，要突出其知识性和科学性，朗读的要求主要是准确、鲜明、有条理。

（三）运用朗读技巧

1. 停顿的运用

停顿必须以思想感情的变化状态为前提，以作品内容和语句安排为依据，停顿是朗读者

① 韩军：《〈大堰河——我的保姆〉课堂实录》，《中学语文教学》，2006年第2期。

思想感情的继续和延伸，绝不是思想感情的中断和空白。作品中的标点符号虽然是朗读者进行停顿的重要依据，但朗读过程中又不能为标点符号所制约，在一定语境中，有标点的地方或许需要连接，没有标点的地方往往又需要停顿。

值得注意的是，停顿是活的，任何形式的停顿都不能照本宣科，死搬硬套。在具体朗读过程中，所有停顿都要借助朗读者对文本的理解，只有恰当地停顿才会更有效地表达文本含义。所以，我们不能将停顿当成是一种简单的技巧，而应将其看作是语文教师理解文本的一种能力，若想获取这种能力，唯一有效的途径就是朗读实践。

2. 重音的运用

重音是体现语句目的的重要手段。朗读时，必须区分句子中哪些词是主要的，哪些词是次要的，要使次要的词从属于主要的词。一个独立完整的句子，只能有一个主要重音。重音在语句中的位置没有固定格式，只有从朗读目的和愿望出发，在深刻理解和感受作品的基础上，才能准确确定重音的位置。

在朗读过程中，要处理好重音与非重音、主要重音与次要重音的关系。对重音的处理也要灵活多样，在朗读过程中，有时重读是突出，有时轻读、拖长也是突出，可以重中见轻，也可高低相间。

3.语气的运用

作品中的文字是用来表达思想感情的，任何作品中的文字都会带有一定的感情色彩，一篇文章会有一个总体的感情基调，具体到语句之中，这种感情基调又是丰富多变的，而语句的感情色彩，主要是通过声音气息的变化表现出来的。朗读时，朗读者的感情、气息、声音状态同表达有着极其密切的关系。有什么样的感情，就会产生什么样的气息；有什么样的气息，就会有什么样的声音状态。语气运用的一般规律是：喜则气满声高，悲则气沉声缓，爱则气缓声柔，憎则气足声硬，急则气短声促，冷则气少声淡，惧则气提声抖，怒则气粗声重，疑则气细声粘，静则气舒声平。只有感情上的千变万化，才有气息上的千姿百态，也才有声音上的姹紫嫣红。当然，感情上的变化不是随心所欲的，它必须受语言环境和朗读目的的制约。

在朗读实践中，气息的具体表现形式是语调，只有正确把握语调的多种表现形式，才能增强有声语言的感染力和说服力。语调是语气外在的快慢、高低、长短、强弱、虚实等各种声音形式的总和，表现在有声语言中，就是语句的趋向和态势，朗读时，只有正确把握住语势，才能跳出框框，得心应口。

4. 节奏的运用

朗读中的节奏有多种类型，每一种节奏都是对作品的整体性概括，具体到整篇文章之中，又不能完全划一。在朗读过程中，朗读者应善于从具体作品、具体层次、具体思想感情中确定节奏类型，但又不拘泥于某种类型。只有学会根据具体内容合理转换节奏类型，才算真正掌握了节奏。

三、案例评析

【案例 2－7】

《第一场雪》实录片段①

支玉恒

师：大家看一看写下雪这一段是最先从哪个角度来写的？

生：先从“雪下得很大”这个角度来写的……

师：我们请一位同学读一读这部分。读的时候要把雪下得很大的那个气势读出来。（一生读课文有关部分）

师：这场雪大吗？

生：不大。

师：谁能比他下得再大点？

（笑声。生再读课文）

师：这雪够大吗？

生：不够。

师：哪位同学提点建议，要想把这场雪读出下得很大，哪些词应该强调地读得重一些。

生：我觉得应该把“纷纷扬扬”“大片大片”和“彤云密布”这些词读得重一些。

师：你能做一下示范吗？

（生读课文）

师：这次读得不错。他把那几个重点词强调出来了。大家再跟着我把这几句一块儿读一下。（教师带学生逐句朗读）好，谁把刚才这一节再读一下？这回要下得很大了。

（生读课文）

师：她把这几个词都强调出来了。但有一个缺点，谁听出来了？

（生小声回答，未答对）

师：她读得有点太缓慢了，把下大雪的气势给“延缓”了，是不是？——你再读一次。

（生再读）

师：“地上一会儿就白了”，应该强调“一会儿”。为什么？

生：强调了“一会儿”才能突出雪下得很大。

师：为什么？

生：因为雪下得大，才会地上一会儿就白了。

师：“一会儿”表示什么意思？

① 支玉恒：《〈第一场雪〉实录片段》，《中学语文教学》，2008 年第 3 期。

生："一会儿"表示很快。

师：对，很快地上就白了——大家看雪下得大不大？

生：大。

师：好。我们再把这一句读一读。

（示范、带读）

师：这场雪下在什么地方呢？

生：下在了胶东半岛……

师：说准确点，下在一个什么具体地点？

生：胶东半岛的一个山村。

师：下在一个山村。（板书"山村"）下雪的主要时间是白天还是黑夜？

生：黑夜。

师：对，黑夜。（板书"夜"）这个夜是什么样的？

生：静静的。

师：（板书"静"）可以说是一个（读板书）"山村静夜"。那么怎样才能把这个静夜读得很静？谁来试试？

（生读课文）

师：他读得静不静啊？（学生答"静"）他为什么能读得这样静？请你给大家介绍一下。

生：因为我读得有点轻，还有点慢，所以显得静。

师：对，一轻二慢。怎样才能体现这一点呢？我告诉大家——读这样表示非常"静"的句子，要用"虚声"来读，不要读得太实。听我来读。

师：（用"实"和"虚"两种读法读句子，让学生对比）哪种读法显得静呢？

生：第二种。

师：对。要读得怎么一点呢？

生："虚"一点。

师：那谁来"虚一虚"呀？

（笑声。生读课文）

师：（非常欣赏地）嗯，还"咯吱一声响"。（模仿学生读的声调）既然那么静，就应该一点声音都没有，那他还写了那么多声音干什么？一会"簌簌往下落"，一会"咯吱一声响"？

生：作者写的声音都是很小的，如果不安静，就不容易听见。

师：对不对？（学生答"对"）这叫"静中微响，更觉其静"。你们写作文时经常这样写，比如教室里非常安静，简直能够听到——

生：（接）一根针掉在地上的声音。

师：好，再来试试，比他读得还要静。

（生笑，读文）

师：他读得静不静啊？（生不答）看来大家不太满意，是吧？你来推荐一个同学再读一下。

（被推荐生读文）

师：好不好？（生答"好"）的确不错。你们看这场雪大不大？（生答"大"）大得简直弥天漫地。（板书"雪弥天"，然后读板书："山村静夜雪弥天"）你们看是不是这样的景象啊？

生：（齐答）是。

师：第二天清早，天就放晴了。我们一起看看雪景好不好？（生答"好"）雪景很美，谁能把它美美地读出来？（生笑）他读的时候，大家闭着眼来听，看他能不能把你带到那么美的雪景中去。

生：（读）"今天早晨……五光十色的彩虹。"

师：你们听他读完这段文字，是不是感到走到雪野中去了？

（生议论纷纷）

师：刚走到雪野的边上，（生笑）是不是？是啊，没进去。谁能带着大家进去呢？（一生站起朗读，但效果不太理想）

师：这次进去了吗？

生：（齐答）没有进去。

（生笑，听课教师亦笑）

师：是啊，还是没有进去。刚才那位同学领着咱们走到了雪野的边上，又领着咱们出来了。（生笑）

师：那咱们一起读一下，看看我能不能把大家领进去。（教师范读、带读）往前走了几步没有？

生：走了。

师：谁接着领大家往前走？

（一生站起朗读"大街上的积雪……震落下来"一节文字，十分出色）

师：（由衷地）他领着我们看到了一群快乐嬉戏的孩子。

【案例 2－8】

言文并重　朗读贯穿[①]

——《三峡》教学设计

周志红

［设计意图］

要培养学生的语感和思维能力，提高学生的文化品位和审美情趣，文言文

① 周志红：《言文并重 朗读贯穿——〈三峡〉教学设计》，《中学语文教学》，2015 年第 9 期。

的学习是不可或缺的部分。如何去做？言文并重、朗读贯穿是有效的方法之一。因此本课的设计以朗读贯穿其中，由浅入深，不管是学“言”，还是悟“文”，都让学生带着不同的要求去读，读出感觉，读出思考，读出疑惑，读出感悟。在抑扬顿挫、有滋有味的朗读中，细细品“言”并还原“文”，以言品文、由文嚼言。以此来培养学生学习文言文的能力和思维迁移能力。

［教学目标］

1. 能正确有感情地朗读课文，借助注释疏通文义，积累重点文言词汇。如“自”“良”“略无”“虽”等。

2. 能品读课文，展开想象，领略三峡雄奇险拔、清幽秀丽的景色。

3. 能深入朗读，揣摩课文，学习写景技巧，品味文字背后作者丰富的情感。

［教学重难点］

通过反复朗读课文，品味三峡的美景和文中蕴含的作者的情感。

［教学过程］

一、导入新课

1. 长江之美，美在三峡。三峡，雄奇险拔，清幽秀丽，令人神往。自古以来，三峡的景物吸引了许多文人墨客，并留下了许多动人的诗篇。今天，就让我们跟随郦道元的脚步，领略一下千年以前的三峡风光。

2. 生简介作者和《水经注》，师可以适时补充，并板书课题、作者。

二、初读课文，积累提高

（一）读准字音

文言文一定要多朗读，因为朗读本身就是一种理解，但朗读也有层次，教学之初，学生能结合书下注释朗读课文，努力做到读准字音。

生自由读课文。然后指名读，其余学生认真听，发现问题，正音。

通过屏幕显示学习文言文积累生字的方法：

1. 生僻字

不见曦(xī)月　沿溯(sù)阻绝　重岩叠嶂(zhàng)　绝巘(yǎn)多生怪柏　飞漱(shù)其间

2. 通假字

略无阙处　阙：同“缺”，quē　哀转久绝　转：同“啭”，zhuàn

3. 多音字

猿鸣三声泪沾裳(cháng，是古人穿的一种裙子)　衣裳(shang)

生再次大声齐读课文，读得准确流畅。

（二）准确停顿

文言文只读准字音还不够，读好停顿也很重要，特别是句内停顿。师范读课文，学生认真听，并能在课文上做标记。

生自由朗读，师通过屏幕显示容易读错停顿的句子：

1. 自/三峡/七百里中

2. 自非/亭午夜分

3. 至于/夏水/襄陵

4. 或/王命/急宣

5. 虽/乘奔御风

6. 每至/晴初/霜旦

积累文言文停顿小技巧：句首语助词、关联词后应做停顿。

学生四人一小组，大声读课文，带着情感读准字音，读好节奏。

三、再读课文，通晓文意

要进一步感悟三峡之美，还要理解文章的意思，请同学们以小组形式合作，借助书下注释和工具书疏通文义，小组内解决不了的问题，师生一起解决。

通过屏幕显示重点语句，要求学生积累到书上或笔记本上：

1. 两岸连山，略无阙处。

2. 重岩叠嶂，隐天蔽日。

3. 自非亭午夜分，不见曦月。

4. 至于夏水襄陵，沿溯阻绝。

5. 清荣峻茂，良多趣味。

疏通了文意，学生们再次朗读文章，边读边想每句的意思，并能想象出相应的画面。

四、三读课文，品赏美景

1. 畅游三峡，如在画中行。师引导学生将文章四个自然段命名为四幅画：雄山连绵图、夏水奔流图、春冬美景图、秋高气爽图。

2. 课件展示三峡的四幅美景，配上清雅的音乐，带领学生读文章。学生陶醉在美景时，让学生循其景，入其里：四幅图中主要写了三峡的哪几种景物？写景要抓住景物的特征，那三峡的山水各有什么特点呢？

用“我从________读出了三峡山(水)________特点”这样的句式交流。

交流后，师可以形成如下板书：

山：绵延　雄伟　高峻

夏水：凶险　迅疾

春冬景色：秀丽　奇绝　清荣　峻茂

秋季：林寒　涧肃　猿啸　凄凉

3. 重点品味春冬美景图。

写三峡春冬之景，哪些字可以表现其神韵？

让学生先美美地读读原句，再从写作的角度说说它们妙在哪儿。

明确：

妙在色彩丰富：绿潭　白浪　青山　花草

妙在俯视仰视结合(俯视:素湍绿潭　回清倒影　仰视:绝巘多生怪柏　悬泉瀑布　飞漱其间)

妙在一字一景:　清　荣　峻　茂

学生以此为例,模仿赏析其他三幅图景。

如:"重岩叠嶂,隐天蔽日"一句妙在正面写山的高峻;"自非亭午夜分,不见曦月"又从侧面极力渲染了山峰之高峻,江面之狭窄。这两句妙用正面和侧面相结合,既写了山势的高峻,又写了江流的狭窄,为下文写夏水的迅猛作了铺垫。

……

4. 借助朗读,内化美感。带着理解,看着图片、听着音乐再次读。朗读时,可以组织学生个别读、齐读等。

5. 小结:文章思路清晰,层次分明,先写山,后写水。写水则分不同季节分别着墨;写法上,色彩丰富,俯视仰视观察视角的结合,使文章摇曳多姿。高峻的山峰,汹涌的江流,清澈的碧水,飞悬的瀑布,哀转的猿鸣,悲凉的渔歌,构成了一幅幅风格迥异而又自然和谐的画面,显示了作者深厚的文学功底,也给读者以深刻的印象。

(注:此环节是文章的重点,依然是用朗读来带动"文"的理解,配音乐和图片的朗读,让学生有身临其境之感。)

五、四读课文,体味真情

山水之美,古来共谈,古人云:仁者乐山,智者乐水。通过读山品水,可以感受到奇山异水美,可以领悟人生的喜怒哀乐,获得独特的享受。《水经注》非平常的文人游记,它因水记山,因山记景,因景记人,同时又记故事以及风土人情、历史掌故等,这就使它具有较强的感情色彩。

那么,作者怀着一颗对三峡怎样的心,才能将三峡写得如此之美,给人以身临其境之感呢?

小组合作交流,经过朗读品味后,师归纳:作者描绘三峡奇景,景中含情,情景交融。写群山连绵,高耸入云,体现了作者欣赏赞叹的情感。他惊叹自然的神奇,赞叹夏日三峡的奔放美,春冬之时的清幽美,秋日三峡的凄婉美。步入郦道元笔下的"三峡",似乎也走入了作者丰富的内心世界。

最后配上音乐,根据显示屏上的提示语,进入情境,带着感情试背文章。也可以个人展示背,把文言文的学习推向高潮。

六、激发联想,学以致用

本文以优美的文字、独特的视角,描绘了如醉如染的三峡,让我们从字里行间感受到了大自然的神奇与瑰丽。这只是祖国大好河山的一个缩影,你们还想用自己的方式赞美三峡吗?你们想赞美祖国其他的大好河山吗?那就请你们自己动手动脑来完成。

学以致用：让学生学习文中的写法，描写一处景物。

要求：选取有代表性的事物；抓住景物特征；运用富有表现力的语言；抒发自己真实的情感。

【评析】

朗读教学是语文教学中十分重要的组成部分，然而，在语文教学实践中，真正将朗读放在重要位置的教师并不多，虽然语文教学中都有朗读课文的环节，但不少教师对朗读课文的要求仅仅是“请同学们有感情地读读这篇课文”或“把××语气读出来”，至于怎样才算“有感情”，怎样把握朗读的语气等技巧，却往往难于落到实处。上面两个案例，应该是语文课堂上对朗读实践所做的十分有益的探索。

支玉恒老师讲授的《第一场雪》，是让学生“读出感情来”的典型案例。“读出感情来”，必须建立在理解内容的基础上。支玉恒老师在教学过程中，正是紧紧抓住了“雪很大”“夜很静”两个支点，接着就是反复引导学生去体会、去感悟，然后又适时点出了如何把握重音、语速、虚声等朗读技巧，直至将学生引进了雪野之中，从而取得了预想的教学效果。

周志红老师的《三峡》教学设计，以朗读促进理解的教学模式，应该是对文言文教学的一个很好的尝试。文言文往往是学生学习的难点，“以言为先，以言领文”是文言文教学的基本要求，但如何将“以言为先，以言领文”落到实处，如何才能帮助学生顺利突破文言文阅读的难点，许多教师很难避开讲解、翻译的窠臼，周志红老师则另辟蹊径，以朗读带动理解，让学生在朗读中感悟文言，让学生在朗读中理解文言，让学生在朗读中找到文言的美感。正是在一遍一遍声情并茂的朗读中，那雄山连绵、夏水奔流、春冬美景、秋高气爽的一幅幅美图自然而然地展现在了学生面前。通观整篇教学设计，正是朗读让课堂充满了活力，也正是朗读调动了学生的学习兴趣，让学生在轻松愉悦的氛围里完成了学习任务，教师则在朗读的引领中顺利完成了教学任务。

四、思考练习

1. 朗读有哪些技巧？在朗读过程中如何运用这些技巧？

2. 阅读下列案例，谈谈这位教师在朗读指导上采用了什么方法？取得了什么效果？

一句诗的朗读指导①

——《致橡树》实录片段

陈钟梁

师:(板书:致橡树 舒婷;微笑面对由六人围坐成弧形的六组学生)同学们,这节课是自读课,我们要自读的课文是舒婷的《致橡树》。自读,主要是大家自己阅读分析理解,在一种宽松自由的状态下进行,可以吗?

生:(齐声)可以!

师:下面请同学们自读课文,自读时要仔细些,并且要看一看课文的自读提示。

师:(几分钟后)这个女同学举手了,请你先读,要不要到前面来?

(该生走到台前朗读)

师:这个同学读得非常好!节奏、情感都把握得很不错,读出了诗人对爱情的观念。不过,我想请教你一个问题:你在读"不,这些都还不够"时读得比较柔弱,为什么你这样处理?为什么你不读成"不,这些都还不够!"这样的强烈语调?你这样读是出于什么考虑呢?

生:(思索片刻)我觉得这样读感情深挚。

师:你能够结合诗歌内容具体来讲一讲吗?

生:这样读,是对旧的爱情观的否定。

师:既然是否定,按说就应该强烈一点,读成"不,这些都还不够!"为什么反而要弱化语调呢?同学们讨论一下,这句怎样读才会更好,为什么?(学生开始纷纷议论,几分钟后学生开始发言)

生:我们这一组认为这一句是对旧的爱情观的否定,下面的诗句则是提出自己的新的爱情观,所以还是要读得响亮一些、强烈一些才好。

生:我们认为这一句朗读时语调应该弱化,这样读对感情的深化很有作用。

师:还有其他意见吗?

生:我认为这一句读得弱化好一些。强烈的语调,显得急促,没有回旋的余地,给人一种被悬在空中的感觉,不实在,所以,弱化语调的读法更好。

师:很好!说得很有道理。同学们刚才对问题的思考很深入,回答得很好!这里到底读的语调强化好,还是弱化好,我在读的时候也没有想到。像刚才那位同学说的这里读得弱化,到下面再逐渐强烈起来,这样处理,也是很有道理的。为了后面的扬,前边应该怎样呢?

生:先抑。

师:对,先抑,然后再扬。但作者的感情到底怎样呢?我们不妨分析一下。诗歌前

① 陈钟梁:《一句诗的朗读指导——〈致橡树〉实录片段》,《中学语文教学》,2008年第3期。

半部分的几句“绝不像攀援的凌霄花，绝不学痴情的鸟儿”中有两种态度——“攀援”“痴情”，从诗句本身来看，作者认为这两种态度是全错呢，还是部分错误呢？

生：全错了，所以诗人要彻底否定，诗人才会说“绝不像”。

师：接下来的“也不止像泉源，也不止像险峰”中的“泉源”和“险峰”，也是全错的吗？

生：（议论）不全错的，诗人说“不止像”，就说明有一部分“像”，但还不够。

师：因此，这几句前后构成排比，否定的情感好像逐步在弱化，对不对呀？所以，后面读轻一些也是可以的。对吧？当然，同学们处理成强调的语气也可以，关键是你自己对诗意的理解。

3. 从中小学语文教科书中任选一篇课文，设计一个朗读教学方案。

第六节 讲授的技能

一、技能概说

（一）定义

讲授，指的是教师通过口头语言向学生描绘情境、叙述事实、解释概念、论证原理、评价现象和阐明规律的基本教学方法。作为一种单向传递信息的教学行为，在课堂上，学生的口头表达不属于讲授，教师在与学生进行问答交流时的口头表达也不属于讲授，教师在课堂的导入、过渡与收束等教学环节所进行的口头表达同样不属于讲授，只有教师以讲述、讲解、讲评、讲演的方式向学生传递教学信息所进行的口头表达才能够称为讲授。讲授水平的高低，直接反映的是教师教学水平的优劣。讲授法，是教师使用最早的一种教学方法，也是应用范围最广的一种教学方法。它既可以用于传授新知识，也可以用于巩固旧知识。教师在运用其他任何教学方法时都离不开讲授法的配合。讲授的技能，指的就是教师在熟练和巧妙运用讲授方法实施教学以顺利完成教学任务与达成预期教学目标的过程中所展示出来的能力。

（二）类型

语文教师在阅读教学中的讲授包括讲述、讲解、讲评、讲演等四种类型。每种类型都有自己的优势特长，每种类型也都有各自的使用空间。据此，讲授的技能也可以分解为讲述的技能、讲解的技能、讲评的技能、讲演的技能等四种类型。

1. 用于介绍教材背景知识的讲述

指导学生阅读一篇课文，需要向学生介绍关于这篇课文来龙去脉的方方面面，包括它的作者、产生背景、历史地位、相关评价、入选语文教材的前因后果以及让大家进行阅读学习的目标、重点、难点等。指导学生阅读一整本书，需要向学生介绍这本书写作的前因后果、作者的有关情况、本书的框架结构与内容体系、他人的相关研究与评价以及教师自己的阅读收获与读法建议等。指导学生阅读一个学习任务群的相应素材，则需要向学生介绍该任务群的内容构成、内在联系、学习要领等。这种介绍是外围性的讲授，虽然不牵涉教材具体内容与形式的理解与把握，但足以为帮助学生理解教材的具体内容与形式奠定基础，也足以帮助学生扫除知识性的障碍。讲述的基本要求是准确、简洁、明了。

2. 用于解释教材疑难问题的讲解

指导学生阅读一篇课文，需要针对课文阅读过程中学生理解不了的整体、部分或者细节内容进行解释，包括课文中的某个词、某句话、某个段落甚至于整篇文章含义的解释，包括课文中某个典故、某个称谓、某个概念、某个术语以及某个词句特指含义的解释，也包括课文中词句之间的关联、段落之间的关联、结构的逻辑条理、观点的内在原理以及语言的歧义理解等因素的解释。指导学生阅读一整本书，需要向学生解释该书中带有陌生特征的字词句的含义、人名地名物名的具体所指、术语专词典故的背景知识、作者的阐述意图与构思体系等。指导学生阅读一个学习任务群的相应素材，则需要向学生解释该任务群的构成理由、内在关联、预期目标与每一具体素材的陌生疑难问题。这种解释的特点是解疑释难，属于分析性的讲授，直接针对的是教材具体内容与形式的理解与把握。通过讲解，可以消除学生的疑惑，开启学生的思维。讲解的基本要求是正确、清楚、严谨。

3. 用于评价教材表达技巧的讲评

指导学生阅读一篇课文，需要引导学生对课文观点内容的正误进行评判，需要引导学生对课文结构线索的好坏进行评点，需要引导学生对课文表达手法的优劣进行评析，也需要引导学生对课文语言运用的巧拙进行评鉴。指导学生阅读一整本书，需要引导学生评判该书的意旨与作者的意图，需要引导学生评点该书的逻辑与条理，需要引导学生评析该书的写法与价值，需要引导学生评鉴该书的用语措辞与语言技巧。指导学生阅读一个学习任务群的素材，也需要引导学生对任务群中诸素材的内容与形式进行相应的评判、评点、评析与评鉴。这样的评判、评点、评析与评鉴都需要借助于教师的口头表达来体现，可以统称为讲评。这种讲评，建立在对教材的理解基础上，又高于对课文的理解，是一种典型的鉴赏性讲授。通过讲评，可以帮助学生把教材看得通透，从而提升阅读鉴赏水平，进而掌握文章读写的方法，达成在阅读之中学会阅读与写作的目标。讲评的基本要求是中肯、恰当、到位。

4. 用于阐发教材派生观点的讲演

指导学生阅读一篇课文，除了帮助学生理解、把握与欣赏这篇课文以外，还需要引导学生跳出课文本身由此及彼地思考一些相关问题，进行一些派生性的研究。这些问题包括课文之间的比较、课文在单元之中的地位分析、课文话题与现实生活之间的关联、课文写法与学生作文之间的联系、与课文作者其他作品之间的关系以及课文观点的历史局限性探讨等。指导学生阅读一整本书，需要引导学生思考与研究该书的产生背景、文风流派、文化底蕴、阐释价值、历史地位等一系列的派生性问题。指导学生阅读一个学习任务群的素材，则需要引导学生挖掘与探究诸素材的阐述视角、表达视野、思维视域及其与其他素材之间的关系等派生性问题。这样的研究，一般都是在一篇课文、一整本书或者一个学习任务群的教学即将结束的时候进行的，属于一种总结性的阐发。教师的这种总结性阐发往往带有演讲色彩，具有专题演讲的特点，所以，可以称为讲演。讲演的内容具有提炼性与引申性，足以启发学生的思维；讲演的形式具有连贯性与整体性，足以调动学生的情绪。讲演的基本要求是生动、有趣、益智。

二、训练要点

（一）精心准备讲授的内容

阅读课堂上的讲授内容，是由教材本身的内容决定的，也是由语文教师在备课过程中所做的钻研、查询、设计等工作内容决定的，还是由语文教师的阅历、个性、思维、教学理念、教学追求、教学风格等因素决定的。在影响讲授内容的这三方面因素中，教材本身的内容和语文教师的个性风格等因素是相对稳定的，对讲授内容的准备作用也是隐性的，而语文教师针对具体教材内容所进行的钻研、查询、设计等备课工作，则是实实在在的、专门性的、显性的。这里所说的语文教师对讲授内容的精心准备，主要指的就是备课时教师围绕所教教材内容所做的钻研、查询、设计等工作。

1. 钻研教材，把握文本

语文教师在阅读课堂上的讲授，是围绕所教教材内容来进行的。要把教材内容讲授好，首要任务当然是钻研教材，把握文本，把教材本身弄得通透。这有四个层次：一是读懂教材内容，掌握教材写法；二是读熟教材文本，使其宛若己出；三是把握作者意图，读出教材意涵；四是评判教材短长，形成自己的看法。其中，第一层次指的是读懂教材的字面意义与表层意义，搞清楚教材写了什么，又是怎么写的；第二层次指的是通过畅读教材，达到熟悉甚至背诵教材内容的程度，使自己对教材文本的掌握达至烂熟于心的境界；第三层次指的是读懂教材的深层意义与言外之意，搞清楚教材为什么这样写，又为什么这样说；第四层次指的是读透教材，并能跳出教材本身，形成自己对教材表达的独特评价。有了这四个层次的准备，语文教师对教材内容本身的钻研就过关了，到了课堂上也有东西可以讲授了。这是最基础的工作，也是语文教师的基本功所在。

2. 查询资料，扫除疑难

要讲好教材内容，光靠把教材本身弄得通透还不够，因为教材中有不少字词难认、不少语句难懂、不少典故难解、不少引言难通、不少术语难释，教材中也有不少人名、地名、朝代、官职、称谓、律法、典籍、规章难以弄清，同时，教材内容产生的背景如何、发表后历来的评价如何、今天又该怎样来看待、教科书选它做教材的理由何在、它又与同一单元中其他教材内容保持什么关系等问题，照样难以搞明白。而这些问题，教材本身看不出，阅读提示、相应注释与课后练习当中又不可能涉及，但又是准备执教该教材的语文教师必须事先明了的。所以，语文教师在备课时，必须通过查询资料来扫除这一系列的疑难障碍。可供查询的资料，一是字典词典等工具书，二是教参等教辅资料，三是介绍与研究教材作者和教材内容本身的文献资料，四是涉及某些特定概念术语与理论原理的学术著作。把这些知识性的疑难解决了，语文教师的课堂讲授，就可以如数家珍、左右逢源了。

3. 设计程序，决定讲法

有了对教材的钻研与资料的查询，语文教师拿什么东西来讲授的问题解决了，但是，还有一个先讲什么后讲什么的问题需要解决，当然也有怎么来讲每一个具体环节的问题需要解决。当然，语文教师是不是需要把自己围绕教材搞清楚了的一切问题一股脑地都讲授给学生听，也是需要斟酌的。因此，在备课时，设计好程序，决定好讲法，对语文教师而言，还是一个不可或缺的功课。这里需要解决的，实际上是两个层面的问题：一是通过设计程序，决定先讲什么后讲什么；二是通过决定讲法，决定每个环节用什么讲法。一般情况下，一个教材内容的具体教学程序，尽管是因教师而异的、因学生而异的、因教材而异的，但是总的来说还是由学生的接受心理过程来决定的。根据这一规律，语文教师大多按照先介绍教材的相关背景知识，再一边分析教材内容一边解释教材疑难，然后评价鉴赏教材表达技巧，最后总结引申阐发教材所派生的观点，这样的程序来设计阅读教学的过程。在每一个程序里，语文教师的讲授使用的都是相应的讲授方法。其中，介绍教材的相关背景知识时，一般用的是讲述的方法；一边分析教材内容一边解释教材疑难时，一般用的是讲解的方法；在评价鉴赏教材表达技巧时，一般用的是讲评的方法；在总结、引申或阐发教材内容所派生的观点时，一般用的则是讲演的方法。

（二）灵活运用讲授的方法

语文教师为了组织教学，必须调动口头用语来讲授。讲得好不好，讲得是否巧妙，对语文教学的效果有决定性的影响。因而语文教师的口才，或者称为教学语言，是很有讲究的。阅读教学中，做好教材的分析与讲解工作，仰赖于语文教师的良好口才。为此，语文教师必须使用好口头的教学用语，灵活运用讲授的方法。运用讲授方法时，务求使自己的讲授用语符合下列要求：

1. 准确严密，富于科学性

这是最基本的要求。具体包括：语文教师的教学语言合乎语法规范，没有语病；词语、术语、概念准确无误；分析得清楚，推理得严密，评价得中肯，介绍的知识正确，讲解没有歧义。

2. 言简意赅，富于示范性

语文教师要培养学生说话的能力，首先必须自己能说好，并为学生的说起示范作用。具体包括：教学语言干净利落，条理清晰，言简意明。

3. 激思明辨，富于启发性

在课堂上，语文教师的引导作用，是靠启发性的教学语言来发挥的。这要求语文教师的教学语言能激疑、设疑，能启发、诱导，能判断、评价，能激趣、兴波。

4. 通俗平易，富于教育性

在课堂上，语文教师的教学语言应该是口语化的，尽量要做到通俗易懂；语文教师说话的语气应该随和亲切，平易近人，应该从字里行间显示出对学生的关爱，应该在说话过程中表明语文教师的情感态度、价值观念,并以之影响学生、感染学生、教育学生。

5. 生动形象,富于吸引力

生动活泼的语言,总是受人欢迎的。语文教师的教学语言,应该生动形象,妙趣横生,以此吸引学生的注意力,激发学生的学习热情,增强课题教学的凝聚力。

6. 声情并茂,富于感染力

语言是表达感情的最有效手段,而语文教学中许多内容都充满着情感色彩,语文教师应该善于以自己的语音表现喜怒哀乐。具体表现为:语音含情,声情并茂;语调变化,抑扬顿挫;语态相辅,配合表情;语速有快慢节奏;音量有高低起伏。

7. 展示风格,富于个性

每个人说话都有自己的方式与习惯,语文教师更应该有意识地形成自己特有的说话方式与习惯——风格。情感丰富的教师可以形成以情动人的语言风格,逻辑严密的教师可以形成以理服人的语言风格,性格外向的教师可以形成灵活机智的语言风格,性格内向的教师可以形成严肃庄重的语言风格,语速偏快的教师可以形成以气势取胜的语言风格,语速偏慢的教师可以形成以理趣取胜的语言风格,等等。总之,滔滔不绝也好,娓娓道来也好,只要能让学生接受,只要能带来好的教学效果,都可以堪称好的教学语言风格。

按照上述要求来使用自己的口头教学用语,语文教师的教材分析与讲解就能做得生动有趣、灵活有用、切实有效。成功的语文教师,在讲授方面都是下了功夫的。例如,于漪老师就是以情感化的讲授来赢得尊敬的,钱梦龙老师就是以风趣化的讲授来赢得名声的,魏书生老师就是以亲切化的讲授来赢得声誉的。

(三)严格把握讲授的分寸

语文教师的课堂讲授,使用得好,可以成为非常有效的教学技能,使用得不好,就有可能演变为“满堂灌”的注入式教学,成为既难以唤起学生的注意与兴趣,又难以启发学生的想象和思维的笨拙教学技能。当然,讲授技能好的语文教师,即便是“满堂灌”地讲授,也足以吸引学生的注意,调动学生的兴趣,引发学生的想象,开启学生的思维。但是,初登讲台的语文教师,因为经验的欠缺和临场应变能力的不足,在课堂上讲授时就难免出现捉襟见肘的状况。其实,有经验的语文教师,如果不注意把握讲授的分寸,也未必能够熟练驾驭讲授技能。语文教师在阅读课堂上的讲授,需要尽量避免出现以下这些情况:

1. 信口开河乱讲

由于缺少事先的充分备课,到了课堂上,语文教师讲到某个问题时,忽然发现自己也没有搞清楚,或者没有把握,为了应付过去,就进行搪塞性的介绍或解释,甚至把内容讲错。“以己昏昏,使人昭昭”,信口开河,不负责任,乱讲一气,这就属于典型的误人子弟,是最要不得的。

2. 照本宣科呆讲

由于缺乏教学经验,或者由于信心不足,或者由于缺少面对大庭广众说话的经历,有的高师院校实习生或者初登讲台的语文教师只好采取认真备课详写教案的办法来应付。到了课堂上，就照着教案念，或者照着教案在黑板上抄写，或者依据课件在电脑上边按鼠标边念讲稿，一不看学生的表情与反应，二不与学生的眼神与心灵交流，三不考虑与学生进行问答对话。这种笨办法，属于典型的照本宣科，只能使课堂变得死气沉沉，学生变得怨声载道。

3. 借题发挥海讲

由于对某人某事有情绪、意见或者牢骚，或者由于对某个问题有自己比较偏激的看法，或者由于对某些领域的问题有研究兴趣，有的语文教师在阅读教学课堂上讲授时喜欢借题发挥无限引申，把一些与课文内容毫无关系的问题拿来大讲特讲，结果，一堂课下来，只有少量的时间在讲授课文，而大部分时间被用来扯无关紧要闲谈去了。这种借题发挥式的海讲，实际上占用了本来属于学生学习的课时，耽误的还是学生的学习，因而也是一种误人子弟的讲授行为。

4. 云山雾海胡讲

由于想要显示自己的见多识广，或者由于想要表现自己的深邃思想，或者想要炫耀自己的学习资历，有的语文教师在阅读教学的课堂上讲授时喜欢故弄玄虚地讲一些似懂非懂的观点，故作高深地使用一些生僻的名词术语，把一些连大学生都难以弄懂的表达方式拿到中小学语文课堂上来使用，文白夹杂汉英混用地搞一大堆时髦用语，自我感觉良好地云山雾海胡讲，弄得学生像在看热闹似的听天书，其实自己也不知所云。这种讲法，当然也是为踏踏实实认认真真讲授的语文教师所不齿的。

5. 绘声绘色偏讲

由于试图活跃课堂的气氛，或者试图调动学生的情绪，或者试图展示自己多才多艺的才干，有的语文教师在阅读课堂上讲授时喜欢调动各种表现手段来配合自己的讲授，时而来点演唱，时而来点绘画，时而来点笑话，时而来点鬼脸，想方设法调用一些语言文字之外的因素来制造一些噱头，期盼以搞笑的方式来达到换取学生廉价的笑声的目的。这种非语文性质的讲授方式，看起来手舞足蹈，听起来绘声绘色，表面上具有一定的观赏性与感染力，实际上是把语文的阅读课上成了艺术表演课。对语文教师而言，适可而止地使用一些绘声绘色的讲法是值得提倡的，但为了表演而表演，为了搞笑而搞笑，就值得商榷了。

三、 案例评析

【案例 2-9】

特级教师王崧舟《长相思》课堂讲授实录(节选)[①]

师：同学们，在王安石的眼中，乡愁是那一片吹绿了家乡的徐徐春风；而到了张籍的笔下，乡愁又成了那一封写了又拆，拆了又写的家书；那么在纳兰性德的眼中，乡愁又是什么呢？请大家打开书本，自由朗读《长相思》这首词。注意，

① http://www.xiexingcun.com/article/html/27677.html。

仔仔细细地读上四遍。读前两遍的时候，注意词当中的生字和多音字，争取把它念得字正腔圆。读后两遍的时候，争取把它念通顺。注意词句内部的停顿。明白吗？［讲述］

师：来，孩子，请你读！其他同学注意听，这一首词当中有一个生字，一个多音字，听他有没有念出来。好，开始！

［生：山一程，水一程，身向榆关那畔行，夜深千帐灯。风一更，雪一更，聒碎乡心梦不成，故园无此声。］

师：读得字正腔圆，真好！"风一更"，这个"更"是一个多音字。"聒碎乡心"的"聒"是个生字。她都念准了。我们一起来读一读，"风一更，雪一更，聒碎乡心梦不成"。

师：真好！同学们，读古代的诗词，我们不但要把它读正确，读得有节奏，而且要尽可能读出它的味道来，比如《长相思》这个题目，我们可以有许多读法，有的读《长相思》(语速较快)，有"长"的味道吗？有相思的感觉吗？比如你这样读，长—相—思，有感觉吗？有味道吗？［讲解］

师：真好！同学们，词读到这儿为止，你的脑海里边留下了什么印象和感觉？你是否感觉到了诗人对家乡的思念？长相思，长相思，作者为什么会如此的长相思？请大家默读这一首词，读的时候注意：仔细地看看书上的插图，仔细地看看书上的注解，然后试着去想一想：这首词大概在讲什么意思？明白吗？［讲解］

师：现在我提两个问题，看看大家对这一首词大概意思掌握了没有。(板书"身")第一个问题，听清楚，作者的"身"，身体的"身"，身躯的"身"，作者的"身"在哪里？身在何方？［讲解］

师：那么"山一程"呢？身在哪儿？还可能在哪儿？他经过了崇山峻岭，他经过了大河小川，他经过了山海关外，他经过了军营的帐篷，他还经过了许许多多的地方。这就是作者的身在何方。一句话，作者的身在"征途"上。(板书"在征途")［讲解］

师：已经读懂了一半。下面我提第二个问题。(板书：心)纳兰性德的"心"，心在哪儿？［讲解］

师：好，(板书：在故园)孩子们，身在征途，心却在故园，把他连起来，大家有什么新的发现，新的体会？［讲解］

师：一个远离，一个思念，同学们，就是这种感受，这种感情，这种心灵的回响，我们一起带着这种感觉再来读一读《长相思》，先自个儿读，试着把作者的身和心分离的那种感受，那种心情读出来，自个儿读。放开声音读，按自己的节奏读，可以轻轻地读。［讲解］

师：孩子们。请闭上你的眼睛。让我们一起，随着纳兰性德走进他的生活。

走进他的世界。随着老师的朗读，你的眼前仿佛出现了怎样的画面和情境呢？(师配乐范读)[讲解]

师：孩子们，睁开眼睛，现在在你的眼前出现了怎样的画面和情景？你仿佛看到了什么，听到了什么？你仿佛处在一个怎样的世界？[讲解]

师：是的，你们看到了跋山涉水的画面，你们看到了辗转反侧的画面，你们看到了抬头仰望的画面，看到了孤独沉思的画面。但是，同学们，在纳兰性德的心中，在纳兰性德的记忆里边，在他的家乡，在他的故园，又应该是怎样的画面，怎样的情境呢？展开你的想象，把你在作者的家乡，作者的故园看到的画面写下来。[讲解]

师：那可能是一个春暖花开的日子，在郊外，在空旷的田野上；那也可能是几个志趣相投的朋友围坐在一起，一边喝酒，一边畅谈着什么；那还可能是在暖暖的灯光下，一家人围坐在一起。在故园，在家乡，那儿有很多很多美好的画面。[讲解]

师：让我们一起回到作者的家乡，走进纳兰性德的故园，我们去看一看，在他的家乡有着怎样的画面和情境呢？[讲解]

师：在这里，没有皎洁的月光，没有在皎洁的月光下和妻子相偎依在一起的那份温暖，那份幸福；在这里，没有郊外的踏青，没有与孩子一起的捉迷藏，没有杨柳依依，没有芳草萋萋。[讲解]

师：长相思啊长相思，山一程，水一程，程程都是长相思；风一更，雪一更，更更唤醒长相思，孩子们，闭上眼睛，想象画面，进入诗人那个身和心分离的世界。我们再一起读《长相思》。[讲解]

师：同学们，《长相思》读到现在为止，我们已经非常真切地感受到作者身在征途，心系故园的那一颗破碎的心。我想，读到现在为止，读到这个时候，你是不是该问一问纳兰性德，你的脑子里冒出了什么问题想问一问纳兰性德？[讲解]

师：孩子们，你们都问过了，是吗？你们可曾知道，这些问题纳兰性德也在问自己，就在征途上，纳兰性德还写了一首词，题目叫《菩萨蛮》，其中有这么两句就是纳兰性德问自己的："问君何事轻离别，一年能几团圆月"。[讲解]

师：问得好，孩子们，请你再仔细想一想，除了纳兰性德在问自己以外，还会有谁也要问一问纳兰性德"问君何事轻离别，一年能几团圆月"。当然是他的妻子、儿子和父母。

师：我们一起到一个地方去问。长亭外，杨柳依依，妻子站在送别的路上，问纳兰性德：问夫何事轻离别，一年能几团圆月？长亭下，芳草萋萋，儿子拉着父亲的手问：问父何事轻离别，一年能几团圆月？长亭外，秋风瑟瑟，白发苍苍的老人问纳兰性德：问儿何事轻离别，一年能几团圆月？[讲评]

师：孩子们，轻离别，你们居然说我轻离别，（板书：轻）我，纳兰性德真的轻离别吗？你从哪儿体会到我纳兰性德没有轻离别啊，我不是轻离别啊。《长相思》的什么地方让你体会到了这一点？［讲评］

师：老父，我是纳兰性德，我先来问一问我的老父，你说我是轻离别吗？我还想问一问我的爱妻，我是轻离别吗？是啊，我何曾是轻离别啊！我是那样的重离别啊，可是我身为康熙皇帝的一等侍卫，我重任在肩，我责任如山，我不得不离，不得不离，不得不别啊！长相思。我的重离别，我的重重地离别，这一切的一切，都已经化在了《长相思》中。［讲演］

师：这就是我为什么身在征途，心系故园的原因所在，这就是为什么我的那个梦会破碎，我的那个心会破碎的原因所在。为国的壮志和理想，思念家乡的孤独和寂寞，就这样，化作了纳兰性德的《长相思》。山一程，水一程，程程都是《长相思》；风一更，雪一更，更更唤醒《长相思》；爱祖国，爱故园，字字化作《长相思》！［讲评兼讲演］

【评析】

王崧舟，中学特级教师，浙江省小语会副会长、杭州市小语会会长。他的这一课堂讲授实录，具体而又全方位地展示了一个优秀语文教师的讲授技能。在这堂课里，他综合运用了讲述、讲解、讲评、讲演等四种讲授方式，以声情并茂的口头语言调动了学生的想象与情感，以富于启发的口头语言开启了学生的思维与智慧，介绍清晰简洁，解释井井有条，分析步步深入，评议入情入理，阐发水到渠成，达到了理想的讲授效果，体现了语文教师课堂讲授的完美技能。

四、思考练习

1. 语文课堂讲授的类型有哪些？它们各有何特点？
2. 语文教师的课堂讲授需要注意些什么问题？

第七节　对话的技能

一、技能概说

（一）定义

对话，最早是一个文学术语，指的是读者与文本之间的相互解读，读者与作者之间的相互理解。引入教学领域中的“对话”，是新课程改革以来出现的一个新鲜字眼，指的是师生在课堂上围绕教学内容的教与学所进行的问答交流活动。在阅读教学课堂上，站在语文教师的角度来看“对话”的话，进行文学解读需要与文本对话，理解作者意图需要与作者对话，引导学生理解与把握阅读内容需要与学生对话，似乎这三层意义的“对话”都能够成立。但是，由于我们是从广泛意义的课堂教学角度来使用“对话”这一术语的，而不仅仅是从语文的阅读教学角度来使用这一术语的。换句话说就是，任何课堂上都需要有师生交流，所有课程的课堂都需要有对话，语文的阅读教学课堂也不例外，如此而已。因此，我们这里使用的“对话”，特指语文教师与学生在课堂上围绕阅读内容的教与学所进行的问答交流活动，不包括文学范畴里所说的语文教师与文本的对话和语文教师与课文作者的对话这两层含义。

对话，在教学范畴使用的时候，先前被称为“问答”，后来又被改称为“谈话”，指的都是师生在课堂上围绕教学内容所展开的口头交流活动，措辞虽有不同，意义是一样的。当然，仔细分析，“问答”“谈话”与“对话”之间还是有细微的差别。问答一般指的是教师问学生答，谈话一般指的是教师谈话学生应和，教师在“问答”与“谈话”之中都始终处于支配地位。所以，严格说来，“问答”和“谈话”是附属于教师的“讲授”的。“对话”就不一样。在对话时，教师与学生处在平等的地位，是对等的对话双方。师生之间围绕课文所展开的对话，可以是合作性的问答，可以是协商式的谈话，可以是探究式的讨论，可以是怀疑性的辩论，学生的自主学习与平等参与色彩十分鲜明。将“问答”和“谈话”改称为“对话”，这正是新课程改革的要义所在。

语文教师对话的技能，指的就是在阅读课堂上围绕教学内容与学生之间展开对话交流时熟练巧妙地采用合作性的问答、协商式的谈话、探究式的讨论和怀疑性的辩论等教学行为过程中所表现出来的能力。

（二）类型

新课程改革公开主张师生平等，认为教师在学生面前只不过是“平等中的首席”而已。新课程改革明确主张要培养学生的“自主、合作、探究”能力，注重培养学生的怀疑精神与创新能力。正是这两大主张，为师生之间进行课堂对话提供了理论依据。根据一篇课文的教学进程与教育规律，一般情况下，语文教师在阅读教学课堂上与学生之间的对话大体包括理解课文内容时的合作性问答、分析课文结构时的协商式谈话、欣赏课文表达时的探究式讨论和探讨课文疑难时的怀疑性辩论等四种类型。据此，对话的技能也可以分解为合作性问答的技能、协商式谈话的技能、探究式讨论的技能、怀疑性辩论的技能等四种类型。

1. 用于理解教材内容的合作性问答

学生学好一篇课文或一整本书，首先需要读懂教材意思。读懂教材，一要理解教材中的每一个词句，二要理解教材中的每一个语段，三要理解教材中的主题意义，四要理解教材中的言外之意。其中，前三点属于准确解读文本意涵，第四点属于正确体会作者意图。在阅读课堂上，语文教师为了帮助学生完成这四个层面的理解，需要站在学生的视角与立场来领会教材，需要与学生展开合作来研读教材，尤其需要引导学生来思考教材。这就需要语文教师围绕教材内容设计一系列问题，并依据这些问题来组织学生进行合作性的问答交流。这种问答，可以是教师问学生答，也可以是学生问教师答，但一般都采用“是什么”的方式提出问题。例如,“这个词句的意思是什么?”“这个语段的意思是什么?”“这篇文章的主题是什么?”“这本书的研究内容与基本主张是什么?”“作者或者编者的真正意图是什么?”问题提出以后,语文教师再与学生合作,一起来寻求答案。这种合作性的问答,是阅读教学的基础工作。

2. 用于分析教材结构的协商式谈话

学生学好一篇课文或者一整本书,其次要把握教材思路。把握思路,一要分析教材表面结构,二要理清教材表述线索,三要理出教材内在逻辑,四要判准作者思维路径。其中,前三点属于准确把握教材的结构,第四点属于仔细体察作者思路。在阅读课堂上,语文教师为了帮助学生完成这四个层面的结构把握,需要站在学生的视角与立场来整理教材内容的线索,需要与学生展开合作来分析教材的结构,尤其需要引导学生来体会作者思路。这就需要语文教师围绕教材内容设计一系列问题,并依据这些问题来组织学生进行协商式的谈话交流。这种谈话,实际上是围绕教材的结构思路方面所进行的一系列问答,当然,可以是教师问学生答,也可以是学生问教师答,但一般都采用“怎么样”的方式提出问题。例如,“本文的结构是怎样的?”“本文的线索是怎样的?”“本文的内在逻辑是怎样的?”“本文作者的思路是怎样的?”“本书的框架结构是怎样的?”“本学习任务群的内在构成原理是怎样的?”问题提出以后,语文教师再与学生进行协商,一起来寻求答案。这种协商式的谈话,是阅读教学的核心工作。

3. 用于欣赏教材表达的探究式讨论

学生学好一篇课文、一整本书或者一个学习任务群,再次要评判教材的写法。评判写法,一要品评教材内容中的修辞手法,二要评价教材内容中的艺术手法,三要品味教材内容中的语言风格,四要鉴赏教材内容中的巧妙构思。其中,前两点属于教材局部表达方式的欣赏,后两点属于教材整体表达方式的欣赏。在阅读课堂上,语文教师为了帮助学生完成这四个层面的表达欣赏,需要站在学生的视角与立场来品评教材中的词句,需要与学生展开合作来评价教材的表现手法,尤其需要引导学生来品味作者的独特用语与巧妙构思。这就需要语文教师围绕教材内容设计一系列问题,并依据这些问题来组织学生进行探究性的讨论交流。这种讨论,实际上是围绕教材的结构思路方面所进行的一系列问答,当然,可以是教师问学生答,也可以是学生问教师答,但一般都采用“为什么”或者“好在哪里”的方式提出问题。例如,“这里为什么使用这种修辞手法?”“这里使用这种艺术手法好在哪里?”“作者这样措辞用语的风格好在哪里?”“文章为什么这样来构思?”问题提出以后,语文教师再与学生进行探究,一起来寻求答案。这种探究式的讨论,是阅读教学的主体工作。

4. 用于探讨教材疑难的怀疑性辩论

学生要学好一篇课文、一整本书或者一个学习任务群,最后要探讨教材中的疑难点。探讨疑难点,一要排除教材内容中词句的歧义,二要弄清教材内容中部分与部分之间、部分与整体之间的关联,三要思考作者打破常规构思布局的考量,四要明确作者写什么不写什么的用意。其中,前两点属于对教材局部内容的探讨,后两点属于对教材整体构思的探讨。在阅读课堂上，语文教师为了帮助学生完成这四个层面的疑难探讨，需要站在学生的视角与立场来鉴别教材内容中的词句歧义，需要与学生展开合作来研讨教材内容中的内在关联，尤其需要引导学生来反向思考作者的构思布局与内容取舍。这就需要语文教师围绕教材内容设计一系列问题，并依据这些问题来组织学生进行怀疑性的辩论交流。这种辩论，实际上是围绕教材结构思路方面所进行的一系列问答，当然，可以是教师问学生答，也可以是学生问教师答，但一般都采用“为什么不”或者“到底是什么”的方式提出问题。例如，“这个容易产生理解歧义的词句到底是什么意思?”“这个部分与课文整体的关联到底是什么?”“课文作者为什么不那样构思?”“课文作者为什么不写这些内容?”问题提出以后，语文教师再与学生进行探讨辩论，一起来怀疑、比较、鉴别。这种怀疑性的辩论，是阅读教学中的高难度工作。

二、训练要点

（一）精心设计对话的问题

阅读课堂上的师生对话，基本上是围绕一系列的问题来展开与推进的。这些问题，有的是学生在课堂上临时提出来的，有的是在对话的过程中自然而然推衍派生出来的，但更多的是语文教师事先准备好或者在教学过程中受到即时启发而提出来的。这里，我们只考虑由语文教师提出问题这种情况。

对语文教师而言，要组织好课堂对话，关键就在于设计好自己准备拿来与学生一起展开对话交流的问题。上面提到，语文教师在课堂上提出的问题大体上只有四种问话方式，即，是什么？怎么样？为什么？为什么不？而且这四种问话方式所要求进行的对话方式也分别为合作性问答、协商式谈话、探究式讨论、怀疑性辩论。其实，这四种问法和分别所对应的对话方式因其问题价值是具有难度层次性的，因其探讨内容也是具有先后序列性的。在什么时候该采用什么问话方式，在探讨什么问题时该采取何种对话方法，这是语文教师所需要宏观考虑的。例如，理解课文内容时就适宜用“是什么”的问话方式来组织进行合作性的问答，分析课文结构时就适宜用“怎么样”的问话方式来组织进行协商式的谈话，欣赏课文表达时就适宜用“为什么”的问话方式来组织进行探究式的讨论，探讨课文疑难时就适宜用“为什么不”的问话方式来组织进行怀疑性的辩论。一般情况下，问话方式上的提问先后顺序是：是什么——怎么样——为什么——为什么不，对话方式上的探讨先后顺序是：合作性问答——协商式谈话——探究式讨论——怀疑性辩论。

当然，从时间分配与课堂分量上考虑的话，语文教师也应该根据阅读教学内容来决定哪种问话方式可以多用，哪种问话方式需要少用，何种对话方式必须重用，何种对话方式可以略用。

（二）灵活运用对话的技巧

阅读教学课堂上的师生对话，主导者是教师，参与者是师生，而进行对话的目的则是开启学生的思路、调动学生的情绪、引发学生的兴趣、提升学生的能力。所以，课堂对话的关键在于让学生开口说话，难点在于让学生有话想说、有话可说、有话能说、话能说好，而最高境界则在于让学生在课堂上敢于与语文教师问答、勇于与语文教师谈话、善于与语文教师讨论、长于与语文教师辩论。这就要求语文教师在设计问题与组织对话时讲究一定的技巧。

阅读教学课堂上的对话问题，一般情况下是由语文教师提出来的，但是，为了调动学生的情绪，语文教师也可以鼓励学生向自己提出问题，然后再组织对话。语文教师提出问题以后，学生的回答如果欠准确，语文教师便可以采取追问的形式来进行启发，还可以换过一种问法来进行引导。有时候，学生在大胆讨论或者辩论时，可能因为经验不足，或者因为思维不够周全，说出来的话会趋于偏激、偏颇，这时，语文教师就可以采用反问的方式进行追问。学生之间讨论与辩论时，有时候会陷入互不相让、互不买账的胶着状态，这时，语文教师就可以采用幽默式的追问来解开思维疙瘩，用这样的问话方式来调节气氛、引导思考、维护对话的高昂情绪。当语文教师提出问题而学生则没有反应或者没有对话兴趣时，语文教师就可以采用自嘲的方式来要求学生反问自己，或者给自己出难题，用激将式的问法来看看大家能不能问倒自己，能不能难住自己。语文教师甚至于还可以提出一系列假设性的问题来组织学生进行对话，例如，假如你是课文的作者，你觉得你该怎么写？假如我就是这篇课文的作者，你打算向我提出什么疑惑？假如你是课文中的主人公，你会怎么做？如果要你指出课文的瑕疵，你觉得在哪里？这样的假设性问法，既具有身临其境的感觉，又具有挑战性，能够将课堂对话引向深入，并且能极大地提高学生的参与热情，具有维持课堂热烈气氛的作用。

（三）时刻注意对话的态度

语文教师在阅读教学课堂上组织对话时，除了需要认真设计所提问题与精心营造课堂氛围外，还需要时时注意自己与学生展开对话时的表情与态度。语文教师的一言一行都足以影响学生的情绪，一颦一笑也足以影响学生的表现。语文教师与学生展开对话，让学生开口说话并不是目的，引导学生思考，鼓励学生探讨，促进学生学习，激发学生斗志，让学生体察到学习的快乐，让学生体验到进步的幸福，让学生获得学习的信心，让学生赢得成功的快感，才是课堂对话真正的意图所在。

要达到这种境界，语文教师保持良好的对话态度是最重要的。在阅读教学课堂上，语文教师应该始终保持饱满的热情，并以这种热情来组织课堂上的全程对话，以达到感染学生情绪的目的。所谓春风拂面，所谓热情洋溢，所谓和颜悦色，所谓笑容可掬，都可以作为语文教师组织课堂对话时的表情态度。对于学生的课堂表现，对于学生的对话水平，语文教师也应该既毫无保留地肯定与表扬学生的积极表现，也毫不隐晦地指出与评价学生的消极表现。当某个学生答非所问时及时给予纠正而不是批评，当某个学生明显答错时及时给予引导而不是嘲讽，当某个学生支支吾吾时及时给予点拨而不是嫌弃，当某个学生趾高气扬时及时给予适可而止的肯定而不是打压，当某个学生志得意满时及时给予点到为止的表扬而不是指责，当某个学生感觉良好时及时给予恰如其分的褒奖而不是贬抑，这样，就能使每一个学生都会积极参与课堂对话，并且能从语文教师那里得到恰到好处的鼓励，从而树立起语文学习的自信心。好老师总是那种能让学生越学越想学、越想越能想、越说越会说的教师。

三、案例评析

【案例2-10】

《紫藤萝瀑布》课堂对话[①]

师：既然花和人都会遇到各种各样的不幸，那生命长河又怎么会无止境呢？

生1：因为一条紫藤萝不会因为一朵花的不幸被摘或凋谢而放弃希望，社会也不会因为个人的不幸而停止发展。

师：课文中写到作者所遭遇的不幸了吗？

生2：课文中有这样一句："流着流着，它带走了这些时一直压在我心上的关于生死的疑惑，关于疾病的痛楚。"

师：那是什么样的生死的疑惑、疾病的痛楚一直困扰着作者？

生3：文章最后表明此文写于1982年，那时我国刚刚走出"文革"不久，作者经历了磨难，心灵上的创伤仍没有愈合。作者的弟弟当时身患绝症，弟弟正是施展才华的年龄，可是却因病失去了机会，作者为弟弟感到痛惜。

师：你是从哪里知道这么多的？

生3：昨天预习时在网上查的。（其他学生鼓掌）

师：是的。作者当时正深陷于悲痛之中，是这一条紫藤萝让她眼前一亮，悟出了生命不息的哲理。那么你们能说说紫藤萝和这个哲理之间的联系吗？

生4："像一条瀑布，从空中垂下，不见其发端，也不见其终极"，象征着生命的长河。

生5："紫色的大条幅上，泛着点点银光，就像迸溅的水花"写出了花的动感，正说明紫藤萝像瀑布一样在流动。

生6："每一朵盛开的花就像是一个小小的张满了的帆，帆下带着尖底的舱"，把花比喻成船舱，既写出了花的繁茂，又写出了它旺盛的生命力。

……

【评析】

有效的对话教学必须面向全体学生，所以教师在设计问题时要考虑到每一位学生的实际情况与需要，使得所有学生都能参与到对话中来。这样的问题往往有着牵一发动全身的效果，能使学生在思考答案的过程中深入解剖文本，生发并创造出新的意义。《紫藤萝瀑布》以一条紫藤萝的盛开赞美新时代、新生活、新气象，咏叹生命长河的生生不息。文中"花和人都会遇到各种各样的不幸，但是生命的长河是无止境的"是点明全文题旨的一句话，也是全文最难理解的一句话。李才权老师在教学中，从这句话入手引导学生对话，使学生在体会到紫藤萝的美的同时，又能把紫藤萝和作者对生命的体悟联系起来，学生既感知并分析了文中的景，又体悟到了作者的情，取得了很好的教学效果。

① 李才权：《初中语文阅读对话教学的有效策略》，《语文教学通讯（学术刊）》，2019年第3期。

四、思考练习

1. 语文课堂对话的类型有哪些?各有何特点?

2. 组织好语文课堂对话,语文教师需要具备怎样的对话态度?

3. 在语文教师的基本问话方式中,哪一种问法的价值最大?为什么?

第八节 创设情境的技能

一、技能概说

(一) 定义

情境是"在教学中教师根据教学内容与学生共创的一种能激起学生情绪的学习场景。它以情感调节为手段,以学生的语言生活实际为基础,以促进学生主动参与、整体发展为目的,是一种优化了的语言学习与语言生活环境"①。

情境教学是充分利用形象,创设情境,激发学生的学习热情,把认知活动与情感活动相结合的一种教学模式。情境教学以"情"为"经",重视意志、兴趣、情感、品质在教学中的作用;以"境"为"纬",通过创设各种生动、逼真的生活情境,将学生的学习与生活相融通,为学生的学习创造有利的条件。

创设教学情境的技能就是在教学过程中,教师出于教学目的需要,依据一定的教学内容,创造出师生情感欲望、求知探索精神高度统一、融合和步调一致的情绪氛围的能力。

(二) 类型

情境按其生成的方式可以分为自然情境和人工情境两类。

1. 自然情境

自然情境是指语文教师教学时的情境是自然的、天然的,不需要人工特意创设。如在"草长莺飞二月天"时,组织学生们去户外踏青、放风筝;在"万条垂下绿丝绦"时,带学生观赏柳枝;在"清明时节雨纷纷"时,引导学生纪念故人,了解传统文化等。这样可以揭开学生心中神秘的情感面纱,自觉进入文章情境中。

2. 人工情境

人工情境是指教学中的情境并不是天然存在的,而是通过师生的努力创设出来的。主要有语言情境、实物情境、活动情境、视图情境、音乐情境等。

二、训练要点

(一) 情境创设的方法

1. 自然情境

语文学习的外延与生活的外延相等,文学源于生活,文学作品是现实世界的折射。自

---

① 徐林祥:《小学语文课堂教学技能训练》,语文出版社,2000年版,第153页。

然、社会是最好的理解文学作品、学习语文的情境。可以将学生带到大自然和社会生活中去理解课文、学习课文。如在教学《咏柳》时，可利用课间时间带领孩子们到校园里去观察柳树。通过实地的看一看、摸一摸、闻一闻、互相说一说……“柳树”在他们的眼中会变得鲜活起来。

李吉林老师为了让学生在写作、写话时有话可说，经常把学生带到田野中去认识大自然。“事实表明，观察情境后，孩子作文真正做到有话可说，有感而发。我亲眼看到孩子们在大自然的怀抱中是那样兴致勃勃，讲述滔滔不绝。每次观察回来，那些充满生活情绪的表象，带着绚丽的色彩与音响，深深地印在孩子的记忆中。孩子们总是那样恋恋不舍，兴奋的情绪，丰富的感受，使孩子们产生了强烈的表达欲望。”①

2. 语言情境

语文教师在教学中，可以根据需要，灵活地运用自己的语言，创设适合教学内容需要，激发学生学习情绪的情境。运用语言创设情境主要有以下几种方式。

（1）抒情导入

“导入新课”是一堂课中教师提供给学生的第一感知。如果导入恰当，将会收到事半功倍的教学效果。在每节课刚开始的时候，学生还沉浸在课前活动的兴奋中，如果强行让他将注意力转移到新课中，效果并不好。这时，教师可以利用出色的语言，将他们的情绪转移到课堂的学习中。

有教师在教学《我与地坛》时，开篇即引入自己身边的真人真事，介绍自己一位邻居的困境：她的丈夫靠蹬三轮为生，忽然查出脑部肿瘤，瘫痪在床，女儿读高二，生活的重担一下子压在她的肩上。她每天 4 点钟起床，在社区保洁，一天打三份工维持着这个家庭。然后猛然发问：“换了是你，你会怎么办？”课堂一片沉寂，但“此时无声胜有声”，学生已然入境，对文本中的“生之挣扎”，他们当有关乎心灵的阅读体悟。②

（2）朗读感染

一次成功的朗读，胜过一百次蹩脚的分析。精美的文章要靠反复的读才能领略语言的精妙，才能把文字中蕴含的感情读活，才能使课文内容入于眼、出于口、闻于耳、记于心，乃至“布乎四体”。

教师饱含感情的朗读既能引导学生理解课文的思想内容，也能“以声传情”深深地感染学生。学生的情感往往是潜在的、内蕴的，教师通过调节自己语言的轻重高低，语调的抑扬顿挫，语速的快慢缓急，表情的喜怒哀乐，将课文中的文字语言及蕴含的感情，声情并茂地传达给学生，点燃学生感情的火焰，激发学生的情感，使他们在强烈的感情驱动下学知识、受教育、懂道理、明人生。

学习《项脊轩志》时，有教师自己范读，创设语言情境。当读到“余泣，妪亦泣”时，停顿的时间稍长，目的是留给学生一个想象情境的空间；当读到“今已亭亭如盖矣”一句时，用拖音，

① 李吉林：《小学语文情境教学——李吉林与青年教师的谈话》，人民教育出版社，2003 年版，第 12 页。
② 范卫绵：《语文阅读教学中的情境教学》，《语文教学通讯（学术刊）》，2018 年第 4 期。

将“如”“盖”“矣”三个字缓缓道出，意在用特殊的语言情境，引导学生感受文字内的情感。在这种语言情境中，课堂上虽然很安静，但学生的心里恐怕早已漾起了情感的涟漪。①

(3) 语言描绘

用优美的语言描绘和渲染与学习内容有关的情境，使学生置身于教师的语言所创设的特定情境之中，并通过想象和联想在自己的脑海里构建一个新的情境，从而有助于更深刻地理解所学内容。

有教师在教学有关于鸟儿的八个成语时，在充分诵读成语之后，以如下方式引导、激发学生的想象、理解。

师：各位同学请看，这里有一幅朴素好看的小画(教材上的一幅朴素清晰的插图)：春天来了，蓝天下，几只小鸟在树林间翩翩起舞，自由穿梭。树林一片苍翠，这里正是鸟儿快乐的家园，这多像家乡的那片小树林啊！同学们，对于这幅小图，你有什么话要说么？先说给你的同桌听，再讲给全班同学听。(不到一会儿，教室里出现了互相“倾诉”的温馨场面。)

生：春姑娘悄悄地来了，几只小鸟在树上呼朋引伴，好像在说：“我们在这里建房子吧。”到了夜深人静的时候，它们仍在忙碌着。

生：春天来了，成群结队的小鸟在树上唱着悠扬的调子，一唱一和的，让人听了“如痴如醉”。

师：说得多好啊！这么好的句子，赶快写下来吧，就写在这幅画的旁边。朴素可爱的小画，加上你那流畅抒情的文字，真有“诗情画意”。

生：下雨了，鸟儿在大树妈妈的怀抱里，看着这充满“诗情画意”的春雨，真是“如痴如醉”啊！②

通过教师语言营造的意境，让学生将自然之景与课堂所学自然融合，唤醒了学生生活经验的有效因子，深入理解学习了这些成语。

(4) 故事吸引

学生，尤其是小学生，都喜欢听故事。根据学生的知识基础和心理特点，可以联系课文内容，用故事创设情境，这是吸引学生注意力、引导他们学习的重要方式。

例如有教师教《乌鸦喝水》，首先以故事的方式为学生创设一个情境：今天的天气实在是太热了，一只小乌鸦盘旋在空中，小乌鸦好渴啊，心里想“如果我可以喝到水，那该多好啊！”忽然间，小乌鸦眼睛一亮，原来在不远处有一个水瓶，这下子可把小乌鸦高兴坏了。于是，小乌鸦激动地飞过去，可是……小乌鸦伤心了，原来这个水瓶的瓶口太小、瓶颈太长，小乌鸦的嘴怎么也够不到水。情境创设完之后，教师可以鼓励学生思考小乌鸦怎么做才能喝到水，这时学生畅所欲言，积极发表自己的想法，当学生讨论一番后，教师鼓励学生把观点描述出来，

① 范卫绵：《语文阅读教学中的情境教学》，《语文教学通讯(学术刊)》，2018 年第 4 期。
② 孙杨：《成语情境教学探析》，《基础教育研究》，2018 年第 24 期。

这样之后再继续把小乌鸦的故事讲完，让学生把小乌鸦的做法还有自己的想法进行对比。设置这种情景，会在一开始就将学生的注意力带到故事中。此外，通过学生的讨论还可以发散学生的创新思维，最终告诉学生道理：在学习生活中，如果遇到困难的话，千万不要放弃，要向小乌鸦学习，开动自己的脑筋，只有这样才能解决困难。①

(5) 问题激发

学生的好奇心一般比较重，如果能在课堂上，提出一些好的问题，常常可以“一石激起千层浪”，激发起学生的求知欲，使他们更加专注地学习课文。例如在教学《孔乙己》时，可先请同学们找出与“手”有关的动词。再提出第二个问题“本文在写‘手’的动作时用了两个独特的动词，你能找出来吗？”最后再进一步追问：“作者是怎样通过对‘手’的描写来刻画孔乙己悲惨命运的？从‘罩豆’到‘用手走路’揭示了孔乙己悲惨的一生，这样的描述抨击了什么？”步步追问，可促使学生进入紧张的思索之中。

需要注意的是，教学中的提问不可过于随便简单，那些不需要学生思考即可回答的问题，不宜多问，应在文章的重难点处设问，以起到“牵一发而动全身”的作用。

(6) 引发想象

在教学一些内容生动、意境深远的课文时，可以用语言去激发学生的想象力，进而让学生把教材内容与生活情境联系起来。李吉林老师是这样引发想象创设情境的：

李吉林老师教学片段②

师：通过假想旅行，我们到过新疆的葡萄沟、奇妙的双龙洞、美丽的小兴安岭、雄伟的长城、风景迷人的桂林。今天李老师带你们一起到祖国的北方去，到蒙古族人民居住的大草原上去。[看得出，好奇心使孩子们开始兴奋。]到了那儿，你们一定会被草原上迷人的景色吸引住；到了那儿，蒙古人民见到我们这些汉族小朋友，一定会热情地接待我们，请我们喝奶茶，还要请我们吃奶豆腐。[孩子们一个个绽开笑脸。他们的情绪表明，他们已开始进入情境，热烈的情绪使他们形成了学习新课文的内驱力。]

师：我们来到了草原，仿佛看见了一幅美丽的图画，蓝天、白云、草原、小丘、平地、羊群。进入这样的境界，我们真想放声歌唱，真想吟诵小诗。我们可以想象一下那草原的美——春天的公园，我们坐在绿茸茸的草地上，现在让我们的视线向四方延伸开去，向东、向南、向西、向北，让我们眯上眼睛体会一下，啊，整个南通城都是一片绿色的草，啊，不，比南通城还要大……

生：老师，这就是课文中说的“一碧千里”。

师：对。“一碧千里而并不茫茫。”我们再回忆一下，曾经学过什么诗说草地茫茫。[学生情不自禁地背起了“天苍苍，野茫茫，风吹草低见牛羊”。]

---

① 师贺：《小学语文情境教学的探索与研究》，《新课程（中）》，2016 年第 12 期。
② 李吉林：《小学语文情境教学——李吉林与青年教师的谈话》，人民教育出版社，2003 年版，第 24 页。

师：是的，野地茫茫，人烟稀少，荒凉得很，而现在的草原——充满生气，仿佛让我们听到了羊群的欢叫，蒙古族人民高亢的歌声……这种境界，既使人心动，又让人想坐下低吟一首秀丽的小诗。这情境就是课文上写的——

生：一碧千里而并不茫茫。

从上面的案例中可以看出，想象丰富了情境，学生通过想象既有了形象的体验，也受到了情感的熏陶。

3. 实物情境

实物情境，是教师根据教学目标和教学内容，在教学中利用实物作直观演示创设的情境。俗话说“百闻不如一见”。将课文中出现的事物以实物的形式向同学展示，可以弥补师生双方生活经验和主观想象力的不足。教学中常用到的实物主要有实物（指自然界的真实事物本身）、模型、标本和其他教具。

实物情境的主要创设方法有：(1)静态观察法。这种方法主要用于标本、模型等静态物品的演示。如在教学《南州六月荔枝丹》时，可以在课堂上向同学们展示荔枝的样品；在教学《景泰蓝的制作》时，可呈现真实的景泰蓝工艺品。(2)动态观察法。主要用于对可变化发展的事物的演示。如对人的动作、神态的观察。(3)模拟演示法。对一些难以用原物演示的事物，可以用教具或模型作为替代物进行演示。如《溜索》一文中溜索实物的模拟演示。

4. 活动情境

活动情境是通过教师设计的一系列具有知识性、实践性和趣味性的活动形式，让学生主动参与、主动思索、主动操作，从而将学生带入到特定的学习氛围中。主要的方式有演课本剧、做游戏、做实验、组织讨论、讲故事、小竞赛等。这里着重介绍三种。

(1) 演课本剧

结合学习内容，创设一种表演情境，对文章中任务角色进行扮演，不仅可以为学生学习文章内容营造良好的情境，还可激发学生的学习乐趣，促进对学习内容的理解。例如在学习《草房子》中的“迟迟疑疑”这一成语时，有教师设计了一个临时组建的“演出”活动。

三个学生分别扮演桑桑、纸月、刘一水这三个角色。在明确了纸月为何上学迟到的情形下，开始了别开生面的“演出”活动，并提醒学生注意观察“纸月”的表情：

第一个学生，只见她态度优雅、从容镇定地向讲台走过来，这显然不能诠释“迟迟疑疑”的内涵。第二个学生来表演：只见他走路很慢，不时地看看前方的太阳，然后低头若有所思，并在原地徘徊，他好像有心事。此时“刘一水”等同学正神气十足地在前面等着。

这新鲜生动的一幕让学生在体验中感受到“迟迟疑疑”的内涵。他们不再为无法解释成语本身内涵而感到紧张，他们感受到了“迟迟疑疑”的直观形象，表达不再是痛苦的思索，而是快乐的体验。[①]

① 孙杨：《成语情境教学探析》，《基础教育研究》，2018年第24期。

又如在《雷雨》一课的教学中，教师可以结合本课内容的经典性、故事性以及表现形式的多样性，开展阅读教学。在学生初步完成对本课内容的认知后，引导学生认识剧中主要人物的思想性格特征及所反映的社会生活本质。通过对文本的深入分析，了解戏剧结构的基本特点及个性化的人物语言，初步掌握戏剧鉴赏的基本方法。结合学生的实际状况及教学安排，综合本课中的人物角色及戏剧特点，组织学生开展话剧演出活动，使学生能够在相对真实和立体的环境中开展对本课知识的学习。

(2) 竞赛激励

学生都是渴望表现自己的。针对学生的这种心理，可以运用竞赛手段，创设竞赛情境。教师可以在课堂中采用小组学习法，利用课文中的一些问题，让学生以小组为单位进行竞赛，使他们在一种紧张的竞赛情境中去学习，以最大程度地调动学生学习的积极性。

(3) 实验演示

课本中的很多课文会涉及一些科学原理，如《中国石拱桥》。在教学这样的课文时，单纯的语言讲解无法使学生对文中的科学原理有明晰地理解，这时，用实验来演示文中的原理是很有必要的。

5. 视图情境

(1) 图画情境

图画情境，是利用课文插图、剪贴画、简笔画、挂图等图画，或自己当场绘制，或用多媒体加以展示等方式创设的情境。借助图画，可以再现课文情境，把课文内容具体、形象、直观地展示在学生面前。面对图画，学生看得清楚，感受得真切。能在图画的线条与色彩中感受形象、涵养美感、进入情境，迅速立体地感知课文内容。在借助图画展示情境时，教师要加以指点和启发，同时还要辅以有感情的讲述，便于学生充分感受形象，进入情境。例如，在学习《苏州园林》时，教师先在多媒体上给学生展示一系列苏州园林的动态图画，利于学生熟悉了解苏州园林的艺术特点。

(2) 视频情境

在语文教学中，可以充分利用多媒体播放一些与教学内容相关的视频，这样可以为学生带来丰富、直观的感性材料，可以化抽象为具体、变无声为有声，以直观的形象触动学生的心灵，引发学生情感的共鸣，从而达到对课文内容的深层理解与感悟。例如，在学习《静夜思》时，教师可利用多媒体播放与明月相关视频、图片或者音乐，此时学生极容易被教师带入到视频音乐营造的情境中。教师再适当提问观看视频的感受。结合学生的感受，就可自然而然地进入古诗词《静夜思》的学习中。

6. 音乐情境

音乐是一种诉诸人的听觉，启动人的联想和想象的艺术，是一种独特的渲染情境的手段。在教学中，选择与课文内容相契合的音乐在合适的时机向学生们播放，通过优美的旋律，把音乐与语言相沟通，能调动学生的听觉、视觉等感官，使学生与课文的情感产生共鸣，点燃思想的火花。如可以在朗诵《春江花月夜》时播放同名古筝曲《春江花月夜》，在朗诵《送元二使安西》时播放古曲《阳关三叠》。

（二）情境创设的程序

1. 把握教材

教师在创设情境之前，必须把教材读熟、吃透，只有充分了解课文才能准确地理解课文，把握住课文的中心、重点和难点，设计的情境也才能是最有效的。

2. 进入情境

教师在设计教学情境时，首先要自己进入到课文的情境中，要真正地走进课文中的人物，与他们同呼吸、共命运，体会他们的喜与乐、悲与伤。同时，教师还必须关注学生是如何理解课文的，只有这样，教师创设的情境才是易于为学生理解和接受的。李吉林老师曾说："教《小小的船》，不仅是学生飞上月球，而首先是我们老师自己，仿佛在院子里看着那弯弯的月儿，看着看着，月亮真的像一只小船。于是，老师自己也似乎身子轻起来，坐上月球，进入那个虚无缥缈的、极其神秘的宇宙之中。"①

3. 设计情境

教师在充分理解课文后，就可以开始设计教学情境，设计的情境要做到耗费少、效率高，就是用最少的物质和时间投入，最大程度地调动学生学习的积极性，取得最大的学习效果。创设情境时要注意以下两点：

（1）把握课文的感情基调

教学中的情境必须与课文的感情基调相吻合。如有教师教学《再塑生命的人》时，通过饱含情感的语言创设情境，让学生感受到作者作为一个盲人在生活中的苦恼与美好期待。她是这样给学生"深情"描述的："人们都说，眼睛是心灵的窗户，那是因为通过眼睛，可以看到一个人的内心，更是因为，一个人可以通过自己的眼睛，去感受多姿多彩的世界……然而，如果一个孩子，已经在近乎黑暗的世界里摸索了六岁零九个月，那是一种什么样的无奈与彷徨，她对生活的期待是怎样的超乎我们的想象！"②这样的情境足以让学生感受到作者在黑暗世界中的期待，从而为下文的情节展开创设必要的心理认知和情感基础。

（2）把握课文的体裁特点

对于童话、寓言，如《小蝌蚪找妈妈》，宜用表演或图画与语言描绘相结合的方式再现情境；对于科普性的课文，如《要是你在野外迷了路》则适宜用实物演示创设情境。

（三）情境创设的原则

情境创设的成功与否与教师的主观能动性有很大关系，但这并不意味着可以去天马行空地创设情境。在创设情境的过程中我们一般要遵循以下原则：

---

① 李吉林：《小学语文情境教学——李吉林与青年教师的谈话》，人民教育出版社，2003年版，第75页。
② 王标：《情境，应当指向心境——以〈再塑生命的人〉为例》，《中学语文》，2019年第4期。

1. 目的性原则

教学情境的创设，应体现为教学服务的目的。具体而言，语文教学中创设情境的目的在于帮助学生理解课文，提高学生的听说读写能力。教师必须牢牢把握这个原则，不能本末倒置，为创设情境而创设情境。如有教师在教学古诗《赠汪伦》时这样做：在学生理解诗意后，教师先请学生画一画或演一演李白与汪伦分别时的情景。在学生表演和展示画作之后，他又请学生想一想有关朋友的歌，于是乎，教室里响起了各类流行歌曲。这节课，看起来很热闹，课堂情境创设似乎很成功，但在热闹的背后学生并没有学到多少知识。虽然是古诗课，教师却没有带学生"咀嚼"字词、品味意境、朗读诗文，只是一味地玩花样。一节课结束后，学生所得无多。

2. 真实性原则

"生活无处不是语文"，语文教学中创设的情境要有一定的真实性，即创设的情境尽可能贴近现实生活，贴近自然，贴近学生的社会经验和生活体验，进而让学生在脑海中具体感受知识和情境之间的联系。比如学习《画杨桃》时，有教师把一个杨桃拿到课堂上，先让学生在自己的座位上画出自己所看到的杨桃的样子，之后再讲述课文，当课文讲完之后，教师就将之前同学们画过的杨桃的样子进行展示，这里画出的杨桃的形状也是各不相同的。这时就为学生创设了一种同课文一样的真实情境，让学生真切地感受到作者的心理，也更加真切地感受到文章中老师和主人公父亲的话："看见一件东西，是什么样的，就画成什么样，不要想当然，画走了样。"[①]

3. 情感性原则

情境教学通过情感驱动激起学生的学习兴趣，提高学生学习的动力。在创设情境时，教师要投入情感于其中，同时学生在脑海中自我构建情境时也需要带入情感。最终经过教师的引导，推动学生将对情境事物的情感转移至与情境事物相关联的教材和知识。在这个过程中，学生对教材的情感逐步地加深，学习的效率进而得到极大地提升。

4. 适应性原则

教学中创设的情境要考虑到学生的实际需要，不同年龄的学生在生理和心理发展水平、知识基础、技能水平、兴趣爱好等方面均有各自的特征，不同的学生对同一事物的认识和理解也存在差异，这就要求教师创设情境时要考虑到班级同学的实际情况，创设的情境是要能为绝大多数学生所理解和接受的。

5. 新颖性原则

新颖性是指创设的情境相对于学生日常的生活和学习而言是新鲜、有趣的，这种情境能为学生带来新知识、新信息，能引起学生的高度关注，激发他们的学习兴趣。

如有教师是这样教学《爬山虎的脚》第三自然段的：同学们，"以前我只知道这种植物叫

① 师贺：《小学语文情境教学的探索与研究》，《新课程(中)》，2016 年第 12 期。

爬山虎,可不知道它怎样能爬。今年我注意了,原来爬山虎是有脚的。爬山虎的脚长在茎上,茎上长叶柄的地方,反面伸出枝状的六七根细丝,每根细丝像蜗牛的触角。细丝跟新叶子一样,也是嫩红的。这就是爬山虎的脚。"这段文字我们如果用简笔画来画一画,看谁画得与课文里写的一样。首先选笔的颜色,再一句一句地边读边思考着画。画好了,展示一下,评一评,看谁画得与课文里写的一样?经过这样一个过程,孩子们很准确地认识了爬山虎的脚,同时深刻地感受到:读书得一句一句仔细读,最好能在脑海里形成画面。①

6. 实效性原则

在教学中,情境的创设应该建立在课堂教学内容的基础上,不管运用怎样的形式进行教学设计,都必须实现与教学文本的充分对接,避免让课堂教学形式化。

经常有教师在教学经典作品时,抛开课文,让学生欣赏根据原著改编的电影,电影结束之后,紧接着就进行人物分析。表面上课堂气氛很好,学生的兴趣全被调动起来了,但实际上这节课已经不是文学阅读课了,而变成了电影欣赏课。文学是用语言符号表现生活的,而电影则用动作语言;在鉴赏的方式上,前者靠的是思维想象,后者靠的是视觉冲击。因而不能以对视频信息的理解代替对语言文字的理解,这种训练方式于学生阅读能力的提高并无多大益处。

三、案例评析

【案例 2-11】

《日月潭》教学片段②

"要是下起蒙蒙细雨,日月潭好像披上轻纱,周围的景物一片朦胧,就像童话中的仙境。"这句话描写了日月潭下雨时候的朦胧美,而对于 7—8 岁的二年级同学来说,很难真切地感受到这种美,即便是有所感觉,也是一种非常笼统的感觉,至于"朦胧""像童话中的仙境",他们不可能有真切的感受。正好上这一课的时候是春雨绵绵的三月,我们的学校在东湖边。一天早读课,细雨蒙蒙,我和副班主任带着我们班的同学来到东湖边的放鹰台上,指点着孩子们朝东方的湖面上看去。逐渐启发:

"想一想,下雨天与晴天看东湖景色有什么不一样?"

学生们边看边说:"湖上笼罩了一层雾。""远处的磨山被雾遮住了,只看得到山的影子。"

老师描述归纳:"因为有雾,我们看不清山上的朱碑亭,只看得到山的影子,这就叫'朦胧'。"

①② 《小学语文课堂中有效情境教学与案例》,见 https://wenku.baidu.com/view/ced3235d640e52ea551810a6f524ccbff121ca86.html。

进一步引导:“今天天公施了魔法,给东湖披了一层轻纱,晴天的一些景物都变了,它们都变成了什么呢? 边看边想。”

学生七嘴八舌:“远处的湖堤变成了卧在湖里的龙。”“湖面上的小木船隐隐约约,像露出水面的鱼背。”“划动的皮划艇也像鱼,像一条条游动的大鱼。”“磨山就像一尊巨大的弥勒佛像,正欣赏着眼前的美景。”

“你们现在有什么感觉吗?”

“我感觉好美!”“我感觉好静!”“我感觉这就像仙境一般!”

老师再归纳提炼一下:“这仙境里卧着龙,游着鱼,弥勒佛开心地欣赏着,这真像童话中的仙境!”

就这样,同学们一步步地感受到了“朦胧”,感受到了“童话中的仙境”。回到课堂来读《日月潭》,“这段描写你想怎么读?”孩子们有了感觉,纷纷举手,一个一个读得有模有样。

“你为什么这样读呢?”“‘朦胧’是模糊看不清,得仔细看才行,所以要慢一点。我读的时候在想,日月潭下雨的时候有雾遮住,周围的景色会变成什么呢?变成了鱼? 也有龙和佛吗? 我特别想知道,所以我有点激动。”

……

瞧,我们把孩子带到景色中去,引导他们去看去想,把生动的景象与抽象的词语相对应地联系起来,让孩子们通过对景象的感觉迁移到对文字的理解和情感上,他读的就不是文字,而是文字后面的景和情,这该多好!

【评析】

这节课在情境的创设上有如下特点:

1. 真实性。抓住了身边的自然环境和课文内容的契合之处,利用学校周边真实的自然环境,引导学生去观察自然,感受语言,让抽象的词语与真实可感的自然图景互相印证,成功地化虚为实。

2. 时效性。在感受、观察自然之后,教师紧接着就让学生的注意力回归课堂,将真切的体验第一时间用朗读的方式呈现出来,在朗读中进一步深化感受和认知。

3. 文本性。引导学生观察自然,其目的是为了理解课文,不可本末倒置。案例中的教师,一是注重引导学生感受朦胧之景,二是注重激发学生的感受,同时积极地将景物和课本内容相勾连,没有喧宾夺主。

4. 目的性。教师很好地把握了情境教学中的目的性原则,没有为情境而情境,而是充分地运用情境为完成教学目标服务。学生们在愉快的情境中培养了语感,掌握了生词,学会了阅读,体验到了美。

四、思考练习

1. 创设情境的技能有哪些？有哪些原则要注意？

2. 在你所用的语文课本中，选择一篇课文，设计一篇情境教学的教案。

第九节 结课的技能

一、技能概说

（一）定义

结课，又叫收尾、结尾、小结、收束，指的是教师在一堂课的教学即将结束时，或总结概括本课内容，或指导拓展延伸，或启迪感悟升华，乃至兼而有之的结束语或活动。

结课是语文课堂教学环节中的一个重要组成部分。语文课堂的结尾要有极强的艺术性，好的结尾应该意味深长，耐人寻味。一堂课好的收尾，可以起到画龙点睛的作用，也可以帮助学生对所学的内容透彻理解，深刻记忆，甚至终生不忘。

结课的技能就是指教师在完成一项教学任务的终了阶段，通过归纳总结、领悟主题、实践活动、转化升华和设置悬念等方式，使新知识的学习有效地纳入学生的认知结构中，结束该教学任务的能力。

（二）类型

结课的类型，没有统一的定式。按授课内容划分，可以分为阅读课结课、写作课结课和口语课结课等；就阅读课的结课而言，可以按课文文体分为实用文章的结课（包括记叙文结课、说明文结课和议论文结课）和文学作品的结课（包括诗歌的结课、散文的结课、小说的结课和戏剧剧本的结课）；从结课方法来看，又可以有封闭型结课、开放型结课和任务型结课等类型。相应的，可以有不同的结课的技能。

1. 封闭型结课

这种类型主要的目的是引导学生回忆、归纳当堂所学的内容，突出教学要点，使教学内容条理化和简明化，利于学生巩固和记忆。具体方法有：归纳总结式、比较异同式、画龙点睛式等等。

2. 开放型结课

这种类型指给学生留下思考和拓展的空间，引导学生开展课外语文学习活动，并得到多方面发展的结课类型。具体方法有：课外延伸式、方法拓展式、警醒激励式、设置悬念式和机智幽默式等等。

3. 任务型结课

这种类型就是给学生布置学习任务，可以让学生单独完成，也可以师生共同完成。此种方法贵在适当和随堂。具体方法有：朗读抒情式、分组讨论式、练习巩固式和随堂测验式等等。

二、训练要点

一堂语文课就是一首美妙的乐曲，好的结尾会给人余音绕梁、回味无穷的意境。语文课堂教学的结尾是课堂教学必不可少的一个环节，是语文教师智慧的结晶和创造能力的体现，也是衡量一个教师教学艺术水平高低的标志，同时它也会直接影响到学生的学习兴趣、思维习惯和学习效果等方面。

（一）了解结课的功能

1. 小结功能

通过对所学课文的总结，其中包括思想内容和艺术形式等，帮助学生加深对课文的理解，便于他们从整体上把握住课文的知识结构和思想意蕴。

2. 检验功能

教师通过设计一些具有代表性和针对性的练习，帮助学生巩固课堂上学习的内容，了解教师教学的效果，查缺补漏，以便更好完成下次课的教学服务。

3. 桥梁功能

结课是现时课程和未来课程的连接点，是本次课与下次课之间知识连接的桥梁，具有“课断思在，言尽意存”的作用。

4. 引导功能

通过学生活动或教师的语言，以及师生双边的对话，激发学生的情感，使他们与学习内容产生共鸣，从而使学生将所学知识内化为信念，外化为行动。

（二）把握结课的原则

叶圣陶说：“结尾是文章完了的地方，但结尾最忌的却是真个完了。”[①]这是对文章结尾的要求，同样也是对语文课堂结尾的要求。语文课的结课要注意以下几条原则：

1. 目的性原则

即目标要明确。课堂结尾是为实现教学目标服务的，因此结尾要从本堂课或本篇课文的教学内容出发，密切联系教学目的和学生实际情况。同时，也要有所侧重，从某一方面给学生以引导，不能面面俱到，不能不分主次。安徽特级教师莫家泉说：“一节完整的中学语文课堂教学，应该如一篇‘形散神聚’的散文。采用各种手段是‘形’，愈生动愈好；瞄准的教学重点和目标是‘神’，愈集中愈好。而结课那几分钟，应该如散文的高潮，当为精彩之笔。”[②]说的就是这个道理。

2. 巩固性原则

这一原则是要求促进及时记忆，巩固所学所得。据研究，教师在课堂上及时帮助学生总结课程内容，及时回忆和巩固，要比下课 6 小时以后的记忆效率高出 4 倍。因此，教师应当

① 叶圣陶：《叶圣陶论创作》，上海文艺出版社 1982 年版，第 109 页。
② 莫家泉：《怎样上好结课几分钟》，《语文教学通讯》，2001 年第 19 期。

抓住课末的黄金时间，及时地把当堂知识巩固内化为学生自己的知识。

3. 双边性原则

语文课堂不是语文教师的一言堂，更不能为了某种所谓的理念，而使教师的"满堂灌"变成学生的"满堂闹"。教师不能剥夺学生的话语权，学生也不能侵占教师的话语权，师生双方的交流应该是积极的、双边的。

4. 多样性原则

在具体的教学实践中，我们既可以用准确清楚、简明扼要的语言总结全课，也可以适当"留白"，留给学生回味和想象的空间。周振甫在论述文章的结尾时说："文章结尾有多种多样，因为天下事理变化无穷，所以反映事理的文章变化无穷，结尾自然也会有种种变化。"[①]这里虽然说的是文章的结尾，但对我们课堂教学的收尾同样适用。课堂结尾的形式与方法丰富多彩，没有固定的格式。教师要从教学效果出发，根据每节课的具体情况，设计新颖的结尾形式，不能千篇一律，老是一个面孔示人，使学生感到形式呆板，兴味索然。

5. 简练性原则

结尾是教学内容的提纯，语言表述要精练明了，干净利索，不能反反复复，拖拖拉拉。要用简洁明了而又意味隽永的语言，给学生以智慧的启迪，打开学生思维的闸门，激发他们不断进取探索的积极性。同时，还因为下课在即，容不得繁琐冗长。

6. 照应性原则

课的结尾要紧扣教学目标和内容，使其成为整个课堂教学艺术的有机组成部分。所以，结尾时一方面要注意与课堂起始遥相呼应，一方面也要注意回过头来看看教学过程的所有环节，避免总结性内容与前述内容不一致。要做到这点，在设计结尾时，必须对整个教学过程进行统筹安排，以保证整个教学过程的和谐完整，防止出现不该有的断层。

（三）防止结课的误区

课堂结课的方式灵活性很大，在教学过程中要从教学效果出发，视教材特点、教学实际和学生状况而定，有时还要随机而变，处变不惊。同时还必须防止以下几点：

1. 反复冗杂，拖拖拉拉

结课力求要"精"，要紧扣教学内容，不枝不蔓。争取做到语言简洁明快、干净利落，不要拖泥带水。

2. 首尾脱节，疏于照应

结课要与开头呼应，防止偏离课堂教学中心。一堂课只有前后呼应，才能使前后知识连贯照应，课堂教学才会更加完美。

3. 没有时间观念

结课要严格把握时间，防止前松后紧的情况发生。教师对每堂课的时间安排应有计划

---

① 周振甫：《文章例话》，中国青年出版社，2006 年版，第 232 页。

性和合理性，倘若到了下课时间，教学内容还没有完，这时或戛然而止，或匆匆讲完，或拖堂继续，这些势必会造成课堂结尾的慌乱，而这样的课堂教学必然会留有遗憾。结课必须有时间观念，否则再好的结课也是不完美的。

（四）掌握结课的方法

1. 归纳总结式结课

归纳总结式结课是语文课常用的结课方法。它要求用准确简洁的语言，将课堂所学的内容进行归纳总结，并择其要点，使学生从繁杂的思绪中解脱出来，获得对某些问题清晰的印象，同时培养学生综合概括的能力。演绎和归纳是最常见的两种思维方法，语文结课则较多采用归纳式。因为学生对一篇课文的理解，一般要经历由具体到抽象、由感性到理性的认知过程，而归纳正符合此要求。因而，归纳总结便成了最常见的结课方式。归纳总结式结课，不是"胡子眉毛一把抓"式的面面俱到，而是对要求学生掌握的知识点、重点、难点进行归纳，使其显豁突出，让学生在原有学习的基础上再加工、再提高，进而完全掌握。使用这种方式结课，一是要抓住要点，二是要条理清楚，三是要目的明确。否则，归纳就成了累赘。

《阿长与山海经》一课，有教师这样结课：最后我给大家讲一个故事。公元前 5 世纪希腊大画家宙克西斯接受了一项为海伦王后画像的任务，海伦王后是一个异常美貌的女性。宙克西斯为了把她画得更美一些，就让国王下令集中了城中所有的美女然后又从中挑选出五个最美的姑娘，最后画家又把这五位美女各自最美的部分集中到画像上，画出了一幅海伦王后的画像。虽然画像脸庞和五官都合乎标准，然而一点也不动人，她不是一个真正的海伦王后，而是一个失去了个性的人物标本。画画是这样，写作时塑造人物形象同样也是如此。鲁迅先生是深谙此理的。他没有把自己的保姆塑造得光彩照人，形象高大，而是用真实做墨，用心灵做笔，写出了一个真实生动、栩栩如生的阿长。所以无论称呼的来历，切切察察的毛病，不见得很好的睡相，还是烦琐之至的各种规矩，令人捧腹的长毛故事，以至购买《山海经》，读来是那样亲切自然，充满幽默的纯真美。①

2. 比较异同式结课

比较指在课堂的结束阶段，从思想主旨、文章结构、语言表达和形象塑造等不同的方面，有所侧重地把本节课所学课文与以前学过的课文或学生在课外阅读过的作品作对照比较。比较是思维的基础，适当地运用比较的方法，哪怕是课堂结尾的几分钟，其作用也不可低估。因为这样可以加大课堂信息量，让学生在比较中学会对信息的筛选、加工、消化和吸收，从而形成主动获取信息和灵活运用信息的能力。同时可以拓展思维空间，通过比较，由此及彼，加强事物间的横向联系，使思维呈发散之状，可以增强弹性和张力，并向纵深发展。

---

① 王艳红、王利军：《〈阿长与山海经〉的结课》，《语文教学通讯》，2004 年第 35 期。

例如教学《醉翁亭记》时，同《岳阳楼记》进行对比：《岳阳楼记》和《醉翁亭记》都是“记”，都是写景抒情的佳作，但又各有其独特的风格、艺术魅力和意境。《岳阳楼记》描绘的是湖面上的气象，壮阔而细腻，《醉翁亭记》写的却是山间景色，简洁而明快；《岳阳楼记》的结构，严谨中有变化，处处突出对比，《醉翁亭记》的布局，洒脱而有法度，一气呵成；《岳阳楼记》抒发的是“忧”情，而《醉翁亭记》表达的是“乐”意，等等。

3. 画龙点睛式结课

精妙的课堂教学结尾可以说是整堂课的点睛之笔。教师在一堂课结束时用声情并茂或抑扬顿挫的语言，辅以恰到好处的板书，引导学生咀嚼回味，展开丰富想象，能使他们感受到豁然开朗的境界。

如教《孔乙己》，课将结束，黑板上标题“孔乙己”三个字赫然在目。可以问学生：“孔乙己有脚吗？”学生一定会答道：“有啊！”又问：“他在离开我们的时候用的是脚吗？”学生答道：“不是！用手。”教师可顺势用低沉缓慢的语调说道：“孔乙己就是这样用一双满是泥污的手走了，走了，走出了生活的舞台……”教师一边说一边随手把黑板上的“孔乙己”三个字擦掉了，留下了一片空白。这么巧妙的一“擦”，含义深远，学生也会备受触动。黑板上留下的一片空白，包含着不尽的潜台词，蕴涵着渺渺的画外音。它让学生在思考体味中去意会，去发现。这样的结课使教师和学生对人物的悲惨命运产生了强烈的情感共鸣，有对人物的同情，有对社会的控诉，让孔乙己的悲剧形象在学生的心目中经久难忘。

4. 课外延伸式结课

将课内与课外有机结合起来，让学生的学习兴趣、学习热情、学习习惯等向课外延伸，达到用课内带动课外，以课外促进课内的目的，利用课末的巧妙迁移不失为一种行之有效的方法。使用这种方法要注意：延伸要有一定的限度，不能无边际、无目的、无止境，给学生造成过重的负担就事与愿违了。如教《蝙蝠和雷达》，可设计这样的结课：“人们从蝙蝠身上得到启示，发明了什么？你还知道其他类似的例子吗？”学生争着回答，教师趁学生兴趣正浓，可提出这样的问题：“你还可从哪些动物身上得到启示，觉得可以用来发明什么？”这样的追问，可以让学生进行观察与思考，无形中激励培养了他们的广泛爱好。①

5. 方法拓展式结课

最好的学习是方法的学习。尽管学法会贯穿整个课堂教学，但结尾处关于学习方法的点睛之笔更会使学生记忆深刻，受益匪浅。学习了苏轼的《石钟山记》之后，教师可投影显示：疑者，觉悟之机也。一番觉悟，一番长进。让学生从中领悟怀疑精神的重要性，从而引导学生运用质疑的方法来对待前人或教师的知识和见解。教学《从百草园到三味书屋》后，可由鲁迅先生描写百草园景物总结出写景的方法是“仔细观察，抓住重点”。教师这种“授之以渔”的方法，使学生真正掌握了听、说、读、写的技巧。有了方法这个工具，学生在今后的学习

① 陈明祥：《课堂导入与结课艺术》，《小学语文教学》，2011年第2期。

生涯中，就会举重若轻，游刃有余，语文素养的提升就有了后劲。

6. 警醒激励式结课

在课堂收尾时，还可以通过引用课文中有哲理的名言，或赞扬人物的思想品质，或推崇名人的治学精神，给学生树立起学习、模仿的样板，巧妙地寓政治思想教育于课文教学收尾之中。

在学完《趵突泉》课文后，有位教师是这样小结的："趵突泉真是美丽极了，所以它吸引了历代文人墨客，乃至帝王将相前往观赏。清朝的乾隆皇帝观赏趵突泉后还留下了'天下第一泉'的墨迹。可是现在的趵突泉没有课文所写的那样美丽了，因为《趵突泉》这篇文章是老舍先生在1932年写的。半个多世纪过去了，由于过量开采地下水，地下水位降低了。真是可惜啊！由此可见，祖国的名胜山水需要我们好好地保护，身边的一草一木也需要我们精心呵护。希望你们从小树立爱我河山的意识，把我们美丽的家园建设得更加美好。"这样的结课以意味深长的话语寄厚望于学生，打动学生心扉，给他们留下难忘的印象。①

7. 直抒胸臆式结课

如果教师的结课语言充满激情，直抒胸臆，既言简意赅又情深意长，往往能拨动学生的心弦，激发他们的美好情感，收到发人深省的艺术效果。如，教学《乡下人家》一课时，有教师这样结课："同学们，刚才我们一起走进了乡下人家的生活，感受到了乡下人家的生活元素是那么平凡、普通、真实、亲切，那一藤、一叶、一花、一竹、一鸡、一鸭、夏晚、秋夜，无不自然、和谐、甜蜜！乡下人家的所有生活元素汇集在一起，便是一幅画，一支歌，一首诗！"用诗般简练的语言结课，既概括了文章的主要内容，又突出了文章要表达的主旨。②

8. 设置悬念式结课

在课堂教学结束时，有时采用巧设悬念的方法，能收到"欲知后事如何，且听下回分解"的艺术效果，给人一种课已结束而意犹未尽的感受。例如，教学《装在套子里的人》第一课时，可以这样设计课堂结尾："恋爱，多么诱人的字眼。一位哲人说过，如果没有爱情，人间将成为一座坟墓。的确如此。就连别里科夫这样一个与世隔绝的人，也禁不住爱情的诱惑，居然从套子里探出头来，要品尝一下恋爱的滋味了。像他这样的人，会获得姑娘的爱吗？他的爱情结局将会怎样呢？"这样的结尾，能紧紧抓住学生的好奇心理，在学生的心里激起悬念，诱导着学生去阅读后面的故事情节。同时，为第二课时的教学做好了铺垫，使前后课时互相关联，形成一个整体。但要注意，使用这种方法最忌故弄玄虚，夸张唬人。

9. 机智幽默式结课

有位美国作家说过："当你说再见时，要使他们的脸上带着笑容。"机智幽默式结课常常能收到这样的效果。有位教师在教《中国石拱桥》时，一幅挂图突然掉了下来，巧的是这时下课铃声刚好响起，教师恰到好处地来了一句："看来挂图也要休息了，下课！"语言诙谐，充满情趣，一堂课就这样在轻松愉快的气氛中结束了。

---

① 陈明祥：《课堂导入与结课艺术》，《小学语文教学》，2011年第2期。
② 陈凡玖、荣介雷：《小学阅读课的结课特征》，《新课程（小学）》，2014年第8期。

10. 朗读抒情式结课

此种方法不只适合于诗歌教学，只要处理得当，其他文体教学也可以用这种方法。在课堂结尾时，教师可以设计一段朗读，内容可以是课文中的精彩片段，也可以是课外精选的片段，还可以是教师自编的等多方面内容，但这些都要与课文密切相关。朗读者可以是教师，也可以是学生；朗读的方式可以是个别读，也可以分角色朗读，还可以齐读。结尾的朗读，意在加深对课文的情感体验，这对强化对文章的整体认识，培养语感能力，陶冶美好情操都有重要意义。

比如《荷塘月色》这样的美文，可选用配乐朗读、自由诵读、重点背诵等不同方式来结课。学生在优美抒情的诵读中重新体会文本的魅力，体会散文的情调与情思，不仅能拉近学生与作者的距离，而且能让学生在回顾所学知识的同时，在诵读中获得情感熏陶。

11. 分组讨论式结课

一般情况下教师不要急于给出一堂课的结论，可以先组织学生分组讨论，然后再由各小组组长介绍归纳的结论，最后再由教师汇总评鉴。此法与前面的归纳总结法虽然相似，然而形式却大不相同。它通过鼓励学生集体参与，赋予课堂上的每位学生话语权，因此此法能充分调动每个学生学习的积极性，运用得好，还可活跃课堂气氛，让学生在生动活泼的气氛中掌握和巩固本节课所学习的知识。

12. 练习巩固式结课

教师在教学中不仅要向学生传授知识，更重要的是培养学生运用所学知识去解决问题的能力。因此，教师在结课时，便可以通过指导学生做练习来巩固所学的知识，培养学生的知识运用能力。在做练习的同时，教师还可以及时发现和纠正学生在学习过程中出现的种种问题。例如，教一篇小说，可以采用续写法练习；教一篇文言文，最后就文中的一些重要文言现象(诸如通假字、一词多义、古今异义、词类活用、特殊句式等等)列表归纳。事实证明，通过恰当的练习，既能检查落实课堂教学的效果，又能巩固新学习的知识技能。

有教师教学《春》时，就文章最后一段话“春天像刚落地的娃娃，从头到脚都是新的，它生长着，春天像小姑娘，花枝招展的……”要求学生仿写“春天还像________，________”。

生1：春天像蓝天上的白鸽，引领我们快乐翱翔。

生2：春天像时光老人，送给我们一件件幸福的礼物。

生3：春天像充满活力的勇士，领着我们去开拓。

生4：春天像导游，领着我们进入美丽新世界。

生5：春天像可爱的小精灵，用清脆的嗓音，诉说着自己的新鲜与欢乐。

生6：春天像一面镜子，照着我们劳动的身影。

生7：春天像一条路，铺满了鲜花，充满着希望，等待我们踏着它去创造新生活。

……①

① 陈杰：《“诗意结尾”的精彩——语文阅读课结课艺术之实践》，《教学月刊(小学版)》，2005年第3期。

13. 随堂测验式结课

为了了解课堂教学情况，教师可以利用课堂最后几分钟的时间出几道试题，给学生测试一下，这就是随堂测验法。此法有利于教者了解自己的授课效果，为改进教学提供依据；同时也可全面掌握学生对课堂教学内容理解的程度，以便针对实际情况进行个别辅导，或进行全班性的深入辅导，为上好下一节新课打下基础。

14. 展望激疑式结课

在学生对课文的领会已达到一定深度的情况下，教师通过点拨、提示、发问、假设等手段，引导学生的思维向纵深推进，激发起学生新的思维兴奋点。例如在上《生命 生命》时，有教师这样结课：

> 我指着黑板上板书的三个小故事：挣扎的飞蛾、出乎意料的香瓜子、坚强的杏林子，让同学们说一说自己的感受。汇报交流时，马薇薇站起来说："在遇到危险的时候要永不放弃生命，奋力挣扎。"第二组王长红站起来说："生命是香瓜子坚贞不屈的精神……"这时，我发现学生的回答很有节律，心想：不妨试试用指导学生写诗歌来结束这一课。于是，我顺势写下：生命是什么？是飞蛾极力的挣扎，是飞蛾鼓动的翅膀，是飞蛾求生的欲望。同学们望着这一行行文字，很感兴趣，七嘴八舌地说起来。于是我抓住这个时机，让同学们围绕文中第二个小故事写几句。我边听边板书：生命是什么？生命是香瓜子的昂首挺立，生命是香瓜子冲破外壳的勇气，生命是香瓜子不屈向上的精神。接着又写第三个故事：生命是什么？生命是心脏沉稳有规律的跳动，生命是轮椅上杏林子对厄运的抗争，生命是杏林子对人生意义的告诫。为了让学生联系生活实际，写出更深刻的体会，我进一步引导学生：在校园里，生命是什么？在我的点拨下，学生思维绽放，有感而写：生命是垂柳萌发出嫩黄的芽儿；生命是课堂上学生们琅琅的读书声；生命是篮球场上师生们奔跑的身影。……这样耐人寻味的结尾，把学生从身心疲劳的状态中唤醒，不仅巩固了知识，检查了效果，还能发挥学生的创造性，训练学生的说写能力，让课的结尾闪现诗意，涌动激情。①

15. 评价式结课

有些课文尤其是古诗文和外国文学作品，由于作者所处的时代以及思想上的局限性，往往是精华和糟粕互见、积极意义和消极意义并存，作者对一些事实、人物的记叙和评价也可能缺乏客观的公正的态度，往往带有片面色彩。这就需要教师在教学过程中，尤其是课将结束时，联系课文的具体历史背景以及作者的创作思想，坚持用历史唯物主义和辩证唯物主义的观点，认真地加以评价，去粗取精，扬善抑恶，以帮助学生明辨是非，提高识别能力，全面准确地认识历史事实和人物，寓思想教育于课堂教学的始终。

除了上述种种结课方法外，语文课堂结课方法还有想象补充法、为文配画法、为文配乐

① 王潘：《诗意的结课》，《小学语文教师》，2015年第10期。

法等等。但不管何种方法，课前必须在了解学生和吃透教材的基础上精心设计，找到符合自身实际的方法，它属于备课范畴。

“编筐编篓，贵在收口。”虽然结尾要做成“豹尾”很难，但只要多下功夫，相信会有更多的精彩带给学生。

三、案例评析

【案例 2－12】

《廉颇蔺相如列传》的结课[①]

笔者教授完《廉颇蔺相如列传》一文中的“渑池之会”，设计了这样一个结束语：“渑池之会后，蔺相如被封为上卿，职位比廉颇高。在那个武将地位远高于文臣的时代，将相关系又将如何发展呢？最高军事统帅廉颇会对凭三寸不烂之舌谋得高位的蔺相如采取怎样的态度呢？位极人臣、春风得意的蔺相如又会对被誉为赵国屏障的廉颇给予什么样的回应呢？欲知详情，且听下节课分解。”

【评析】

课堂教学结尾应像文章结尾一样，讲究意在笔后，使人回味无穷，给人一种课已结束而意未尽的感受。《廉颇蔺相如列传》按时间顺序写了三件事：完璧归赵、渑池相会、廉蔺交欢。课文篇幅比较长，需要几个课时才能讲授完毕。吴和情老师利用教学内容的连续性和学生的好奇心理，在“渑池之会”结课时提出富有启发性的问题，造成悬念，而这些悬念的设置，紧随课上的内容而来，给学生留下无限遐想空间。并且，这些悬念不但预示了下一课的教学重点，而且使前后两课巧妙过渡，自然衔接。学生可以带着问题去预习、去探求，培养学生积极动脑思考的习惯。

四、思考练习

1. 语文课的结课有哪些类型？你能不能提出一些与上述类型不同的结课方法？
2. 请以鲁迅的《孔乙己》一课为例，参考多种结课方法，设计一个结课方案。

第十节　板书图示的技能

一、技能概说

(一) 定义

板书图示(以下简称“板书”)的技能是指教师在教学过程中将文字、符号以及简表、图形

① 节选自吴和情：《曲终收拨当心画，余音绕梁久未绝——中职语文课堂教学结课艺术例谈》，《文教资料》，2018 年第 15 期。

等有计划地书写于黑板上，用书面语言把教学内容概括化、图表化的能力。板书是教师教学的重要手段，精当的板书能够集中反映教师对教材的深刻理解，体现教师清晰的教学思路，展示教师独特的教学风格，还能够引导学生的学习思路，强化记忆效果，提高学习效率。在当前的语文课堂教学中，多媒体课件已经得到广泛运用，借助多媒体课件可以展示各种图片、音响、录像和大量文字资料，但是，板书仍然是一种不可或缺的教学手段，它的针对性、灵活性、及时性是多媒体课件所不可替代的。

（二）类型

板书的类型，依据其内容和功用可分为主板书和辅板书、综合板书和单项板书等。相应地形成各种板书的技能。主板书用于系统地展示教学内容，辅板书用于书写重点字词和个别的相关资料，主板书需要稳定保留，辅板书可以及时擦写。综合板书常常包括各项教学内容，专项板书常常针对某一项教学内容，如事件的先后顺序、人物的相互关系等。

二、训练要点

（一）熟悉板书的基本内容

板书的内容通常包括以下几个方面。

1. 课文的总体结构

课文的总体结构是学生学习的重要内容，教师通常要借助板书加以显示，帮助学生对全文形成总体印象。如果课文结构比较简单明朗，这项内容就可以省略。即使是篇幅较长的课文，也没有必要在板书中详细分段分层，概括层、段的大意，那样显得零碎繁琐。

2. 课文的中心及各部分内容要点

这部分内容通常是板书的重点。由于板书篇幅的限制，文字必须高度概括简约。可以选用课文原有词句，但更多的是要另行概括。这需要教师对课文内容有高度的概括能力和娴熟地运用语言文字的能力。

3. 课文的写作方法

课文的写作方法也是板书的重要内容，板书展示的必须是课文最重要的写作特色，而且以一两点为宜。

4. 课文生字词、重点词语和个别相关资料

这部分内容如果数量不多，可以在综合板书中书写，如果数量较多，则需要运用专项板书课前书写。如果同时运用多媒体课件，这部分内容可放入课件，以节省板书的空间和书写时间。

5. 教师的教学思路

设计得好的板书能够显示教师的教学思路，这是因为有些板书的各部分内容之间有明显的先后顺序，可以展现教师的教学进程。教学思路和文章的写作思路常常不同，教学进程也常常不同于文章的自然段落顺序。但是并不是所有的板书设计都有这种功用，所以不要强求。

（二）把握板书设计的基本要求

板书设计有其基本要求，一般情况下要能兼顾。

1. 目的性

板书要能体现课文的学习目标或学习重点，因为板书篇幅有限，不可能事无巨细，面面俱到。

2. 系统性

一幅好的板书，最后就是一幅相对完整的文字作品，展示这篇课文所需要学习的主要内容，能够给学生留下一个完整的视觉印象，便于记忆。不能在教学过程中兴之所至随写随擦，以致散碎凌乱。

3. 概括性

概括性是板书最重要的要求，所写文字要准确到位，简洁明了，要认真锤炼文字，力求言简意赅。

4. 艺术性

艺术性是对板书的较高要求，要在实践中逐步提高。板书的艺术性首先是语言文字的准确精当，形象生动，有艺术感染力。其次是整幅板书各部分内容的相互关系一目了然，能展示课文的主要内容或教学的主要过程。有必要时配合少量的线条勾连和简笔图形，但是不能过多，要避免过分花哨，让学生看得眼花缭乱。

（三）锻炼课堂实际书写能力

在完成板书设计之后，还要锻炼课堂上实际书写的能力。否则缺乏“临门一脚”的功夫，设计得再好也不能取得应有的效果。

1. 文字书写要正确规范

语文教师是专门教人读书识字的，自己写的字要能作为学生学习的范例。坚决不能写错别字，如果不小心写了错别字，一定要纠正。要注意汉字书写的笔顺，不能倒笔顺。还要注意汉字书写的规范性，包括笔画的规范和字体的规范。

2. 文字书写要力求美观

现在一般师范生的字都写得不够好，有些还很差。既然做了语文教师，就要下决心把字练练好，不能年复一年，一辈子总是写得那么差。

3. 努力提高书写速度

书写速度也是板书技能的一项重要指标。教师书写速度太慢会使教学活动停顿时间过长，导致教学进程阻滞不畅。教师平时要练习写行书，课堂上除了生字词的字形教学以外，其余内容均用行书，这样写起来又好又快。

三、案例评析

【案例 2 - 13】

钱梦龙《捕蛇者说》板书设计

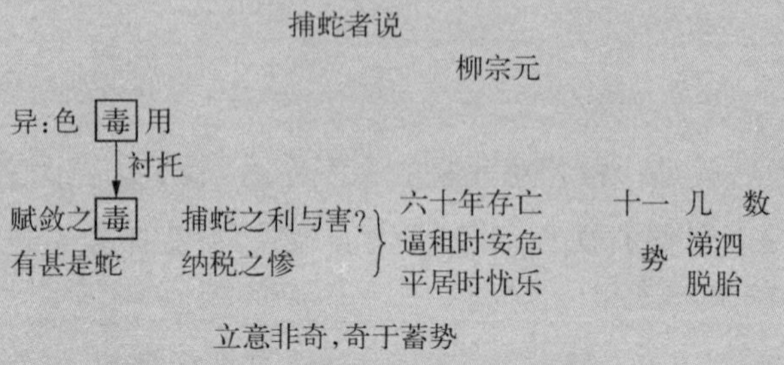

【评析】

这是我国著名语文特级教师钱梦龙老师自己也很满意的一幅板书,选自华东师范大学中文系 1980 年 12 月为钱梦龙老师所拍摄的《捕蛇者说》一课的教学录像。这幅板书具备了板书设计与运用的各项要素与要求,而且其精当精美的程度,堪称语文板书中的典范。

1. 内容完备

这幅板书包括了教学内容的各项要素:

文题与作者

文章中心:赋敛之毒,有甚是蛇

主要内容:异:色 毒 用

捕蛇之利与害? 纳税之惨

六十年存亡　逼租时安危　平居时忧乐

写作方法:衬托　(对比)　立意非奇,奇于蓄势

重点字词:几　数　涕泗　脱胎　十一　(蓄)势

2. 概括精当

这幅板书遣词造句十分精当,准确地概括了文章的主要内容和教学内容。其文字来源有两种途径。第一是选用文章原文字句,例如,"异: 色 毒 用","赋敛之毒,有甚是蛇"。这种方法的好处是紧扣课文,有助于学生理解和记忆。第二是自撰词句,例如,"六十年存亡　逼租时安危　平居时忧乐""立意非奇,奇于蓄势"。这种方法的好处是可以更简洁、更恰当。

3. 脉络清晰

这幅板书准确地展示了文章各部分内容和相互关系。写蛇之毒是用以衬托赋敛之毒,板书上加方框的两个"毒"字上下对齐,配以小箭头,形象直观地显示出两部分内容的关系。中心句"赋敛之毒,有甚是蛇"的右侧是上下并列的"捕蛇之

利与害？纳税之惨”，表明通过这两方面的对比来论述中心。再往右，是并列的“六十年存亡　逼租时安危　平居时忧乐”，表明这两者的对比通过这三方面具体展开。

4. 言简意赅

这幅板书总共用了60余个字，却能够涵盖各项内容，文字十分简洁。这样既便于快捷书写，看上去又一目了然。

5. 展示进程

这幅板书从左上开始，由上而下，由左至右，形成一个自然流程，与教学进程大体吻合，从中可以看出教师的教学思路和学生学习的思维过程。

6. 书法精美

钱梦龙老师的书法也相当精美，板书艺术效果甚佳，可惜这里没法提供视频截图，无法欣赏其真迹，有兴趣的人可以去设法观看教学录像。

四、思考练习

1. 一幅好的板书通常包括哪些内容？板书设计有哪些基本要求？

2. 下面是一位师范生同学为人教版语文教材郁达夫《故都的秋》一课所设计的板书，试作评析。

《故都的秋》板书设计

总起　故都之秋的特点——清　静　悲凉

——南北对比　浓淡

——语言风格　多样

小院清晨—清静闲适—以画为文

槐树落蕊—冷清落寞—多种感官

分写　秋蝉残声—声衰力竭—听觉冲击

闲语话凉—微微叹息—语气语调

秋果灿烂—别样风情—绘形绘色

文人悲秋—自然季节与人生季节

总收　留住秋天—难舍这份浓烈秋意

——南北对比　妙喻连珠

知人论世　1934年的郁达夫—迁家杭州，隐逸世外，纵情山水，信手成文。

3. 请为高中语文教材中《我与地坛》一文设计一幅板书。

第三章　写作教学的技能

写作，又称作文，是运用语言文字进行表达和交流的重要方式，是认识世界、认识自我、创造性表述的过程。写作教学，又称作文教学。写作教学的技能包括制订教学方案的技能、指导捕捉素材的技能、指导审题立意的技能、指导构思谋篇的技能、指导修改润色的技能、指导交流讲评的技能等。

第一节　制订教学方案的技能

一、技能概说

（一）定义

所谓教学方案，是教师在一定教学理念的指导下，根据课程目标及学生的认知基础、学习需求，对教学目标、教学内容、教学情境、教学过程、教学策略、教学评价等进行具体预设，并能有效实施的教学蓝本，简称“教案”。

所谓制订写作教学方案的技能，就是教师在语文课程理念指导下，根据语文课程标准中的写作教学目标、语文教材中的写作教学内容及学生的写作心理写作需要，对写作教学的具体目标、教学过程及基本策略等进行预设并形成方案的能力。

（二）类型

教学方案既是教师备课的产物，又是教师上课的依据或参考。不同基础、不同资历、不同个性的教师，对教学方案的依赖程度和使用习惯不同，因而，所设计的教学方案从文字详略与呈现方式方面看也就有不同的类型。写作教学方案，大致有以下三种基本类型。

1. 文字叙述型

教师在设计教学方案时，主要用文字形式将备课的结果呈现出来，这是写教案最基本最常用的方法。具体设计有两种方式：一是讲稿式的详案；二是纲要式的简案。详细教学方案是把教学设计内容详尽地叙写下来，包括教学目标、教学内容、教学情境、教学步骤、教学方法手段以及拓展性的教学资源等；简略教案是只写教学内容的要点、主要教学步骤和主要教学策略，类似教学提纲。

2. 表格一览型

根据教学目标，将写作教学的相关要素，如作前指导要点、作中注意事项、作后修改讲评以及需要给学生提供哪些条件、利用哪些资源等列成一览表，言简意赅、一目了然。实施教学时，教师一看表，各种要素了然于胸，综合运用，灵活应变。

3. 卡片提示型

教师将教学方案的要点及特别需要补充的内容写在卡片上，在教学过程中起提示作用。

卡片提示有两种形式：一种是教学方案纲要提示；一种是教学内容提示和材料补充。卡片提示形式灵活、方便，便于教学方案的经常修改和补充，有利于不断改进教学，是一种行之有效的方法。

二、训练要点

（一）把握写作教学方案的特点

1. 开放性

写作是一种创制精神产品的个体性劳动，具有鲜明的主体性。学生写作，虽与作家的写作有区别，要在教师的指导下完成，且大都是命题式的写作，没有作家写作那般信马由缰。然而，其本质应该是相通的，这就是倾吐自己的情和意。因此，教师在制订教学方案时，必须立足于如何调动学生的生活积累和人生感悟，如何帮助学生更好地表情达意。从这样的意图出发，写作教学方案就必须具有开放性的特点，要帮助学生打开一扇扇独有的心门，释放一个个独特的情怀；要有助于学生开辟四通八达的思路，产生奇思妙想的灵感。

2. 迁移性

学生听说读写等语文能力的形成和发展，是循序渐进，相辅相成的。语文课程标准虽将语文教学分成识字写字、阅读、写作、口语交际、语文综合性学习等方面，但事实上在语文教学中，这些方面是紧密联系、有机结合的。写作教学与其他几方面的联系尤为密切。识字写字是写作的物质前提，阅读范文是写作能力形成的必经之路，口语交际是表达交流的另一种方式，语文综合性学习更是离不开书面表达。因此，制订写作教学方案时，如果能抓住语文知识与语文能力之间、不同的语文能力之间的迁移规律，帮助学生打通知能迁移通道，形成向写作能力的有效迁移，是提高写作教学效率的良策。

3. 互动性

写作教学与语文教学的其他方面相比，一个最大的特点就是学生必须在一定时间内写出文章——这一显性的、具有鲜明主体色彩的学习成果。短短的几十分钟内，学生要完成产生写作欲望、调集写作素材、进行立意构思、组织言语表达、交流评议修改等一系列活动，这就需要教师对教学过程进行精心策划和有效指导。由于写作主体是学生，所以，教师的指导必须契合学生的需要，必须内化成学生的认知，才能有效促进学生的写作。因此，写作教学过程中的师生互动带有很强的交流、碰撞及经验分享色彩。教师制订写作教学方案时，必须重点考虑如何让学生心动、情动、脑动、口动、笔动的促动策略。

（二）明确写作教学方案的要求

1. 要立足于打开学生的话匣子

写作教学，就是教学生怎样把想说的话说好，达到倾吐、交流的目的。要把话说好，前提是有话可说。因此，设计教学方案时，首先要考虑的就是怎样才能让学生打开话匣子。这就需要在了解学生的生活积累、所思、所想、所虑、所求的基础上，形成让学生产生倾吐欲望的调动之策。如，用心寻找学生所关心的话题，使他们有话想说；精心创设特定的生活情境，引导学生进入熟悉的心理体验场，使他们有话可说，等等。总之，能否采用有效的策略，促使学生产生表达的欲望，是写作教学成败的关键，也是写作教学方案首先需要解决的问题。

2. 要着力于给学生指点迷津

写作教学的核心是教会学生表达的技巧，把话说好。因此，怎样使学生掌握表达的技巧，提高表达水平，就成了制订写作教学方案要着力解决的问题。由于写文章是一种主体性的精神劳动，具有鲜明的个性化特征，所以，对文章写作技巧的教学，就不可能采取一起播种，一同收获的集体化耕作方式，而是要采取因人、因需的点种和因地制宜的精耕细作，即根据学生写作中的实际问题，进行有针对性的指导；针对写作教学的具体目标，当学生陷于迷茫和困顿之中时，为其指点迷津，促使学生将阅读中学过的知识和技巧运用于解决自己的写作问题的实践。只有这样，文章写作的一般知识，才能活化成学生自己的写作技巧和能力。所以，写作教学方案中，对写作知识的教学预设，最要紧的是对学生个体写作需求的把握，要在学生需要帮助时给予帮助，这样才能收到“雪中送炭”之效。学生对写作知识的运用，不是基于教师对写作知识的讲解，也不能仅仅靠对阅读教学中的范文的某些感知，而是要让学生在写作过程中遇到困惑时，在教师的点拨下，自己建构起写作知识的意义。这样的知识不是知识短文上的概念，也不是阅读课上获知的写作方法，而是学生在自己的写作实践的困境中摸索出来的、能够解决实际问题的写作策略。

3. 要用心激发学生的思维智慧

好的写作教学方案，不仅要对学生写什么、怎么写进行预设，而且还要用心考虑怎样才能把学生的思维智慧、创新潜能激发出来，怎样才能使学生心潮起伏，才思奔涌，进而引发奇思妙想，写出佳作。为此，在写作教学方案中，要多启发，少要求；多交流，少灌输；多发散，少求同；多实践，少空谈。

（三）制订写作教学方案的技巧

1. 要善于捕捉学生的诉求点，学会拨动心弦的弹拨术

任何教学方案的设计，都必须着眼于学生的学习。写作教学的过程，是学生在教师指导下进行写作实践的过程。写作实践的心理基础是强烈的倾吐欲望。因而，了解学生的生活世界，走进学生的内心深处，把握学生的诉求期望，就成为我们制订写作教学方案的重要前提。学会如何拨动学生的心弦，就成为我们训练制订写作教学方案能力的重要内容。

（1）学生经历过什么和有哪些生活的局限

要能拨动学生的心弦，你必须了解学生。如在7—9年级（初中阶段），训练学生写叙事性文章，往往会做命题作文《童年趣事》。可是，如今的初中生，在他们的童年到底经历过多少有趣的事呢？沉淀在他们记忆中的所谓值得写出来的恐怕寥寥无几。因此，我们在制订写作教学方案时，不妨将选材的面定得宽一些，以《童年_事》为题，只要是童年时期经历的事，有趣的事、快乐的事、烦恼的事、悲伤的事……都可以写。这样，切合了每个学生的诉求点，不愁他们没话说。

(2) 学生想倾诉的喜怒哀乐和不愿为人所知的秘密

在现今的写作教学中,出于帮助学生应试的考虑,教师比较注重对怎样写的指导,而忽视写什么的启发。他们常常抱怨:学生的生活越来越单调、乏味,丰富多彩的生活体验少了,值得写的东西就更少了。表面看来,学生在应试的重压下,个人的生活空间是比较小。但是,他们对生活的体验却无时不在进行,就说对学习生活的体验,从某种意义上说,其酸甜苦辣的滋味及喜怒哀乐的情感,比起他们的父辈,体验要深刻得多!我们只要调动起学生的倾诉欲望,就可望写出具有真情实感的上乘之作。因此,在制订教学方案时,必须精心设计调动之策。但不要去掏学生不愿让人知道的心灵秘密,因为每个人都有不让人窥探的角落。

(3) 学生在各种关系中的自我和独处本真的自我

写作文就是晾晒自己的人生体验。个人的人生总是处于各种关系之中——与家长的关系、同学的关系、老师的关系以及其他相干乃至不相干的人之间的关系——恐怕就是我们学生的主要社会关系了。怎样帮助学生认识各种关系,写出各种关系中的"我"的人生体验,这是教师要重点启发、点拨的。尤其是怎样才能让学生在作文中呈现本真的自我,写出独特的感受,更是需要教师走进学生的心里去弹拨他们的心弦。所以,教师要切入学生的心境来创设教学的情境。

2. 要善于拿捏教材的训练点,掌握指点迷津的点金术

写作教学作为语文课程的重要组成部分,在综合型语文教科书中都有教学设计。我们在制订写作教学方案时,如何把握住教科书中的教学点,利用教科书所提供的综合学习空间,巧妙地给学生指点迷津,借力生力,实现识字写字、阅读、口语交际、语文综合性学习与写作训练之间的有效迁移,是很值得我们研究的。我们可从教科书的写作教学设计中,找到训练点,悟出"点金术"。

(1) 启发学生于生活中找米下锅

"写什么"是制订写作教学方案时必须重点考虑的问题之一。部编本义务教育语文教科书对写作内容进行了具体提示,如七年级上册第一单元,在"热爱生活,热爱写作"的目标下,提示学生"从身边的事写起,写自己最熟悉的事情":妈妈是如何在忙忙碌碌中度过一天的?爸爸每天到家后第一件事做什么?校园里最安静的角落在哪里?等等。很好地诠释了"生活是写作的源泉"的写作真谛。这为学生如何寻找写作素材拓宽了思路。教师只须结合范文,稍加指点,学生不难明白到生活中找米下锅的道理。

(2) 引导学生从范文里悟得技法

叶圣陶说过:"语文教材无非是例子。"[①]语文教科书中的课文,既是阅读教学的文本,又是写作教学的范文。如何帮助学生从阅读中领悟写作的方法技巧,让课文发挥好写作范文即"例子"的作用,则是我们制订写作教学方案必须解决的另一个重要问题——"怎样写"的

① 叶圣陶:《叶圣陶语文教育论集》,教育科学出版社,1980年版,第152页。

问题。部编本义务教育教科书《语文》七年级上册第二单元的写作教学目标是“学会记事”。教材编者作了这样的提示：“写清楚是记事的基本要求，一般要写出事情的起因、经过和结果。事情的经过是记叙的主要内容，要重点写，写详细些。要把一件事写清楚，动笔之前先要想清楚，理清事情的来龙去脉，再按照一定的顺序有条理地写下来。”“还要学会写得有感情……关键是要写自己亲身经历的、有真切感受的事，说发自内心的话。”“还要注意锤炼语言，学习使用一些能够贴切表达情感的词语或句子，抓住一些感人的细节。”“自己写作文时可有意识地模仿课文的写法。”我们在写作教学方案中，只要考虑到如何引导学生将阅读中感受到的东西，进一步深化成能够指导自己写作实践的策略性知识，就为学生架设了知能迁移的桥梁。

(3) 帮助学生在实践中生成能力

写作是一种实践活动。写作能力的形成必须靠学生自己的实践。语文教科书中对写作教学的设计，突显了实践性。如部编本义务教育教科书《语文》七年级上册第三单元，写作训练的重点是“写人要抓住特点”。教材编者设计了三步具有梯级的写作实践：一是片段写作。让学生从班上选择一个最熟悉的同学，用200字左右给他“画”一幅肖像。写好后，读给同学们听，看看他们能否猜出写的是谁；二是将所写的片段扩展成一篇以写人为主的记叙文。题目自拟，不少于500字；三是围绕“我的偶像”这个话题，自拟题目，完成一篇以写人为主的记叙文，不少于500字。根据教科书上安排的训练程序，我们在制订作文教学方案时，只要考虑如何让学生将每步训练落在实处，如何在写作实践过程中不断建构起如何抓住人物特点来写人的知识和感悟，也就达成了教学目标。

三、案例评析

【案例3-1】

《人物的外貌描写》作文教案设计①

李晓娜

[教学目的]

1. 使学生懂得通过人物的外貌描写表现人物的个性特征。

2. 学会观察人物外貌的方法：遵循一定顺序细致观察长相、衣着等，在整体观察的基础上捕捉人物最突出的部位。

3. 学会描写人物外貌的方法：根据表现人物的思想性格或中心思想的需要，有选择、有重点地进行描写。

[教学重点]

调动学生的主体作用，引导学生在观察的基础上有选择、有重点地进行描写。

① 李晓娜：《〈人物的外貌描写〉作文教案设计》，《语文教学通讯》，2001年第17期。

[教学难点]

引导学生自主评改习作,促进写作能力的形成。

[教学过程]

一、导入

同学们,你想写出一篇篇有血有肉、栩栩如生的写人记叙文吗?你想让你笔下的人物活起来吗?要写人,首先必须学会人物的外貌描写。

二、写前指导

1. 朗读下面两个文段。

(1) 门一开,班主任领进一位女生。她长得很好看,衣着朴素。“我叫李华,请多关照。”简单的开场白后,她被分到我的旁边,以后我们成了同桌。

(2) 门一开,班主任领进一位女生。她中等个儿,梳着两根羊辫,黑里透红的脸上,有一对明亮的眼睛。穿着一身洗得褪了色的学生装,裤子的膝盖处还缀着两个像眼睛一样的补丁。“我叫李华,请多关照。”简单的开场白后,她被分到我的旁边,以后我们成了同桌。

2. 思考问题:

(1) 找出文段中人物外貌描写的句子。

(2) 这两个文段写同一个人物,哪一种好?为什么?

(3) 第二个文段中,作者是怎样观察、怎样描写人物的外貌的?

(4) 你受到什么启发?

3. 同桌交流、讨论思考结果。

4. 全班交流。

5. 教师进行小结,板书要点。

(1) 观察人物的外貌,要遵循一定的顺序细致观察长相、衣着、姿态、表情等,这是整体的观察。再抓住最突出的独特之处,有重点地观察。

(2) 描写人物外貌时,要有选择、有重点,选择最能表现人物个性、最能表现中心思想的特征来写,做到以形传神,形神兼备。

三、片段训练

片段训练(一)

1. 出示训练要求:

观察教师指定的4位同学的体貌,运用以上所学知识,把其中1位同学的外貌特征写下来。80字左右。

2. 学生写片段。(选择1—2位中等程度的学生,要求把习作写在幻灯片上,备评改。)

3. 评改片段习作。

(1) 出示评改要点。

① 能否按照一定的顺序,抓住独特之处观察外貌?为什么?

② 外貌描写能否表现出人物的思想性格？

③ 有什么修改建议？理由是什么？

(2) 幻灯出示学生习作。

(3) 学生朗读评议。

学生围绕评议要点发表看法。

(4) 作者自评。

要点：作者对自己的习作有什么看法？同意同学们的哪些评议？不同意哪些？

(5) 教师小结。

要点：指出学生的评议哪些是恰当的，哪些是不恰当的，补充学生没有提到的，然后再次明确教学目的。

(6) 学生自改。

学生参照评改要点，修改自己的习作，教师巡视指导。

片段训练(二)

1. 出示训练要点：

描写自己家中某位长辈的外貌。注意要符合人物的年龄、身份、修养，结合自己对他(她)的感情。80 字左右。

2. 学生写片段。

3. 评改片段。

(1) 依照片段训练(一)的评改要点，同桌交流，互评互改。

(2) 自己修改习作。

四、成篇训练

布置成篇训练作业。

自拟一个题目或参考的下面题目，结合提示写一篇写人文章，500 字以上。

A. 我的自画像　B. 皱纹　C. 一位邻居　D. 同桌　E. 笑吧，姑娘　F. 爷爷的照片　G. 教师的眼睛

【评析】

本课教学要求学生懂得通过人物的外貌描写表现人物的个性特征，学会观察和描写人物外貌的方法。教学设计目标明确，重难点突出。教学过程由导入、写前指导、片段训练、成篇训练四个部分构成，清晰有条理，且环环相扣，结构完整。片段训练贴近学生实际，由浅入深，其中评改片段习作，让学生在评议中把握训练要点，在修改中学会写作，调动了学生的积极性，有利于教学目标的达成。

四、思考练习

1. 阐述写作教学方案的特点。
2. 搜集写作教学设计方案，对其进行简要评析。
3. 请以“人物的外貌描写”为课题，设计一个“卡片提示型”教案。

第二节 指导捕捉素材的技能

一、技能概说

（一）定义

写作素材，指的是构成作文内容的原始材料，它是作者从生活中直接或间接获得的尚未经过自己概括、提炼和加工整理的生活“原料”。指导捕捉素材的技能，就是指导学生掌握从生活中直接或间接获得构成作文内容的原始材料的能力。

中小学生怕写作文的根本原因不是“没有生活”，而是不会从生活中发现写作的素材，不会用笔表现生活，所以，教会学生如何捕捉自己生活中的写作素材，是中小学写作教学的第一步。中小学写作教学没有培养作家的任务，所以，不必强求学生如作家般地“深入生活”，只要能立体地观察、分析本属于自己的生活，选择自己生活的某一角度，并循序渐进地表现它们即可。

（二）类型

依据中小学生写作素材的来源，训练指导中小学生捕捉写作素材的技能，可以从以下几个方面入手。

1. 自己

中小学生最熟悉的莫过于自己，他们自身就是极佳的写作素材，完全可以把自己的性格、爱好、所作所为、所思所想作为写作素材。学生在成长过程中一定有过很多愿望、理想，并且很可能为之付出过艰辛的努力，这些愿望、理想、努力、进步都是写作素材。

中小学生“自己”的经历中，最难忘怀的往往是童年。写童年，可以从童真、童趣、童“傻”这三个角度捕捉素材。比如，张之路的《羚羊木雕》之所以能在中学语文课本中占一席之地，是因为它表现了童心的真纯。儿童的欢乐中充满着乐趣，那座“百草园”，在成年人的眼中只是一座小小的、杂草丛生的废园，但在少年鲁迅的眼里，却呈现出无穷无尽的、立体的乐趣。好奇是孩子的本性，强烈的求知欲促使他们贪婪地关注着这个世界的一切，有时会说出一些让人忍俊不禁的傻话，做出一些令人哭笑不得的傻事，如舒婷的《我儿子一家》中那个年仅五岁的“我”，为了长大后与爸爸妈妈一起住，竟然“下了决心，干脆不讨老婆算了”。

2. 家庭

人生中最宝贵、最感人的莫过于亲情。家中有朝夕相处的亲人，洋溢着温馨的气氛；所以，可从亲情的角度捕捉素材。写亲情，可从隔代之情、父母之情、平辈之情三方面入手。感人心者，莫先乎情，只要是情之所依，都能作为写作的素材。

3. 校园

学生以学为主，大部分时间在校园度过。校园也是一个广阔的天地，只要留心观察，就会发现校园也是独特的风景线。既可以从教师、同学入手，也可以从课堂、课间、课后着笔，还可以从德、智、体、美、劳诸方面捕捉素材。

4. 社会

不要以为中小学生离“社会生活”很远，实际上，他们可以通过各种途径接触社会生活。傍晚、休息日的街头巷尾或者住宅小区，不都是社会的缩影吗？上学、放学途中的所见所闻，不都是社会生活吗？双休日逛商场，寒暑假出去旅游的所见所闻不也是社会生活吗？除了直接接触社会生活外，中小学生还可以通过书本、报刊、广播、电视、网络等途径间接介入社会生活。

5. 自然

山的雄壮与柔美、水的清澈与澎湃、鸟儿的欢唱与飞翔、花草的色彩与芬芳、季节的交替和早晚的变化等自然景观……都可以作为写作的素材。

依据中小学生捕捉写作素材的方式，我们可以将指导捕捉素材的技能分为直接捕捉素材的技能和间接捕捉素材的技能等类型。

二、训练要点

（一）直接捕捉素材技能的训练

“汝果欲学诗，功夫在诗外”，这是南宋著名诗人陆游教训儿子的名句。意思是说，真正要学写诗，必须在诗外下功夫，也就是需要生活实践。学文何尝不是？但“生活实践”是一个宽泛的范畴，由于中小学生阅历有限，如果只盯着“重大题材”“严肃主题”，很难写出动人的文章。如果跳出“重大”“严肃”的条框，就可以发现生活中处处有写作的源泉，取之不尽，用之不竭。日常饮食起居、邻里亲情、迎来送往、花鸟虫鱼都可以成为写作的材料。譬如写社会进步，完全可以从细微变化入手：新铺设的人行道上有了“盲道”，每天在键盘上敲击着语言，餐桌上产生了“革命”……明清文学作品中一些描写亲情和山水田园的散文，语言明丽自然，颇多清新之感，比起那些一本正经的“载道”之文，更容易使人产生共鸣，这对当今的写作教学，难道没有启示吗？关键在于当今那些教作文者和“指点”作文者（尤其是后者）能否从“重大”“严肃”的桎梏中解放出来。总之，不管别人是否注意到，只要有意味的材料，都可捕捉过来作为写作的素材。

（二）间接捕捉素材技能的训练

作文之道，无非是“多为之”，然而，问题在于拿什么来“为”，也就是说，写作素材何处来？“山重水复”时候，除了直接捕捉的自我、家庭、学校、社会和自然，还可以写什么？每个学生都有一个“秘密仓库”尚未开启——那就是看过的书籍。不可否认，中小学生生活实践的机会少于成年人，但他们可以从阅读中间接地汲取写作的素材，实际上，从书中选出的材料往往比实际生活更典型、更精彩。

这里介绍几种可能未被认为是“书”的书籍。

一为蒙学读物，即我国古代对儿童进行启蒙教育的教材。如《龙文鞭影》，全书辑录两千余则典故，面广量大，非一般出版物可比。视其内容，中华文明史中的众多著名人物无不在书中留下足迹，其人文内涵，可谓丰富！将此作为写作素材，不亦乐乎！

二为类书。类书是辑录各门类或某一门类的资料，按照一定的方法编排，便于寻检、征引的一种工具书。古人编的有《艺文类聚》《古今图书集成》等，现代人编的有《中学作文材料辞典》《古典诗词百科描写辞典》《中国花卉诗词全集》等。语文教师可以教学生一些简单的查阅方法，学生在写自己想写的文章时，就不会为某些材料的匮乏而不知所措了。

三为武侠小说。千万不要一概而论，把武侠小说视作洪水猛兽，金庸等作家的作品本就内涵丰富，三教九流无所不包，更何况这些小说深受中小学生的欢迎，倘若在此基础上加以引导，将之作为写作的素材，也能为学生的作文增色。

四为语文教科书。考试的压力、繁重的课务、家长的脸色和某些教师的排斥，沉重负担下的中小学生可能没有机会涉猎那些所谓的"闲书"，那么，也可将自己的视点放到手中的语文书上，天经地义地去看"正经书"。语文教科书本身就是一本小小的百科全书，课文涉及面极广，几乎无所不包，只要作一番整理归类，不少内容都可作为写作的素材，真所谓"就地取材"；而整理的过程，又是熟悉课文、巩固所学知识、培养归类能力的过程。"一举而三役济"，何乐不为！

此外，学生看过的一些图画，尤其是漫画，也可以作为写作的素材。比如《千与千寻》中白龙："我只能送你到这里了，剩下的路你要自己走。"《幽灵公主》："到不了的地方都叫做远方，回不去的世界都叫做家乡，我一直向往的却是比远更远的地方。"

（三）捕捉素材技能的训练顺序

著名发展心理学家皮亚杰把认知发展分为感觉运动阶段、前运算阶段、具体运算阶段、形式运算阶段四个阶段。小学阶段正处于具体运算阶段，其思维处于由以具体形象思维为主向，以抽象逻辑思维为主的过渡阶段；而初中生、高中生正处于形式运算阶段，其思维特点主要表现为由思维形式摆脱思维内容，并可进行假设—演绎推理。就当前写作教学的实际而言，按学生年段特点教会他们捕捉素材，可起到事半功倍的效果。

我们不妨从"适合"的维度出发，对小学至高中的写作主要素材作一番整理。

第一学段小学生思维的共同特点是具有直观性、具体性、形象性，所以，带领他们捕捉想象中的素材甚为恰当。

第二学段的学生虽然说已入校两三年，但就大多数孩子而言，最熟悉的还是家。这时候，他们对家开始有了比较理性的认识，此阶段就应该鼓励他们从自己所熟悉的家庭生活中捕捉素材，写出自己对家庭生活的简单思考。

第三学段的学生开始进入少年期，心理的发展正由幼稚趋向自觉。通过四五年的适应，孩子对校园生活逐步熟悉，并适应校园，这时候，带领他们比较理性地认识学校，从学校生活中捕捉素材，是最为恰当的。

七年级的学生自我意识逐步出现与强化，内心世界也逐渐复杂，可以指点他们多思考自己。

八年级的学生心理发展具有半成熟、半幼稚的过渡特点，尤其对周围的人与事呈好奇的心态。所以应该指点他们走出"自我"，学会观察别人和客观事物，从别人的举动、环境的变化中捕捉素材。

九年级的学生对生活已经有了一定感悟，会有将它们写下来的冲动。这时候，就要指点他们观察生活的深处，从生活的深处捕捉素材。

高一年级的学生已经逐步进入“青春期”，已经有自己独特的生活经历和情感体验。这时候，他们完全有能力捕捉生活中的独特之处，教师只要适当点拨即可。

高二年级是学生人生观、世界观形成的重要时期，对自己、对生活、对人生、对社会都有表达自己想法的欲望。这个阶段的学生，自然会捕捉能引起自己发表观点的“触发点”。

高三年级的学生大多已经具备独立的思辨能力。所以，应该寻找对形成自己的科学的世界观有用的素材。

三、案例评析

【案例3-2】

“生活模型”在写作教学中的尝试

——“小升初衔接段记叙文选材指导”课堂实录①

授课教师：江苏省常州市朝阳中学江跃

教学对象：常州市钟楼实验小学六(3)班学生

一、生活中的礼物

……

师：所以在日常生活中，送礼物要考虑对方想要什么，那么我们写作文是不是也要考虑一下读文章的人的感受呢？如果我们的作文也是一份礼物，那么又应当注意什么呢？我们今天就一起来聊聊作文选材这件事！

二、给老师的礼物

师：现在大家已经六年级了，即将毕业，如果你们要写一篇作文送给语文老师作为礼物，那么在构思时，你认为需要注意哪些？

生：作文写完后，老师看了能高兴。

师：对，要让老师看完之后有一种愉悦感，这样他才会喜欢。

生：要赞扬老师，不能批判老师。(全场笑)

师(笑)：啊，你真贴心，知道老师很辛苦，要让老师开心一些。

生：文章要有真情实感。

师：不错，写作文就是将自己内心最真实的一面诉诸文字，说真话，抒真情。好，如此等等，大家已经进一步发现，生活中的写作文和送礼物都是不能只顾自己开心，都要考虑到……

生(齐说)：对方的感受。

① 江跃：《“生活模型”在写作教学中的尝试》，《中学语文》，2016年第12期。

师：是的，送礼物的时候我们要知道对方喜欢什么，写作文的时候要明白我的读者会关注哪些内容。所以，今天我们就围绕这个问题来做一个深入的探讨，看看到底怎样把这份礼物送得“投其所好”。好的，既然是送给语文老师的礼物，那么我想先了解一下，你们的语文老师是一个怎样的人？

生：我们的语文老师是一个豁达开朗的人。

生：如果你惹了他，他会有点凶；如果你做得好，老师会夸奖你。

师：赏罚分明。

生：他是一个做事认真的人，因为一旦老师做事就会做到最好。

生：他还是一个公正、追求完美的人。

生：老师是一个和蔼可亲的人。

生：我们的语文老师还是一个做事雷厉风行的人。

生：我们的语文老师是一个通过讲故事让我们懂得道理的人。

师：嗯，老师教导有方，循循善诱。好的，讲了这么多还有人想要讲，我发现大家都能发现语文老师不同的一面，那么现在我想做一个求同存异的工作——大家认为，这么多语文老师的特点中，哪一个是最没有争议的，一致公认的？

生(七嘴八舌后齐说)：追求完美。

师：好的，我们现在拨动时间的指针，穿越到6月份，毕业在即，我们要写一篇文章送给老师作为礼物，表现他的追求完美，那么现实生活中有哪些可以表现老师追求完美的事情，下面请大家在小组内进行讨论，找出最佳事件，并说明理由。

(生讨论)

师：好了，大家都讨论好了，那么我们来分享一下。

生：我从中队会的一件事可以看出李老师的完美，因为中队会上，李老师让我们尽量模仿他的声音去读。

师：你认为这件事最能表现他的追求完美，那么理由呢？

生：理由是我就看着李老师用他特别尽力的声音给我们做示范。

(同一小组的一个学生做出惊讶表情)

师：你表示惊讶，那你说说为什么。

生：我觉得李老师对我们的要求，不管是声音的大小，还是朗读的情感，都十分细致，可以说追求极致，不能出一点差错，即使第一遍排练得很好，还是要排练好几次。

师：谢谢，你对她的回答做了补充，我们看到了一个追求完美的老师。其实，在刚刚这位同学站起来的时候，很多人发出了叹息声，为什么我们同学会叹息呢？(生笑)

生：因为很多人都想要说这个。

师：哦，原来很多人都想说这个，那我们看看还有谁想说中队会的，举手看看。(很多学生举手)好的，你也来说说看。

生：我也想说中队会的朗诵，好不容易每个动作我们都做对了，但是老师还是要求我们一遍又一遍练习，希望我们做到精准无误。

师：那请你再说说你选择中队会朗诵的原因。

生：因为这件事最能反映李老师的追求完美。

师：很好，我们可以发现，两组同学选择的事件与李老师追求完美这个特征是相符合，相配对的，换种说法就是，事件与我们的中心是相关联的。（板书：与中心相关联）其他同学有没有不一样的选择？

生：在体育运动会上，不管是广播操还是其他表演，李老师都要求我们每一个动作尽量完美，给六年级其他班级做榜样。

师：所以李老师的追求完美在体育运动会中也有体现。那你为什么不像其他人那样也选择中队会上的朗诵呢？

生：这件事与李老师追求完美的特征相联系。

师：那与刚刚那件事相比哪个更好呢？我们应该选择哪件事？

一生脱口而出：投票！（全场笑）

师：你真机灵，既然如此，我来做个假设，如果李老师收到我们班同学的礼物之后，他在家读啊读，发现 54 篇文章都是写中队会，而只有 1 篇写体育运动会，那他会喜欢哪一篇？为什么？

生：我觉得李老师会喜欢写体育运动会的，因为那篇文章另辟蹊径，与我们 54 篇都不同。

师：很好，另辟蹊径，你用词非常准确。我们可以发现，这位同学为刚刚那位男生总结了理由，体育运动会这件事与大多数同学的中队会朗诵比较起来，更加……

生（齐答）：新颖！

师：很好。（板书：新颖）还有其他选择吗？

生：我觉得关于李老师追求完美，还有李老师帮我们修改作文这件事，比如我们要发表作文，李老师会帮我们反复修改，一直到他满意为止。

师：你的理由呢？

生：因为这既与李老师追求完美的性格相关联，而且和其他同学的中队会朗诵排练相比，更加新颖。

师：活学活用，你真聪明。其实啊，除此之外，老师还想补充一个理由。

（一生举手）

师：你还要说，好的，你来。

生：我觉得作文还要贴近生活。

师：很好，因为写作文贴近生活，能够让我们读后感受到这是一种真实，是实实在在发生过的，不至于读起来感觉李老师虽然追求完美，但完美得有些虚假。什么叫完美得有些虚假？

生：有些同学为了赞扬老师，就去编造一些事情出来，说老师多伟大，但这样的文章写出来肯定没有亲身经历的事情那样有真情实感。

师：很好，有真情实感，才能写出最真实的文字，就像这位同学一开始说的，他说我们要写赞美老师的文章，不能批判老师，那是不是所有的同学都会认可每一位老师呢？那也不一定，所以表达最真实的想法才是最重要的。由此来看，选择材料的第三个要求就是……

生（齐答）：真实。

师：很好，就是真实。（板书：真实）我们已经总结出了选材的三个要求，首先要与中心相匹配，其次要新颖，老师要对新颖再做一些解释，什么才算新颖呢？你要解释，你来说。

生：独特，与众不同。

师：很好，就用你说的一个词，与众不同，新颖不是说第一个想出来的，而是与大多数人不同。同样的，真实也是如此，强调的是一种生活真实，要能让人感觉事情在生活中是真实存在的。不能天马行空地去写老师拯救地球，（生笑）这虽然也能表现老师，但太过虚假。

三、老师给的礼物

师：这就是我们整理出来的三个标准，实际上老师在思考了送大家什么礼物之后，也得出了自己的答案，那就是送大家一种学习作文的方法，那就是利用一种标准帮助大家自主学习，请大家把讲义往后传。（分发讲义）我们可以看到讲义上的一个星级表，三颗星表示等级最高，两颗星其次，一颗星表示等级最低。那么大家能不能把黑板上的标准填入表格中呢？首先来看三星级标准应该是什么？

生（齐答）：三个都有。

师：很好，三个要求同时具备的文章，我们可以将其评定为三星级。那么两星级呢？

生：我觉得首先要与中心相关联，因为每篇文章都是表现一个主题的。

师：是的，一篇文章最基本的就是表现中心，如果事件都与要表现的中心无关，那就不能达成写作目的了。那么两星级为什么会少掉一颗星呢？

生：然后在剩余的两个要求中，只完成了一个。

师：你的归纳非常到位，我也很赞成，请坐。请大家把两星级标准填好。接下来，谁来说说一星级的要求呢？

生：我觉得只与中心相关，其他都做不到。

师：可以，也请大家把一星级的标准填好。（学生完成表格）好了，老师想送给大家的礼物已经制作完成了，也送到了各位手里，下面就请大家一起来感受一下这个礼物。

师：前面大家讨论了我们的语文老师，他追求完美，但这并不是老师独一无二的性格特征，现在我们就再来看看每个人心目中的语文老师又是怎样的呢。请大家参看讲义上的思维导图，结合送礼物的过程做一个小尝试，对照三星标准，选择最佳事件来表现自己心中的语文老师。

（学生动笔构思）

师：好的，大家都完成了，我们一起来分享一下。这个小组的先来，他们仍然觉得心中的李老师是一个追求完美的人，那么事件有没有变化呢？看这个例子，他把事件换成了体育运动会报名表的誊写，李老师细心核对，要求每一个信息都准确无误，还强调书写工整美观。大家觉得这个例子可以达到哪个等级？

生：我觉得可以达到三星级。因为首先这件事能看出李老师追求完美，符合第一条标准，其次体育报名表填写与大多数人想到的中队会相比是与众不同的，比较新颖；然后这件事确实是最近发生的真实事件，所以满足三个要求，应该是三颗星。

师：你的思维非常清晰，分析有理有据，请坐。其他同学有不同意见吗？

（生摇头）

师：很好，这位同学在原来的基础上得到了提升，我们可以奖励他三颗星。再来看一篇，这位同学说李老师是一个标新立异的人，元旦演出，本来不应该是语文老师的分内工作，但是李老师不但给大家排练了节目，而且非常有创意。请大家再来评价一下这个案例。

生：我觉得这篇也可以达到三星级，因为首先这件事也是真实发生的，第二，这件事与千篇一律的中队会也不相同，第三，事件的确能反映出李老师标新立异。

师：好的，请坐，的确如你所说，这件事符合三星级的每一个标准，三星级的称号当之无愧。

师：课堂上的时间是有限的，通过这节课，希望大家明白一个道理：作文源于生活，我们可以借用生活中的一些经验来学习如何写作文，例如借助送礼物的思考过程来指导自己选材，所以只要你有一双慧眼，只要你敢于追求完美，你就能够标新立异，你就能够做出一份让老师满意的礼物，让你的语文老师在你毕业后永远记得你这样一个学生。那么今天课后，请大家把自己刚刚的构思写成整篇文字，完成讲义的最后一个部分"我的礼物"，然后送给语文老师。今天，我把星级表这个礼物送给大家，希望大家在今后学习作文的过程中运用好这个礼物。好了，今天我们就上到这里，下课。

生：老师再见！

师：同学们再见，谢谢各位同学！

【评析】

其一，“礼物”的设计贯穿全课，是全课设计的亮点。这个设计既在开头激发了学生的学习热情，拉近了师生之间的距离，营造了良好的课堂氛围，又巧妙引出了本课的学习内容，很自然、不生硬。三个小礼物学生都很感兴趣，一下子就吊足了胃口，自然而然引出“生活模型”，别具匠心。同时，本节的教学内容也是一个礼物，这个礼物实际上就是一个阶梯，引导孩子认识到写作文如何选材。这个礼物，也是任课教师送给学生的礼物，既丰富了写作教学的内容，又让写作教学更加具有可操作性，使学生学习作文变得简单了。

其二，引导学生直接从生活中捕捉素材，是这堂课的最为成功之处。当然，这个生活主要指的是学校生活。教师引导学生，从自己亲眼看见的李老师在学校的一举一动中筛选出最能够体现他“追求完美”的性格的材料。在学生选择素材的过程中，教师顺势利导，引出了作文选材的三大标准：“与中心相关联”“新颖”“真实”。其最后的练习，巩固了学生对选材“与中心相关联”“新颖”“真实”的印象，使学生真正有所得，这就是这堂课的实用价值之所在。

其三，本节课目标定位准确，而且契合学情。教学对象是即将升入初一的六年级学生，按本节所提到的“顺序捕捉”的建议，第三学段的孩子通过四五年的适应，孩子对校园生活逐步熟悉、适应，这时候，带领他们理性地认识学校，从学校生活中捕捉素材，是最为恰当的。

四、思考练习

1. 你认为还有什么可以作为中小学生写作的素材？
2. 设计一个教案，教学生如何间接捕捉素材。
3. 以“为议论文寻找论据”为题，设计一份写作教学的教案。

第三节 指导审题立意的技能

一、技能概说

（一）定义

审题，就是对写作命题的意义与要求作仔细周密的审查、分析，弄清命题者的主要意图与基本要求。只有正确理解，深刻领会了题目的含义，才有写好作文的可能。

立意，指的是通过对题目语言形式的分析和思考，深入地、准确地斟酌题目的旨意，以确立文章的中心意思。

指导审题立意的技能，就是指导学生对写作命题的意义与要求作仔细周密的审查分析，进而确立文章的中心思想的能力。一旦作文的审题立意出了偏差，那这篇文章的写作就误入了歧途；所以说，指导学生审题立意是指导学生写好作文的最重要的一步。

（二）类型

审题立意的技能可分解为审题的技能和立意的技能。所作文章的体裁和主旨的确定，是审题立意的重点，也是审题技能和立意技能的重点。

1. 体裁的确定

根据题目或文字材料，以确定文章体裁，乃是写文章前必须解决的问题。一般情况下，作文题目包括一些说明性的辅助材料，会告知文章的体裁。如果没有所附的文字材料，没有关于文体的明确要求，则可仔细研读题目以确定体裁，如题目中有“记、忆、叙、活动、见闻、参观、访问”等字眼的，一般是记叙文；有“说明、介绍、解说”等字眼的，多半为说明文；有“议、评、说、谈、驳、启示、心得”等字眼的，明显是要求写议论文。

2. 主旨的确定

立意，即确定文章的主旨。它涉及全文的思想内容、作者的构思设想和写作意图等。立意必须正确、鲜明，必须反映生活、自然的本质和规律，符合自然和社会的发展规律，必须能旗帜鲜明地表明自己的立场——赞成或反对。立意要集中、单纯，切忌东一榔头西一棒子。立意尽可能深刻、新颖，能反映生活的本质及内部规律，以揭示事物所包含的深刻的思想意义，而且不落俗套；当然，更要尊重学生的实际，切忌弄虚作假，反对为深挖主题而胡编乱造。立意还必须积极向上，反映健康的人生观。

二、训练要点

（一）审题训练的要点

1. 透过现象看本质

训练审题能力，最紧要的是培养学生透过现象看本质的能力。有些题目，不能仅仅从字面上去理解。“单纯地从文字运用的角度去审题立意，只能使文章具有一定的‘格’而缺乏内在的‘意’和‘趣’。审题立意的优化就是促使文章外在的‘格’和内在的‘意’‘趣’的最佳组合。”①比如“路”“雨后”“小草”等，这类题目往往包含着引申意义、比喻意义或象征意义，辅导学生时必须引导他们到文字的“背后”去看看。如“路”，更应该看到无形的路；如“雨后”，更应看到各类生活中的“雨”；至于“小草”，更应看到生命的倔强不屈以及对生活的从容淡然。

2. 突破“定势错觉”

教师指导学生如何在作文审题时突破定势错觉，也是一个值得研究的问题。心理定势是一种思维的“惯性”，凭以往的感受去机械地认知新对象，判断新事物，结果很可能谬以千里。思维“惯性”一旦形成，就可能导致审题立意的失败。由于受特殊心理的支配，这种情况

① 郑敏锋：《试论中学生心理势态的调控与作文审题立意的优化》，《教学月刊(中学文科版)》，1997 年第 5 期。

在考试(尤其材料作文的考试)时显得更为突出。如,看见材料上有人在等兔子,就联想到《韩非子》中的《守株待兔》,不管三七二十一,将目标定位于"莫把偶然当必然""坐等失良机"之类;看见材料上有蜜蜂,就联想到课文《荔枝蜜》,于是不管三七二十一大书特书教师等人的奉献精神,结果离了题。很清楚,导致失误的罪魁祸首就是定势错觉。以"定势"克服定势错觉,是一个切实可行的办法。平时训练时要经常提醒学生,考试作文题虽欲使考生有话可说,但一般很可能回避平时训练的热点,或与平时的热点略有不同之处。如此在学生思想中形成人为制造的"惯性"。应时时提醒学生,考试时,对那些似曾相识的题目应尤其警惕,拿起题目的第一步,先把它与自己记忆中的旧题作一番比较,从同中求异。这样,审题的偏差就有可能避免。①

(二)立意训练的要点

目前的作文写作,特别是记叙文写作,有一种奇怪的现象,初中生不如小学生,高中生不及初中生,此现象在普通中学尤为突出。何以至此?文学创作中的一些术语,诸如"主题深远""题材重大"之类,不知不觉地被引进了中学作文教学的课堂,干扰了作文教学,将作文教学引入误区。

对"立意",《义务教育语文课程标准(2011 版)》课程目标(七～九年级)的要求是"表达力求有创意"②,所以,我们指导中小学生作文立意时,不必刻意追求"高""大""全"。

绝大部分中小学生能通顺地写出自己的喜怒哀乐,已经是"内容具体"了,作为语文教师,如从这方面引导学生写作,则能逐步提高其写作兴趣及写作能力;如一味要求写重大题材,深挖主题,那种无米之炊只会让他们手足无措,对写作失去兴趣,最终完全丧失写作信心。所以说,中小学语文教师在对学生进行写作立意指导时,必须尊重学生实际,求真而不求假,坚决反对为深挖主题而胡编乱造,要鼓励学生"我手写我心"。

既然作文就是说话,中小学作文教学没有培养作家的任务,那么,对一般学生而言,命题作文和半命题作文能够抓住题眼,材料作文、话题作文、新材料作文能够从公认的中心出发立意就是成功。换言之,"不偏"就是目标。

三、案例评析

【案例 3-3】

新材料作文的审题与立意(教案)

杨 晔

一、教学目标

1. 理解并掌握新材料作文"提供材料,自定立意,自选文体,自拟标题写文章"的特点。

① 张中原、徐林祥:《语文课程与教学论新编》,江苏教育出版社,2007 年版,第 185—186 页。

② 中华人民共和国教育部:《义务教育语文课程标准(2011 年版)》,北京师范大学出版社,2012 年版,第 16 页。

2. 学习多维度看待客观事物的思维方式。

二、教学重点难点

新材料作文与“旧”材料作文、话题作文的不同。

三、课时安排

1课时

四、教学过程

(一) 导入新课

高考作文分值为70分，是语文高考中的第一大题。大家都知道，作文评分标准中对审题立意的要求非常明确，在基础等级中第一个要求就是“符合题意”，发展等级中的“深刻”这一方面，也明确要“透过现象深入本质，揭示事物内在的逻辑关系，观点具有启发作用”。因此，审题立意是高考作文成败的第一道门槛。近几年来，江苏高考作文命题以新材料作文为主，今天我们就来看看新材料作文该如何审题立意。

(二) 简介新材料作文的特点

新材料作文(也叫题意作文、命意作文、后话题作文)，它不同于以往根据材料写议论文的材料作文，也有别于有明确话题的话题作文，是介于材料作文和话题作文之间的一种新的作文形式。

其一，旧材料作文与新材料作文的区别：旧材料作文一般要求写成议论文，新材料作文则一般要求“自主确立文体”；旧材料作文要求必须引述原材料，新材料作文不作要求；旧材料作文立意必须是在对材料进行整体感知与全面观照的基础上，新材料作文立意立足于材料的整体含义或局部含义皆可，以不脱离材料的含义为底线。

其二，新材料作文与话题作文的区别：不直接提供话题。话题作文命题的基本格式为：“材料语”+“话题语”+“要求语”；新材料作文命题的基本格式为：“材料语”+“要求语”。

(三) 几种主要的新材料作文的材料类型

1. 故事型：梗概、片段、寓言……

2. 论说型：名言警句、哲理、议论文段……

3. 事例型：名人事例、凡人小事……

4. 情景型：生活场景、特别的细节……

5. 图表型：一幅漫画或一个图表……

(四) 审题立意的几个步骤

第一步，读懂材料，抓住主旨。

首先要注意材料的特点：单则材料要从整体上把握其主旨；多则材料应弄清它们的异同，从而把握中心；比喻性材料要理解其比喻义；含哲理性寓言材料，要把握其寓意。所谓抓住主旨，即材料的意向倾向和感情倾向。

第二步，选择角度，准确立意。

主旨单一的材料直接据材料立意即可。

蕴涵丰富的材料，可从多角度考虑立意，即发散思维多向立意。一般说来，一则材料至少可从肯定与否定两个角度审视。“一事多人”的材料，有几个“人”往往就有几个审视角度；“一事多因”的材料，有几个“因”往往就有几个审视角度。一个事件，针对其背景、写作目的的不同，可产生几个不同的审视角度。

具体操作方法：

其一，抓对象——材料中有哪几个对象？

其二，分主次——几个对象中孰轻孰重？孰主孰次？这是立意的根本点。

其三，抓关键——材料中有哪些关键语句？

其四，辨是非——这些关键语句体现出什么内涵与逻辑？命题者的意图是什么？

（五）实例分析探讨

1. 题目展示

根据以下材料，选取角度，自拟题目，写一篇不少于800字的文章（文体不限，诗歌除外）

厨师烧菜，喜欢大火爆炒，油温要高，火力要猛，速度要快。膳夫煲汤，总是小火慢炖，汤水要足，温度要恒，时间要长。大火，为的是加热；小火，为的是出味。爆炒的菜，色正味美；慢炖的汤，醇正鲜美。

2. 根据抓对象、分主次、抓关键、辨是非的步骤审题，写出立意的关键句

分析审题立意的思路和过程：

抓对象——厨师烧菜、膳夫煲汤

分主次——不分主次

抓关键——厨师烧菜（大火爆炒：油温要高，火力要猛，速度要快）；膳夫煲汤（小火慢炖：汤水要足，温度要恒，时间要长）

辨是非——这些关键语句体现出什么内涵？命题者的意图是什么？

厨师烧菜（大火爆炒：油温要高，火力要猛，速度要快）正如快速阅读（既放松了心情又拓宽了视野），又如球员打球（有激情、有杀气、势不可挡、两军相交勇者胜）。

膳夫煲汤（小火慢炖：汤水要足，温度要恒，时间要长）正如精读、品读书本（有耐心、坐得住冷板凳，含英咀华、反复读、全身心地沉浸），又如画家画画（超现实主义画家冷军，一年画一幅画），又如球员练球（一个动作反复练，慢慢磨）……

3. 正确的立意

(1) 炖焐百态人生。

(2) 慢炖出人生的高汤。

(3) 大火爆炒,方显激情。

(4) 用小火耐心地炖出自己的鲜味人生。

(5) 生活如炒菜煲汤,既要激情满怀,更要不急不躁。

(6) 人既要有柔慢平静的心,更要有如雷霆般的行动力。

4. 不甚恰当的立意

(1) 该烈的时候烈,该稳的时候稳("稳"字不妥)。

(2) 很多事情,不是一朝一夕就能完成的。它们值得我们用心去做,一步一个脚印,逐渐深入,直至彻底搞定(不是中心旨意的表述方式,是在解释慢炖的内涵、特点,在议论文中可以作为分论点)。

(3) 人生是积累的过程,只有循序渐进充实自己,才有可能使之绚烂(偏题)。

(4) 人生如同咖啡,细细品味才能过滤苦涩,品出香醇(把一个譬喻换成另一个譬喻,特点又不完全相同,不妥)。

(5) 我们要让生活慢慢发酵,最终使其酿成一坛美酒(同上)。

5. 小结,分析审题错误的原因

割裂材料:只抓只言片语,以偏概全。

认识肤浅,表面化:未进行深入思考,联系现实,反复印证。

(六) 举一反三

题目展示(2016 苏、锡、常、镇高三一模作文题):

根据以下材料,选取角度,自拟题目,写一篇不少于 800 字的文章,文体不限,诗歌除外。

每个人心里一亩田
每个人心里一个梦
一颗种子
在我心里的一亩田
用它来种什么
种桃李春风

审题立意:在我的心田里种桃李春风——在我的心里种梦想

关键词重点提示:

"梦":梦想一定要具体化(追求、憧憬、渴望、信仰……)——捕捉核心词——枣树梦、厨师梦、足球梦、文学梦、桃花源梦……

"我":必须写"我"的梦想。

"种":要注意种的动态过程。

五、布置作业

题目展示:

阅读下面的文字，根据要求写一篇不少于800字的文章。

有个画家说："如果拿橘子来比喻人生，一种橘子大而酸，一种橘子小而甜，一些人拿到大的就会抱怨酸，拿到甜的又会抱怨小。而我拿到了小橘子会庆幸它是甜的，拿到酸橘子会感谢它是大的。"

请全面理解材料，可以选择一个侧面或一个角度构思作文。自主确定立意，确定文体（诗歌除外），确定标题；不要脱离材料的含意作文，不要套作，不得抄袭。

提示：正确的立意

正确看待人生中的得与失，不要患得患失。

处在任何环境中，都要从良好角度寻求优势。

健康心理，阳光人生。

知足，所以常乐。

任何人的一生都不会绝对完美，因此我们不能奢求人生，不能抱怨生活，相反，我们要以感恩的心态来对待这并不算漫长的人生。

【评析】

"新材料作文"是"话题作文"逐步退出舞台时的"新生事物"，被认为是防止"宿构"的有效措施。但是，目前考试（尤其是高考）的新材料作文却走向了另一个极端，即人为设置审题难度，将本应由阅读理解完成的任务加到了作文的身上。在现实面前，我们语文教师（尤其是高中语文教师）不得不把审题作为平时训练的重中之重。

这是一份高三语文教师指导学生审题的教案。首先，教师分析了"新材料作文"与"旧材料作文""话题作文"的区别，这点很重要，让学生在知识点上有所得。但更为重要的是使学生掌握"新材料作文"审题的正确思路。在"教学过程"中，紧随着对新材料作文特点的介绍，第三环节介绍几种主要的新材料作文的材料类型，第四环节强调审题立意的几个步骤，第五环节进行实例分析探讨，第六环节举一反三。最后的作业布置，则是对教学效果的正式检验。这几个环节层层推进，从感性到理性，再从理性到感性，符合人的认知规律。可以相信，如此辅导，定能对学生审题能力的提高有所帮助。

四、思考练习

1. 你认为作文审题立意还应该注意哪些地方？为什么？
2. 阅读本节所附的教案，说说是如何做到"从感性到理性，再从理性到感性"的。
3. 请就一个学生审题（或者自己审题）时因定势错觉而出错的例子进行分析。

第四节　指导构思谋篇的技能

一、技能概说

（一）定义

构思谋篇，指作者根据手头掌握的写作素材的品种和数量、写作目标的要求和作者自身的能力，对文章的内容做出通篇的安排，对结构做出统一的布局，对表现手法做出恰当的选择，以显示文章的轮廓、条理、层次等。

指导构思谋篇的技能，就是指导学生对自己的习作进行通盘设计的能力。该技能的掌握可以使学生习作所要表达的中心意思鲜明突出；可以使学生文章的材料前后呼应，各得其用。

（二）类型

前几年写作教学中出现了“不要文体”的误区，并美其名曰“个性化”，于是，有些学生盲目模仿“名家”，画虎不成反类犬，大批句子不甚通顺的“四不像”作文一时间充斥作文领域。我们认为，虽然说“文无定法”，但初学写作必须从有“法”开始，即使成熟了，基本的“法”还得遵守。具体来说，中小学生作文有写人、叙事、写景、说明、议论等几种基本的篇章类型。构思谋篇的技能，也可从这几种类型考虑。

1. 写人类文章

写人必须通过肖像、语言、行为动作、心理来表现。肖像，如体态、容貌、衣着等。语言，包括人物的独白、对话、交谈以及语气，是人物内心世界的直接表现，一个人的语言表达是展示他性格特征的镜子，正如鲁迅所说，“能使读者看了对话，便好像目睹了说话的那些人”。① 除语言外，人的行为动作也受人的思想感情支配，也就是说，通过行为动作也能表现人的性格。描写人物的行动时，不仅要写出在“做什么”，还要写出“怎么做”。除了可进行外貌、语言和行为的描写外，还可以对心理活动进行描写，心理描写，是对人物内心活动的直接描写，深入描写人物的内心活动，也是展示人物形象的重要手段。所以，写人文章构思谋篇时，必须考虑到这些因素。

写人必须通过典型的事例。人的思想、感情、立场和观点蕴含在对具体事件的叙述之中。具体来说，有“一事写一人”“多事写一人”“一事写多人”“多事写多人”等几种方式。如果缺少了具体事件，那人物形象不可能丰满；所以，写人文章构思谋篇时必须考虑事件的性质和数量的选择。

2. 叙事类文章

叙事必须注意记叙的六要素：时间、地点、人物和事情的起因、经过、结果。尤其是事情

① 鲁迅：《看书琐记》，《鲁迅全集》第5卷，人民文学出版社，1981年版，第530页。

的起因、经过和结果，也就是说，脉络要清晰。从这个角度而言，线索安排非常重要。线索就是文中观点与材料之间联系的纽带，就是贯穿在整个写人、记事、写景、抒情中的脉络。线索一般有四种情况：其一，通过某一个人物的所见所闻将有用的材料组织起来，即是以“人”为线索；其二，以“物”为线索，这一个“物”，可以是实物，也可以是一句话或一个词语，甚至是某一比较抽象的“物”；其三，可以以某一中心事件为线索；其四，还可以以某种感情或这种感情的发展变化为线索。记叙要素不清，文章线索不明，就难以表达清晰的中心意思；所以，叙事文章构思谋篇时必须考虑记叙的要素和中心线索。

3. 写景类文章

描写景物必须注意顺序，时间顺序是一种纵向推移，空间顺序是一种横向推移，而所谓的逻辑顺序则是以事物的内在联系为序。一旦顺序不清，笔下的景物肯定杂乱无章；所以，写景文章构思谋篇时必须把顺序放在第一位。

4. 说明类文章

写说明类文章，首先必须抓住被说明事物的特征，也就是说，紧扣所说明的事物与其他事物的不同之处。第二，得分清说明文的种类，从说明的对象出发，说明文可以分为三类：介绍性说明文，只要简单地说清被说明事物是“怎么样”的即可，一般不必作深入的探讨；程序性说明文，一般以时间（过程）为写作顺序；阐述性说明文，也称事理性说明文，总体上比较复杂，要求对事物的形成、发展等原理进行一些探讨，有较深的内涵。第三，要恰当安排说明的顺序：最常见的是空间顺序，也称方位顺序；其次是时间顺序，又称制作顺序、发展顺序；最复杂的是逻辑顺序，常用于阐述性说明文，有由果及因（由现象到本质）、由因及果、由主及次……第四，说“明”各种事物还得讲究方法。说明方法较多，一般来说，常见并易于把握的有下定义、分类别、举例子、作比较、列数据、列图表、打比方、作引用等八种。

5. 议论类文章

要表达自己的观点，就得写议论类文章，写议论类文章首先要掌握议论文的基本结构。议论文基本由三个部分组成。首先为“引论”，也称为“提出问题”部分，这一部分中，既可以直截了当地提出自己的观点，也可以通过一个故事引出自己的观点。当中为“本论”，也称为“分析问题”部分，是文章的主体部分，这一部分，应该围绕自己的论点，通过摆事实、讲道理来论证论点。最后为“结论”，也称为“解决问题”部分，这一部分，可以归纳出自己的观点或重申自己的观点，可以发出执行的号召，也可以提出解决问题的方法。

在议论类文章三要素中，论点占据首位，因为论点是全文的统帅，全文的灵魂，文中所用的每一个材料，文中的每一句话，都必须围绕论点，为论点服务。如果论点是“A”，那么，在文中的每一角落都必须围绕“为什么 A”进行写作。一篇议论文中表达的主要观点，称为中心论点。有时候，为了论证的需要，可以有意识地将文章分成几个部分，从不同的角度论证中心论点，这每一部分的论点，就称为分论点。中心论点与分论点之间主要有以下两种关系：可以把中心论点当作“果”，另设几个并列的分论点共同成为中心论点的“因”。如梁启超的《论毅力》，中心论点是“有毅力者成，反是者败”，其第一分论点“有毅力者能克服阻力”与第二分论点“有毅力者可化逆境为顺境”相互并列（从理论上讲可以互换位置），共同成为中心论点的“因”。换个角度说，因为“有毅力者能克服阻力”，所以“有毅力者成，反是者败”；因为“有毅力者可化逆境为顺境”，所以“有毅力者成，反是者败”。也可以把各分论点依次设计为因果关系，依次成为推理的基础，逐层递进推出中心论点。也可以由果推到因，如果准备论证莫泊桑《项链》主人公玛蒂尔德悲剧的根源，就可以先论证悲剧不是偶然的而是必然的，然后推出这“必然”的因是玛蒂尔德的虚荣心，再推出“虚荣心”的因是当时的社会。“悲剧的根源是社会”就是全文的中心论点。

论据是证明论点的依据，一般分为两类。其一为事实论据，可以是具体事例，也可以是概括的事实，也可以是统计数字，甚至可以是文学作品中经过提炼的人与事。其二为道理论据，可以是前贤古人的至理名言、精辟论断，也可以是哲学原理或科学公理、规律等。

学习论证的方法和方式是议论类文章教学的重点和难点。

首先应该学习论证的方法。学习论证方法，可从不同的维度认知。如能按如下顺序学习，将能提高效率。

其一，从论据性质出发理解。用事实论据的是例证法，用道理论据的是引证法。当然更多情况下是例证法与引证法相结合。

其二，从论证的不同侧面出发理解。顺着论点说的是正面论证，逆着论点说的是反面论证。当然，也可正反对比论证。

其三，从分论点之间关系出发理解。各分论点之间并列，从理论上说可以互换位置者称为并列式论证，各分论点之间逐层作因果递进，各自不能互换位置者称为递进论证。

其四，学习具体的论证方法。具体的论证方法有比喻论证、类比论证和归谬论证。理相同，类相异为比喻论证；理相同，类相同为类比论证；另外，先假设敌论正确，却将之推向极端荒谬的地步是归谬论证，就如数学中的“反证法”。

其五，从逻辑推理的角度学习论证方法，如归纳法、演绎法和类比法。需要指出的是，逻辑推理中的类比法包含着具体方法中的比喻论证和类比论证。①

其次，应该学习的是论证的方式。证明自己的观点为“真”的是“立论”，证明别人观点为“假”的是“驳论”。当然，更多的情况是立驳结合。

二、训练要点

（一）从“写得像”到“写得好”

1. 教会学生写“像”文章

一个正常的普通班级的写作水平往往是这样的：有几个学生的作文很优秀，尽管未曾花多少功夫教，但写出来的作文足以让你好好欣赏；有些学生压根就不会写，尚不具备基本的

① 汪澄、王家伦：《科学划分论证方法，突破议论文教学的瓶颈》，《语文教学通讯》，2015 年第 9B 期。

文字表达、写通说清的能力，也就是说，他们“写不像”作文；除去这两个部分，剩下的大部分学生属于写得“不太像”，写得不够好者。

如此，我们的写作教学第一步应该是使“写不像”和写得“不太像”的学生写“像”作文，如记叙文以记叙为主，说明类文章以说明为主，议论类文章以议论为主。从一定意义上说，可提供“规范”的文章让他们模仿，写“像”了，然后逐步创新。不要怕别人说你“八股”，那些“写不像”的学生，能写“像”“八股”就不错了。

不得不承认的是，有些学生写作基础较差，甚至到高三还未曾掌握一些文章的基本结构，特别是对说明类文章、议论类文章，简直无从入手。对这些学生，教师必须因材施教，放弃一些较高的要求，采用强化训练的方式，要求学生通过对典型文章（可以教师自制）的模仿，使他们在短时期内迅速掌握各类文体的基本结构。我们还应该有“自造”文本的意识，这里所谓的“自造”，指的是为了教学的“点”而特地撰写或仿写的教学专用文本，就如叶圣陶，当年为了教学的需要而“自造”的《景泰蓝的制作》和《记金华的两个岩洞》。

2. 教学生“写好”文章。

实际上，所谓“写好”是相对的。教会学生写出“好”文章要因人而异。教师首先要全面了解学生写作知识储备的多少、写作能力的高低深浅，然后再作专门的有针对性的序列训练，才可能有效，学生才能有所得。

对少数颇有写作天赋，水平很高的学生而言，写得“好”，就是写出来的文章内容深刻，尤其是谋篇布局令人叹为观止，接近甚至达到专业水平。应该鼓励他们多阅读积累，养成良好的写作习惯，反复锤炼语言，不断优化谋篇布局能力，形成自己的个性。千万不要让他们盲目模仿那种“满分作文”。

对那些原本“写不像”的学生而言，所谓的“好”就是“写得像”，应该鼓励他们平时坚持反复训练，掌握一般文体的基本结构并不断巩固。

而对于占大多数的、原本写得“不太像”，经过训练而“写得像”的学生，则要求他们写得“更像”，每次作文都要反思，要求每次都有所进步，能对一些基本的文章结构运用自如就是“写得好”。

（二）构思谋篇优化技能的训练

掌握了基本的谋篇布局法，仅仅是学会写作的第一步，虽然说中小学语文教学没有培养作家的任务，但指导学生把文章写得好看些，也是语文教师的任务。所以，要考虑到谋篇布局优化的问题。

1. 写人类文章的谋篇优化

写人，除了直接正面进行介绍外，最好再从侧面进行一番介绍，这样，出现在别人面前的就将是一个立体的人。从侧面介绍人物，称为“侧面描写”，也称为“间接描写”或“虚写”。具体做法是，被介绍的人物不出场，或即使出场却不表现，通过描写与之有关的人或物，以表现特定的他。侧面描写主要有以下几种方式：其一，借旁人之口，将被表现人物的言行告诉给读者；其二，借旁人对被表现人物言行的反应，将被表现人物介绍给读者；其三，泼墨于主人公周围的人物，借这些人物的言行从侧面表现主人公的性格特征，同时表现主人公形象的普遍意义；其四，也可以对被描写人物的有关物件进行描写，从侧面表现被描写人物的性格特征；其五，还可以通过对周围环境的描写来烘托主要人物的性格特征。

2. 叙事类文章的谋篇优化

叙事，可以运用“悬念”。为体现作品中的矛盾冲突，在处理情节结构时常用各种手法引起读者的悬念，以加强作品的感染力。

如恰当运用倒叙手法，能刹那间引起读者情感上的共鸣，起到先声夺人的效果；同时，也能使文章的结构曲折多变，使读者迫切想了解下文。第一种为“典型倒叙”，先将故事中最突出、最动人的片段提到前面叙述，然后再按时间顺序依次叙述故事的起因、经过和结局；叙述过程中遇到开头已叙述过的部分时，一笔带过，再继续叙述。第二种为“简单倒叙”，文章的开头部分不涉及具体内容，作者由眼前的某一事物引起联想，通过一段议论或抒情性的文字导入对往事的回忆；然后再将事先准备的故事按时间顺序原原本本地讲出来；最后，重提那“某一事物”，以一段议论或抒情性的文字呼应开头，总结全文，就如《背影》的结构。

为使文章错落有致，还可以运用插叙。插叙就是在原本比较完整的故事情节中插入一些能对主要情节起衬托和补充作用的成分，以使文章的中心意思更加明确。同时，也能使行文起伏有致，避免了平铺直叙。插叙主要有两种情况：其一，在叙述主要情节或事件的过程中，暂时中断叙事线索，插入主要人物的有关情节或事件，用以丰富故事的内容，帮助主要情节的展开，使人物形象更为丰满；其二，叙述主要故事情节时暂时中断线索，插入一段对有关的人物或事情的追溯和回忆。

3. 写景类文章的谋篇优化

写景，如果注意到下面几个方面的谋篇布局，那文章就更能吸引人。首先应注意的是动静互衬，“蝉噪林愈静，鸟鸣山更幽”，以动衬静最为典型。其次，应注意观察位置，就观察位置与景物之间的关系来说，主要有以下几种：定点定景式、移步换景式、定点换景式、换点定景式。第三为视角变化，视角的变化是指切入点的变化，比如描写一棵大树就可以从以下几个角度入手：色彩，大树依季节变化是墨绿色还是黄绿色；明暗，大树在有光线时是怎样，无光线时又是怎样；还有感官转换、虚实相间、点面结合、俯瞰仰视……

4. 说明类文章的谋篇优化

说明类文章不一定绝对地“客观化”，也可以说得艺术一点，生动一点，就是说，可以写文艺性说明类文章。可采用生动形象的语言，甚至可以设计寓言、讲述故事等，另配以打比方、作引用等说明方法，同时调动拟人、对偶等修辞手法，使读者在轻松愉快之中了解被说明对象的特征。

5. 议论类文章的谋篇优化

可以用证明别人的观点是“假”的方式来谋篇布局，这就是“驳论”。议论类文章的三要素是论点、论据和论证，如果想要击倒论敌，就可以从这三个方面下手。首先，可以运用各种论证方法，直接指出论敌的论点错误，从而树立自己正确的论点；其次，可以指出论敌的论据是虚假的，根本不可能支撑他的论点；再次，可以指出论敌的论点和论据之间没有必然的联系。教学生写驳论文，还有两个简单的办法。其一为“戴帽穿靴”，针对论敌的谬论提出自己的观点，就此写一篇“标准”的立论文，然后在文章的开头引用一下那个谬论，以“我不敢苟同”之类的话语作过渡，结尾时再呼应一下那个谬论。其二为“寻找（假设）论据”，根据需要，为论敌寻找（假设）几条论据或几个分论点，然后逐一驳斥。

（三）谋篇布局与联想想象

一般学生都能掌握记叙类文章、议论类文章中的联想与想象，但对说明类文章中的联想与想象却很难理解。下面，我们就这个问题略作阐释。

其一，说明类文章写作中横向联想与纵向联想的运用。首先，可以运用横向联想在比较中突出事物的特点；其次，可以运用纵向联想安排文章的结构，如说明饺子的发展历史。

其二，说明类文章写作中相似联想、相反联想与因果联想的运用。首先，可运用相似联想引出说明对象，突出事物特点，如说明萤火虫，就可通过车胤《囊萤夜读》的故事来导入；其次，可运用相反联想的手段来作比较；另外，那种“先因后果”或“先果后因”式的说明类文章就是运用了因果联想的手法。

其三，说明类文章写作中想象的运用。可以发挥创造想象，激发读者兴趣，科幻类说明文的写作就是如此。

三、案例评析

【案例 3－4】

让笔下的人物“活”起来

——一堂作文教学的课堂实录（剪辑）①

（发讲义，显示课件：怎样让笔下的人物“活”起来；［附有授课教师漫画像］讲台上放一只30年代的大皮包）

师：同学们，洪老师有没有向你们介绍过我？

生：（摇头）没有。

师：（笑）那我只能自己介绍自己了。在下姓王（指课件上的漫画），这个光辉形象就是我（生笑）。我13年前就已经从中学讲台上“金盆洗手”，到SZ大学文学院教别人怎样教语文；现在重出江湖，再操旧业。（生笑）同学们都说作文难写，告诉大家，写作文不难。今天我就教同学们“怎样让笔下的人物‘活’起来”（指课件题目）。“我是SZ大学文学院的教师，13年前就已经金盆洗手了，今天

① 陈晓姿：《让笔下的人物“活”起来（课堂教学实录）》，《中学语文教学参考》，2007年第1—2期。

重出江湖”，刚才这些话是谁说的？对，是我自己说的；但是，你们写的时候能不能把这些变成是你们从洪老师那儿听来的呢？（学生齐说可以）好，我们找一个同学来试一试，就让我的本家王同学先来吧。

王同学：听洪老师说，王老师其实在13年前就已经金盆洗手不教中学生了，现在是SZ大学的教授。虽然我们没有见过他，但相信他肯定能给我们上一堂精彩的课。

师：（微笑）承蒙夸奖。（生笑）她明明是自己知道我的情况的，但却“变”成是听别人说的。那能不能把这些话“变”成是听爸爸说的？（学生齐说“可以”）谁来试一下？

……

师：总之，要让笔下的人物活起来，第一个办法可以借用旁人的介绍，这个人可以是你的老师、同学，甚至可以是你坐公交车时偶然遇到的人。写作文还难吗？（有学生说不难）是啊，开始不难了。（板书：通过旁人介绍）

师：下面我们看手中讲义的语段三和四，作者写孔乙己使用了什么方法呢？

生1：（齐答）借用旁人的介绍。

师：对，同学们想一想，作者写孔乙己的时候是不是真有一个“旁人”在边上介绍呢？

生：（齐答）没有。

师：对，是鲁迅先生有意借用旁人介绍的方法来介绍孔乙己。所以，当你想写一个人物的时候，也可以有意地借用旁人的介绍来写。现在大家来观察一下我带来的东西，看看有没有什么特别。

（学生都将注意力集中在讲台上，议论纷纷）

生2：老师桌子上的那个包与众不同。

师：这个包怎么样？

生2：看上去年代很久。有30年吧。

师：（笑）大概还要乘以2（生惊呼）。这个包年纪比我还要大，是我老父亲当年上学用的。同学们能不能把这个包和我这个人联系起来呢？看见这个包能够想到什么？

生2：我想您父亲在给您包的时候对您进行了一番教诲。

师：那你再想想看是怎样的一番教诲呢？你来模仿一下可以吗？

生2：（语重心长的口吻）做人要艰苦朴素，不能贪图富贵……

师：看到这个包，怎样把它和老师联系起来？好，你来！

生3：我会认为它的主人是一个很笨重的人。

师：那你真的看见主人后感觉怎样？

生3：我发现其实它的主人很瘦，和这个包的样子完全相反。

师：哦，完全相反。这不是可以说这个包从反面烘托了我这个人呢？说得很好。请坐（同学鼓掌）。如果说今天我骑了一辆很破旧的自行车，你会认为我这个人怎么样？

生4：是个朴素的人。

生5：很穷酸吧。

师：褒义是朴素，贬义是穷酸。同学们把这个破旧自行车很好地和我这个人联系起来了。刚才屏幕上有我的漫画像，如果你们先看到漫画像没有看到人，怎么把这个漫画和我这个人联系起来呢？请同学看着我的漫画像来描述一下我这个人。

生6：老师眉毛很浓，额头上有皱纹……看上去比较有学问。

师：请坐。刚才这位同学说了，看这个漫画像，可以想象一个人是什么样子。这就是我要讲的第二点：通过有关的物件来表现这个人。（板书：通过物件表现）

师：下面我们来看讲义上的语段十三，判断这段运用的是什么手法。

生：（齐）通过物件来写孔乙己。

师：对，写柜台是为了写孔乙己。靠在柜台喝酒的是短衣帮，穿长衫的是踱进酒店坐着喝酒的，这两种人如同不可调和的矛盾；但是，只有一个人把这两种人的特点都结合在一起了，是谁呢？

生：（齐）孔乙己。

师：作者只通过在柜台喝酒这样一个小细节就把孔乙己这个矛盾的人物表现出来了，这就是高手的写人手法，现在同学们也学会了对不对？我们也成了这样的写人高手！

生：（齐）对！

师：我们一起回忆一下，刚刚开始上课的时候，我喊了一声"上课"，当时反应怎样？

生：（齐）到处是椅子翻动的声音。

师：对，所有人都站起来了，哪位同学能把刚才上课的场面描述一下？

生7：上课铃响了，突然老师中气十足地大喊一声："上课！"同学们马上站了起来，连后面的听课老师也都站了起来。这一声"上课"，让全班同学和听课的老师们都精神一振。

师：你描述这个场面的目的是什么？是写同学？是写听课的老师？还是……

生7：是为了写您的声音洪亮，中气十足。

师：那就是说，通过别人的反应也可以表现人物。好，这位同学说得很好，语言也很幽默。我们现在再看看讲义上的语段五。今天老师带着大家一起看武侠小说。

（学生认真地看讲义，课堂上鸦雀无声）

师：你们知道这是哪部作品中的情节吗？

生8：《书剑恩仇录》。

师：对，是金庸先生的作品。这段情节主要表现的是谁？是写她的什么呢？

生9：是那个白衣少女。写她很漂亮。

师：对，白衣少女，香香公主。但是，你怎么知道香香公主真的很美丽呢？

生10：杀气腾腾的清兵见到香香公主时都惊呆了。

师：对，是写旁人的反应。既然可以通过周围的人的反应来写香香公主的美丽，当然也可以通过听课同学和老师的反应来写老师的声音洪亮。这就是老师教给你们的第三招：通过别人的反应来写一个人。（板书：通过旁人反应）

今天我来你们学校上课，天公不作美，下起了大雨，你们能不能把这个“雨”和我这个人联系起来？再想想，如果是晴天，又怎样？如果下雪呢？

生11：我认为都可以和老师您这个人联系起来。比如说今天下雨，王老师冒着大雨还准时来给我们上课，您很守时，上课的态度一定很认真。如果是晴天，说明是个好兆头，预祝王老师能上一堂出色的公开课。

师：回答得很好！语言表达很出色。这样看来，通过描写环境也可以表现人物。（板书：通过环境烘托）好，到现在为止，我们学会了通过旁人介绍、通过其他物件、通过旁人反应、通过环境烘托等手法来写人，这些手法中主人公都没有直接出场，这是什么样的描写手法呢？

生：（齐答）是间接描写。（板书：间接描写）

师：那能不能直接写人的肖像、语言和动作呢？（板书：直接描写）

学生点头，回答“可以”。

师：为了让同学们写好人物，我今天特意为大家请了一个模特。现在我把他请进来。

（老师走出教室，所有学生都向门口张望，小声议论。几秒钟后，老师推开门慢慢走了进来，站在讲台中间，同学们都很诧异）

师：怎么样？今天我义务为大家做模特！

（同学恍然大悟，笑声一片）

师：现在同学们可以直接写我的外貌、动作、语言。可以和周围的同学商量一下。

（学生激烈争论；老师则在同学中间认真听讨论，适时参与到同学的讨论中进行点拨）

5分钟后……

师：大家讨论得怎么样了？我们每个小组派个代表来说一说。你们小组先来。

生12：老师从门外走进来大声地对我们说，今天我来给你们做模特。虽然老师已经五六十岁了，但是神采奕奕，显得那么精神，那么年轻。

师：谢谢夸奖。好，下一位同学。

生13：只听“吱呀”一声，门开了，王老师豪气万丈地走进教室，真有学者风度啊！他往讲台中央一站，就把我们“镇”住了。他用智慧的目光扫视了一遍，我们透过镜片看到老师的眼睛，似乎可以包罗万象，但是被镜片牢牢地封锁了，让我们猜不透。（众人笑）这时候他中气十足地说，今天我免费给你们当模特。听听，这“免费”多令人感动啊！（众人笑，课堂气氛异常活跃）

师：这位同学很幽默，表达得很好！请坐。现在，同学们基本上都学会了写人的各种方法。（板书：自身肖像、自身语言、自身动作、自身……）

开始上课的时候我们说“怎样让笔下的人物‘活’起来”，通过一节课的学习，我们知道了“这样让笔下的人物‘活’起来”：写人可以间接写，可以直接写，可以将直接化为间接来写，也可以直接、间接结合起来写。现在请大家看讲义中的语段十九，一篇写人的小文章。快速阅读，看看作者运用了哪些描写手法。

（3分钟快速阅读）

师：第1自然段是什么描写手法？

生：（齐）旁人介绍。

师：第2自然段和第3自然段呢？

生：（齐）通过有关物件。

师：第4自然段呢？

生：（齐）通过有关人物。

师：接下来第6自然段“小刚”直接出场了。如果只有前面5段没有第6段，小刚这个人物就不太清晰；如果只有第6段没有前面5段，小刚这个人物又不太生动。所以，我们写人可以先间接描写后直接描写。如果我现在要同学们写一篇文章，写我王老师，大家会吗？（齐答“会”）如果用学会的方法写另外一个人，可以吗？（学生齐答“可以”）下面这节课就用今天教给大家的这些“独门暗器”，看同学笔下的人物怎样“活”起来。好，下课！

怎样让笔下的人物“活”起来

通过旁人介绍 通过物件表现 通过旁人反应 通过环境烘托	间接描写	加	直接描写	自身肖像 自身语言 自身动作 自身……

附：当堂完成的作文之一：

“玉树临风”的薛老师

王心尧

青涩的初一岁月，还没有接触物理，只听说八年级的物理老师是一位诙谐、幽默的“阳光型”老师，有他在课堂上，永远不会有孤独感。听完这番描述，我脑中立刻浮现出了一个满脑数理化的清秀大学生，也正为了亲眼见证这“清秀”两字，我憧憬着我的初二岁月。

转眼间，我们的教室由二楼搬到了三楼，我升入初二了，今天终于可以上期待已久的物理课了，只见讲台上有一个旧的翻皮的黑书包，顿时，一个叫“朴素”的词跃进我脑中。催命式的上课铃响过之后，整个年级都安静下来。忽然，楼道里响起了“嗒嗒嗒”的脚步声，这声音响而笨重，渐渐地，渐渐地，声音愈加的响，“吱”的一声，门被打开了……门开的一刹那，大家见到了他，既而便发出“啊”的叫声，老师以为我们惊讶于他手上的实验器材，便用一口夹杂着吴侬软语的普通话说：“同学们，我们今天要做很多的实验呢！”一个极具特色的出场，他的形象被我们打上了一个美丽而圆滑的“○”。半秃而蓬松的头发，小小的眼睛，一副老式的圆框眼镜，饱满的鼻子，中等大小的嘴巴，挺着一个圆肚子，一看就是做学问的。走起路来，手还一晃一晃，显得十分悠闲自在。哦，对了，这里不得不提，他姓薛，因为他脸上有一颗硕大的痣，同学们课下都爱叫他“薛大痣”，当然，我从不这样叫他。

第一堂课虽伴随着淡淡的失望，但薛老师兑现了他搞笑的风格，为他挽回了些形象分。课堂上的薛老师风趣幽默，薛老师的动作那更叫一个有板有眼，上课时他总是不时来一段个人“秀”，用他独有的手势来加深我们对知识的记忆。

课外的他更是没话讲。一次，在校门口，我正在传达室看有没有我的信，我注意到了一封寄件人是“韩雪”的信。大家都知道，韩雪是一位美丽的苏州演员。就在这个时候，我身后传来了一个中年人的声音：“哎哟，韩雪不是咱们苏州的美女吗？”我回头一看，差点跌破眼睛，说话的正是薛老师，“嘿，这个薛老师虽不像二十多岁的大学生那样热血沸腾，倒也紧跟时尚啊。”

薛老师的课上起来是如此的快活，课下看见他也总会带给我们欢乐。他虽没有年轻人的青春，但是在我们眼中他依然风度翩翩，充满活力。

【评析】

上文说过，中小学生怕写作文，不是没有生活，而是不会表现生活。所以，教会学生怎样表现，是语文教师的核心任务。语文教学的任务不是教学生“研究语言”，而是教学生学会怎样运用语言、建构语言。写作教学中的语言运用与建构，除了遣词造句外，就是教会学生谋篇布局的方法。

写作中“写人”的方法很多，本堂课以“怎样让笔下的人物活起来”为切入点，教会学生怎样谋篇布局，其核心目标就是教会学生用正面描写和侧面描写相结合的方法把人物写活。

语文是实践性很强的课程，学生写作能力的培养就应该通过学生的历练和内化完成，因此，写作教学中要安排充分的时间让学生实践。本节课十分重视学生的训练，有口头的，有书面的；有片段的训练，也有全篇的写作。这样的处理符合写作教学的特点。第二节课上学生当堂完成的作文很有水平，这说明，这堂课的教学目标已经达到。

然而，这堂课的教学目标要求有些过高(施教班级学生水平普遍较高)，实际上，就一般的学生而言，一堂课能掌握几种侧面描写的方法已经足够了。

四、思考练习

1. 你认为作文的构思谋篇还应该包括哪些方面?
2. 阅读本节案例，评析这个案例中教师是怎样优化写人文章的布局的。
3. 以“怎样把景物写活”为题，设计一份教案。

第五节 指导修改润色的技能

一、技能概说

(一) 定义

古人云“文章不厌百回改，佳作俱从改中来”是说好文章是改出来的。刘勰说过：“改章难于造篇，易字艰于代句。”[①]这表明对文章的修改、润色比写文章要难。写作能力是语文能力的重要组成部分，而一个人写作水平的提高与其拥有良好的修改文章的习惯及推敲润色文章的能力是密不可分的。正因为自古到今人们在写作实践中，对修改文章的重要性及培养修改能力的难度有了充分的认知，所以，在基础教育阶段的语文教学中，将培养学生修改自己文章的习惯和能力作为重要的教学目标加以规定。《义务教育语文课程标准(2011 年版)》在第二学段提出“学习修改习作中有明显错误的词句”的目标；第三学段要求学生“修改自己的习作，并主动与他人交换修改，做到语句通顺，行款正确，书写规范、整洁”；第四学段则将目标提升到“根据表达的需要，借助语感和语文常识，修改自己的作文，做到文从字顺”的高度。还在“实施建议”中强调“重视引导学生在自我修改和相互修改的过程中提高写作

① 范文澜：《文心雕龙注》，人民文学出版社，1958 年版，第 651 页。

能力”。[1]《普通高中语文课程标准(2017年版)》将“能独立修改自己的文章”[2]列为必修课程的学习要求。可见,培养学生修改润色文章的习惯和能力,在语文课程标准中给予了足够的重视。因此,语文教师必须具备指导学生修改润色自己作文的技能。

所谓指导修改润色的技能,就是指导学生根据文章写作的意图及所要表达的意思,对文章的内容、结构、语序、用词等文章要素,通过增、删、调、换等方式,使之更达意、更合理、更顺畅、更准确生动的能力。

(二)类型

1. 师生共改

教师可选择一篇作文印发人手一份或发至大家的邮箱,统一用一套批改符号,带领学生一起修改。第一步:整体感知,了解大意,划出错别字和病句并进行修改。第二步:前后浏览,上下联系,看文章的思路、结构是否清楚、合理,提出修改意见。第三步:逐段审阅,看所写内容是否围绕中心,详略是否得当,能否充分表情达意。师生各抒己见,加以批注。第四步:细读揣摩,斟词酌句,修改润色,进行评点。第五步:审视全篇,对习作进行总体评价,评定等级。师生一起修改,意在为学生自批自改、互批互改进行示范引路。

2. 自批自改

叶圣陶说:“‘改’的优先权应该属于作文的本人”,“养成了自己改的能力,这是终身受用的”[3]。让学生根据习作要求对自己的作文进行批改,不仅强化了学生自我反思的意识和变被动为主动的做事态度,而且还有效地促使学生在批改习作的过程中,进一步深化对习作要求的理解,提高对文章写作的知性认识,体现了以学生为主体的教学理念,践行了一切真知均来源于自身实践的哲学思想。

3. 相互批改

常言道:“当局者迷,旁观者清。”自己批改自己的作文,有时难免受定势思维的影响,发现不了问题。让同学们互批互改,既可弥补此不足,还可相互取长补短。在互评互改时,教师适时对相互评改的对象进行调配,这样既有利于批改者吸收更多同学作文的长处,又可从更多同学的自批自改和他批他改中获得启发与借鉴,提高批改水平,这样无论是对写作者还是对批改者都是大有裨益的。

现代教学媒体为作文教学过程中的即时呈现、及时修改以及提高作文修改的交互性、有效性提供了便利。随着互联网对教学方式的改变,写作教学方式包括文章修改方式有了很大的改变。

---

① 中华人民共和国教育部:《义务教育语文课程标准(2011年版)》,北京师范大学出版社,2012年版,第11、13、17、24页。
② 中华人民共和国教育部:《普通高中语文课程标准(2017年版)》,人民教育出版社,2018年版,第33页。
③ 叶圣陶:《叶圣陶语文教育论集》,教育科学出版社,1980年版,第157页。

二、训练要点

（一）明确修改润色的基本要求

1. 自我反思的态度

学生作文与作家创作有一个显著区别，就是要在教师指导下，围绕某个目标，进行体现教学要求的特殊训练。因此，学生对自己习作的修改，首先必须对照教师的训练要求，培养对自己的习作进行自我反省的意识。随着青少年自我意识不断增强，行为往往表现得非常自我。特别是写作教学在"想怎么写就怎么写"的口号影响下，文体的基本特征被淡化，写作的基本规律被忽视，训练的要求被模糊，以上种种使得学生要形成按照教学要求来修改自己习作的态度变得十分不易。所以，要培养学生修改自己习作的能力，首要是帮助他们形成自我反思的态度。

2. 统揽全篇的视阈

在以往的写作教学中，批改是教师的工作。大多数教师疲于应付：应付领导的检查，应付只想知道分数的学生。作文批改的现状是：批语成套话，改笔在字词。现在，要把修改作文的任务交给学生自己，无疑对学生而言，也是一大难题。因为，从过去的作文本上实在很难得到如何修改作文的有效启示，有的甚至产生误解：修改作文就是订正错别字。在这样的认知下，作文修改将会出现更多的缺失。因此，我们必须懂得，在学生学习写作的过程中对自己习作的修改，最关键的不是对句子的修修补补，对辞藻的挑挑拣拣，而是要有统揽全篇的视阈，看行文的思路是否合理顺畅，结构是否自然严整，材料是否真实可信等大的方面，这样才能把握文章写作的大局，掌握文章写作的基本要求。随着写作水平的提高，再把修改的重心移到精雕细刻、精益求精的打磨上。

3. 各种知识的积累

对文章的修改润色，靠的是方方面面的知识积累：生活经验、事理常识、思维方法、语言修养等等。而这些东西在作文修改中派上用场，不是以其本来的形态出现，而是潜存在习作者的认知结构中，在特定的话语情境中被激活、调动，赋予了习作主体鲜明的个体需求性和主观选择性。可以想见，不是对周围的一切充满好奇心并善于体验生活的人，是不可能判断什么样的材料是真实鲜活的；没有基本逻辑思维能力的人，是无论如何也不能够把颠三倒四的思路和结构理顺的；不善于积累语言的人，是怎么也做不到把文章的语句修改得准确、鲜明、生动的。可见，各种知识的积累，是形成修改润色技能的必要基础。

4. 合作探究的意识

随着学习方式的转变，自主、合作、探究成了学习活动的常态。修改作文，作为一种智慧技能，在教师和同伴的共同参与、通力合作、深度切磋中，可能会生长得更快。因为当思想发生交流，思路产生碰撞，信息形成交互，角度发生转换时，学生便多了点思考，多了点启发，多了点感悟，也就多了些修改文章的乐趣和智慧。

5. 规范的修改符号

所谓技能,一定含有技术或技巧的成分。文章修改同样要讲究技巧。且不说谋篇构思方面的大技巧,也不论锤词炼句方面的巧功夫,光是在修改的形式上,就有必须要掌握的技能——修改符号的正确标记,即增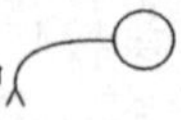、删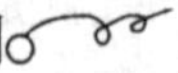、对调、改正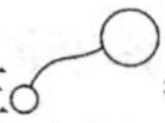等。这套修改符号,不是什么人的硬性规定,而是在长期的写作实践中产生的。这些符号本身,就充分说明了修改是文章写作的重要组成部分,是写作者最下功夫、最见功力的地方。正确使用修改符号,不仅使文章修改变得简便易行,心想手到;而且一目了然,言简意赅。所以,正确使用修改符号,是修改技能形成的重要标志。

(二)掌握修改润色的常用方法

修改作文有多种方法。这里主要介绍三种常用的方法:

1. 诵读法

文章写完了,不妨用心诵读几遍。诵读,能读出不顺口、不连贯、不流畅的地方。叶圣陶就主张文章写好了不但要看,还要多念几遍,通过语感来辨别文章的语句是否通畅。那些语句拗口的地方,意思脱节的地方,表述累赘的地方,正是要修改润色、调整增补、删减加工的重点。诵读,会发现感情是否真实、真挚。冰心也认为通过诵读能将感情是否真实、真挚感觉出来。连自己读来都无动于衷,又怎么能打动别人呢?诵读,还会发现句子是否有神韵。虽然这对中学生而言,要求是高了点,但并不是高不可攀。只要善于观察,用心体悟,就会有神来之笔。

2. 互助法

由于思维定势的作用,加之完成作文初稿后所产生的习惯性心理松懈,通常情况下,学生要发现自己作文中的毛病,不是那么容易的,甚至有时连错别字都发现不了。这就有必要给学生提供交流、展示习作的机会和平台。大家一起来发现问题、进行会诊,集思广益,并组成合作小组,互批互改,在批改同伴作文的过程中受到启发,从而有助于对自己的作文做进一步修改。唐代大诗人白居易每作一诗,都要念给邻居的一位老婆婆听,她听懂了,就定稿了,听不懂,就再改。所以,白居易的诗通俗易懂,深受劳动人民的喜爱。当然,对别人的意见也不必全盘接受,因为见仁见智是阅读的常态。写作是表现自我的方式,同时,又是极其自我的活动。只要自己觉得是合情合理合适的,就有必要坚持。

3. 搁置法

所谓搁置法,就是将文章初稿暂时搁置起来,使之"冷却"后,再行修改。因为作者的思维还处于原稿"状态"中,立马修改,难以发现问题,更难忍痛割爱。过后修改,或许有新的认识和发现。

(三)感悟修改润色的甘苦得失

学生修改润色作文能力的形成,还离不开教师的有效指导。只有在教师的精心指导下,帮助学生触摸到文章修改的门道，并在自己的作文修改实践中用心揣摩，不断探索，才能形成修改作文的能力。

1. 以前人的故事使学生感悟文章修改的甘苦

中国的语言是人治的语言，这一基本特性就给使用中国语言的人预留了更大的自主空间。所以，从古到今在诗文写作中，不知留下了多少锤词炼句、苦心经营文字的佳话与典范。如贾岛的“两句三年得，一吟双泪流”的感人故事；杜甫的“语不惊人死不休”的执着追求；欧阳修将《醉翁亭记》首段百余字最后删改为“环滁皆山也”五字的精湛改笔；王安石的“春风又绿江南岸”之神来之韵，至今仍被津津乐道……这些修改诗文的故事之所以被流传下来，一方面说明这些故事本身实在经典、传神，体现了追求完美的执着和非凡的语言智慧；另一方面表明文章的修改被历代文人所推崇。正因为如此，才有佳作复出，代代相传之文章不朽之势，自然也就为后人留下了许多精品杰作，为后人学写文章提供了诸多范例。将这些例子讲给学生听，就是给他们提供了活教材，使他们既认识修改文章的不易，又感受到文章修改的乐趣，所谓“甘苦寸心知”。前人传下来的故事，无疑是今天教导学生如何为人为文的经典性示范教例。

2. 用教师的示范让学生参悟文章修改的门道

中国的作文教学历来强调教师的示范作用。写“下水文”是示范；批改学生的作文，是更具针对性的示范：不仅让学生知道该怎么写，而且还使学生明白为什么要这样写，这就是所谓的指点迷津。前人在长期的写作教学实践中，总结出了指点迷津的一些基本方法，我们在训练学生修改作文技能时，不妨借鉴。

其一，看“文题”辨体式。近些年来，似乎有淡化文体的倾向。尤其是作文考试中话题作文风行，不限文体，在某种程度上导致语文教师产生了作文教学中不必重视文章体式的偏差认知。事实上，基础教育阶段的作文教学，基本目标就是培养学生常用文体的写作能力，使之能适应社会生活的需要。文章体式的形成，是在长期写作实践中总结出的、相对合理的、最有利于表情达意的人类认知智慧的结晶。对文体的辨识与把握，自然也就有规律可循。最简便的方法，就是从文章的题目来辨识。如题目中有“记……”“……的事”“……的人”之类的字眼，就一定是记叙类体裁的文章；如题目中有“论……”“谈……”“说……”等表言说、谈论之类的词，那必属论说文之列；说明文则往往在题目中就能获知其说明的是事物，还是事理。对文章体式的把握，关系到文章的选材、结构、语言、写作技巧等一系列相关因素的把握。可见，通过文章的题目对文体有了基本定位，就为文章的修改定下了基调。

其二，理“思路”查结构。思路是作者写文章时思维的路径，是内隐在文章中的。结构是外显的段落层次。对中小学生作文中出现的结构问题，如果仅从段落层次上找毛病，不仅难以发现，而且难以根治。学生作文时为了赶时间，交差事，常常“思无路”便急于拼拼凑凑，草就而成。我们常看到有些学生的作文，每一段单独看似乎还可以，可连起来就不那么顺畅。无论怎么在局部修改上下功夫，都难以获得满意的效果。其原因就在于，学生没有将思路理顺。所谓“作者思有路，遵路识斯真”。因此，要治理结构上的问题，必须要理顺思路。我们可以指导学生顺着自己想说的意思往下推，形成一条基于事实本身或事理逻辑或情感发展或合理想象且连贯的路径，再缘着这条路，看看有几个节点，便是几个层次。再将写好的作文拿来比照，若有偏离或颠倒，则一目了然。这样来修改文章的结构，就不是头痛医头的治标之术，而是使学生再也不犯结构性错误的治本之策。

其三，据“中心”选材料。写作中自然要选择最合适和最有说服力的材料来表现中心。但学生在选择材料时也往往容易犯错误，要么材料不符合中心的要求；要么是材料本身缺乏说服力；要么材料陈旧不吸引人；要么材料繁简处理不当，等等。总之，在对文章材料进行修改时，要根据文章所要表达的中心，将偏离中心的、没有典型意义的、不具说服力的、陈旧俗套的、重复累赘的删去，尽量使文章的内容合体、典型、新颖、得当。

其四，听“心声”用语言。常言道“言为心声”。对文章语言的修改，首先要从文章的字、词、句入手，要看有没有错别字；要看用的词是否贴切；要看句子表达是否通顺，等等。当然这还只是对作文语言修改的浅层次要求。若要写出好文章，则需要对文章语言提出更高要求，这就涉及炼字、炼词、炼句的问题了。炼字，主要是指对关键处的字的斟酌，要用最少的字，表达最丰富的内涵，所谓“惜字如金”。如古人“红杏枝头春意闹”之“闹”字，“春风又绿江南岸”之“绿”字，等等，都收到了言简意丰的特殊效果；炼词则主要是对同义词的辨析，如仅表示“看”的动词就不下几十个，可真正适合某一特定情形的只能有一个。所以这就需要我们在修改时反复比较，细加辨析，真正找到“这一片树叶”；炼句也一样，差不多的意思，既可用陈述句，也可用反问句；既可用被动句，也可用主动句；既可用简单的白描，又可用重彩描绘，等等，哪一种表达效果最好，确实需要结合语境好好动一番脑筋。语境是心境的影子。所以，对语言的修改润色，必须服务于作者内心的表达愿望，忠实于作者的真情实感，契合于作者的独特个性和审美情趣。

3. 靠自己的实践来体悟修改文章的乐趣

修改，本就是文章写作的重要组成部分。有效培养学生修改自己文章的能力，是作文教学的重要目标。学生修改作文的技能的形成，最关键的还是靠学生的修改实践。因为，只有让学生养成了自己修改作文的习惯，才能减少对教师的依赖，形成积极主动的学习态度；才能在修改文章的过程中感受创造性劳动的艰辛；才能将教师指导的修改之法，变成自己修改作文的实用技能；才能体悟到丑小鸭在自己的精心修饰下变成白天鹅的那般喜悦和快乐。

三、案例评析

【案例 3-5】

文章不厌百回改，写作，从修改做起

——作文评改指导课教学设计①

李红玲

［教学目标］

1. 明确作文评改十则标准的具体内容

2. 提高作文修改能力，培养写作兴趣

课时安排：2 课时

［教学过程］

一、谈话导入

同学们：我们从小学三年级开始学写作文，到现在的七年级，大家写作文的经历已有四年的时间了吧？按照习惯的做法，我们写好的作文均是由老师亲自批改的。由于学生太多，老师不能当面一一批改，只能在办公室里对着大家的作文本一一修改。由于受时间限制，改好又不能及时反馈给你们，总是到了写作课上才发给同学们，这样一来，同学们对自己写的作文印象早已模糊，老师的批改不见成效。大家说是不是这种情况呢？（同学们表示同意）我们自己想不想学习修改作文呀！其实，能写出一篇好文章是一个人语文能力的体现，但如果会修改作文，更能显示出我们的语文能力。

文章不厌百回改。古今中外，精于修改自己文章的人是很多的。曹雪芹写《红楼梦》"批阅十载，增删五次"。托尔斯泰写《战争与和平》，曾反复修改七次。马克思宁肯把自己的手稿烧掉，也不愿把未经加工的著作遗留于身后。福楼拜是 19 世纪法国批判现实主义作家。一天，莫泊桑带着一篇新作去请教福楼拜，看见福楼拜桌上每页文稿都只写一行，其余九行都是空白，很是不解。福楼拜笑了笑说："这是我的习惯，一张十行的稿纸，只写一行，其余九行是留着修改用的。"

著名的语文教育专家魏书生老师对作文批改也提出了自己的方法，而且制定了一套非常科学具体的作文评改标准。在他的指导下，学生对如何批改作文目标清楚，心中有数。有了这套标准，学生学会了修改自己的作文，也学会了修改别人的作文，同时也提高了自己的写作能力，真是一举三得。所以，今天我们也来学习一下名家的作文批改方法。

二、课件出示魏书生老师的作文评改标准十则

魏老师说："怎样批改作文？我从易到难，列出十条要求，第一次批改只提一条要求，大家觉得很简单，会做了，第二次，再提第二条要求。这样十几篇文章批下来，每位学生就都能围绕一篇作文，从十个方面写出批语了。"

① http://www.ruiwen.com/news/64737.htm.

以下10个方面，每个方面给5分，一篇作文满分为50分。

1. 格式是否正确

刚入学，我喜欢使学生感到写作文批作文都不难。随随便便地写，老师只要求同学们作文的格式正确，批改作文时只写一条关于格式的批语。批作文的时候要抽签，谁都有可能抽到全班任何一个人的。抽到人家的作文本，打开作文一看，格式没错，便拿出红笔，写上批语：格式正确。批文用减分法，此项倘不减分，此文则为满分，然后签上批改人的尊姓大名。

2. 卷面是否整洁

显然这一条又是大家都能看得出来的。后进学生批改别人作文，指出卷面不整洁时，下次自己写作文时也注意卷面的整洁情况了。

3. 错别字几个

发现错字，要将错字在原文处打上标记，并且写到批语处，再在后面写上正确的字。有粗心的同学错字挑不出来，怎么办？我们就搞流水作业：每人要批4篇文，每篇文要经过甲、乙、丙、丁4个人之手。甲批错别字6个，乙发现本文错别字不是6个，而是7个，那么甲就要对为什么漏掉这个错别字写出100字的说明书。丙发现本文错字是8个，那么甲、乙同学都要被追究责任，各追加一百字的说明书。学生批改之后，我还要抽查，重点抽查那些粗心的同学。这样使粗心的同学也认真起来，批改的时候，手里抱着大字典，唯恐漏掉了错别字。发现错别字，每2个扣1分，最多扣5分。10个以上也不再多扣，但要一一给予指正。

4. 有几处病句

挑出一篇作文中的病句，凡病句，都要在下面划上横线，写出病在何处，再在文后批语中，写清病句几处。每处病句减1分，减至5分，不再多减。

5. 标点符号有几处明显错误

强调句号、引号、感叹号、问号的使用。发现明显错误的地方，有1处扣1分，有5处扣5分，超过5处，不再多扣。

6. 看文章的中心是否鲜明、集中

这两点在作文指导时，就具体举例，告诉学生什么叫鲜明、集中。学生批改之前，我先大致看几篇文章，在进行批改指导时，又简介两篇好的文章，再举两篇中心不突出、不集中的例文，学生学习老师举的正反两方面的例文，举一反三，就能批得符合实际。

7. 看文章的选材

这条批语提三点要求：① 是否围绕中心。② 是否符合生活实际。③ 是否具有典型性。这三点中最要紧的是第一点，随着作文水平的提高，才提出选材具有典型性的要求。

8. 就结构而言，也要写清三点批语

① 层次段落是否清晰。② 过渡是否自然。③ 开头和结尾是否照应。

9. 看表达方式

主要看其是否符合文章体裁的要求，记叙文以记叙为主，说明文以说明为主，议论文当然以议论为主。除此之外，还要看其是否符合作文指导的要求。如写记叙文《他进步了》，要求夹叙夹议，本文是不是做到了。写说明文《芦苇》，要求说明中有描写的成份，评改时要看文中有没有适量的描写。写散文《家乡赞》，要求记叙、议论、抒情相结合，评改时要看文中结合得怎么样。

10. 看语言是否简练、通顺、准确

语言不简练，重复、罗嗦者酌情扣分，此项不超过 2 分。语言不通顺，不是指有病句，而是指句与句之间衔接不连贯，扣分也不超过 2 分。

三、分条讲解十条标准的含义

同学们，魏老师的这十条标准，十分具体又容易操作。只要大家认真学习，按照要求去做，就能学会如何修改作文。如果我们写作时按照这十条标准去做的话，那我们的作文水平也会迅速提高。请同学们认真对照标准进行学习领会，只要我们认真细心，就能达到前五条的要求；如果我们在平时多观察生活，注意文章的写法技巧，只要努力就能达到后五条的要求。你们说是不是这个道理？

四、交换作文本，学习批改同学作文

因为我们是第一次学习修改作文，我们先改同桌的作文。以后大家熟悉了改作文的要求之后，要在全班进行抽签，抽到谁的就改谁的。

五、端正态度，明确要求

同学们，我们改同学的作文，一定要端正态度，抱着向别人学习的态度认真修改。如果你同桌的作文水平略胜一筹，那你有幸一睹同桌的文采了；如果同桌的作文稍逊一筹，那你要当好他的老师了，从你的批改中让他学会如何写出更好的作文来。我们改作文的目的是互相学习，互相提高，互相欣赏，以达共同提高写作能力的目的。所以大家一定要珍惜别人的劳动成果。认真批改，从中发现自己可以学习的地方。

六、修改过程的指导

修改时先按照前五条标准来改，看格式、卷面、错别字、标点符号、病句，生动优美句等用红色笔一一标注出来，并用正规的修改符号在原句上进行修改，也可在备注栏里写出自己的批注。同学们，一篇作文交给你了，现在你就是这篇文章的评判官，要细心大胆地提出自己的修改意见。

（在学生改作文的过程中，老师一定要有足够的耐心与细心来指导，学生会在这个环节提出各种各样的问题，对此，要在学生中间不停地巡回检查，细心指导。）

七、写出综合性的评语

对这个环节，我是这样要求学生的：

评语的写法步骤：先写出此文的优点，再指出不足，第三写出自己的阅读感受，第四写出对此文的修改意见，第五写出鼓励性的话语，第六写出各项得分后再得出总分，让同学知道他在哪个地方出了问题，以提醒他以后及时改正。

八、展示成果，评出优秀

学生改好之后，由各小组推出分数在40分以上的优秀作文进行赏读，各小组推出批改认真细致的同学的作文进行展示，以鞭策那些批改不认真的同学，从而达到人人都参与改作文，人人都能学会改作文的目的。

九、教后反思

有时真的不能忽视学生的模仿能力。对于孩子来说，最擅长的就是模仿了。这次作文批改指导课，我本来的想法是只要学生接受这种互改的方法，以后再慢慢指导，让他们在较长的时间内学会改作文也就达到我的目的了。谁知第一次上这样的课，虽然费了两节课的时间，但是收获却是很大的。班内的同学全员参与批改，一半以上的学生能够按照要求认真批改，且批改的详细程度超出我的预期。

对于魏老师的作文批改标准，是我在2008年读他的《教学工作漫谈》一书时发现的。当时正教八年级，我读完这本书之后，在我的课堂教学中立即用了魏老师的作文批改方法，效果真是立竿见影式的，学生不仅学会了改作文，而且在写作方面有了很大提高。他们掌握了写作的要求之后，在写作时自然按要求去做，因此在写作文时少走了很多弯路。

对于七年级的孩子来说，我觉得他们还小，不一定能够学会规范地修改作文，因此在上课之前还有些担心。但事实上，学生的表现非常精彩，虽然上课时很累人，但看到课堂效果显著，心理还是十分满足的。

【评析】

这是一堂完整的作文修改课教学设计：有明确的目标预设、明晰的任务指向、具体的行动策略以及显性的教学效果评价反馈。

这堂课的学习主体是七年级学生，教学起点预设是学生尚不具备修改作文的知识和技能。针对如此学情，教师先用生动的例子让学生明了作文需要修改的道理，激起了修改作文的兴趣；然后以著名语文教学专家魏书生提出的修改作文的10则标准，作为学生修改作文的行动准则，帮助学生认知修改什么、怎么修改。这10条标准由低到高，极具操作性，学生一看就懂，一做就会，为修改训练提供了方法支撑，确保了学生的修改训练落在实处；再以同座互改的方式，给学生创设了良好的心理情境及修改实践情境，更利于修改过程中同伴之间的交流与切磋。

四、思考练习

1. 说说作文修改的基本方式。

2. 从上面的作文修改案例中，梳理出作文修改的主要内容、一般步骤及基本要求。

3. 用修改符号修改下面一段话。

在这个公园的小小动物园里，我看到了许多可爱的小动物。有漂亮的小斑马，有美丽的美洲豹，有文静的梅花鹿，有凶猛的东北虎，还有活泼的小猴子和小山鸡。特别是小山鸡，我最爱戴她了。你看，小山鸡那尖尖的小脑袋上，长着红红的鸡冠，像一枚盛开的红玫瑰。它在笼子里不停地抖抖美丽的羽毛，似乎在跟人们打招呼，有犹如在给大家表演精妙的节目。不一会儿，它用细细的脚在地上抓来抓去，黑眼睛小小的集精聚神的看着，仿佛在寻找食物；一会儿，它又趾高气扬、昂头挺胸，在笼子里走来走去，猖狂的狠，就像一个大将军打了胜仗那样。听，它那“咯、咯、咯”的叫声，就像吹起了冲锋号。

第六节　指导交流讲评的技能

一、技能概说

（一）定义

在写作教学过程中，为了帮助学生更好地理解、把握习作要求，给每个同学提供交流分享自己及他人的习作打算、习作成果、习作心得的机会，认识自己习作的长短及如何进一步修改加工，教师有必要和同学们一道搭建起交流讲评的平台。

交流讲评的主体可以是教师，也可以是学生。所谓指导交流讲评的技能，既指教师对学生的作文交流看法、进行讲评的能力，也指教师指导学生根据作文训练的要求，对自己的习作过程及习作成果进行介绍、说明、分析、评价以及对他人的习作进行分析、评价的能力。这种交流和讲评，可以是口头的，也可以是书面的；可以是群体的，也可以是个别的；可以在作后进行，也可以在作前、作中进行。作后的交流讲评，主要是围绕习作是否达到了预设的训练目标，如何进一步修改加工等问题；作中的交流讲评，主要是就作文过程中遇到的问题提出讨论，集思广益，为顺利完成作文扫除障碍；作前的交流讲评，主要是对作前指导的认识交流，或以口头作文来呈现习作的雏形。

（二）类型

作文交流讲评的类型多种多样：口头交流、书面交流；个体交流、群体交流（班与班之间）；当面交流、网上交流，等等。讲评可以有教师讲评、学生自评、同学互评、小组讲评、班级讲评、班级互评、网上评价等多种组织形式。就讲评的主旨而言，常见的有以下几种。

1. 综合讲评

就是根据作文要求，从思想内容到表现形式，对全班学生作文作全面的、概括性的讲评，概述和分析学生本次作文的主要优缺点，值得注意的共性问题等。这种讲评能反映班上作文的基本情况，覆盖面较广，但很容易产生泛泛而谈的毛病。因此，综合讲评必须注意：有点有面，点面结合。对面上的概况综合宜略，言简意赅；对点上的问题讲析宜详，援引材料，举例分析，做到点上开花，面上结果。

2. 专题讲评

集中本次作文中一两个较为突出的问题，结合有关的写作要求及相关写作知识进行讲评。讲评中针对主要问题，引导学生分析讨论，使学生得到作文"应该怎么写"与"为什么不应该这样写"的深刻认识。这种讲评，主题鲜明，内容集中，重点突出。值得注意的是，确定讲评的重点问题，要同作文教学计划、作前指导与本次作文的实际统一起来。这种目标集中、有的放矢的讲评，不仅计划性强，呼应了作文教学的系统性设计，而且学生印象深刻，对某种具体的写作技能的形成大有裨益，尤其适用于义务教育阶段的学生。

3. 典型讲评

典型有好的典型，也有差的典型。典型作文讲评，宜从正面选材，选出本次作文中一两篇优秀作文，或是大有进步的作文，或是颇具特色的习作进行讲评，用以引领全班，启发大家。讲评中，引导学生对典型作文进行深入细致的分析，明辨所然和所以然，可谓"拨亮一盏灯，照亮一大片"。再要求大家从自己的作文中找出不足之处，并思考如何借鉴别人的长处，对自己的作文做进一步修改。需要提醒的是，选文要谨慎，要在确定为讲评典型之前，与作者进行较为深入的交流，听听作者的立意、构思和选材过程的陈述，确认为学生所写方可当作典型，以免把抄袭来的文章当佳作讲评，造成负面影响。对于差的典型，则不宜提供给全班同学，防止伤害该生的自尊与自信。只要对某些能给大家以深刻反思的典型之处加以点评即可。

4. 对比讲评

将具有比较意义的学生作文作为讲评的重点，以帮助大家提高鉴别能力、感悟为文之道。对比讲评有种种方法，从整篇文章的比较来看，有各具特色的两篇作文的对比，有改后作文同原作的对比；从局部来看，有某个片段、某个方面的对比，有立意、构思、选材、语言文字的对比；从学生进步的幅度来看，有本次作文与前次作文的对比；从读写结合来看，有学生作文同范文的对比，等等。不管哪种对比，都是对文不对人。

5. 自由讲评

这是由学生来讲评自己或同伴的作文。要求每个学生都做好充分的准备，采取自己喜欢的方式，向全班同学介绍自己的作文或评论同伴的作文。可自我剖析，也可质疑他人。大家可以发问、质疑、辩论。这种自由讲评，学生参与面广，自主性强，合作程度高，各抒己见，相互启发，不仅气氛热烈，而且为学生释放思想情感和拓展个性思维营造了广阔的空间。这种方式，特别适合高中作文的交流讲评。

二、训练要点

（一）明确交流讲评作文的要求

1. 既要有明确的指向又不能过于局限

由于交流和讲评是贯穿在作文教学全过程的，在不同时段，无论是交流的内容，还是交流的目的，都有所不同。因此，只有明确交流的意图，才能对交流提出明确的要求，采用适当的方式，进行有效的讲评。如，作前交流，一般是在教师作前指导的基础上，通过交流，来了解学生对习作要求的理解程度，对写什么和怎么写的初步构想。学生只要理解了习作的基本要求，能说出自己的基本想法就可以了。对于那些才思敏捷的学生，或许可以说出腹稿，教师可引导大家讨论、评价，在评论中增强大家的写作动力，拓展自己的思维空间。对于那些有奇思妙想的学生，要给予鼓励和适当引导，不必过于局限于某一点要求而窒息了学生的创新思维，从而使一篇颇有新意的习作胎死腹中。

2. 既要找准共性问题又要兼顾特殊现象

作文讲评最忌以偏概全，一叶障目，把个别现象当成全班的共性问题，导致讲评的偏颇。作文讲评要把多数学生作文中的优点、带有普遍性的问题捕捉出来，让大家讨论、分析，探究原因，真正做到触及学生写作的痛痒，引起学生深刻反思。作文讲评的材料至少能代表某种类型，即使是选择某篇文章来讲评，也要对多数学生有启发意义和指导作用。每次讲评的对象，要尽可能轮换，不要集中在某几个"尖子"学生身上，要让多数学生都能受到赏识，受到激励和鼓舞。在立足于解决共性问题的同时，也不能忽视习作中出现的特殊现象，如另类的思维方式，独特的言语表达，不按教师指导而作，等等。对待此类现象，教师不仅要给予关注，而且要给这些学生交流的机会。在交流中发现他们的独特处和潜在价值；在交流中进行适时的引导和点拨；在交流中帮助他们形成正确的认知和自我反思意识。

3. 既要关注多个维度又要注意重点突破

由于学生作文涉及知、情、意、行等多个维度的因素，所以，作文讲评的内容往往比较丰富，主要包括三个方面：一是学生作文的态度；二是作文的思想内容；三是作文的表达形式。光表达形式就涉及诸多因素，如篇章结构、表现手法、言语技巧、错别字、标点符号、书写行款格式等。因此，在从多个维度对学生作文进行讲评的同时，又要注意重点突破，让学生就此次作文中一两个主要问题，进行重点剖析，"重锤"敲打，做到热议、冷思、深究、细品，形成强烈的共鸣，产生深刻的认知。

4. 既要重视学生的自评互评更不可忽视教师的示范点评

在语文课程改革的推动下，将作文讲评的主体地位还给学生业已成为共识。教师唱"独角戏"，搞"一言堂"的情形少了许多，学生自改、自批、自评，互改、互批、互评习作已成为作文讲评中的常态。但是，我们必须清醒地看到，学生作文水平的提高离不开教师的悉心指导。作文讲评是对学生的习作进行诊疗的关键环节，只有找准病因，才能对症下药，才能有效地帮助学生医治习作中的毛病。而这是需要丰富的经验和高超的医术的，靠学生自己，难担此任；靠同学互助，也不足以担当此任。只有在教师的启发、引导和讲评示范下，让学生进行有指导的讲评实践，才知道讲什么、怎么讲，评什么、如何评；才能讲清问题，评出道理。只有将讲评上升到理性高度，才能在作文时有更自觉的实践。

（二）培养学生交流讲评习作的习惯

要有效培养学生交流讲评作文的能力，首先要促使他们养成交流讲评习作的习惯，真正把交流讲评融入自己的习作过程之中。怎样才能促使学生养成习惯呢？

1. 使学生认识到交流是作文的目的

作文的目的是什么？许多学生只是把写作文当着普通作业来完成。作文是一种语文作业，但又不是一般的语文作业。虽然也承担着一般作业的知识迁移训练任务，但其根本目的是对自己的生活、思想、情感、意志的表达与交流，而表达的价值就在于交流。只有让学生明白了这一点，才能使他们意识到交流对于写作而言，是多么的重要和必要，从而养成主动交流的习惯。

2. 使学生感受到交流对作文的帮助

以往作文教学中的交流，基本局限于学生将写好的习作交给教师批阅，教师将批阅后的作文发给学生。学生关注的是教师给出的分数。这种回路式的交流，收效不大。要提高交流的有效性，就必须给学生提供更大的交流平台和对话空间，不仅有对作后成品的讲评性交流，还有作前打算的构想性交流，作中遇到问题时的求助性交流；不仅有师生间的交流，还有同学之间更广泛的交流，使每一个学生都能从交流中受到启发，在对话里拓展思路，于讲评中领悟提高，获得对作文有效的帮助，进而形成强烈的交流欲望和自主讲评的习惯。

（三）教给学生交流讲评作文的方法

要有效培养学生交流讲评作文的能力，还必须教给学生基本的方法。常用的方法有：

1. 口头交流，集中评点

此种方法主要用于作前。在作前指导过程中，学生对习作意图和习作要求的理解程度，将决定学生作文动力的大小和习作的质量。过去，教师往往忽视学生对作前指导的反应，学生也不会主动交流自己的想法。师生在没有充分对话和碰撞的情况下，很难做到心意相通，因而训练目标大打折扣。为了了解学生对作文意图及要求的理解程度，促使学生形成积极的作文动机，提高习作质量，要让学生进行作前交流，谈自己的理解和构想，教师进行集中点评。点评的重点放在：引导学生深刻理解习作要求，启发学生调动个人生活积累，帮助学生打通思维通道，鼓励学生生发独特构想。

2. 书面交流，相互评点

此种方法主要用于作后。同学们将自己的习作张贴出来，供大家阅读，还可相互交换作文本阅读交流。读者可根据自己的喜好有选择地将点评意见写在作文旁边，或者形成书面意见与作者当面交流，或者在作文讲评课上根据书面意见发言。这样的交流评价，对写作者而言，既能促使其作后积极反思，又能激励其保持认真端正的写作态度，还可帮助其从同学的评价中得到启发；对阅读者来说，既可以在阅读中拓宽视野，又可以提高评析能力和表达能力，进而促进写作水平潜移默化地提高。书面交流点评，要重在交流的深入与点评的质量，教师要提出明确的要求，如，根据习作的要求、抓住作文的特点、揭示主要问题等等。教师要对学生撰写的点评意见进行讲评，帮助学生生成如何点评作文的感悟和认知。书面交流与点评，较之口头交流点评，准备更充分，交流更深入，点评更知性，这对提高交流讲评的质量很有帮助，对有效提高学生的讲评能力大有裨益，对提高学生的作文水平也行之有效。

3. 网上交流，在线评点

计算机网络的普及，为语文学习创新了载体，也为作文教学提供了便利。无论是教师的指导、点拨，还是同学之间的切磋、讨论，都可以利用网络进行在线交流。尤其是给写作过程中的即时交流提供了便利。网上交流与讲评，具有即时性、针对性、互动性强的特点，能满足作文教学过程中任何交流的需要，也为作文讲评开辟了新的途径。

（四）让学生从教师的批阅中领悟交流点评的技巧

要有效培养学生交流讲评作文的能力，更应重视教师的批阅与讲评。每次作文，教师可选择三分之一习作进行精批。精批作文可采用点拨指导式眉批和鉴赏性总批相结合的方法。点拨指导式眉批，即从选材、前后连贯、语言表达等方面指出问题，提出修改建议，言明修改的要求或方法，以模拟面批的语气进行旁批。鉴赏性总批，即从读后赏析的角度对文章的构思、特点进行赏析，由欣赏与建议两部分内容组成。这样，教师批阅学生作文的过程，实际上就成了与学生进行书面交流的过程。在这种“交流”中，学生不仅能获知应该从哪些方面与自己及他人的作文展开对话，而且还能感悟到如何交流对话的技巧。如，以中肯而不是夸饰的语词来恰如其分地评价学生的习作；用商量而并非命令的语气来提出修改建议；以欣赏长处而不求全责备的宽容心态来鼓励学生的进步，等等。

三、案例评析

【案例 3-6】

“关联”病和“然后”病

——管建刚作文讲评课实录（节选）①

1. “关联”病

他虽然个子不高，但是他很爱学习，次次都要考到 100 分才肯回家。

师：“个子高”和“爱学习”，没有转折关系呀？高个子一定不好好读书？（生笑）删去“虽然/但是”。

我的同桌是一个神经质的班长，但是他有很多长处……

师：神经质的班长，就没有优点？（生笑）删去“但是”。选一句读，通顺不通顺？

生：通顺。

师（板书“‘关联’病”，生念，笑）：大家的作文里有不少“‘关联’病”，请你帮忙改一改。

---

① 节选自高瑞卿《“关联”病、“然后”病、让“哑巴”开口说话——管建刚作文讲评课实录一则》，《语文教学通讯》，2010 年第 3C 期。

虽然妈妈很注重保养，但我觉得，妈妈是世界上最美的人了。

她不但可爱，而且是一个名副其实的开心果，天天都让我笑得合不拢嘴。

生：我改第一句，删去“虽然/但”。

师：妈妈不注重保养，就不觉得妈妈“美”了？

生：我改第二句，删去“不但/而且”。

师：开心果和可爱，没有递进关系。

师：不，你会感觉，更干净，更通顺了！请你帮忙，选其中的一两句，改一改。

虽然开门这件事很简单，但是要我做到天天准时，那就难喽！

有时，她也会说我，骂我，虽然我表面上是生她的气，但我心里很清楚：打是亲、骂是爱，妈妈还是为我好的。

生：第一句，删去“虽然/但是”。

生：第二句，删去“虽然/但”。

师：还要删去一个“我”。删去这两句话的关联词，语意未变，但更简洁。

师：请你任选一句，读一读删去后的句子。

师：这些句子，关联词可用可不用，这个时候，要尽量少用。这个病叫——

生：“关联”病。

2.“然后”病

陈咏琪看了一下要多少钱，然后对我说：“谭思睿，你是不是要？我让妈妈买了这个小玩意，然后，送给你。”

（她）穿上背心，扛着水枪，然后又拿出玩具小号叫我吹。

（幻灯，“然后”下画红线。）

师：机灵的同学一看就知道这是怎么回事了。

生：“然后”要删。

师：删去“然后”，你读一读。通顺吗？

生：通顺。

师：这就是全国闻名的“然后”病。念。

生：“然后”病。（笑）

师：记住了吗？（生：记住了）好，请你们帮忙：

只见她把国旗挂在自动晾衣架上，然后大声地说：“升国旗，唱国歌，行注目礼。”

他把我新买的汽水喝得一滴不剩，可恨啊！然后，我跑到他书包背后，把他最好吃的一包零食给吃了，他竟然不知道，不过也对，他的零食也太多了。

生：第一句，删去“然后”。

生：第二句，删除“然后”。

师：自己找一两句，读一读没有“然后”的句子。

师：以后，用到“然后”，想想，一定要用吗？会得“然后”病吗？

【评析】

管建刚老师的这堂作文讲评课，是典型的专题性讲评。他针对学生作文中普遍存在的语言毛病——“关联”病和“然后”病为专题，以学生习作中的语句、语段为诊治对象，带领学生一起诊断、医治。这种临床式的问诊，为学生创设了求真务实的讲评情境，促使他们在诊断自己语病的过程中，去建构诊治语病的知识；在现场修改的实践中，生成纠正语病的能力。采用专题性讲评，目标集中，各个击破，便于对症下药，疗效显著。以诊治语病为目标，切中了小学生作文的病兆；及时医治，对打下坚实、健康的语言表达基础，快速提升写作能力十分必要。

四、思考练习

1. 作文讲评的基本方式有哪些？

2. 选择一两个作文讲评案例，写出案例分析。

3. 利用见习的机会，参与一次作文教学实践，设计一个作文讲评方案，上一堂作文讲评课。

第四章　口语交际教学的技能

口语交际是听与说双方的互动过程。口语交际教学的技能包括进行口语交际教学设计的技能、开发口语交际教学资源的技能、实施口语交际教学过程的技能、评价口语交际学习效果的技能等。

第一节　进行口语交际教学设计的技能

一、技能概说

（一）定义

进行口语交际教学设计的技能即语文教师为达到一定的口语交际教学目标，在现代教育理论指导下，根据课程内容、学生特征和环境条件，系统化设计教学目标、教学资源、教学活动与学习评价的能力。

一般认为，教学设计是研究教学系统、教学过程和制定教学计划的系统方法。口语交际教学设计也是教学设计的一种，它以教学理论为基础，运用系统的观点和方法，针对口语交际教学内容和学生的学习需求，确立教学目标，选择相应的教学策略和方法，实施教学步骤，以达到最优的教学效果。《义务教育语文课程标准（2011 年版）》指出："口语交际能力是现代公民的必备能力。""口语交际是听与说双方的互动过程。教学活动主要应在具体的交际情境中进行。"[①]所以，口语交际教学设计，主要包括依据课程标准、基于学情、建立明确的教学目标、开发教学资源、规划教学内容与学习方式、评价学习效果这几个基本要素。

从方法论上来讲，进行口语交际教学设计，要有系统性、计划性和指导性。所谓系统性，是指教学的计划、开发、传播和评价应建立在系统理论基础上，教学目标定位和教学内容选择也应建立在对系统环境的分析上，教学目标、教学步骤、教学策略、学习评价都是系统不可分割的部分。所谓计划性和指导性，是指教学设计实际上也是一份教学计划，它以明确的教学目标激发、促进和指导学生的学习，帮助教师和学生共同完成教与学的任务。

（二）类型

口语交际教学设计技能按不同的分类标准，可以得出不同的类型。

1. 以教学设计要素为分类标准

（1）了解记录学生口语交际状况的技能

学生是学习的主体，同时，作为口语交际教学中的对象，是教师进行口语交际教学设计的最重要的要素。对学生的了解，也是口语交际教学设计系统成功的重要因素。进行口语

① 中华人民共和国教育部：《义务教育语文课程标准（2011 年版）》，北京师范大学出版社，2012 年版，第 24 页。

交际教学设计时,首先要了解教学对象也就是学生的口语交际状况,才能进行有针对性的、科学有效的教学设计。

学龄阶段的儿童进入学校后,开始了正规有序、目的明确的语言学习。由之前以自我为中心、不规范、随意、简单、不连贯的“儿童化语言”,逐渐向社会化、规范、得体、连贯的“成人化语言”发展过渡。语文教师在设计口语交际教学时,就要认识并遵循中小学生这种心理发展和口语交际的特点。在教学过程中,广泛地了解学生在不同阶段、不同场合下进行口语交际的状况,并有针对性地加以记录。譬如:在整体上应该了解学生语言运用的规范程度、交流的态度、在课堂上发言的频率等;有目的地了解或记录学生在课堂、课间、家庭、社会等不同场合的口语交际情况。

了解学生的口语交际状况,可以应用观察法、访谈法和问卷调查法,或多种方法相互结合。通过对调查结果的分析,找出问题的症结所在,进而提出具有针对性的解决策略。

(2) 阅读理解课程标准中口语交际教学要求的技能

《义务教育语文课程标准(2011 年版)》明确指出学生应:“具有日常口语交际的基本能力,学会倾听、表达与交流,初步学会运用口头语言文明地进行人际沟通和社会交往。”[①]语文课程标准十分强调口语交际的教学要求,在各个年级的教学环节中,把口语交际的要求具体量化,对口语交际教学既提出总的目标要求,又对分目标做出了相应的规定。

《义务教育语文课程标准(2011 年版)》将九年义务教育阶段的学习分为四个学段:第一学段(1—2 年级),第二阶段(3—4 年级),第三学段(5—6 年级),第四学段(7—9 年级)。就口语交际教学来说,每个学段都有不同的要求。如第一学段要求:① 学说普通话,逐步养成说普通话的习惯;② 能认真听别人讲话,努力了解讲话的主要内容;③ 听故事、看音像作品,能复述大意和自己感兴趣的情节;④ 能较完整地讲述小故事,能简要讲述自己感兴趣的见闻;⑤ 与别人交谈,态度自然大方,有礼貌;⑥ 有表达的自信心。积极参加讨论,敢于发表自己的意见。[②] 这一学段的口语交际教学,重在奠定基础,突出强调口语交际训练的基本功,力图做好全方位的“启蒙”与起步训练。

课程标准中的这种在总目标指导下分阶段的教学目标要求,符合学生身心成长和语言学习的规律,是教师在各个阶段进行口语交际教学设计的重要依据。教师要在研读理解的基础上,针对学生的实际情况,制定出国家课程标准的校本化实施方案。

(3) 通览分析各册教科书中口语交际教学要求的技能

在课程标准对口语交际教学总的目标要求和各阶段的分目标要求下,中小学各册教科书也对口语交际部分作了明确的教学要求。初中口语交际内容虽有所减少,但口语交际仍是教材中比较重视的内容,这个板块在不同年级有不同设计。七年级,为了与小学语文较好地衔接,主要融合在综合性学习中,培养一般的口语交际能力,如“注意对象和场合,学习文

① 中华人民共和国教育部:《义务教育语文课程标准(2011 年版)》,北京师范大学出版社,2012 年版,第 7 页。
② 中华人民共和国教育部:《义务教育语文课程标准(2011 年版)》,北京师范大学出版社,2012 年版,第 9 页。

明得体的交流”“耐心专注地倾听，能根据对方的话语、表情、手势等，理解对方的观点和意图”等。八、九年级则以口语交际专题的形式和活动探究的形式，对包括讲述、复述、转述、应对、即席讲话、讨论、辩论以及采访、演讲、朗诵、表演等常见的口语交际类别进行分项训练，以提高学生的口语表达能力。

口语交际教学要求在各单元的教学目标中有更明确的规定，它们各自独立又共同构成一个完整的口语交际训练体系。教材规定的内容同样需要教师针对学生的实际情况设计出校本化实施的方案。

2. 以教学时间单位为分类标准

（1）口语交际学段教学整体规划的技能

教学是一种连续性、整体性的活动，口语交际教学也是如此。教师在进行口语交际教学设计时，既要具体注重每次口语交际课的独特性，又要联系口语交际这一大学习板块的整体性。分阶段做出系统的整体的教学规划。以初中三年教学为例，初一年级总共安排了六次口语交际教学课，初二年级也是六次课，初三年级则没有单独安排专门的口语交际学习课。初一年级重在基础培养，注重引导学生对交际环境的认识和把握，让学生时刻注意自己与人交流时良好的交际态度，善于倾听别人的话语，并能做出相对恰当、得体的应答；初二年级是在初一年级的基础上，围绕一个明确的主题开展活动；初三年级的口语交际教学设计，则融合到综合性学习活动板块中。

总之，教师在进行口语交际教学设计时，应充分认识到各个年级的差别和特点，遵循学习的规律，让学生的口语交际能力得以循序渐进地提高。

（2）口语交际学期教学整体部署的技能

在设计口语交际学期教学计划时，教师也要进行整体部署。首先，要分析本学期学生的基本情况，了解学生在上一阶段口语交际的实际状况和能力；其次，应对本学期所用的教材进行详细的解读，体会编写者的用意，将本学期口语交际课联系起来组成一个训练的整体系列，以便能在教学中，既对每节口语交际课的学习重点有所侧重，又能从整体上达到一个较长时段内（一个学期）的训练效果。

（3）口语交际单元教学整体计划的技能

单元教学是比学期教学更小的模块，语文教材常在每两个单元之后设置一次口语交际课程。我们说听说读写能力不可分割，在进行口语交际教学设计时也要充分考虑本次口语交际教学与整个单元的关系，将口语交际教学与其他能力的学习结合在一起，使其融入整个单元的知识体系中。

（4）口语交际课时教学精巧设计的技能

课时教学精巧设计，是教师平时进行口语交际教学设计的具体实施。针对一个课时的时间特点，选择具体的学习主题，制定一定的教学目标，引导学生进行口语交际某一方面的训练和学习。譬如，教师在进行二年级（上）口语交际课《商量》的课时教学设计时，首先要确定教学目标。让学生了解在什么情况下需要找人商量,并且学会商量,帮助学生在实践中自主探究并逐步掌握商量的要领。但是在日常生活中人们往往不能恰当、有效地表达自己的请求,因此常常给自己和别人带来不必要的麻烦。所以,要做到找人商量时态度真诚以理服人,共同商量耐心倾听,设身处地,积极策划以保持良好的人际关系,等等。其次,应让学生明确学习的重点,那就是掌握更多"商量"的技巧和方法。第三,教学过程的设计,主要包括教师导入、学生讨论、创设情景、教师评价小结等。

此外,作为成熟的语文教师要整体理解把握语文课程,对一节课在全部语文课程中的位置和作用要有清晰的认识,要有通盘规划、部署和计划。

3. 以教学活动方式为分类标准

(1) 专项系列安排的技能

由于口语交际的日常性和随意性,口语交际教学在教学活动方式上可以是多种多样、不拘一格的。但是,口语交际技能的养成却是一门科学。教师在进行口语教学设计时,可以选择多种教学活动方式和教学策略,初入职教师应以教材安排的专项系列学习为主。中小学教材中对口语交际这一部分,或者单独列出或者融入综合性学习实践中,都是按照学生的学习规律和需要做出的设置。教师应以口语交际技能的养成为线索,专项系列安排每次口语交际课的学习。安排一定数量的课时,从倾听到表达、从口头语言到体态语言,由易到难、循序渐进对学生进行专门训练。这是口语交际教学的主要途径。好的教师则能够根据学生的实际情况做出校本化处理,有自己的独到设计。

(2) 在阅读写作教学中自然融入的技能

"听、说、读、写"四部分的学习和能力是不可分割的整体,口语交际的学习自然也要融入平时的阅读、写作教学中。实际上,每一节语文课通过教师的提问、同学们的讨论都可以成为学生口语交际能力培养的舞台。譬如,教师在阅读教学中可以运用复述、表演、讨论、交流、评价等形式训练学生的口语表达能力和技巧。而在作文教学中,也可以通过口头作文、口头评论、修改等环节,矫正学生的语病,培养学生的语感,提高学生口头表达的严密性与条理性。

(3) 在综合活动课程中巧妙开发的技能

在语文综合性学习和其他综合课程中,口语交际是必不可少的环节。语文教师要巧妙开发其中的口语交际资源。例如,在组织学生学习综合实践活动——《模拟科技新闻发布会》时,教师就可以创设新闻发布会的情景,将学生们分成主持人、科技小专家、新闻发布人和小记者几个小组,让他们站在不同的立场和角度进行提问、辩论和交流。

(4) 在日常生活实践中延伸拓展的技能

口语交际是一种日常生活行为。在日常生活实践中,教师可以因势利导地培养学生的口语交际能力。口语交际教学不能只局限于口语交际课堂,而应该指导学生将课堂上学习的口语交际技巧和方法运用到其他学科课程的日常学习中和学生的家庭社会生活中。

二、训练要点

（一）训练原则

1. 系统把握，分步练习的原则

从以上三个分类标准入手，可以系统把握诸种要素，从宏观上做出系统的教学设计；同时按照不同的分类标准，分解成若干要点，一步步进行学习训练。

2. 针对实情，依据个性的原则

针对师范生或者教师个人进行口语交际教学设计技能的实际情况，依据个人的兴趣特点、个性特征，或者从进行口语交际教学设计技能优点长处入手，扬其所长，分步训练提高；或者从进行口语交际教学设计技能的不足之处入手，补其所短，分步训练提高。

3. 重视生成，反思积累的原则

新课标下语文教学不应仅限于完成预先设定好的内容，教学活动也不再仅仅是预设的活动，而是师生在特定的教学情境中通过互动而展开的自然生成的活动，教学设计就要体现这种动态的生成过程。口语交际教学设计不仅要具有指导性，还要在自然生动的课堂中具有随机的生成性。师范生或者教师要捕捉课堂生成的设计灵感，及时写出教学反思笔记，珍惜自己的教育智慧。

在口语交际教学设计技能训练中，应把握好上述原则。在这些基本原则的指导下有步骤、有计划地练习，逐步掌握口语交际教学设计的技能，才能收到理想的效果。

（二）训练方法

口语交际教学设计技能训练的方法可以是多种多样的。比如：大量阅读语文教学报刊杂志，从中查找分析别人的优秀教学设计案例。实地学习优秀教师的口语交际教学过程，从听课中总结学习教学设计经验。参照关于口语交际教学设计的理念和理论，设计出自己的教学方案。反思自己的教学设计，不断积累口语交际教学设计的实践智慧。经常观察学生的口语交际状况，及时调整改进自己的教学设计。

（三）训练注意事项

在进行口语交际教学设计训练中，应注意以下事项。

一是了解基于语文核心素养养成的教学设计的基本理念，进行教学设计时既要继承传统教学设计的优点，又要体现新的时代特色。选择符合时代的话语主题，运用新的教学媒体，力争最大程度地激起学生的口语交际兴趣，丰富口语交际生活。

二是在确定教学目标时，要有全面关注学生发展的意识，在口语交际的过程中，应结合好知识与技能，过程与方法以及情感、态度与价值观三个维度，体现新课程的价值追求。

三是在设计教学过程时，要事先做好预想，充分考虑课堂上可能出现的状况，设计的教学步骤和策略应注重教与学的互动性。教与学互动过程本身就是口语交际的过程。

四是所做的口语交际教学设计应具体翔实，具有可操作性。这对师范生和初入职的教师尤其重要。

五是养成良好的训练态度。优秀的口语交际教学设计是不拘一格的，口语交际教学设计技能的训练是不能一蹴而就的。只有通过长期的精细的设计训练，才能设计出好的教学方案。

三、案例评析

【案例 4－1】

口语交际单元课例：我们听，你说①

［学情分析］

初一学生刚进校，全新的环境，全新的氛围，再加之特定年龄的心理因素，初中学生会很注意自己在同学和老师心目中的形象，他们的内心既充满了新奇神秘，又容易在众目睽睽之下露怯。

［教材分析］

本单元整体设计，主要训练初一学生以下能力：说话讲普通话，语音清晰，讲究文明礼貌，态度自然大方；语句连贯，内容具体，条理清楚，力求完整准确，努力使对方理解；学会在不同的场合，面对不同的观众，根据不同的目的，得体地进行自我介绍。

［学习目标］

1. 声音目标：声音洪亮、口齿清晰。

2. 语言目标：语言流畅，文明得体。

3. 情态目标：说话有针对性，有吸引力，能给人留下深刻的印象。

［重点难点］

1. 重点：如何得体地进行自我介绍。

2. 难点：活动过程中的多向互动（学习情境上、学习方式上）。

［教学方法］

案例教学法、情境教学法、活动训练法。

［教学资源］

多媒体课件。

［教学流程］

一、声音目标——说得响亮

1. 了解自己，解剖内心的症结

PPT（默读思考）

(1) 我害怕当众讲话吗？原因是什么？

(2) 我是否经历过非常难为情的当众讲话失败？

(3) 我有没有为敢于当众讲话做出过努力？

① 马群仁等：《初中课堂运行机制变革：案例分析与故事解读》，南京大学出版社，2015 年版，第 48—54 页。

(4) 这些努力够吗？

[设计意图]

学生自我表现，最大的盲区是自己。该环节的设计，意在引领学生认识到问题的症结，克服内心的自卑，用行动去改变现状。

2. 积极暗示，激发表达的冲动

PPT(大声朗读)

(1) 我一定要成功！

(2) 我是最棒的！

(3) 我有很多优点，我无比自信！

(4) 我可以战胜一切困难！

[设计意图]

该环节旨在对学生形成重要的心理暗示，让学生给自己一些积极暗示的话，可以帮助学生释放不良情绪，不求完美，给自己减压，以便能大胆展示自己。

3. 当众发言，提升表达的自信

PPT 我叫……，来自……(自然表达)

要求：

(1) 目光注视听众，表情自然，态度大方。

(2) 声音响亮、口齿清楚，可有适当的动作。

(3) 想说什么就说什么，能说几句就说几句。

[学生活动]

全班同学以“开火车”的方式，大胆亮出自己的声音。

请表现突出的同学分享自己的经验。

[技法指导]

对一些特别紧张，不敢在人前讲话的学生，可以引导其深呼吸、看远方、看对方的眼睛、提高音量和语速、用语言暗示自己、以舒适的肢体语言来转移紧张情绪。

[设计意图]

初中，特别是推进均衡教育后，学生的个体差异较大，作为教师，要努力为每一位学生提供平等的实践机会，使每一个学生在亲身体验中获得应有的能力。对那些性格内向、腼腆羞涩、自卑胆怯、一说话就紧张的孩子，给他们以信心。有的孩子表现欲强，敢于大声讲话，但又会有一些摇摇晃晃的体态语言，要做适当的引导。要为每一个孩子创造说的机会。

二、语言目标——说得通顺

1. 案例分析

(1) 观看李嘉诚自我介绍视频，思考：李嘉诚的自我介绍中，表达了哪几层信息？作为观众，你听后有怎样的感想？

(2) 分析林肯就财产问题的自我介绍，思考：为什么林肯能用如此简洁的文字，把比较复杂的财产问题说得这么清楚呢？

得出结论：要做到“说得通顺”，一要挑主要信息说，二要条理清晰地说。

2. 情境训练

情境(一)

PPT 我叫……，我名字的含义是……

要求：

(1) 说得通顺，可以适当打草稿；

(2) 其余同学专心倾听，注意文明礼貌，不在别人说话过程中打断对方，听完要能总结概括。

[学生活动]

(1) 全班以 6 人为制分小组，每人在小组内大声说，可以“模仿说”“读稿说”，一次不成功者，还可“重复说”。

(2) 推出本组说得最有特点的，全班展示。

[设计意图]

培养学生面对公众流利说话的能力，为羞怯的学生引路，为自卑的学生壮胆，鼓励学生善说、会说，说得流畅、连贯。

情境(二)

PPT 说说“我上初中后的变化”，比如：

1. 我的作息时间的变化

2. 我的校园环境的变化

3. 我的学习科目的变化

4. 我的老师的变化

5. 我的同学的变化

6. 我的父母与我相处方式的变化

……

[活动设计]

小组分工：或一个小组谈一个方面，有发言，有补充，有记录；或小组内每人谈一个方面；或每个小组都全面地谈……要让小组的每一个人都承担一个角色，让人人都有事可做，有话可说。

[设计意图]

在教学中分小组模拟情境，给每个学生布置任务，使每个学生都有机会，扩大参与的面。同时，将话题切分到众多的方面，以便学生的谈话更有针对性。

三、情态目标——说得漂亮

1. 学习贾平凹的自我介绍案例，思考：这位作家的介绍，都运用了怎样的技巧？

学生阅读

学生自由探讨

得出结论:自我介绍基本原则

(1) 简明扼要,有所侧重;

(2) 选好角度,特色介绍;

(3) 通俗易懂,幽默生动;

(4) 留有余地,诚恳坦率。

2. 探讨自我介绍的场合

生自由发言,师总结

PPT 需要自我介绍的一些场合:

(1) 你与不相识者相处一室时;

(2) 我对不相识者很感兴趣时;

(3) 他人邀请你作自我介绍时;

(4) 聚会上你与陌生人共处时;

(5) 你打算介入陌生人的交际圈时;

(6) 你初次登门拜访素不相识之人时;

(7) 你前往陌生单位,开展工作时;

(8) 你遇到挡驾或是你想请不相识者转告时;

(9) 你初次利用大众传媒进行自我推介和宣传时;

(10) 你利用社交媒介,与不相识者进行联络时。

3. 模拟情境中的自我介绍训练

PPT 模拟情境

(1) 你作为《盐阜大众报》的记者准备采访本班同学……

(2) 你是西门子商品推销员……

(3) 你是法庭原告律师,准备申辩……

(4) 你是《星光大道》主持人,准备开场主持……

(5) 你前往苹果公司,准备求职时作自我介绍……

(6) 你是《为你打开一扇门》的作者赵丽宏,准备给热爱文学的同学做讲座前……

(7) 你是《安恩与奶牛》中的奶牛,准备向大家介绍主人安恩和你自己……

(8) 你家停电了,准备跟新邻居借一个手电筒……

(9) 你准备竞选学生会文艺部长时……

(10) 你准备竞选班级秋游的总策划师……

(11) 周末社会实践,你想到肯德基店找一份勤工俭学的工作……

学生选择,书面准备。

学生展示，师评，生评，自评。

［技法指导］

针对一些学生说话缺乏条理性，可引导其先用一个中心句来表达自己要说的主要内容，同时，选择恰当的关联词语分出层次，如“首先——其次——最后”等等，把自己要讲的内容分成几个小的点，作为提纲写在小纸片上，以备不时之需。

［设计意图］

1. 让学生短时间内用语言展示自己的优点。

2. 让学生学会说话有针对性，有吸引力，善于打动别人。

［课堂反馈，幸福达标］

1. 特定情境中快速自我介绍考核

情境一：

你在公交车上遇到邻班的同学，他笑着说：“你好！我叫余立！”你也接着说：“______________________________！”

情境二：

你是特护病房的护士小张，与你的护理对象病重的张奶奶第一次见面，张奶奶挑剔地问这问那，你会说：“______________________________！”

情境三：

你们班周三下午两点在教室召开主题班会，想邀请林校长来参加，你会说：“______________________________。”

情境四：

你参加会议，主办方对你大加赞美的介绍之后，你会说：“______________。”

情境五：你作为新任科代表去办公室捧数学作业，数学老师还不熟悉你，你会说：“______________________________。”

2. 小结本单元口语交际的训练要求

(1) 能注意对象和场合，学习文明得体地进行交流；

(2) 耐心专注地倾听，能根据对方的话语、表情、手势等，理解对方的说话观点和意图；

(3) 自信地介绍自己，做到清楚连贯、生动有趣；

(4) 注意表情和语气，使说话有一定的感染力。

3. 布置课后作业

(1) 通过听广播、看电视、看电影等，来强化口语训练，纠正口语表达中的不足之处。

(2) 平时，借助课外的诗文朗诵会、背书比赛、故事会、演讲比赛、经验交流会、每日班级新闻发布会、轮流主持班会等，来训练自己大胆表达的能力。

【评析】

长期以来，由于考试评价方式的单一，语文教学“重读写，轻听说”的现象普遍存在，学生听说能力比较欠缺，影响了他们语文素养的全面发展。《我们听，你说》这一案例，尝试在语文课堂中对初一新生的说话能力进行基于单元的专项训练。具体地说，该案例有如下特色：

一是实效性。初一新生的口头表达，大致有三种类型：一种是说话能力相对较强，他们敢于大声说话，语句组织能力不错，但人数较少；第二种是敢说，但缺乏合理的语句组织能力，表达不顺畅；第三种是不敢在众人面前大声说话，这种类型占多数。该案例旨在激发学生重视说话训练，主动、积极地参与到提高说话能力的活动中。活动的三个步骤设计匠心独运：声音目标“说得响亮”——语言目标“说得通顺”——情态目标“说得漂亮”，循序渐进。

二是针对性。声音目标“说得响亮”这一环节，旨在慢慢地引导第三类学生敢于在众人面前大声说话，并在活动中慢慢产生这样的感觉：原来，当众大声说话，并不可怕，也并不难做到；语言目标“说得通顺”，就提高了要求，重点培养第二、三两类学生，训练他们从名人的自我介绍中获取经验，把握说话通顺的两个要领，一是挑主要信息说，二是条理清晰地说；情态目标“说得漂亮”这一环节，则是在敢说话、说得通顺的基础上，讲究说话的效果，要求做到生动、形象，能吸引人，旨在培养学生说话的艺术。同时，该课例的设计还注意到，在活动过程中培养学生“评”的能力，要求学生能说又能评，以说带评，以评促说，最终达到培养说话能力的目标。

三是趣味性。在整个口语交际训练过程中，有针对学生内心的症结解剖，有积极的心理暗示，有各类有趣的名人小故事，有缤纷的情境设计……大大激发了学生参与学习活动的热情与兴趣，增强了学生当众说话的勇气和自信，从而确保了整个说话训练活动的顺利实施，最终达到培养学生说话能力的目标。苏霍姆林斯基说：“学生应当感到自己的知识、思想、技能是一种荣誉和尊严。”[①]这一教学设计的不足之处在于，学生练习的方式、过程中的肯定和鼓励的设计，以及教者中肯的建议，过于平面和单一，还不够最大化地刺激学生的参与欲与表演欲。正面的鼓励与表扬，在一定程度上是可以满足学生获得人格尊重的心理快感的，这种刺激越大，就越能使这种“快感”转化为行动的力量，从而不断克服他们害羞、恐惧、缺乏自信的不良因素。

《义务教育语文课程标准(2011 版)》指出：“口语交际是听与说双方的互动过程。教学活动主要应在具体的交际情境中进行。”[②]也就是说，口语交际应是一个双方的双向互动过程，而该课例中的课堂双向互动，也略显不足。案例中的口语

① [苏联]苏霍姆林斯基：《给教师的建议》，教育科学出版社，1984 年版，第 66 页。
② 中华人民共和国教育部：《义务教育语文课程标准(2011 年版)》，北京师范大学出版社，2012 年版，第 24 页。

交际活动，大多为“说者”单方面的独白，少了听者与说者的对白与碰撞，未能真正实现交际双方的双向互动。因此，在实际教学中，教师要通过精心的情境创设，选择合理的教学方法策略，真正促进交际双方的交流互动。

四、思考练习

1. 简要谈谈你是怎样理解口语交际教学设计技能的。

2. 阅读本节案例《口语交际单元课例：我们听，你说》，依据本节所指出的或者是自己的评析观点，修改这个教学设计案例。

3. 请自行查找阅读一份较长周期的口语交际教学设计案例，评析这一案例在设计上的特点，指出其长处和不足。

第二节 开发口语交际教学资源的技能

一、技能概说

（一）定义

开发口语交际教学资源的技能即语文教师把口语交际教学的反思性、形成性、技巧性资源结合起来，生成口语交际教学内容的能力。

口语交际教学最重要的是内容，而不是方法，也就是说，口语交际教学关注的重点主要在于“说什么”以及“为什么说这些”，而不是“怎样说”。因为，“怎样说”的问题归根结底可以转化为“说什么”以及“为什么说这些”的问题。

（二）类型

口语交际教学资源，从不同的角度，可以有不同的分类。相应的，开发口语交际教学资源的技能，也可以有不同的分类。

1. 依据口语交际教学资源的性质所作的分类

(1) 反思性的口语交际教学资源

反思性的口语交际教学资源是指帮助学生在具有口语交际实践能力的基础上，还要具有感知、概括进而分析和研究口语交际能力的教学内容。比如，提炼一些口语交际的规则、理解文化体系对有效口语交际的作用、学习分析语言和环境之间的问题，等等。在学校教育的不同阶段所反思的内容当然有所不同。比如，在小学低年级、小学高年级到初中、高中这样三个阶段，反思的侧重点可以分别是发展技能、参与实践、研究分析，但要求学生通过现象概括规律的反思教育却应该是一致的。

在母语的环境中，学生浸润在口语交际当中，在日常的学习和生活过程中，他们拥有基本的口语交际能力。但是他们的口语交际可能有这样那样的缺陷，有不符合口语交际规范的地方。因此，有必要安排针对这些情况的教学内容，调动学生已有的生活经验和知识储备，再从口语交际规则的角度去重新审视，使学生发现自己在交际技巧及态度方面的偏差，从而达到规范口语交际技能的目的。教师可以启发学生根据某个特定的假想话题，列举出可能出现的口语交际对象和场合，根据对象不同的年龄、身份，谈话的不同时间、场合，文明、得体地完成交际任务。

（2）形成性的口语交际教学资源

形成性的口语交际教学资源是指还没有成为日常交际中最常用的有关口语交际的知识和材料的教学内容，即在“质地”上与学生所熟悉的日常生活有较大差异的口语交际活动需要的教学内容，如在讨论、辩论、采访、演讲等活动中所用到的需要专门教学的内容。这些教学内容应强调的是语言的使用艺术、口语的应对技巧，重点是提高学生口语交际的理性认识水平，培养他们自如地运用各种语言材料与他人进行语言沟通的能力。

（3）技巧性的口语交际教学资源

技巧性的口语交际教学资源是指为了达到满意的表达效果而在口语交际教学中学习到的一些技巧。这些技巧是为了使学生在学习之后能够在实际生活中有效地进行互动，因而多少带有表演的性质，也可以说此时的口语交际活动是“做”出来的。对口语交际技巧的掌握，有助于提高口语交际的表达效果。

2. 依据口语交际教学资源的来源所作的分类

（1）来自教科书的口语交际教学资源

语文教科书中所选用的课文无论是思想内容，还是语言形式，都蕴含着口语交际的教学资源。只要我们认真钻研教材，就能挖掘到许多有效的训练材料，为学生提供训练的凭借。许多新课程语文教科书专门设计了“口语交际”的专题，更是为口语交际教学提供了丰富的素材和极好的范例。例如：江苏教育出版社出版的初中语文教科书，从第一单元开始，每个单元都结合课文内容与形式，合理地安排了“口语交际”训练；语文出版社出版的中学语文教科书设置了自我介绍与提问、说特征、猜同学、讲故事、评故事、交谈学习体会、古诗文朗诵、与家长进行一次对话、交流科技信息、模拟旅游咨询、当一回小记者、“小院士”科普讲座、古诗漫谈、我们的权利和义务、介绍自己喜欢的一首歌词、模拟争辩、我有一个梦想演讲、话说我家、交流对联、中学生看电视利弊谈、开一次辩论会等，既贴近学生的生活又富有层次感的口语交际训练专题。随着部编教材的使用，这些教科书逐渐退出教材市场，但这些口语交际教学内容均可为学生课内外口语交际训练提供参考。

（2）课堂生成的口语交际教学资源

“口语交际”的核心是“交际”二字，注重的是人与人之间的交流和沟通。它不是听和说的简单相加，而是一个听者与说方双向互动的过程。只有交际的双方处于互动的状态，才是真正意义上的“口语交际”。在“口语交际”教学过程中，学生始终以口语为工具与同学交往，这其中有许多动态的生成，是训练口语交际不可多得的资源。课堂上，学生展开想象，延伸扩展了课本内容。由于学生个人感受、知识水平的不同，他们想象的内容也有所不同。每个学生可以把自己感悟到的语言文字的“弦外之音”“言外之意”“不言之语”一吐为快。教师密切观察、适时引导，就可以将学生口语交际过程中的动态生成随时转化为教学资源。教师还可以启发并指导学生担任角色，表演动作，进行角色交往的对话或解说，进一步丰富课堂教学资源。

(3) 日常生活中的口语交际教学资源

语文学习的外延和生活的外延相等。生活就是口语交际的内容，口语交际就是生活的工具，丰富多彩的生活给口语交际教学提供了源头活水。教师要善于捕捉现实生活中的话题，不失时机地进行口语交际训练。丰富多彩的课外教学活动，是课堂教学必要的和有效的补充。课外口语交际教学活动内容至少应该包括三个层面：一是空间隐性教学层面。即利用学校、社会口语交际的大环境，寓口语交际教学于各个生活细节与大众传播之中。二是交际实践活动层面。通过介绍、做客、待客、购物、问路、自我推荐、采访等活动使口语交际训练与特定的生活情境结合起来。三是自主练习活动层面。即学生将所学知识技能以预先没有排练过的形式运用到真实的生活交际和事务往来中的有效交际实践，如考察、服务、联谊活动等。①

“语文核心素养的提出，必然要求书面语读写与口语活动有机结合，构成语文学习任务群。”“在核心素养观下的口语交际教学中，作为驱动力的问题，要让学生在听说读写思有机结合、协作运行的交际场内，在强化书面语与口语的语理区别的前提下，提高口语交际的语感质量。”②多方位开发口语交际教学资源方能适应这种需要。

二、训练要点

(一) 精心选择有针对性的口语交际教学内容

精心选择口语交际教学内容要求教师至少做好两方面工作：一是深入研究教材提供的教学内容；理清编排意图，弄清整套教材、整册教材共安排了哪些内容，着重训练哪些技能，做到心中有数。二是从生活中有目的、有计划地选择教学内容。要深入分析教材中的哪些内容适合本班学生学习、训练，哪些内容不适合学生实际，需要增补。“增补内容，要根据小学生口语交际能力发展的规律，把生活实践中有价值、有意义、实用的话题选取进来，使口语交际教学的内容更加系统、完善、丰富。”③如小学一年级可增补“如何请教老师”“怎样询问同学”等方面的内容，引导学生尽快适应学校生活，提高学生校园生活的交际能力。

(二) 全面拓展有效的口语交际教学资源

全面拓展口语交际教学资源要求教师注意以下三点：一是分析具体学情。总体把握全体学生现有知识、能力、经验等方面的情况，为确定本次教学的出发点和立足点找到依据；有

---

① 田小枫:《对基础语文教育中口语交际教学的思考》,《中州大学学报》,2003年第4期。
② 郑昀、徐林祥:《修辞策略与问题驱动——基于语文核心素养的口语交际教学》,《语文建设》,2017年第2期。
③ 张中原、徐林祥:《语文课程与教学论新编》,江苏教育出版社,2007年版,第200页。

选择地分析学生的个性差异，为确定本次教学的重点、难点寻找凭借。“依课标、持教材都是硬性要求，是必须严格遵守的，重学情则需要教师灵活掌握，随机应变。”[①]二是搜集相关材料。根据口语交际教学的需要，通过网络、书刊、调查、访问等途径，搜集有关的文字、图片、音像等资料，为丰富教学内容，活跃交际气氛做好充分的物质准备。如要求从影视、文学作品或日常生活中搜集一些因说话不注意对象、场合，用语不够得体而造成口语交际失败的例子，互相交流，说说自己从中得到的经验或教训。通过这些口语交际实例的分析评议，更深刻地了解口语规范、听说态度等方面的标准，为下一步的模拟实践打下基础。三是选择恰当媒体。根据学校现有条件和师生所需，本着务实、高效的原则，选择包括学具、课本、多媒体课件在内的教学媒体，为创设交际情境做好物质准备。

（三）自主设计多元的口语交际训练话题

自主设计口语交际训练话题，要求教师贴近生活，自主设计话题，体现口语交际教学内容的多元化。现实生活中的口语交际话题是丰富多彩的，这些话题通过教者的自主设计引入口语交际教学，既能够丰富口语交际教学的内容，又能够促进学生全面提高口语交际素养。在口语交际教学中自主设计多元话题，可有多种方式。或者将生活中某一件事或某一现象的情境再现出来，让学生置身其中进行相关口语交际活动。每次教学再现一种情境，选择一个话题，突出一方面的训练要求，如此展开训练，日积月累，能使整个口语交际教学的内容形成系列。如：再现邻居因打扫门口卫生而发生矛盾的情境，开展“劝解矛盾”的口语交际活动；再现同学因帮助别人被爸爸误解而受委屈的情境，进行“劝慰别人”的口语交际活动等。或者围绕某个训练核心，将生活中的多个相关话题巧妙引入，通过一个“训练组块”实现内容的多元化。如围绕“打电话”这个训练核心，可以选择“打电话向他人问好”“打电话向他人表示祝贺”“打电话向他人请教”“打电话向他人致谢”“打电话向他人道歉”以及在接电话中向他人“表示承诺”“发表见解”“提出建议”“实施婉拒”等话题。

三、案例评析

【案例 4－2】

《口语交际：讲述》教学案例[②]

［案例背景］

《义务教育语文课程标准（2011 年版）》明确指出：“口语交际能力是现代公民的必备能力。应培养学生倾听、表达、应对的能力，使学生具有文明和谐地进行人际交流的素养。”这是口语交际的最终目标。学生口语交际能力的形成，需要在实践中不断提升。因此，在口语交际教学中，应为学生提供更多的机会，让学生在实践的基础上理解口语交际的要点和关键点，只有这样的课堂，才会调动

① 王旭明：《用“十二字标准”指导口语交际教学》，《语文建设》，2017 年第 2 期。

② 田宝娣：《口语交际：〈讲述〉教案设计》，见 http://www.sohu.com/a/251914191_100258697，有删改。

学生的积极性，让学生积极投入到口语交际的训练中，进而在训练中培养学生口语交际的素养。

［案例描述］

统编本《语文》八年级上册(2017 年 7 月版)第一单元口语交际中，安排了“讲述”为主题的口语交际内容。该主题的设定遵循“双线组织单元结构”的要求，与第一单元课文的训练点紧紧相连，是一个不可多得的口语交际素材。因此，口语交际教学中，我重点设计了讲述的注意事项，并结合设置的话题让学生进行口语交际实践，使学生通过这些话题真正掌握讲述的技巧，并把它运用到生活中。

［教学目标］

1. 了解什么是讲述，讲述应该注意的事项、语言的特点，并能够流利准确地表达自己的观点。

2. 根据活动要求讲述故事，介绍清楚人物的性格或品质，介绍清楚事件的基本要素。

3. 按照讲述的要素进行口语交际，态度诚恳，礼貌用语。

［教学重难点］

重点：根据活动要求讲述故事，口语表达顺畅，能够抓住重点，条理清晰。

难点：培养学生正确的口语组织能力和表达能力。

［教学过程］

一、情景导入

同学们，我们这一单元学习了哪些课文啊？这些课文讲述了作者身边发生的哪些事情？

1. 新闻的六要素有哪些？

2. 要把事情讲清楚，要注意哪些？

3. 讲述事情的重点是什么？

这节课我将引导大家去学习。

二、活动内容

(一) 讲述的注意事项

1. 讲述要注意对象

同样的内容，对象不同，讲的方式就有所不同。

大家想一想：如果分别向你的同学、师长、父母讲述同一个故事，采用的讲述方式有什么不同？

小组讨论交流讲述方式，之后全班交流。

2. 讲述要注意场合

要根据场合的特点，调整讲述的方式。

讨论：正式场合和日常聊天语气语调有什么不同？

明确：在正式场合进行讲述，要事先做好准备，斟酌言辞，想好开头和结尾，控制好讲述的时间，语调要平缓自然，语气要庄重严肃；日常聊天时的讲述呢，就可以随意一些，语气语调呢，不妨多一些变化，甚至可以加一些幽默调侃的话语。

3. 讲述要突出重点，条理清晰

讲述之前，通常会有准备的时间，哪怕时间很短，也要充分利用，先想你讲述的中心话题是什么？这样就不会散乱，讲述条理清楚，容易让人明白事理的前因后果，来龙去脉。

4. 讲述要运用一些叙事技巧

讲述要简洁，避免反复冗长，还要注意轻重的互动，讲述者还需要运用一些叙述的技巧以增强讲述的效果。比如先叙述结果，讲述过程中到了紧要的环节，停顿片刻，卖关子，勾起读者的好奇心，语气语调要自然大方，可以赋予必要的体态，如表情手势等。

5. 注意口语表达的特点

要尽量使用简洁的句式，多用短句，少用长句，有时为了强调提醒，引起读者注意，可以适当重复说一些话，尽量不用生僻词语和专门的数据，以免造成误解，还可以借助说话的语速、语气、语调和动作表情，增强讲述的感染力。

（二）讲述的话题选择

下列题目中任选一个，讲给你的同学听。

1. 我经历过这样一件事

2. 我有这样一位朋友

3. 我印象最深的一次出游

4. 我喜欢的一位老师

5. 我喜欢的一本书

6. 我最爱听的一首歌

7. 一个美丽的梦

三、活动收获

通过学习你收获了什么？

学生总结自己上完这节课所体会到的讲述的要求与技巧。

学生谈谈讲述过程中自己的心理感受。

学生通过谈感受再次体会训练讲述的收获。

四、活动小结

同学们，讲述无处不在，在生活中，擅长讲述的同学妙语连珠，听众如云；擅长讲述的同学思维敏捷，学习优异；擅长讲述的同学受人欢迎，人见人爱，将讲述进行到底，让你的人生因讲述而更精彩！

五、板书设计

注意讲述的对象和场合
要重点突出，条理清晰，运用一些叙事技巧
注意口语表达的特点

【评析】

口语交际训练学生聆听、表达、合作、收集信息、处理信息的综合能力，这种能力是一种在交往过程中表现出来的、灵活机智的听说能力和待人处事能力，不仅表现在说的准确、流利上，更表现在说的状态、形式上，也就是要求在进行口语交际的时候，表达自己的思想，体现自己的修养和素质。

本案例以提高中学生口语交际的讲述能力为目的，教师对口语交际教学资源进行了多角度开发，让学生对口语交际中讲述的要求和技巧有了全面的把握，并通过感悟相应的讲述技巧，把讲述运用于生活。导入环节，教师没有直接传授口语交际知识，而是通过教材中学过的同一单元课文让学生概括并理解"讲述"的重点和注意点；活动内容环节先通过具体的实例讲解讲述的注意事项，让学生对讲述有整体的感知和把握。接着通过相应的话题，让学生讲故事给同学听，进行相应的实践；活动收获环节，教师把主动权交给学生，让学生总结讲述的要求和技巧，并谈谈讲述过程中自己的内心感受。教师充分借助学生已有的知识拓展口语交际内容，帮助学生获得、巩固和发展他们的语感。设置丰富的话题，主要任务是通过讲述实践训练，指导学生进行这一言语交际技能训练，规范学生的语言，发展学生的言语能力和思维能力，使学生掌握一定的口语交际技能，养成与口语交际相关的良好习惯以及待人处事的交往能力，等等。

教师使学生的口语交际能力得到提高的方法是多样的，途径也各不相同，要认真分析学生的现状，充分挖掘教学资源，从平时的教学单元着手，开发有利于学生口语交际发展的教学资源。

四、思考练习

1. 谈谈你是如何理解口语交际教学内容的。
2. 阅读本节案例，评析设计这个案例的教师开发了哪些口语交际教学的资源。
3. 从中小学教材中任选一则口语交际主题，设计一份教案并试讲。

第三节　实施口语交际教学过程的技能

一、技能概说

（一）定义

实施口语交际教学过程的技能是指语文教师在口语交际教学过程中为引导学生有效开

展口语交际活动而采取的一系列组织管理和调节控制的能力。

口语交际教学的情境性、互动性、实践性等特征，要求语文教师要具备创设口语交际情境、搭建口语交际平台、调控口语交际过程的能力。“《语文课程标准》口语交际‘总目标’概括了这一教学项目的目标：倾听、表达。口语交际‘教学建议’则界定了教师教学内容——养成学生口语交际的态度和技能；界定了教师教学策略——选择生活化、实用性的话题进行情境教学。至于各学段目标则梳理出学生口语交际态度与技能培养的序列。”①

（二）类型

实施口语交际教学，从教学内容来看，有侧重倾听的，也有侧重表达的，有侧重态度的，也有侧重技能的；从教学形式来看，有课堂教学的，也有课外活动的，有虚拟特定情境的，也有随时随地进行的。

口语交际教学，就其整个实施过程而言，教师要掌握以下技能。

1. 创设口语交际教学情境的技能

“从交际学的意义上讲，言语交际环境是由时间、地点、场合、对象等因素构成的。口语交际既要看场合，又要看对象；既要考虑对方的身份、地位、修养等，又要根据自己的个性、气质，根据所处的具体环境，调整自身的表达方式和言语内容。”②口语交际是在特定的环境里产生的言语活动。口语知识、能力及文明素养的获得、提高需要在一定的情境中实现。离开了“特定的环境”“一定的情境”，口语交际就无法进行。教师应根据学生的年龄特征、认知特点，围绕相关话题，营造氛围、创设适宜的交际情境，使学生产生如临其境的感觉，从而激发学生口语交际的主动性、积极性，激活思维，让他们带着情感、怀着兴趣，进入交际情境，去体验、表达和交流。

2. 搭建口语交际平台的技能

口语交际在实际生活中展开时，有着丰富多彩的内容和千变万化的形式，而每一种内容和形式的排列组合，又各有其特点，需要教师具备搭建口语交际平台的技能。教师可以通过变换口语交际环境满足交际双方不同角色体验的需要，学生只有在特定的交际情境中真实地进入自己所扮演的交际角色，从角色的立场、角度调整自我的情感态度和行为动作，口语交际才能取得最佳效果。比如，如何在最初的几分钟打动对方，面对尴尬局面如何处理，如何鼓动对方，如何向对方表示肯定和否定，等等，都有必要让学生掌握一定的技巧，并在真实环境中有所体验。此外，还要教给学生如何利用态势语，如面部表情、体态动作等，强化口语交际的表达效果。要求学生根据交际对象、交际环境的不同适时调整自己，提高自控能力和应变能力等。

3. 调控口语交际过程的技能

在口语交际教学过程中，教师需要密切关注交际双方的表现，包括说话的内容，说话时的语气、语调及体态语言，以此进行分析、综合，评判出谈话者的信息质量、情意态度。在此

① 董蓓菲：《以新视角关注口语交际评价》，《语文教学通讯》，2004 年第 5 期。
② 闫淑惠：《中学语文口语交际课程研究》，广西师范大学硕士学位论文，2007 年。

基础上决定自己的口语交际指导策略，并在适当的时候采取相应的推动口语交际的牵引行为。教师良好的过程牵引能力能够使交际者克服交际过程中的各种障碍，把握好交际中的主动权，以达到教学的目的。这一能力需要教师有专注于别人言谈过程的态度，敏捷灵活的思维能力，流利生动的语言组织能力。

二、训练要点

（一）突出特点，创设情境

1. 创设课堂视听情境

创设口语交际视听情境，即通过陈设相关的实物、绘制有关情景的图画、制作必要的道具，展播录像节目，播放录音，用师或生的语言描述来渲染环境气氛。

随着现代科技的进步，教师的教学突破了“一支粉笔闯天下”的局限。特别是多媒体的利用，充分调动了学生的各种感觉器官，使学生如临其境，大大提高了教学的效果。口语交际教学如果能充分利用现代化的教学手段，创设形象而富有感染力的情境，效果会更理想。例如，在进行“请珍爱我们的家园——地球”口语交际教学活动时，教师可先用多媒体出示系列图片：湛蓝的天空、葱郁的森林、碧绿的大海、一尘不染的雪山、悠闲自在的野生动物、健康生活着的人们……学生沉浸在赏心悦目之中。接着又出示一组图片：浑浊的天空、光秃秃的山林、乌黑的河水、肆虐的洪水、曾经骇人听闻的“非典”和“禽流感”……教师用充满激情的语言启发道：“同学们，你们都看到了吧，环境的污染，生态的变化，使人类的家园——地球，正面临着严峻的考验，请同学们说说，我们应该从哪些方面来珍爱人类的家园——地球吧！”在这样富有感染力的语言激发之下，学生说趣倍增，纷纷发表自己的演说，有的宣传讲究卫生保护环境的常识，有的呼吁人们保护母亲河，还有的倡议人们珍爱动植物，让我们共同的家园——地球更加美丽可爱！①

2. 创设日常生活情境

创设日常生活情境指教师为学生口语交际活动模拟具体的生活情境。这类情境的创设，须结合具体的口语交际教学目标，可以将生活中已经发生了的真实事件搬到课堂上，可以根据生活本身发展的逻辑精心设计出某种生活情境，可以选用学生喜闻乐见的故事情节，让他们分角色表演，以此体会在不同的情境中、不同的角色身份所具有的口语交际特点，以此培养学生语言的应变性、得体性以及与人交往的能力。“口语交际过程中的交际双方会随着交际的话题、对象、场合的变换做适当调整，交际的过程是思维的静态认识和表达的动态实践相结合的过程。口语交际教学要尽量创设贴近学生生活实际的交际情境，以激发学生口语交际的热情、体验语言的魅力，从而达到对事物性质、规律的深刻认知。”②

要设计出生活化的口语交际情境就要做到训练的内容与学生的生活体验相结合。教师

① 田绍春：《中学语文口语交际教学研究》，华中师范大学硕士学位论文，2007年。
② 徐珮：《语用理论下口语交际教学的价值重塑》，《武夷学院学报》，2017年第2期。

必须处处留意生活，注意搜集生活中的好素材，学生才能在训练中感悟生活，提高口语表达能力。其实生活化口语交际情境创设的素材可以说随处可见，如问路、购物、采访、打电话、日常会晤等等。这些日常生活交际情境的设置均可调动学生生活的感知、生活的积累，在这些生活情境中进行交际，不但有助于学生提高口语交际能力，而且为“学会生存”奠定了基础。要让学生从小就学会理解、分析、判断媒体传播信息，选择和利用合适的信息源，逐步培养学生陈述、说明、辩论的能力，培养人际和谐交流的态度。

3. 创设社会文化情境

“创设口语交际的环境，使学生在有交际实感的情况下养成口语能力与态度。”① 口语交际情境的设计还可以突破时空的限制，走向社会大课堂，让学生在相对真实的社会文化情境中进行训练。与其在教室里进行“买卖”，倒不如让学生真正走进商场、菜场，让他们去讨价还价，也可以让他们代替营业员去站半天柜台。再如，要进行模拟采访训练，倒不如真正请学校的优秀教师到班上来，让学生就自己感兴趣的问题向他们请教，跟他们交流，同他们探讨。当然，这里的真实并不完全等于生活的真实，而是一种经过教师加工提炼过的“艺术”真实，比如，在“买卖”活动中，教师就要对经营场所、购销人员有所选择，有所安排，从而使训练更有效。

（二）模拟创新，搭建平台

1. 模拟口语交际课堂，更新“语场”

模拟口语交际课堂意味着在特定时空内，教师就预设或者创设的话题，引领学生用心对话。更新“语场”就是更新口语交际的“教学场”，让多数学生有机会说，敢于自信地说。教师要学会更新、创建良好的“语场”，至少要注意以下三点：一是重视以活动作为教学的基本方式、手段。主要教学方式是反复多次的活动，教师是活动的组织者、是“导演”，学生是活动的主体，是“演员”。二是注重学生的参与。每一个阶段的活动总是想方设法扩大学生参与面，为学生创造更多的机会，让学生亲身体验交际活动。教师要对课堂教学活动中具体的有利或不利于参与的条件或因素进行思考，与学生共同寻找改善这些不理想的交往场景的方式、方法与规则。三是交际活动要体现层级性。整个教学分阶段进行，由低到高，由简单到复杂，富有层级性，符合学生心理发展规律。通常根据具体的专题设计一系列活动，为学生提供宽松的谈话场景，从热身活动开始，自由表达，逐渐上升到每个孩子都参与活动。

2. 创新口语交际教学方法，提高“语技”

学生“说不好”，其中的重要原因是学生未能掌握基本的“语技”，即听说技能。比如，在交流过程中，根据听话人的反应调整话题。使话题在交互式的交流中，在双方的配合下被逐步推进。再如，对于言语行为来说，完成口语交际必须有多种系统参与，如思维、语言、情感、

① 刘焕辉：《口语交际学》，江西教育出版社，1986年版，第59页。

态势、语境等，各种系统互相配合、协调一致才能完成交际任务。教师可以组织一些小型交流活动，帮助学生提高“语技”。做法是组织一系列宽松的活动，给学生机会，交替扮演听众与演员去感受在建构性对话中如何将话题转到具体主题上。需要进一步提升“语技”，则可以进行有说服力的论证和报告——演讲式的练习，等等。

3. 适应口语交际语境，梳理“语序”

思路不清，言之无序，是“说不好”的表现之一。教学中，教师应教授学生说话顺序的常见类型，有意识地引导学生梳理语序，依序表达，以养成说话时的有条不紊、层次分明的良好习惯。

所有口语交际活动都是面对特定的对象，在特定的语言环境中进行，因此交际时，对“语序”的梳理必须考虑两个问题：第一，要根据具体语境进行言语交流，说话看人、地、时，合乎分寸；第二，交流过程中根据不同的反馈信息，进一步灵活采用各种交际策略，如解释、重复、停顿、迂回、猜测、转换话题等。尤其在综合性交往和互动游戏中，提供多种交往场面，给学生更多的机会，以丰富的方式相互诉说和倾听，相互论证和辩驳，相互提问与回答，相互咨询与建议。

（三）换位互动，适时牵引

口语交际教学的关键，就是引导学生进入“角色”。学生在实践、体验“角色”的过程中，积累知识，掌握技巧，增强能力。学生的“角色”不同，其收获和感受自然有别。可见，教师让学生适时进行换位体验和角色互动的能力就显得十分必要。口语交际教学中的“角色换位”有“实换”和“虚换”两种。“实换”就是让交际双方或多方交换“角色”进行轮番训练。“虚换”就是让交际的双方或多方进行换位思考，以自己的心理去猜测、想象对方的心理或体验，从而设计和优化自己的交际言行。“实换”利于学生提高交际实践能力，便于学生互相学习，完善自我。“虚换”更能激活学生思维，发展学生的联想、想象能力，使口语交际活动得到优化，走向深化。如一位教师组织学生进行“安慰他人”的口语交际训练，刚开始时学生的安慰总是缺乏真情和深度，有的不但没有使对方得到安慰，反而让对方更加伤心。后来通过“虚换”，让学生想一想：“假如你是那位伤心的学生，你希望别人怎样安慰你呢?”如此之后，学生的安慰随即就变得入情入理、令人感动了。

口语交际的双向或多向互动的基本方式有：师生互动、生生互动、群体互动。开展互动的口语交际活动时，教师给出交际任务后不要急于讲解，教师可通过一定的媒体进行各种各样的口语交际示范，直接或间接呈现口语交际知识，学生从中理解、体察，看别人怎么说、怎么听、怎么运用体态语等，从总体上感受口语交际的意蕴，进一步领悟口语交际的要领。或让学生进行交流讨论，提出进行该交际活动需要做哪些工作，应注意哪些问题，并让学生自己初步设计交际活动的方案。同时教师在学生的讨论中起指导作用，教师指导学生怎么使用语言、采用哪些技巧、如何进行活动等，为学生活动的顺利实施发挥牵引作用。有效互动的要求是交际各方进入各自的角色，交际各方都有明显的回应。

三、案例评析

【案例 4－3】

《口语交际：商量》教学案例①

[案例背景]

《义务教育语文课程标准(2011 年版)》明确指出："口语交际是听与说双方的互动过程。"这是口语交际训练的一条重要途径。学生口语交际能力是在具体情境的实践中培养出来的，没有具体的情境，学生就不可能承担有实际意义的交际任务，也不可能有双向互动的实践过程。因此，在进行口语交际教学时，应为学生营造宽松、民主、愉快的交际氛围，创设多样、灵活、可行的交际情境，采用生动活泼的教法，激发学生交际的欲望，使学生有兴趣地、主动地投入到口语交际训练中，只有在这样的课堂里，学生才会勤于观察，乐于思维，富于想象，敢于表达，他们的语言才会如涓涓细流，流出心田，真正让口语交际"动"起来。

[案例描述]

有课本安排了"商量"为主题的口语交际。该主题贴近小学生生活实际，学生有话可说。比如：教材中提到的"你想和小丽调换一下值日的时间，该怎样跟她商量？"商量最重要的是用商量的语气把想说的话表达清楚，既让听者舒心，也让自己开心。因此，教学中，我先创设故事情境，引出交际话题，接着让学生观看视频，懂得商量的重要性，最后通过生活中的实例，让学生自己表演。

[教学目标]

1. 学生通过学习商量的交际技巧，明白当生活中遇到自己拿不定主意的事或与别人意见不一致时，应该先找人商量。

2. 学生通过口语交际训练，在实践中自主探究并逐步掌握商量的要领，做到找人商量态度真诚，以理服人，共同商量耐心倾听，设身处地，积极策划。

3. 学生养成倾听的习惯，积极参与交际实践，增强表达的自信心，愿意发表自己的见解。

[教学重难点]

学生通过口语交际训练，在实践中自主探究并逐步掌握商量的要领，做到找人商量态度真诚，以理服人，共同商量耐心倾听，设身处地，积极策划。

[教学过程]

活动一：创设故事情境，引出交际话题

故事导入：

森林里有一只老虎，非常霸道，说话做事从不与人商量，更没礼貌。小动物

① 陈丽：《口语交际：〈商量〉教学设计》，http://blog.sina.com.cn/s/blog_7c3f855f0102xek6.html。有删改。

们都非常讨厌它。于是，小动物们都商量怎样教训它。有一天，老虎路过一座桥，遇到大象，大声吼道："大王驾到，快给我靠边，闪开！"大象说："老虎先生，你看我是谁？"老虎仰着头不屑地说："我管你是谁？快给我滚开！"大象说："你怎么这么不讲理，没礼貌的家伙！"说完，大象用鼻子把老虎卷起来，扔进滔滔的河水中……老虎还是没能过桥。

师：为什么老虎没能顺利过桥呢？

生1：老虎要温和地对大象说自己有什么事，这样就能过桥了。

生2：老虎要和大象商量一下，就可以过桥。

师小结：你们说得真好。如果老虎和大象好好商量就能过桥了。可见商量在生活中多重要呀！和别人聊聊，别人知道了你的想法，就能帮你解决遇到的问题。今天我们来研究口语交际"商量"这个话题。（师板书：商量）

活动二：看视频，明白商量的方法

商量的学问可大啦！可是有的孩子不会商量。在家里，不会和父母商量可不行。这对姐弟俩是怎样商量的呢？让我们一起欣赏短片。播放视频并自述：事情是这样的，爸爸在家正高兴地看他最喜欢的球赛……

师：播放视频。

师：真遗憾！弟弟没能看到自己喜欢的动画片。姐姐看到了吗？请欣赏。

生1：弟弟没看到电视。因为他对爸爸没礼貌，没有用商量的语气和爸爸说话，爸爸不高兴。

生2：弟弟没看到。因为短片中的小朋友没说清自己为什么要看电视。

师：爸爸没有让弟弟看电视节目，我们也不能怪爸爸，对爸爸要表示理解，因为爸爸太爱看球赛了。

生1：姐姐看到了。因为她用商量的语气和爸爸说话，爸爸很高兴，就让她看电视了。

生2：姐姐看到了自己想看的电视节目。因为她说清楚了自己为什么要看电视。

师小结：是呀！其实商量并不难，只要你注意和别人用商量的语气，把自己的想法说清楚，你就会商量成功。

板书：用商量的语气

把自己的想法说清楚

活动三：有事我们来商量

1. 今天我值日，可我感冒了不能用冷水，我想找同学商量，请他帮我值日。

2. 班车上，我由于晕车想坐到靠窗户的座位，可是，窗户旁边已经坐了位叔叔或者阿姨，我想和他（她）商量换座位。

先让学生想一想，和同桌模拟表演。

再让学生上台模拟展示。

评价：

生1：他们俩在商量的时候，能看着对方的眼睛，这是对别人的尊重。

生2：他有商量的语气，别人乐意和他商量。

生3：他说清了自己的想法。

师小结：同学之间，朋友之间有事好商量。只要你注意商量的语气，把事说清楚，你就能把事情办成功。

【评析】

《义务教育语文课程标准(2011年版)》指出：口语交际“教学活动主要应在具体的交际情境中进行，不宜采用大量讲授口语交际原则、要领的方式。应努力选择贴近生活的话题，采用灵活的形式组织教学”①。以上的口语教学案例，为学生创设了具体的交际情境：既有故事情境的创设，又让学生模拟表演生活中的实例。学生在教师创设的“活”的情境中“动”起来了，积极投入到具体的情境中，感受口语交际的乐趣。并且，教师进行口语交际教学时没有局限于教材，而是把学生带到具体生活场景中，选择贴近学生生活的话题，让学生发挥其主动性和积极性，真正体会到商量成功的关键是要用商量的语气，并把自己的想法表达清楚。

《商量》口语交际的案例提示我们：组织一节成功的口语交际课堂教学，总体应体现以下四个特点：

一是设计的层次性。在设计上，教师没有将口语交际的话题局限于同一认知局面的反复循环，而是通过灵活自如的调控，将话题不断引向深入，体现了口语交际能力训练的层次性。

二是活动的开放性。表现在组织活动的开放性，教师让学生与同桌模拟表演和上讲台模拟展示，营造各抒己见、畅所欲言的交流语境；表现在课堂评价的开放，让学生成为评价的主体，真正发挥课堂及时评价的促进与激励功能。

三是交流的互动性。课堂有生生、师生等不同形式的互动，也有个体与集体等不同层面的互动，将口语交际课“平等对话”“互动生成”的特点表露无遗。

四是内容的生活性。话题撷取来自生活，切合学生的心理特点，充分体现了口语交际植根生活实践、服务口语实践的教学要求。

四、思考练习

1. 实施口语交际教学过程的技能基本类型有哪些？你认为还可以有哪些类型？

① 中华人民共和国教育部：《义务教育语文课程标准(2011年版)》，北京师范大学出版社，2012年版，第24页。

2. 阅读下列一位教师在教学《我该怎么办》[①]时的一个片段，说说这位教师运用了哪些口语交际教学技能？还可以怎样增强学生口语交际的表达效果？

（学生小组讨论结束）

师：大家在小组里都能畅所欲言，做得真好。下面，谁先来说？同学在汇报时，大家要认真听，听听他是否把话说清楚、说完整了。

生：站在原地等。（板书：原地等）

师：谁来评一评他说得怎么样？

生：他的声音很响亮，如果能把话说完整，那就更好了。

师：那要怎么说呢？

生：他可以这样说："我认为小男孩可以站在原地等妈妈。"

师：你真会评。老师相信你这一提醒，他一定能说得更好。你再来说说好吗？

生：我觉得小男孩可以站在原地等妈妈。

师：这个办法很好。其他同学还有什么好办法？

生：小男孩不必害怕，他可以去找警察叔叔帮忙。（板书：找警察）

生：我认为他可以打电话给他妈妈。（板书：打电话）

生：小男孩可以通过公园里的广播找妈妈，妈妈听到广播后就知道到哪儿找他了。（板书：用广播）

师：同学们真会想办法。刚才这些同学说得怎么样？

生：我觉得他们说得很清楚。

生：我觉得他们说得很具体，介绍的方法很实用。

生：他们说话时态度大方、自然，声音大小合适，语气很谦和。

生：他们说的方法很多，帮我打开了思路，我现在也想到了一个方法……

3. 请结合语文教科书口语交际教学内容，设计一个口语交际教学过程。

第四节 评价口语交际学习效果的技能

一、技能概说

（一）定义

评价口语交际学习效果的技能是指语文教师利用科学的方法，按照一定的标准对学生的口语学习状况及效果进行测量与评定，在此基础上比较、分析学生的学习现状所达到教学目标程度的能力。这里着重讨论作为语文教师开展口语交际学习评价的技能，不涉及关于"教"的评价等关系到较为复杂的教师管理，以及中考高考改革政策等问题。

---

① 朱彩贞：《运用多种策略培养语文口语交际能力》，《考试周刊》，2007年第26期。

《义务教育语文课程标准(2011 年版)》指出:“口语交际的评价,须注重提高学生对口语交际的认识和表达沟通的水平。考察口语交际水平的基本项目可以有讲述、应对、复述、转述、即席讲话、主题演讲、问题讨论等。”“口语交际的评价,应按照不同学段的要求,综合考察学生的参与意识、情意态度和表达能力。第一学段主要评价学生口语交际的态度与习惯,重在鼓励学生自信地表达;第二、第三学段主要评价学生日常口语交际的基本能力,学会倾听、表达与交流;第四学段要通过多种评价方式,促进学生根据不同的对象和内容,文明地进行人际沟通和社会交往。评价宜在具体的交际情境中进行,让学生承担有实际意义的交际任务,并结合学生在日常生活和学习活动中的表现,综合考查学生真实的口语交际水平。”①

(二) 类型

口语交际学习评价,按照不同的分类标准可以分为多种类型。据此,评价口语交际学习效果的技能也可以分为多种类型。

1. 依据评价功能分类

这是最主要和重要的口语交际学习评价思考与实践领域,对语文教师来说,也是最为主要和重要的口语交际学习评价技能。

(1) 了解口语交际学习情况的诊断性评价技能

诊断性评价一般是指在某项教学活动开始之前对学生的知识、技能以及情感等状况进行预测,以便发现学生学习中存在的问题,分析这些问题产生的原因,从而为改进和调整教学策略提供依据。诊断性评价能够帮助教师了解学生的知识基础和准备状况,用以判断他们是否具备实现当前教学目标所要求的条件,为实现因材施教提供依据。

口语交际学习情况的诊断性评价是教师了解学生口语交际学习情况的重要技能。这种评价既需要以日常观察为主要手段的定性分析,又需要以诊断性测验为主要手段的定量分析。只有这样,教师才能发现学生口语交际学习中获得的发展和存在的问题,从而有利于找出这些问题产生的原因,为教师更好地设计教学提供依据。

(2) 促进口语交际能力形成的发展性评价技能

发展性评价是 20 世纪 80 年代以后发展起来的一种关于教育评价的理念,是通过系统地搜集评价信息和进行分析,综合发挥教育评价的多种功能,特别是评价的激励与发展功能,运用多种科学的评价手段,判断出事物发展过程中产生的效果和存在的问题,激励评价者与被评价者发现问题,对照问题改进自己、完善自己,实现评价者和评价对象共同商定发展目标的过程。

在口语交际教学过程中,发展性评价是教师的十分重要的教学技能,涉及多种评价因素,要求教师能够做到定量评价与定性评价相结合、单项评价与综合评价相结合、阶段性评价与期终评价相结合、教师家长的评价与学生自评互评相结合。同时在评价中既关注学生

① 中华人民共和国教育部:《义务教育语文课程标准(2011 年版)》,北京师范大学出版社,2012 年版,第 31 页。

的学习结果，又关注学生的学习过程；既关注学生的学习成绩，又关注学生的情感态度、价值观的形成与发展。发展性评价考虑学生的过去，重视学生的现在，更着眼于学生的未来，它不是给学生一个结论或一个分数，而是更多地体现对学生的关注与关怀，把素质教育的要求落实到每个学生的生动活泼的发展上，落实到学生人格的完善上。所以发展性评价更有利于发展学生的口语交际技能。

(3) 测试口语交际学习结果的终结性评价技能

终结性评价指的是在每一学期、每一单元或每一课后，为判断学生在该学期、单元或课中学到的技能和知识而做的评价。口语交际学习结果的终结性评价技能，是指教师在一个学期、一个教程或者一个学程结束的时候，在每个学习者经过了口语学习后，判别学生是否获得口语交际的能力的评价技能。

学生在经历了一定阶段的口语交际学习之后，口语交际能力是否已经达到预期的目标，是否已经获得了口语交际的相应能力，需要采取终结性评价的方法进行相关的测评鉴别，从而了解一段时间内学生口语交际能力的发展情况，进而改进教师的教学。

2. 依据口语交际的实践领域分类

学生口语交际的实践领域大体可以分为语文课堂内和语文课堂外。语文课堂以外学生丰富多彩的生活都是广阔的口语交际实践领域，教师需要确立大语文教育观念，在学生的班级生活、校园生活、家庭生活、社会生活等广阔的天地中培养学生的口语交际素养，当然也需要具备相应的学习评价技能。

3. 依据评价主体分类

新一轮基础教育课程改革在评价理念上的突破之一是评价主体的多元化，不仅教师是学习评价的主体，学生也是学习评价的主体，家长作为学生成长与学习的助动者也是学习评价的主体。口语交际学习效果评价主体的多元化，也对教师、学生和家长的评价口语交际学习效果的技能，以及教师指导学生、家长评价口语交际学习效果的技能，提出了要求。

4. 依据口语交际能力素养本身分类

(1) 口语交际单项能力的学习评价技能

口语交际能力由多种能力因素构成，例如倾听能力、回应能力、答辩能力、交流能力等等。每一个单项能力也都需要进行学习训练，有学习训练自然也需要教师具备相应的学习评价技能。

(2) 口语交际综合素养的学习评价技能

“将语言的交际功能作为语文学科教学的主线，根据学生语言功能发展的年龄特点来组织安排教学，使学生切实地掌握各种语言表达及应用能力。具体反映到口语交际表达能力上，使学生最终不仅能根据交际的条件、任务进行语言表达，还能在交际中随机应变，调节与别人的交际活动，向对方施加影响，逐步确立自己的语言个性。”①这需要学生具备口语交际综合素养。口语交际综合素养涉及知识与技能、过程与方法、情感态度与价值观三个维度，口语交际综合素养的学习评价同样涉及知识与技能、过程与方法、情感态度与价值观三个维度。

二、训练要点

关于口语交际教学训练内容，王素贞、王丛以口语交际能力构成为切入点，提出口语交际教学内容体系由口语表达技能训练内容、听话技能训练内容和非语言因素训练内容三部分构成。② 王荣生教授将口语交际教学内容分为“日常生活中”的口语交际、“组织中”的口语交际和书面语的有声表达三类。③ 前者将教学内容分解成表达、倾听和非语言因素三大能力，后者则将教学内容分解成一系列的口语交际活动。口语交际教学训练内容的不同，训练的要点和评价的要求也有差异。

（一）以语文教学的要求为背景实施全程评价

这里的“全程评价”，指的是不仅通过口语交际课来培养学生的口语交际能力，还要通过语文阅读教学的各个环节与日常生活中的交流契机来提高学生的语言表达水平。同时在进行口语交际评价的时候，应该以语文教学的要求为背景，从“言之规范、言之得体、言之有物、言之有序、言之有理、言之有情”等多方面去规范学生、引导学生，最终达到提高学生口头表达能力的目的。

1. 口语交际课上的自主评价和多主体性评价相结合

自主评价要求学生能客观地审视自己在课堂上的表现，并能根据要求对同学进行评价。在学生自评或互评的过程当中，教师要先给出一些评价的依据，教给他们一些评价的方法。例如在学生互评或者自评时，告诉学生可以从这些方面着手评价——语言方面：语音准确，语言规范，用语恰当；思维表现方面：内容表达清楚有序，逻辑思维清晰有条理；仪态方面：声音响亮，仪态大方，表情自然，等等。根据不同的评价内容，可以让学生通过自主判断对同学、对自己的表现当场评价：如击掌一次表示“棒！”击掌两次表示“很棒！”击掌三次表示“太棒了！”等等。

当学生对评价的依据与方法充分了解和熟悉后，就可以把评价内容设计成表格的形式，用★的多少来体现评价结果，既一目了然，又能激励学生为获得更多的★而努力。如：表 4-1。

表 4-1　口语交际评价表

内容	要求	评价
听	听得入耳	★
说	说得有序	★★
评	评得有理	★★★

① 王荣生、王志凯：《口语交际教例剖析与教案研制》，广西教育出版社，2004 年版，第 259—260 页。
② 王素贞、王丛：《关于中小学口语交际教学内容架构的设想》，《现代语文》，2007 年第 9 期。
③ 王荣生：《口语交际的课程内容及活动设计》，《语文学习》，2004 年第 11 期。

比如在教学《骑驴》这一篇口语交际材料的时候，学生能做到安安静静地听完故事内容，他就可以在自评时为自己打上一颗★；如果他能把这一件事发生的时间、地点、起因、经过、结果说明白，他就可以通过互评为自己打上两颗★；如果他不仅可以把事情说清楚，还能就这一件事发表自己的看法，而且表述得条理清楚，能得到大家普遍的认可，那他就可以为自己加上三颗★。这样的方式充分考虑到学生个体的差异性，既让表达能力稍差的孩子得到肯定，又让能力强的孩子有更大的发展空间，既照顾到了全体，也覆盖到了全程，让口语交际课的实效性得到保证。

2. 充分挖掘阅读教学环节中的情境评价

纯粹的口语交际课的课时毕竟有限，如果提高学生的口语交际能力只依靠口语交际课，那么很难达到训练全体、提高全体的目的。所以，我们应该充分挖掘阅读材料中的口语交际因素，创设口语交际的情境，充分调动学生说的欲望、表达的欲望，并且适时适当地进行评价。所谓情境性评价就是在学生学习阅读的真实情境中进行评价。这样，学生可以更加深入地理解了文本，也更容易把文本的语言内化为自己的积淀。

比如在教学《将相和》的时候，教师与学生展开这样的情景对话：

师：在这几个人物中你最佩服谁呢？

生：我佩服廉颇，因为他英勇善战，所向无敌，为保卫国家立下了汗马功劳。

生：我认为最值得佩服的是蔺相如，他的功劳不小，但他一点也不居功自傲。

生：我也佩服蔺相如，如果没有他的几次机智勇敢的表现，齐国肯定要吃亏。

……

师：呵，真是能说会道啊，如果蔺相如和廉颇都和你们所说的一样，自认为自己功不可没，因此居功自傲，事情又会如何发展呢？

生：路上相遇后互不相让。

生：廉颇想着要用武力对付蔺相如，蔺相如团结身边的力量伺机报复廉颇。

生：秦王得知他们不和，准备攻打齐国，齐王急得像热锅上的蚂蚁。

……

在这一个环节中，先安排了一个说话的材料，使学生在说话的过程中更加了解文中两个主要人物，懂得“将相和”的重要性。学生的说话积极性很高，效果也不错。在阅读教学过程当中，教师的随机评价要求教师具有一定的教学机智，教师的课堂评价，既要大力表扬学生说的精彩处，又要巧妙纠正学生说的偏差处，还要迅速疏导学生说的瓶颈处。在一次次的师生互动交流中提高学生的能力，在无痕的课堂情境评价中肯定学生的进步。

3. 在日常生活中进行随机性评价

学生在校彼此接触的范围很广，师生之间，生生之间，大家生活在一起，身边可说的事不计其数。教师可以利用晨间谈话、班队活动、课前三分钟等时间，进行“班级论坛”“新闻汇报”“故事荟萃”等形式的交际活动，实施口语能力的培养。比如：主题说话、辩论说话等。

主题说话主要是围绕班级的“主题活动”展开的。比如春游计划的讨论实施，“六一”活动的开展方案、班队课的主题内容讨论等。这些围绕主题进行的讨论说话既可以培养学生的说话能力，又可以培养学生的主人翁态度和集体主义精神。

辩论说话可借鉴一些辩论会的方法，针对班级的“热点”展开。比如说“小学生可以玩电脑游戏吗？”“减负究竟是好还是不好？”等等，这些话题平时在学生和家长，学生和教师中就存在争议，现在把观点分为反方和正方，让学生学会一分为二地看待问题，提高对问题的辨析能力，学生也可以在辩论的过程中提高口语表达能力和思维的敏捷度，真可谓是一举多得。

这些口语交际活动都是从现实中随机而来，所以形式相对灵活，因此在进行评价的时候标准和氛围都相对宽松，可以在说话之后让学生评一评，谁的语言最生动，谁的情感最投入，在过程中还可以评出最佳仪态奖、最佳口才奖等。

（二）口语交际学习评价的操作导引

1. 三维建构口语交际评价内容体系

语文课程标准根据社会发展实际对语文教育和学生语文学习的要求，从“知识和能力”“过程和方法”“情感态度和价值观”三个方面来考察学生的学习。作为语文教学体系的一部分，口语交际学习评价的内容体系应该立足于语文教学的三维目标，紧扣各学段的教学目标，整体地、系统地加以构建。

（1）从“知识与能力”的维度确立评价要素

知识是个体通过与其环境相互作用后获得的信息及其组织，被储存于个体内，即为个人知识，通过书本或其他媒介储存于个体外，即为人类知识。知识是能力的凭借，能力是对知识的运用，两者是密切结合的。口语交际学习是从人类口语交际经验中学习生成个体口语交际知识和能力的过程，口语交际学习评价应注重口语的感知和记忆、理解和组织、发音和表达、手势及体态等方面的知识能力。语文课程标准所列的口语交际各项要求都以知识能力为基础。

从总体上看，口语交际学习评价应包括以下四项知识与能力要素。一是倾听能力。包括专心静听，学生能否聚精会神地静听对方说话，评价学生对别人说话内容的理解程度；带情倾听，学生在听话过程中，是否随对方的话语流露出相应的情感；审美辨别力，学生在倾听时是否讲究文明礼貌。二是表达能力。表意是否清楚；能否自然、大方、准确地表达自己的想法、请求和愿望；说话层次清晰、内容完整、重点突出状况；语言是否规范、准确、无语病，用普通话表述水平；表达艺术性水平：声调适中，情理兼容，能吸引和打动对方的水准；语音语速及体态语言运用水平：语流顺畅、语气适当程度，心态从容、表情丰富、眼神自如，手势、姿态、动作自然得体状态。三是应对能力。反应敏锐，巧妙应对话题的水平。四是综合应用能力。在口语交际实践中的策划、组织、宣传、交往等综合能力，以及学生在各项活动中勇于探索和创新的能力。

因为各学段的教学目标不同，评价要素的知识技能组成和每项要素的知识技能具体要求也会不同。教师在学习评价中要给予充分的关注、恰当的区分和有效的落实。例如“倾听能力”这一要素，第一学段的要求是“能认真听别人讲话，努力了解讲话的主要内容”；第二学段的要求是“学会认真倾听”“听人说话能把握主要内容，并能简要转述”；第三学段的要求是

“听人说话认真、耐心，能抓住要点，并能简要转述”；第四学段的要求是“耐心专注地倾听，能根据对方的话语、表情、手势等，理解对方的观点和意图”①。

(2) 从“过程与方法”的维度确定评价要素

这主要是指口语交际中表现出的认知能力，思维的敏捷性、条理性和深刻性，对话主题和情境的把握能力，临场交际的应变能力。口语交际训练不仅要看结果，更应当把它视为一个过程。根据语文教学的特点，口语交际训练离开了过程，离开了语言的活动和实践，就难以使口语交际的知识内化为口语交际的能力；对口语交际“过程与方法”的评价，实质是促进学生在口语交际过程中形成良好的认知能力和思维品质。

(3) 从“情感态度与价值观”的维度确定评价要素

在这一维度上，可以根据各学段的具体目标，从以下三个方面实施评价：一是交际的态度，如“与别人交谈，态度自然大方，有礼貌”“与人交流能尊重和理解对方”；二是交际的自信度，如“有表达的自信心”“乐于参与讨论、敢于发表自己的意见”；三是交际的文明度，如“注意语言美，抵制不文明的语言”，等等。②

2. 以真实的互动交际为评价重心

口语交际能力的评价有别于识字、阅读和写作能力的评价，它更直接、更迅捷地体现出了言语互动的交际特征，口语交际评价要充分体现出口语交际的“交际”特征。因此，我们应当重视考查学生参与言语交际的情感态度与意识行为，注重在具体情境中进行评价，注重在交际实践中进行评价。在口语交际学习评价中让学生承担有实际意义的交际任务，让评价成为学生学习的环节，让口语交际实际效果成为评价的重要标尺，反映学生真实的口语交际水平。不能简单地用试卷的方式进行评价。

真实、诚恳是口语交际的第一要义，也是口语交际学习评价的第一要义。真实的话语才会富于生命力，才会产生强大的征服力量，收到令人信服的效果。口语交际的内容真实，才能坚持自我，争取听众。其他所有的口语交际技巧，都是建立在这个基础之上的。教师在口语交际学习评价中要引导学生摒弃说假话、空话、大话、套话的心理，创造真实的交际情境，适应学生的生理、心理特点，考虑学生的实际能力和生活背景，让学生说自己想说的话，表达真情实感。

3. 把握口语交际不同学习领域的评价特征

上文已说明，口语交际的学习领域是十分广泛的。教师要根据不同学习领域的特点，在口语交际学习实践中评价学生的口语交际学习状况与效果。

在课堂教学中，可选择一些口语交际的话题，采用多种方式创设与实际生活相似或相近的情境，组织学生开展口语交际活动，在模拟生活情境的交际过程中实施评价。在语文课堂教学的各环节中，也可以自然渗透口语交际的学习评价。在真实的班级、校园生活中，语文

① 中华人民共和国教育部：《义务教育语文课程标准(2011 年版)》，北京师范大学出版社，2012 年版，第 9、11、14、17 页。

② 中华人民共和国教育部：《义务教育语文课程标准(2011 年版)》，北京师范大学出版社，2012 年版，第 9、14、9、14、14 页。

教师要主动和班主任以及任课教师取得联系，向他们介绍宣传口语交际学习评价的内容要求，使班级生活、各门学科的课堂生活以及以口语为交际媒介的全部校园生活都成为口语交际的学习实践过程。对学生家长，语文教师也要主动介绍宣传口语交际学习评价的内容要求，使家长成为学生锻炼形成口语交际能力素养的导师、助手和朋友。无论在哪一个学习生活领域中，学生都应当成为自觉学习提高口语交际能力的主人。教师要培养学生观察反思个人及同学、家人、朋友等口语交际实际生活的意识与态度，不断自主提高口语交际能力素养。从实质上说，这也是一种良好的生活态度。

4. 发挥评价的多重功能

口语交际评价具有诊断、反馈、总结、导向、激励、发展等多重功能。语文教师在口语交际学习评价中要发挥评价的多重功能，通过评价了解和激发学生参与口语交际的主动意识和积极情感态度，诊断与发展学生的倾听、表达、应对能力；激励学生在评价中了解自己的口语交际学习状态，对自己的口语交际水平有一个真实的认识，明确进一步学习与发展的方向；不断反思改进自己的口语交际教学，提升口语交际教学质量。

5. 研究开发评价工具

谈到评价，势必涉及评价工具问题。全面科学地评价学生的阅读写作和口语交际能力及其学习过程，已经成为时代赋予语文新课程的艰巨而复杂的历史课题，口语交际学习评价更是其中的一个重要环节。语文课程评价的核心是语文能力评价，而语文能力评价是以语言学、教育测量学、教育心理学、交际心理学、交际文化学等学科为基础的一门学科，有自己的研究对象、概念范畴、研究方法，是需要多学科专业研究人员共同承担的研究课题。面对课程与教学实际，中小学语文教师不能坐待研究课题的完结，必须从实际出发，尝试积累自己的并搜集运用同行的经验，探究开发立足于校本的具有可操作性的口语交际学习评价的方法与工具。

三、案例评析

【案例 4－4】

口语交际（采访）发展性评价量表①

	评价内容	能力等级	评价结果
采访准备	1. 采访之前你对采访对象的相关情况（比如工作、性格、爱好等）是否作了比较详细的了解？	初级	
	2. 是否明确了采访内容和目的？是否制定了采访提纲？	初级	
采访礼仪	1. 在采访中你的表情是否自然？比如：是否过于紧张或严肃？是不是笑得很勉强？	初级	

① 欧阳林、郭家海：《发展性评价量表在口语交际（采访）教学中的运用》，《语文建设》，2008 年第 3 期。

续表

	评价内容	能力等级	评价结果
采访礼仪	2. 在采访中你的姿态是否得体？比如：如果站着采访，双腿是否自然直立？有没有一条腿直立，另一条腿在抖动？身体是否显得僵直？如果坐着采访，你的身体是否坐正、坐直？	初级	
	3. 采访中是否能够不随意打断对方的谈话？	初级	
	4. 采访中眼睛是否能自然正视对方并通过目光与对方交流？	中级	
	5. 采访结束后你是不是有礼貌地告别？	初级	
	6. 在采访中你的态度是否热情？是否有平等意识、充分尊重采访对象？比如有没有显得居高临下，或不友善，或咄咄逼人，或过于谦卑讨好？	中级	
	7. 无论说话者的态度或用词如何，你都能注意倾听而不表现出不耐烦或其他不礼貌的表情吗？	中级	
采访技巧	1. 是否能根据目的、场合和采访对象，斟酌措辞，用礼貌的方式与被采访者接触并引入话题？	中级	
	2. 采访中你的语言是否流利、自然？	初级	
	3. 采访中你是否能清楚、明白地表达自己的意思？	初级	
	4. 采访中你的语速是否恰当，既不过快让对方听不清你的话，又不过慢让对方等得着急？	中级	
	5. 在说话时是否能够在重要的地方加重语气或停顿，同时观察对方的反应？	中级	
	6. 当对方因不善言辞等原因而窘迫时，你能否用微笑、点头以及其他方法鼓励对方？	中级	
	7. 如果对方转移话题，你能否用恰当的方式引回话题？	中级	
	8. 你是否能根据采访目的深入思考说话人所说的话？然后是否能根据对方所说的话，在尊重对方立场和思考的基础上进行恰当的追问而使话题谈得更为深入？	高级	
	9. 如果因为你提问不当或其他原因，对方拒绝回答，你是否能够灵活地提出让对方感到轻松或愿意回答的问题？	高级	
	10. 你是否能根据采访的需要创设一个轻松、愉快或幽默有趣的采访氛围？	高级	

【评析】

采访是进行口语训练的一种方式。江苏省常州高级中学的欧阳林和郭家海两位教师利用学校校园物质环境整体改造的机会，设计了真实的口语交际学习活动，组织学生以农民工的工作、生活情况为题材进行采访，并分小组现场录像、放像自评，全班交流互评。在这一学习活动中，两位教师编制了《口语交际（采访）发展性评价量表》，充分发挥了口语交际学习评价的发展功能。他们使用这份量表组织口语交际学习活动，活动前参照量表设计采访提纲，活动后对照量表自评互评，交流学习体会。这种评价方式追求的不是下一个精确的结论，更不是给一个分数或与他人比较，而是通过评价促进学习者在原有口语交际水平上有所提高。口语交际是实践性很强的课程内容，用单纯的理论知识教学，学生不会感兴趣，也没有切实指导意义。两位教师在实践中发现真实的学习机会，根据学生的实际水平，生成了适合学生的教学内容，同时设计了一个可操作的、具有行为指导性的评价量表，将口语交际的应用理论知识分解为可操作的具体行为要则，让学生参照这个量表进行口语交际学习实践活动设计，进而根据这个量表进行口语交际学习评价。具有不同发展水平的学生可以在学习活动中选择确定关注适宜的学习目标水平，并在团体实践活动中优势互补，继而通过评价发现矫正实践中的不足之处，确实做到了以发展性评价来引导学生提高口语交际能力素养。

实践证明，评价量表有效地指导了学生的采访活动。学生根据评价量表的要求，制定了采访计划，对采访对象作了一定的了解，拟定了采访内容。有的还根据对象的不同进行了采访预约，作了比较充分的前期准备，为顺利完成采访任务提供了保障。在采访过程中，学生根据评价量表文明礼仪方面的要求，改变了以往与人谈话时未曾注意的不良方式，取得了较好的效果。评价量表的运用还培养了学生的自我评价意识和能力。学生能根据评价量表进行自我反思，自我评价，课堂上学生成为评价的主人，不仅可以认识自己的现状与目标的差距，而且可以逐步学会自我监控、自我调整和自我完善，不断提高主体意识和自我教育能力。此外，评价量表还有助于引导学生互评，有助于教师成为学生学习的引导者、促进者与帮助者。评价量表参与了整个学习过程，指导了学生的实践活动，促进了评价主体的多元化。评价切实成为一个民主参与、多边互动、促进发展的过程。

量表略显不足的是内容有些繁多，重点难点不够突出。如果能够单列一栏，对应强化课程标准的口语交际基本要求，会使学习重点难点明确清晰地凸显出来。此外，“采访”带有浓厚的新闻职业特征，如果改为“访谈”，可能更具有一般人际互动的方法意义。

四、思考练习

1. 简述"口语交际学习评价"的基本概念。

2. 对于本节所评析的案例你有哪些见解呢？请依据课程标准和你所了解的学生情况，试对评价量表做出修订。

3. 阅读语文教育书籍或报纸杂志文章，选出 1—3 个口语交际学习评价案例，概括其基本观点和基本经验。

第五章　语文知识教学的技能

语文教学涉及语音、文字、词汇、语法、修辞、文体、文学等丰富的知识内容。语文知识教学的技能包括语文陈述性知识教学的技能、语文程序性知识教学的技能等。

第一节　语文陈述性知识教学的技能

一、技能概说

（一）定义

语文陈述性知识教学的技能是指语文教师选择、生成、组织语文陈述性知识，并且在一定的教学情境中把语文陈述性知识传授给学生的能力。

现代认知心理学把知识（即广义的知识）分为两大类，一类是陈述性知识，一类是程序性知识。陈述性知识，也叫内容性知识、静态知识，是一种狭义的知识。陈述性知识，主要用于说明事物或现象是什么、为什么；其主要用途在于识别客观事物或现象。陈述性知识最为重要的特征是它的静态性，即这类知识仅是一种涉及事物状况的知识，而没有涉及人如何做事这一方面。

对于语文教学而言，语文陈述性知识相当多。譬如，常用字的字音字形、词语的意义、词语的分类知识、修辞格的概念、句子的成分知识、文体的概念及其特征、文学流派的特征，等等。这些知识以不同的心理表征存在着。知识的表征或心理表征，指信息在心理活动中的表现和记载的方式。语文陈述性知识的心理表征形式主要为概念、命题、命题网络、心理表象。“概念”是对事物共同本质特征的反映，用一定的语词来记载与呈现。譬如人们关于语音、文字、词汇、语法、修辞、文章学、文艺学等的许多认知，都是以概念的形式来表征的。某种意义上讲，没有基本的概念，就没有语文陈述性知识，也没有语文程序性知识。“命题”通常用带有判断性的句子的形式来表达，它表明两个或更多概念之间的关系，以陈述某个事实或状态。譬如，什么是因果复句，什么是比喻修辞格，常用的说明方法有哪些，议论文的三要素是什么，等等，这些知识就是以命题的形式来表征的。“命题网络”是具有相互关系的一组命题，它表明各种语文陈述性知识之间的关系。譬如，关于“段落”的陈述性知识，可以有如下命题网络：段落在书面上以缩格、另起一行为标志；段落是文章的一个基本单位；段落由句子或句群组成；段落在整体上具有单一性、完整性、综合性等特征，段落当中句子的关系反映着作者的写作思路，等等。“表象”指对以前感知过的事物不在眼前时其形象的反映。表象具有直观形象性和初步概括性的特点，是感性认识和理性认识的中间环节。心理学研究表明，在人的长时记忆中存在着大量的以表象表征的陈述性知识。表象是人们保存情景信息和形象信息重要的心理表征途径，这是命题与命题网络很难做到的，因为命题与命题网络更多表征的是事物的抽象意义。在语文课程中，以“表象”来表征的语文陈述性知识也是很多的，譬如学生对小说人物形象的感受，对诗歌意境的感受，对民族语言的感受，等等。

（二）类型

基于学习者获得知识的方式不同，可以把语文陈述性知识分为记忆、理解、体验三种类型，相应的语文陈述性知识教学的技能也有这三种类型。

1. 记忆类语文陈述性知识

这类知识的学习方式以学生的记忆为主。语文课程中存有的大量的语言材料以及一些基本的文化事实便属于此类知识。譬如声母韵母、声调符号、标点符号、偏旁部首、基本笔画、常用字词、常用短语、经典诗文、文学史常识，等等。

2. 理解类语文陈述性知识

这类知识的学习方式以学生的理解为主。这类知识主要是相关语言、文章以及文学的一些基本的理论规律或规则，譬如语音知识、文字知识、词汇知识、语法知识、修辞知识、逻辑知识、文章知识、文学知识，等等。

3. 体验类语文陈述性知识

这类知识的学习方式以学生的体验为主。这类知识主要反映人的思想、情感、态度、价值观等。这类知识在语文教材中广泛存在着，它是伴随着个体在审视、洞察、解读自然、社会、人生的过程中生发的，反映着个体对自然、社会及人生独特的思想体悟。当然，这种反思与体验并非学术意义上的追问与探讨，而是指在个体情感、态度、价值观等方面的某种省察与重构。譬如：① 幸福并不与财富、地位、声望、婚姻同步，它只是一种心灵的感觉（毕淑敏《提醒幸福》）；② 俭朴不仅是经济问题，更重要的是品行问题，勤俭可以涵养美德（马铁丁《俭以养德》）；③ 师者，所以传道授业解惑也（韩愈《师说》）；④ 爱情宣言：爱，不仅爱你伟岸的身躯，也爱你坚持的位置、足下的土地（舒婷《致橡树》）。

在语文教学中让学生学到丰富、系统的陈述性知识是十分必要的，这是因为：① 它是日常必备的常识性知识；② 它是学生学习各门课程的基础；③ 它是学生个体思维的依据，是个体心智技能和操作技能的基础，没有丰富的陈述性知识，就无法逐级提高思维能力的水平。[①]新课程改革以来，许多语文教育工作者一味地大谈特谈语文程序性知识的价值而忽视语文陈述性知识的价值，这必须引起我们的注意，事实上，语文陈述性知识的学习与语文程序性知识的学习是相辅相成的，而且两者还可以相互转化。

二、训练要点

（一）语文陈述性知识教学的基本原则

1. 实践性原则

语文陈述性知识绝大部分都带有“工具性意义”，即都是作为培育学生语文能力、语文素

① 韩雪屏：《语文教学亟需引进程序性知识》，《语文教学通讯》，1998 年第 6 期。

养的手段而存在的。某种意义上讲，任何一种工具，必须要进行不断的实践操练，如此方能娴熟地掌握。叶圣陶就曾明确指出："在中小学语文教学中，基础知识和基本技能都重要，我看更要着重训练。"[①]顾黄初也曾强调："汉语文的教学重在知识的运用，知识要在运用中理解，在运用中巩固，在运用中掌握。"[②]

"语文实践"作为语文教育学的一个专业概念提出，最早见于2001年颁布的《全日制义务教育语文课程标准(实验稿)》。其中明确指出："语文是实践性很强的课程，应着重培养学生的语文实践能力，而培养这种能力的主要途径也应是语文实践。"[③]十年后修订的《义务教育语文课程标准(2011年版)》继续坚守这一思想，并且把实验稿中的"语文是实践性很强的课程"直接替换成"语文课程是实践性课程"。[④] 这一替换直接把语文课程纳入了"实践性课程"的范畴，同时也提升了"语文实践"之于语文教育的核心地位。这一论断的深层缘由正是语文陈述性知识转化为语文能力必须通过语文实践。但是，课程标准所倡导的"语文实践"更多的指向所谓的"熏陶感染"式的"体验"，这同以往的教学大纲相比出现了明显的差异——以往的教学大纲对"语文实践"进行同义代换表述时，较多使用的是"训练"这两个字。这其中有一定的现实原因——多年来，实际教学中人们对"训练"二字的曲解导致语文陈述性知识的教学往往是机械僵化的练习，大搞"题海战术"，这使得学生苦不堪言，远远背离了语文教学的初衷。在全社会对人文精神呼唤的大背景下，"题海战术"式的机械训练对学生人性的压抑，无疑成了语文教学格外刺眼的弊端。在这样的情形下，课程标准极力回避"训练"二字便可以理解了。但问题是，这种对"训练"一词讳莫如深的做法，容易导致理念的偏颇和教学实际中的极端化。

学校教育背景下，语文实践的基本方式有三种，即积累、训练、体悟。一个人的语文素养与语料积累成正相关，因此积累语料是语文实践最基础的层次。训练与体悟，是语文实践的两翼。[⑤] 由于语文课程的基本特点是"工具性与人文性的统一"，因而，语文教育既有工具性教育，也有人文性教育，既有科学训练式的实践，也有熏陶体悟式的实践。熏陶体悟式的实践是中国传统语文教学的重要法则，所谓"读书破万卷，下笔如有神""熟读唐诗三百首，不会作诗也会吟"，多读多背、多思多悟是其主要特征。诚然，我们不能做历史的虚无主义者而漠视甚而否定传统的教学方式；应该肯定，这种传统的多读多背、多思多悟的教学方式大体上是符合汉语文学习规律的，在今天仍有积极的借鉴意义。但是，现在的学校早已不是三五个学生加上一个私塾先生的情形了，现代学校在班级授课制的教学组织形式下，分科设置了诸多门课程，学生已不可能像古人那样把"语文"当作全部的课业，在这样的情况下，语文教学一味地诉诸熏染感染、自读自悟，显然是不切实际的。诚如张志公所言："无论说话、听话、识

① 叶至善、叶至美、叶至诚编：《叶圣陶集》第15卷，江苏教育出版社，1993年版，第50页。
② 顾黄初：《顾黄初语文教育文集》，人民教育出版社，2002年版，第173页。
③ 中华人民共和国教育部：《全日制义务教育语文课程标准(实验稿)》，北京师范大学出版社，2001年版，第2页。
④ 中华人民共和国教育部：《义务教育语文课程标准(2011年版)》，北京师范大学出版社，2012年版，第3页。
⑤ 屠锦红：《语文教育范式的建构与阐释》，《语文建设》，2013年第10期。

字、读书、作文，能力怎样一步一步地提高，应该有一般规律可循。摸清楚这些规律，运用它，设计出训练的途径、步骤、规格和方法，就能大大减少教学上的盲目性，提高效率。”①这就是科学化的训练。母语的获得，虽然有早期的潜意识的语言“习得”(acquisition)做基础，但是入学后的有意识的语言“学得”(learning)仍然是十分必要的。所谓“习得”，即习而得之，是一个人从出生伊始乃至贯穿一生的、不自觉的对语言的学习，是个体的、潜意识的、无序的、非正式的、自然真实情境中的、感性方式的学习活动；所谓“学得”，即学而得之，是在人生特定阶段，自觉地学习语言，是集体的、有意识的、系统的、正式的、课堂教学情境中的、理性方式的学习活动。② 从“暗中摸索”到“明中探讨”，正是开设语文课程的必要性所在。正如余应源所说的：“以习得为基础，通过以训练为核心的学得推进习得，不断提高学生的习得水平，并为今后终身的言语习得运用打好基础，就是语文教学的基本职责，就是语文课、语文教师存在的依据。”③这句话一方面指出了习得与学得之间相辅相成的关系，同时也指出了在学校教育情境下，以训练为核心的学得对语文教学的本质性意义。至此，我们可以清楚地看到，熏陶体悟式的语文实践与科学训练式的语文实践，对于语文陈述性知识教学而言都是不可或缺的，我们在强调熏陶体悟式的语文实践时，不能把科学训练式的实践放在对立面。

2. 情境性原则

建构主义学习理论启示我们，知识的意义总是存在于情境之中的，学习总是在一定的情境之下进行的，人不能超越具体的情境来获得知识。具体而言，知识的获得过程是在具体情境中主客体交互作用下主体自我建构的过程，学习发生的最佳情境不应是简单的、抽象的，相反只有在具体情境里，才能使学习变得更加有效。语文陈述性知识教学遵循情境性原则，可以将看似枯燥的语文陈述性知识置于其发生和应用的真实情境之中，彰显知识与其所指、发生和应用情境之间的本然联系。这符合学生学习的心理机制，无疑将大大提高教学效率。

对于语文陈述性知识教学而言，这里所说的“情境”，包括两个维度的所指，一是上下文的语境，一是现实的环境。

语境是极其强大的，它作为人们在利用语言进行信息传递时特定的“语言场”，制约和影响着传递过程中言语意义的确立。英国应用语言学家 S. 皮特·科德就曾指出：“判断一句话是对是错，应有两条标准，一是看这句话是否合乎语法，二是看它在语境中是不是有意义。”④不仅如此，语境除了对语义的确立功能外，有学者研究指出，语境对语言还具有补足功能、选择功能与生成功能。⑤ 可见，学习语言，语境的作用是不可小觑的。这一点，对于汉语言的学习更是如此。汉语言本身不是形态语言而是一种意会语言，它对语境的依附由此便显得更为强烈。我们常常提及的所谓“字不离词、词不离句、句不离篇”的教学方法也就是这

① 张志公：《张志公自选集》，北京大学出版社，1998 年版，第 219 页。
② 徐林祥：《关于语文课程性质与内容的两个问题》，《语文建设》，2013 年第 8 期。
③ 余应源：《“学得”——“习得”的推进器》，《中学语文教学》，2003 年第 2 期。
④ 鲁健骥：《中介语研究中的几个问题》，《语言文字应用》，1993 年第 1 期。
⑤ 庄文中：《中学语言教学研究》，广东教育出版社，1999 年版，第 55—61 页。

个道理。事实上，汉语字、词、句等的学习要结合语境，其语法、修辞、语用等知识的学习，也同样要结合语境。只有这样，教学才能真正有效、高效。张志公在其主编的《现代汉语》中就曾指出："语言总是在一定的交际环境中使用的，因此，分析语言现象，必须把它和它所依赖的语境联系起来，离开一定的语境，把一个语言片段孤立起来分析，就难以确定这个语言片段的结构和意义。"①叶圣陶也指出，语文知识，"要从实际的听、说、阅读之中多多提出实例，让学生自己去发现种种的法则"②。事实上语文陈述性知识很多方面都是抽象的，如果不能很好地利用具体的语境来进行教学，过多地去解释名词术语，讲授法则法规，从抽象到抽象，就很容易步入机械训练的死胡同。

语文学习的外延与生活的外延相等。充分利用现实生活中的教学资源来丰盈语文陈述性知识的教学，是非常必要的。在语文陈述性知识教学中，这种现实环境的引入是作为教学中的一些自然景象和事件情形而存在的，包括师生活动的时间、地点、场面、背景等。相对于"上下文的语境"，这种"现实的环境"更加贴近学生的生活，因而某种意义上讲也是一种更加"真实的语境"。学生在这样的"语境"里学习语言，无疑也就多了一份身临其境的感觉，不言而喻，这将有助于新知识的获得。语文陈述性知识的教学，倘若能利用适宜的现实环境，譬如特定的季节、天气、校园和教室设施，地方风俗，节日活动，等等，自然可以让原本看似枯燥的知识变得新鲜有趣，可以让新知识更加接近学生的心理准备状态，消减心理陌生感，从而缩短学生获得新知识的过程与时间，提高教学效率。

3. 趣味性原则

语言学家朱德熙曾指出："据我了解，不少中学生对语法教学兴趣不大，归纳起来，他们的意见不外两条：第一是觉得语法枯燥，不像文学那样生动有趣；第二是觉得语法没用，讲了许多概念术语，对于写作没有什么帮助。"③应该说，这大体上反映了包括语法在内的诸多语文陈述性知识教学中长期存在的一个通病。朱德熙把教学缺乏兴趣排在首位，这是值得我们好好反思的。固然包括语法在内的诸多语文陈述性知识看起来确实是枯燥乏味的，这是一个客观事实，无法更改；但是，人是活的，教与学是人操纵的，特别是对教师而言，设法变枯燥为有趣，何其重要。教师必须从思想深处明白"兴趣"这两个字对于学生学习的价值与意义。

"兴趣"在心理学上被界定为，个体力求认识某种事物或积极从事某项活动的心理倾向，它表现为个体对某种事物或从事某项活动的选择性态度。兴趣在学生的学习中具有极其重要的作用，关于这一点，古今中外不少教育家、心理学家都曾作过阐述。在我国，早在两千多年前，孔子就已十分重视学习兴趣的价值，指出："知之者不如好之者，好之者不如乐之者。"(《论语·雍也》)在孔子以后，历代诸多学者都非常强调兴趣对学习的重要性。如宋人张载

① 曹明海、张秀清编著：《语文教育文化过程研究》，山东人民出版社，2005 年版，第 228 页。
② 叶至善、叶至美、叶至诚编：《叶圣陶集》第 16 卷，江苏教育出版社，1993 年版，第 116 页。
③ 朱德熙：《关于中学语法教学》，《语文教学通讯》，1987 年第 2 期。

认为："学者不论天资美恶，亦不专在勤苦，但观其趣向着心处如何。……此始学之良术也。"(《张载集·经学理窟·学大原下》)清人王筠则指出："学生是人，不是猪狗。……人皆寻乐，谁肯寻苦。读书虽不如嬉戏乐，然书中得有乐趣，亦相从也。"(王筠《教童子法》)美国"进步教育"学派的代表人杜威就曾提出了"兴趣中心论"，他说："兴趣是生长中的能力的信号和象征，兴趣显示着最初出现的能力。"①现代认知心理学家皮亚杰则断言："强迫工作是违反心理学原则的，而且一切有成效的活动必须以某种兴趣为先决条件。"②当代著名教育心理学家布鲁纳则指出："学习的最好刺激，乃是对所学材料的兴趣。"③苏联著名教育学家苏霍姆林斯基也强调认为："学习兴趣是学习活动的重要动力。"④现代学习心理学研究表明，学习兴趣与学习成绩两者之间存在着正相关，即学习兴趣的水平越高，学习成绩越好。学习兴趣对学习之所以会有这种促进作用，其学理机制在于，学习兴趣作为学习动机系统中的一个子系统，可以直接转化为学习动机，这是一种潜在的内驱力。

语文陈述性知识教学要求遵循趣味性原则，其根本目的正是为了激发学生这种自我内部的学习动机，以此来有效削减与排除因语文陈述性知识本身的枯燥乏味而产生的厌烦阻抗心理。这种"激发"的实现，当然是从"教"的角度来进行的，这对于教师的教学设计无疑提出了高要求，要花时间、动脑筋。但是，从教学实效的角度来看，与其在教后让学生死记硬背、题海式练习，不如在教前、教中多多思忖如何激发学生的学习兴趣，使学生乐学、愿学，促使其产生自我提高的内驱力，进而实现从"要我学"向"我要学"的境界转变。这样看来，针对激发兴趣的教学设计即使加大精力投放也是颇为值得的。有学者指出："许多成功的语文教师都有这么一种体会，什么时候能够唤起学生学习语文的热情，能够激发起学生学习语文的兴趣，什么时候才真正牵到了语文教育的'牛鼻子'，否则永远只能在'少慢差费'的低谷中徘徊。"⑤

总之，我们应该认识到，在人的意识的作用中，并非全是以理性因素占主导地位的，包括兴趣在内的非理性因素常常也会生成某种强大的力量，直接调控着人的言行。认识主体本身就是个知、情、意相统一的有机整体，人的意识也是个复杂的机构，它是理性与非理性、有意识与无意识等的有机统一。从这一意义上来看，对于较为枯燥的语文陈述性知识而言，教学遵循趣味性原则，实质上是对学生心理意识的顺从与呼应。

4. 综合性原则

综合性原则的提出，其立足点是定位在语文陈述性知识教学方式的多样性与变通性上的。

语文陈述性知识种类较为复杂，如前文所述，从学习者获得知识的方式的角度来看，语

---

① [美]杜威：《杜威教育论著选》，华东师范大学出版社，1981年版，第10页。
② [瑞士]皮亚杰：《教育科学与儿童心理学》，文化教育出版社，1981年版，第176页。
③ [美]布鲁纳：《教育过程》，文化教育出版社，1987年版，第34页。
④ [苏联]苏霍姆林斯基：《学习兴趣是学习活动的重要动力》，《外国中小学教育》，1990年第1期。
⑤ 王柏勋：《语文教学情趣论》，社会科学文献出版社，2004年版，第25页。

文陈述性知识可分为三类,一是以记忆性为主的语文陈述性知识,二是以理解为主的语文陈述性知识,三是以体验为主的语文陈述性知识。某种意义上讲,“怎么教”在很大程度上受制于“教什么”。针对不同类别的语文陈述性知识必然要求采取不同的教学方式。另外,从内在的知识表征来看,语文陈述性知识的心理表征方式主要有四种,即概念、命题、命题网络以及心理表象。知识表征方式的不同,规定了知识纳入主体认知结构的途径方式的不同,这就内在地、前提性地决定了不同表征方式的知识其学习方式的不同;而学法从根本上又制约着教法。无疑,不同的知识及不同的表征方式所带来的不同学法,最终将决定语文陈述性知识的教学必然要采取灵活多样的方式与手段。

总之,语文陈述性知识的教学,无论是从其外在的形态类别,还是从其内在的心理表征来看,都要求采取多元的、综合的教学方式。

(二)语文陈述性知识教学的基本方法

1. 讲解法

讲解法主要表现为教师采用叙述、说明等方式来传授语文陈述性知识。对于学生难以通过自学来完全理解的新知识,譬如中学生新接触的“说”“表”“赋”等古代文体、某些文学流派、某些成语典故,等等,可以运用这种方法。运用这种方法,教师要确保讲解的科学性,集中讲解必要的知识点,不致旁逸斜出、横生枝节;要注意讲解的生动性,内容精要好懂,尽量充分调动学生的感知、想象、思维等多种心理机能,保证学生能通畅无阻地接受与理解知识;要选择讲解的时机,力避“满堂灌”的倾向,这就要求教师深入把握学情,在学生不懂而又需要懂的情况下,有针对性地抓住重点来讲解。

2. 举例法

语文基础知识中的概念、命题本身并不复杂,但要真正领会,却不是光靠从概念到概念、从理论到理论的讲述所能奏效的。因此,要经常使用举例法。举例时,先要举单纯性的反映知识本质特点的“正例”,控制那些非本质的特征,在此基础上恰当引入“变式”或是运用“反例”进行比较。这样就能使学生逐步理解知识的本质属性和非本质属性,对知识点形成完整的印象,也增加了其辨识和运用的能力。

3. 图示法

图示法是通过增强知识的直观性来帮助学生理解掌握的教学方法。语文知识比较抽象,但只要做个有心人,还是能找到一些相对形象具体的方法的。比如讲语音,有发音器官解剖图;讲文字,有甲骨文拓片,有文字的分解、结构示意图,还有文字演变的动态图;讲短语和句子的语法,可以用线条或框式图;讲课文的篇章结构,可以用链状图、辐射图、树状图,等等。使用图示,可以充分利用表象记忆,可以使教学内容化繁为简,形象好记。

4. 比较法

比较法是对不同项目的知识进行对比或者对同一知识的不同方面进行比较分析,从而认识语文知识之间异同的方法。运用比较法,将相近的概念、命题进行比较,就可以加深学生对知识本质属性的理解。譬如讲修辞，可以将“比喻”和“比拟”进行比较，将“比喻”和“借代”进行比较，将“比喻”和文章中的“象征”进行比较，等等，通过这一系列比较，“比喻”的内涵与外延得到了彰显，也与其他知识点构建成了网络结构。①

5. 讨论法

讨论法就是组织学生对某些语文现象或问题进行讨论交流，从中发现规律性知识的方法。这种方法适用于有一定难度而又可能被学生主动发现的知识，譬如文言文中的“使动用法”，可以在学习过几篇出现“使动用法”的文言文之后让学生讨论这种现象，认识其规律。运用讨论法，要在学生有了一定的相关的零散知识点的基础上进行，才可以使学生有发现规律性知识的可能。教师要对学生的讨论发言做出适当的引导点拨，从而使学生的认识逐渐走向明朗清晰。著名特级教师钱梦龙在《死海不死》课文教学中，为了教“知识小品”这个文体的特点，就超越了“教师提问→学生回答→教师评价”的传统模式，采用了“学生陈述→师生质疑→学生解释”的对话结构，更好地发挥了学生的主动性。②

6. 积累法

积累法就是指导学生自己不断丰富语言材料并在此过程中提升语感的方法。运用积累法，教师具体要做好三个方面的工作。第一，规划。每学期开始，教师应从宏观出发对学生积累的“质”与“量”进行规划，即从积累的数量与积累的内容这两个方面进行调控，要求学生达到相应的标准与要求。比如在积累的内容方面，可以要求学生积累谚语、格言、歇后语、对联等语料，以及指定的名家名篇，在积累的数量上，可以要求学生每周至少积累谚语、格言、歇后语、对联等语料各一条，每周能背诵一至两篇名家名篇。第二，授法。即要传授给学生关于积累的一些常用的方法，以减少学生在摸索积累的途径方法上花费不必要的时间和精力。传统的积累方法有做卡片、做笔记等，在新媒体时代，也可以鼓励学生通过微信、QQ 等平台收录、摘抄经典作品，还可以通过课程网站进行经典作品推广交流。第三，检评。教师应定期或不定期地对学生的积累情况进行检查与评价，目的在于防止学生敷衍了事，避免积累法流于形式。教师要经常对学生积累经典作品的优秀表现予以鼓励，并敦促后进学生努力养成积累的好习惯。

7. 体悟法

这种方法主要是针对体验类语文陈述性知识的教学。体验类语文陈述性知识很难通过“说教”或“操练”的方式让学生获得，唯有让学生走进文本、走近作者，师生倾情对话、用“心”体验——学生在与文本、教师以及学生自我之间倾心对话的基础上，充分调动自己作为学习主体的能动性，通过想象、移情、反思、感悟等种种积极的心理活动，在不断的肯定与否定、解构与重构的思想流变中，逐渐生成新的情感、态度、价值观等。

---

① 刘淼：《当代语文教育学》，高等教育出版社，2005 年版，第 156 页。
② 韩雪屏：《语文课程知识初论》，江苏教育出版社，2011 年版，第 384—386 页。

三、案例评析

【案例 5-1】

《从百草园到三味书屋》教学实录①

肖培东

……

师:文章的标题能不能改成"百草园和三味书屋"?

生:我觉得可以,因为文章主要写了对百草园和三味书屋的相关回忆。

生:我也觉得可以,前半部分写了作者在百草园的童年生活,后半部分写了作者在三味书屋的读书生活。

生:我觉得不可以,感觉鲁迅要写的不仅仅是百草园和三味书屋,还有……

师:我们再一起读读文章的标题。(学生反复读"从百草园到三味书屋")

生:我觉得作者要表达的更是这一段"从……到……"的感情经历。

师:散文是为了表达作者独特的情感。细细品味,从百草园到三味书屋,作者经历了什么,又感悟了什么。(学生读相关语段)

生:从百草园到三味书屋,作者从无忧无虑的童年到开始读书,走进了书塾。

生:从百草园到三味书屋,作者从天真无忧的时光到多少有点成长有点忧伤的时光。

师:不识愁滋味,开始有了"Ade,我的蟋蟀们! Ade,我的覆盆子们和木莲们!"的告别,到最后——

生:从一个奇趣无穷的儿童乐国,到多少受到规矩的束缚,作者慢慢长大。

生:从百草园到三味书屋,是一种长大的忧伤,又有读书的愉悦。

生:我觉得这个"从……到……"也是我们每个人都要经历的生命过程,谁不是又快乐又忧伤地成长呢?

生:就像我们从幼儿园到小学,我们感受更多的其实是其中的滋味。

……

师:从百草园到三味书屋,是空间与空间的转换,也是童年快乐时光的定格。通过这篇文章,我们能读出很多感悟,比如儿童不可压抑的快乐天性,比如对三味书屋生活的怀念,比如对失去的童年的惆怅之情……如果说"按斑蝥""拔何首乌""摘覆盆子"等快乐的童年往事,作者是以儿童口吻去叙说的,那么文中哪些地方是用了成人视角来叙述的呢?在情感表达上有什么特点呢?

生:文章的开头一段就是成人视角。

师:一起读一下,我们能感受到作者的什么情感?(生齐读)

① 肖培东:《从"百草园"到"三味书屋"——〈从百草园到三味书屋〉教学思考》,《语文建设(中学版)》,2019 年第 2 期。有删节。

生：留恋和怀念。我从“早已”“连……也已经”中读出了作者对曾经的“乐园”和快乐童年的无限怀念。

生：这里还可以读出作者对眼前生活的感叹，从“但那时”中可以读出作者对现实生活的一点不满。

生：文章的结尾部分写道：“这东西早已没有了罢。”从中也能读出他对童年生活的怀恋，以及童年生活不再的淡淡的苦涩味道。

师：这些地方能否用儿童视角来写？

生：不能，这些情感是作者经历生活沧桑之后的人生感悟，用儿童视角写出来就不深刻了。

师：是的，多年之后，作者站在现实的大地上用一双温情的手，抚过这段岁月，尽是万千感慨。所以，儿童视角和成人视角各有妙处，只有各得其所，才能各尽其妙。

……

【评析】

这个教学片段中，作者在文中运用的两种叙述视角之间的转换是一个重要的教学内容，这是文艺学的重要陈述性知识之一。在教学过程中，教师充分遵循了语文陈述性知识教学的基本原则。在教学方法上，教师充分运用了讲解法、问答法、讨论法、体悟法等多种教学方法。

在开头，教师提出问题：文章的标题能不能改成“百草园和三味书屋”？让学生各抒己见。然后引导学生反复读课文题目，从而认识到：散文是为了表达作者独特的情感，从百草园到三味书屋，是空间的转换，也蕴含着情感的演变，即作者叙写了自己从有“无限乐趣”的“乐园”到“全城中称为最严厉的书塾”的过程和心路历程。在这一过程中，教师启发学生联系自身的生活阅历来思考，反映了对学生自身生活体验的关注。这为后面的教学作了铺垫。

教师讲解：“按斑蝥”“拔何首乌”“摘覆盆子”等快乐的童年往事是以儿童口吻去叙说的，进而提问：文中哪些地方是用了成人视角来叙述的？这是教学过程中的关键点，指示了教学的核心内容。

学生指出文章开头就是成人视角，教师就引导学生朗读，从而体会到作者对童年生活的留恋和怀念，以及作者对眼前生活的不满。由此拓展，学生又指出文章的结尾“这东西早已没有了罢”，也是成人视角，并从中读出作者童年生活不再的苦涩。学生对成人视角的叙述，有了较充分的认识，不仅能准确找出来，而且能深刻体会到作者融入的情感体验，这样就对成人视角的作用有了一定的领悟。

教师相机而问：这些地方能否用儿童视角来写？这个提问实际上是启发学生认识两种叙述视角各自的作用。由于此前的问答和朗读已经较为充分，所以学生比较容易回答出，不能改用儿童视角，因为这些情感是作者经历生活沧桑之后的人生感悟，用儿童视角写出来就不深刻了。教师在此基础上讲述：儿童视角和成人视角各有妙处，只有各得其所，才能各尽其妙。

总之，教师为了教授认识"回忆性散文中的两种叙述视角"这一陈述性知识，在教学过程中坚持实践性原则、情境性原则、趣味性原则、综合性原则，综合运用了多种教学方法，促进学生在互换视角中加深对视角运用妙处的认识，发展了学生的思维能力，促进了学生深度学习。

四、思考练习

1. 什么是语文陈述性知识？语文陈述性知识教学有哪些基本的教学原则与教学方法？

2. 自行搜集一则语文课例，对其中的语文陈述性知识教学进行评析，并结合课例谈谈怎样提高语文陈述性知识的教学效果。

3. 试从语文教材中选取三类语文陈述性知识（即以记忆性为主的语文陈述性知识，以理解为主的语文陈述性知识以及以体验为主的语文陈述性知识）各一条，利用本节的相关知识，撰写三则教学设计。

第二节　语文程序性知识教学的技能

一、技能概说

（一）定义

语文程序性知识教学的技能是指语文教师选择、生成、组织语文程序性知识，并且在一定的教学情境中让学生获得语文程序性知识的能力。

程序性知识，也叫操作性知识、技能性知识。它主要告诉人们应当怎样做，主要体现为一系列方法与策略。与陈述性知识相比，程序性知识提供的是一种动态知识。"现代心理学的广义的知识观，把知识分为陈述性知识、程序性知识。广义的知识观把知识、技能和策略都统一在同一个'知识'概念里了。这种知识也就是所谓的'真知'，不仅包括了'知'，也包括了用'知'来指导'行'。"[①]程序性知识实质上是一套如何办事的操作程序和步骤，主要用于指导实际操作，它可以为实践活动定向。当程序性知识转化为个体熟练的动作经验之后，个体就掌握了技能。

从理论上讲，语文程序性知识在语文课程内容中是相当丰富的。比如，怎样用词造句，怎样划分段落和概括段意，怎样理清作者的思路，怎样从上下文中领会词语在语言环境中的含义和作用，怎样观察和描述客观事物，怎样欣赏诗文形象，怎样写作各种文体，怎样做到得

---

① 皮连生：《智育心理学》，人民教育出版社，1996年版，第57页。

体地与别人交流，怎样高效地阅读，等等。语文程序性知识的心理表征形式是“产生式”和“产生式系统”。产生式是表征程序性知识的最小单位，简单地说，就是：如果满足了某种条件，那么就执行某一动作。这种以“如果—那么”形式表示的规则，就称为“产生式”。一个产生式是一个由条件（conditions）和动作（actions）组成的指令，即所谓的“条件—活动”规则。条件是指产生式必须具备的情况概述，而动作则指由条件引起的外部行为或在记忆中发生的变化。正如多个命题会构成命题网络一样，多个“产生式”会构成“产生式系统”。语文的基本技能绝大多数要借助产生式系统才能形成，这个特点也与语文陈述性知识大多以命题网络形式存在的特点相一致。比如，要分析一个文学人物，可以采取一系列的操作程序：① 分析人物活动的自然环境和社会环境；② 分析人物的外在特征（肖像描述）；③ 分析人物的内在特征（心理描写）；④ 分析人物的言语、行为特征（言语、行为描写）；⑤ 分析人物形象蕴含的社会意义；⑥ 分析人物形象蕴含的美学意义等。[①] 上述的每一个步骤联合在一起，便会形成较为复杂的产生式系统。

（二）类型

在现代认知心理学范畴里，程序性知识和技能是等价的。技能是一种习得的能力，其实质是一套办事规则支配了人的行为。这里的“一套办事规则”便是程序性知识。程序性知识是从人的技能中推测出来的，或者说技能的本质是程序性知识。[②] 现代认知心理学家 R. M. 加涅把技能分为三类，一是动作技能，二是智慧技能，三是认知策略。据此，程序性知识也可以分成三类，语文程序性知识、语文程序性知识教学的技能亦是如此。

1. 动作技能类语文程序性知识

动作技能也称运动技能，指的是在练习的基础上形成的按某种规则或程序顺利完成身体协调任务的能力。在语文课程中，像书写汉字、键盘输入汉字、朗读（发音方面），等等，都涉及动作技能类语文程序性知识。

2. 智慧技能类语文程序性知识

智慧技能也称心智技能，指的是将已习得的知觉模式、概念、规则运用于实际情境，从而顺利完成任务的能力。语文课程中大量的关于读、写、听、说言语行为的规则和方法，都属于智慧技能类语文程序性知识。

3. 认知策略类语文程序性知识

认知策略作为一种对信息加工的方式方法，是个体在信息加工过程中对自己思维过程的调节、控制和选择。认知策略与智慧技能的主要区别在于，智慧技能是对外办事的程序性知识，而认知策略是对内调控的程序性知识。从本质上讲，认知策略就是学习者内部组织起

① 刘淼：《当代语文教育学》，高等教育出版社，2005 年版，第 158 页。
② 皮连生：《教育心理学（第三版）》，上海教育出版社，2004 年版，第 119、127 页。

来的，调控学习、思维等活动的程序性知识。[①] 在语文课程中，譬如阅读时快速收集信息的策略、写作时编写提纲的策略、口语交际时保持态度得体的策略等等，都属于认知策略类语文程序性知识。

在语文教学中让学生获得丰富的、概括化了的程序性知识非常重要，这是因为：① 它可以直接指导学生的听说读写言语实践活动；② 它可以逐渐形成自动化了的、合乎法则的言语心智和操作的技能；③ 它有利于引导学生在新的学习情境中形成独立解决问题和调控自身认知的能力。因此，如果我们的教科书或者我们的课堂教学不仅注意告诉学生有关的陈述性知识，而且注意让学生独立主动地学到程序性知识，建立并运用解决问题的产生式系统，那么教学效果将会大大提高。[②] 如上所述，从理论上讲，语文程序性知识在语文课程内容中是相当丰富的。然而，在实际教学中，语文程序性知识是非常匮乏的，其表面原因是语文课程标准中没有清晰地给予呈现，而深层原因则是语文教育界与相关学术理论界的隔阂导致相关知识无法得以有效传递。对此有学者指出，语文课程知识体系中有相当一部分来源于语文的母体学科，但真正要做到“精要，好懂，有用”，至少还需要对这些知识进行转化，甚至进行全新的语文课程知识开发。[③] 因而，语文教师生成、组织合宜的语文程序性知识就显得非常重要。为此，语文教师必须提升自己的理论修养，努力充实更新自身的语文学科知识结构，不断丰富汉语语言学、普通语言学、文章学、文艺学、阅读学、写作学、口语交际学等学科知识的积累。

二、训练要点

（一）语文程序性知识教学的基本流程

1. 使学生掌握语文程序性知识的“内容”

这是掌握程序性知识的前提。现代认知心理学派认为，程序性知识的前身就是陈述性知识，它通常提供程序所需的材料。从某种意义上讲，所有程序性知识的“静态表现”事实上就是陈述性知识。此时的程序性知识是可以言传的。

在教学过程中，为使学生形成技能，首先应使学生“知道怎样做”，即语文程序性知识的“内容”是什么。当然学生也可以通过实践中的不断摸索来完成某项技能，但是既然教育作为一种活动从人类其他的社会活动中独立出来，我们就应该可以用最简约的方式使学生迅速掌握前人积累下来的文明成果，这就是学校教育的优势所在。

2. 使学生明晰语文程序性知识应用的条件

通过上一阶段的学习，学生掌握了程序性知识的陈述形式，但这时还不能以行为的方式表现出来。要想实现这个转化，必须明晰程序性知识形成的条件。

首先要注意的是，并非所有的陈述性知识都能转化为程序性知识。如一些语法的概念

① 张大均：《教育心理学》，人民教育出版社，2005 年版，第 246 页。
② 韩雪屏：《语文教学亟需引进程序性知识》，《语文教学通讯》，1998 年第 6 期。
③ 靳彤：《建构与淘汰：新时期初语文课程的知识建设》，《语文建设》，2016 年第 11 期。

(如:名词、动词、形容词)、修辞的概念(如:比喻、拟人、对偶)等只能作为符号的知识或事实的知识在长时记忆中保持下来。可以转化为程序性知识的陈述性知识是作为程序性知识前身的陈述性知识。加涅认为,智慧技能的学习需要具备的条件可以分为两大类,一是必要性前提条件,一是支持性前提条件。智慧技能的必要性前提条件如辨别、概念、规则和高级规则构成了学习层级。辨别是概念学习的先决条件,概念是规则学习的先决条件,而规则又是高级规则学习的先决条件。这样,智慧技能可以通过学习更为次级的技能及较简单的技能来实现。在教学中,教师应引导学生分析智慧技能的各种次级技能,使其分解到学生已具备的技能水平,直至无须再分解为止。而基本的知识、情感、态度、认知策略等则构成了智慧技能的支持性前提条件。

在这一阶段的教学中,主要的任务是使学生熟知完成某项任务所需的条件,或者规则所适用的范围,使学生知道,如果符合某个条件就可以表现出相应的行为。这时学生所掌握的知识主要还是以一种静态的方式存储的知识,要使这种静态的"程序性知识"最终转化为动态的"技能",则需要通过教学过程的第三阶段来完成。

3. 提供实践机会,促使技能形成

在前两个阶段的教学中,主要的目的是让学生知道"规则的内容"以及"如果某个条件适合,就可以采取某个行动"。但知道"怎样做"(包括做的"内容"和"条件"),并不意味着一定"会做"。第三阶段的教学,则要求学生在适当的条件下采取相应行动,要求学生由"知道怎样做"变得"会做"。

在这一阶段的教学中,教师应提供适当的变式练习,让学生熟知规则适用的各种不同情境,并能在条件符合的情况下表现出受规则支配的行为,使程序性知识转化为技能。教师设计的变式练习可以从提供与学习情境相似的问题情境逐渐演变为与原先学习情境完全不同的多种新情境,让学生熟知规则适用的各种不同条件。另外,应给学生充分的练习时间和练习机会。对于那些复杂的程序性知识,还应该考虑集中练习与分散练习相结合,整体练习与分解练习相结合,等等。

值得注意的是,规则完全支配人的行为,技能达到相对自动化,这在教学过程中只可能在某些学生身上出现,而不可能指望所有学生都能达到自动化的程度。短暂的学校课堂教学不可能使学生都形成非常熟练的技能,达到自动化的程度。因此,要注意引导学生自觉地在日常学习生活中主动运用所学习的程序性知识,加强实践,使技能逐步得以自动化。

(二) 语文程序性知识教学的基本策略

1. 动作技能类语文程序性知识教学的基本策略

从整个教学流程来看,动作技能类语文程序性知识教学的基本策略主要体现在以下几个方面。

(1) 耐心地讲解示范

这是动作技能形成的开始环节。从教师角度来看,主要是详细地讲解和示范动作的全部要领;从学习者角度来看,主要是理解学习任务,了解和认知动作的基本要求,记住有关动作的知识及事项，在头脑中形成动作的完整表象，以此作为实际操作的参照。

教师讲解动作要与示范动作相一致，一般情况下以边讲解边示范为宜。讲解要求形象具体、浅显易懂，示范要求准确到位，特别是要善于把整套动作分解成若干环节，抓住重点、难点，将某些细微处“放大”，以便于学生模仿学习。无论是讲解，还是示范，都可多次重复。对于学生人数较多的班级，教师则应适当“巡回”示范，保障每个学生都能观察到教师的规范动作。

(2) 反复地指导练习

所有的技能(包括动作技能和智慧技能)光靠教师的讲是不行的，必须依靠学生的实践操练。由于初学，学习者注意的范围往往较为狭小，虽然分解后的动作比较简单，容易掌握，但在前后两个动作的交替和过渡上则比较困难，因而常会导致学习者出现动作忙乱、紧张呆板、不准确、不协调、顾此失彼等现象。譬如小学生在初学写字时，往往头部过低，身体斜歪，握笔太紧，用力过大。在这一环节，教师要及时给予纠正、指导。

指导练习不能浅尝辄止，要保证练习的次数和时间，要加强反馈，要帮助学生排除过去经验中习惯的干扰，防止负迁移的发生。对于动作技能的练习，我们提倡“过度学习”的策略，以此来促进动作技能类语文程序性知识向技能自动化的转变。过度学习理论是由德国的心理学家艾宾浩斯提出的，其含义是一个人要掌握所学的知识，一定要经常提醒自己反复练习，才能得到巩固，过度学习有利于识记材料的保持。当然，艾宾浩斯的“过度学习”实际上是“适度紧张学习”，超过了限度，就可能会因学习疲劳而发生“报酬递减”现象，学习的效果就会逐渐下降，出现注意力分散、厌倦、疲劳等消极效应。

2. 智慧技能类语文程序性知识教学的基本策略

语文智慧技能的教学目的直指学生的语文能力的培养。根据训练过程，语文教师要掌握以下几种训练的基本策略。

(1) 科学制定训练计划的策略

训练以学生活动为主，教师指导、点化为辅，因而制定科学的训练计划，掌握好训练的难易程度和时间间隔，就尤为重要。训练要分出层次，注意梯度，要先使学生弄清基本概念、基本命题，而后再去运用，解决新问题。在认识阶段，学生需要学会按一定的规则去辨识某种对象或情境，看它是否与该产生式的条件相匹配；而在操作阶段，学生需要学会按一定的程序与规则进行一系列操作练习。譬如，学习语音，要先训练学生准确发音、正确听音，而后再训练运用各种语气语调来诵读，来有效地表情达意。再比如学习了申请书的有关知识，进行申请书的写作训练，就可以大致分成以下几步：① 回忆知识要点，理出写作要求；② 列举正确实例，对照要求评议；③ 列举错误实例，提出修改意见；④ 布置训练题目，限时独立写作；⑤ 相互交流评议，交换修改作业。这样分层次、讲序列地训练，就能有效达到目标。难易适当，梯度合理，也可以使学生品尝成功的喜悦，激发学生参与训练的热情。时间间隔合理，可以避免学生心理疲劳，促成知识的巩固和技能的形成。

（2）重视示范与迁移的策略

教师的示范对学生程序性知识的学习具有重要的促进作用。教师示范时要把各个步骤充分展开，便于学生学习观察、理解与模仿，这就是学生的“原型定向”，即让学生了解程序性知识。譬如学习了句法知识，让学生进行划分句子成分的训练，教师可采用框式图，一步一步地做给学生看。譬如，教如何写作，教师自己写“下水作文”，并且向学生说出自己写作时的真实感受，要比抽象、空洞的讲评有效得多。在示范的过程中，要让学生积极参与，也可以让学生说出步骤。学生理解了概念和规则并能用语言陈述其内容后，更重要的是应用，而促进应用的关键是进行变式练习。这就是迁移。重视迁移，就是要引导学生将所学知识与该知识应用的“触发”条件结合起来，形成条件化知识，在大脑中储存大量的“产生式”，并进行“原型操作”，也就是以外显的操作将程序性知识付诸实施。学生在操作的过程中，经过教师的点拨，将心智活动的实践模式在自己头脑中转化，变成观念性的、简缩性的、内潜性的过程，达到“原型内化”，以便能够广泛地适用于同类课题。① 在这个迁移过程中，教师要多研究知识点之间的内在联系，注重学生认知的心理规律，不能一味灌输。

（3）监控与鼓励并举的策略

训练在教师的全程监控下进行，有利于教师及时发现问题，对教学活动进行调整；也可以增进学生训练的积极性、自觉性，维持训练动机，提高训练质量。在训练过程中，由于每个学生自身条件和其他因素的影响，各个学生能力形成的状况会产生差异。在训练过程中，各人的感受也不尽相同。教师还要指导学生学会自我监控，及时总结自己的得与失，以形成新的策略，为迅速改组原有知识结构、创造新知识的生长点创造条件。在学生训练的过程中，教师的适时指导和鼓励，能使学生消除畏难心理，增强克服困难的信心和勇气。学生情绪高涨又对激活原有知识、优化知识结构、提高记忆效率大有帮助。②

3. 认知策略类语文程序性知识教学的基本策略

认知策略的学习主要目的就是教会学生“能动学习”“学会学习”。基于认知心理学，语文教师主要应该从以下几个方面来训练与指导。

（1）复述策略

复述策略是指学生运用内部语言在大脑中重现语文知识，以使自己的注意力集中在语文知识之上并将它保持在记忆中的策略。复述策略涉及以下几个认知过程：一是选择，即把注意力放在一定对象上；二是维持，把信息保持在记忆中；三是获取，把信息转入长时记忆。③语文教学中要让学生掌握复述策略，就要教给学生一些具体的方法，包括反复朗读、默记，在文中划横线、作旁注，对照原文抄写、作摘要、画思维导图，等等。教师还要引导学生逐渐调动多种感官参与，目视、耳听、口述、手写，各方面协调起来，更有利于增强记忆。此外，教师应根

① 荣维东：《语文教学原理与策略》，西南师范大学出版社，2014 年版，第 88 页。
② 刘淼：《当代语文教育学》，高等教育出版社，2005 年版，第 160—161 页。
③ 董蓓菲：《语文学习心理学》，北京大学出版社，2015 年版，第 55 页。

据艾宾浩斯的"遗忘曲线"的特点,要求学生合理安排好重复的时间、重复的次数、重复的方法,综合采用及时复习、分散复习、限时复习等多种方法,以达到对语文知识的有效记忆。

(2) 精加工策略

精加工策略是将新学习的知识和头脑中已有知识联系起来的一种深加工策略,主要包括人为联想策略和内在联系策略两种。人为联想,就是当学习的知识点本身意义不强,难以进行意义记忆时,"牵强附会"地赋予它意义来帮助记忆,其根本目的就是要使新旧知识连贯在一起。语文教师运用形象联想法、歌谣口诀法、谐音联想法等来教学都属于这一情况。譬如,有的教师为了便于学生区分"戊""戌""戍""戎"几个字,就引导学生观察字形区别,并编出顺口溜:"戌横戍点戊中空,十字模样就是戎"。内在联系策略指对于意义性比较强的语文知识,要抓住字面意义背后的深层意义进行深度加工,使学生在头脑中产生一些思想联系的方法。譬如,有的教师在教学"叫嚣"的词义时,就对其中的部件"页"作了解释,将"额""颈"等字联系起来,让学生认识到"页"是"首""头"的意思,进而看"嚣"的字形,就容易理解"叫嚣"的词义了。学生在此过程中不仅学习了这个词语本身,也学会了理解词语的一种方法。在语文知识学习中,教师要引导学生学会做笔记、摘录、勾画、提要、质疑等,以此来促成知识点之间建立联系。

(3) 组织策略

组织策略是旨在建构新知识点之间内在联系,使新学的语文知识相互联系,结合成一个整体,进而形成新的认知结构的学习策略,主要有归类法和纲要法。归类法是将所学语文知识进行归类整理以便于记忆的一种方法。从应用的角度看,经过归类整合系统化的知识,其类别特征更加清晰,易于学生分类检索,从而减少回忆再现时的难度。例如,对文章知识进行归类整理,对学生的阅读与写作都十分有利。再如,一些文言文中存在大量的古今异义、词类活用等现象,也可以采取归类的方式进行学习。纲要法是掌握所学语文知识的纲目、要点的方法,抓住了要点,才能做到"纲举目张"。在学习文言虚词的时候,大量虚词都有几种词性,每种词性又有几种不同的用法,要全面掌握这些虚词,就要分纲列目,提高学习的效率。

(4) 元认知策略

元认知是指对自己认知过程和结果的认知,包括两个相互联系的部分:一是对于认知的知识;二是对认知的调节和监控。元认知的作用就是要使学习主体对学什么、如何学、何时学、为何学、学习受何因素的影响及各因素的关系产生明晰的自我意识和自我体验。元认知能力是个体在学习中随经验的增长而逐步发展起来的。元认知方法主要有表层方法(自我检查机械学习的情况)、深层方法(跟随兴趣的方法)和成就方法(对自我精心安排和对方法精心选择等)。例如,普通话正音训练中,光是掌握相关的普通话语音知识是不够的,学生还必须有对自己发音状况的敏锐感知,学会听出自己发音中存在的问题,这才能有效加以订正。①

---

① 刘森:《当代语文教育学》,高等教育出版社,2005年版,第161—163页。

三、案例评析

【案例 5-2】

《大禹治水》教学设计①

欧义赐

……

研读第四自然段。

1. 指名朗读，随机点评。

2. 了解"疏导"的意思。

(1) 联系下文，找出表示"疏导"的词句。（他和千千万万的人一起，疏通了很多河道，让洪水通过河道，最后流到大海里去。）

(2) 在第四自然段中找出"疏导"的近义词。（疏通）

(3) 先猜测"疏导"的意思，再查词典，后积累词语。（疏导：使淤堵的水流畅通。如：疏导人流、疏导交通、疏导渠道。）

3. 对比治水的方法，感受禹的智慧。

人物	方法	结　果
鲧	挡水	九年过去了，洪水仍然没有消退。
禹	疏导	洪水终于退去了。

4. 了解"安居乐业"的意思，体会治水成功后的喜悦。

(1) 联系上文找出表示"安居乐业"的词句。（大家在被水淹过的土地上耕种，农业生产渐渐恢复了。）

(2) 根据字面猜测"安居乐业"的意思。（安：安定；乐：喜爱，愉快；业：职业。指安定愉快地生活和劳动。）

(3) 展开想象，补充内容。

洪水退了，百姓过上了安居乐业的生活，有的……有的……有的……

……

【评析】

按照《义务教育语文课程标准(2011 年版)》的要求，在第一学段，"结合上下文和生活实际了解课文中词句的意思"是阅读教学的目标之一，也就是说，"结合上下文和生活实际了解课文中词句的意思"是学生应该学习的语文程序性知识之一。这个教学片段中，教师着重教了"疏导"和"安居乐业"两个词语的意思。两个词语的意思本身属于陈述性知识，而"结合上下文了解词意"则是伴随着的程序性知识。

① 欧义赐：《〈大禹治水〉(部编本二上)教学设计》，《小学语文教学(会刊版)》，2018 年第 9 期。

在教学“疏导”一词时，教师先让学生在下文中找出表示“疏导”的词句，学生找出来，也就在头脑中对“疏导”有了一个初步的印象。然后，教师要求学生在文中找出“疏导”的近义词，即“疏通”，学生将两个词联系起来认识，理解程度就会加深。有了这个基础，教师再让学生猜测词语的意思，所谓“猜测”，其实就是尝试用自己的言语方式给词语作出解释。为了印证学生的猜测，教师带领学生查词典，确认词意。进而，教师通过列表格的方式，引导学生对课文中两种不同治水方法进行对比，加深了对“疏导”的理解。在这个过程中，“找出表示‘疏导’的词句”→“找出‘疏导’的近义词”→“猜测词意”→“对两种截然相反的治水方法作对比”，就是理解“疏导”一词的程序。

程序性知识的教学要注重迁移运用。教学“安居乐业”一词，就体现了对这个程序性知识的迁移运用。教师先要求学生联系上文找出表示“安居乐业”的词句，然后根据字面猜测“安居乐业”的意思。由于此前教学的成功，这个环节学生就没有太大难度了。教师又布置任务：展开想象，“洪水退了，百姓过上了安居乐业的生活，有的……有的……有的……”这其实是对词意理解的强化训练，其中也蕴含着程序性知识，即要能够把对词语意思的抽象理解通过形象的画面描述出来。

四、思考练习

1. 语文程序性知识有哪些基本类型？谈谈相应的教学策略。

2. 从当代教学名师的教学案例中选取一二，指出哪些地方涉及程序性知识的教学，并运用本节的相关知识谈谈教学策略。

3. 试从《义务教育语文课程标准（2011 年版）》的“课程目标与内容”中选择一个学段整理出写作的程序性知识，并从中抽取几条试着撰写几则教学设计。

第六章　指导综合性学习与研究性学习的技能

综合性学习与研究性学习主要体现为语文知识的综合运用、听说读写能力的整体发展、语文课程与其他课程的沟通、书本学习与生活实践的紧密结合，以及语文应用、审美与探究能力的培养，促进学生均衡而有个性地发展。指导综合性学习与研究性学习的技能可分解为指导综合性学习的技能、指导研究性学习的技能。

第一节　指导综合性学习的技能

一、技能概说

（一）定义

义务教育阶段的语文综合性学习是与识字写字、阅读、写作、口语交际并列的学习领域之一。《义务教育语文课程标准（2011 年版）》指出："综合性学习主要体现为语文知识的综合运用、听说读写能力的整体发展、语文课程与其他课程的沟通、书本学习与生活实践的紧密结合。""综合性学习应贴近现实生活。联系生活中的实际问题开展学习活动，在实现语文学习目标的同时，提高对自然、社会现象与问题的认识，追求积极、健康、和谐的生活方式，增强抵御风险和侵害的意识，增强在与自然、社会和他人互动中的应对能力。""综合性学习应突出学生的自主性，重视学生主动积极的参与精神，主要由学生自行设计和组织活动，特别注重探索和研究的过程，要加强教师在各环节中的指导作用。""综合性学习应强调合作精神，注意培养学生策划、组织、协调和实施的能力。""综合性学习的设计应开放、多元，提倡与其他课程相结合，开展跨领域学习。跨学科学习，也应以提高学生语文素养为目的。""积极构建网络环境下的学习平台，拓展学生学习和创造的空间，支持和丰富语文综合性学习。"①

所谓指导语文综合性学习技能，就是语文教师根据语文课程标准和学情特点，选择综合性学习课题与主题、制定综合性学习方案、组织和实施综合性学习过程、评价综合性学习成果的能力。

（二）类型

语文综合性学习具有语文性、综合性、参与性、情境性的特点。语文性是指语文综合性学习必须以听读说写等言语技能训练为前提，否则就会导致综合的泛化。综合性是指在语文综合性学习方式和语文综合性学习课程中，从学习目标、学习方式与评价方式几方面凸现出来的整合发展的特征。参与性是指在参与研制学习方案、实施学习计划、评价学习效果、

① 中华人民共和国教育部：《义务教育语文课程标准（2011 年版）》，北京师范大学出版社，2012 年版，第 24—25 页。

总结学习经验、确定发展目标等整个学习过程中，学生所表现出来的饱满热情与能动行为特征。情境性是指在综合性学习过程中，学生进入一个真实或虚拟的学习情境中，学生由一个“最近发展区”向另一个“最近发展区”发展的特征。

根据语文综合性学习的过程，指导语文综合性学习技能，可分为指导选择综合性学习主题的技能、指导制定综合性学习方案的技能、指导组织和实施综合性学习过程的技能、指导评价综合性学习成果的技能。

语文综合性学习的指导应该使学生在实践活动中达成一定的目标：① 促进学生在主动参与实践过程中获得人生感悟和生活经验；② 形成对自然、社会、自我内在联系的整体认识，发展对自然的关爱和对社会、对自我的责任感；③ 形成从自己的周边生活中主动地发现问题并独立地解决问题的态度和能力；④ 发展实践能力，发展对知识的综合运用和创新能力，养成合作、分享、积极进取等良好的个性品质；⑤ 强化学生的听读说写言语实践能力的综合发展；⑥ 提高学生对自然美、社会美、人性美审美能力。

二、训练要点

（一）明确指导语文综合性学习的基本原则

1. 综合运用听、读、说、写言语能力的原则

实施语文综合性学习要遵循语文教育的特点，围绕言语实践来策划活动、选择课题、设计方案、开展研究。因为言语实践是语文教育最突出的特点，抓住了这个特点，就抓住了语文综合性学习的本质。

2. 在学习实践活动中渗透多种学科知识的原则

设置语文综合性学习的目的，就是要突破“以学科知识为中心”的苑囿，在一个更广阔的视野中，综合运用文史、理工、艺术及网络知识，全面发展学生的素质，使学生适应未来社会的生存需要。

3. 围绕人与人、人与自然、人与社会三条线索设计学习活动的原则

建立和谐社会，创设可持续发展机制，既是一项基本国策，也是必须渗透到我国各级教育课程中去的迫切任务。所以，语文综合性学习应围绕人与人、人与自然、人与社会三条线索，设计和学生自身生活与发展密切相关的语文学习活动。

4. 学生参与策划、实施、展示、评价等整个活动过程的原则

设置语文综合性学习的又一目的，就是把“学习权”“自主权”还给学生，使学生成为学习的真正主人。所以，语文教师要改变包办代替的习惯，放手让学生自己去策划活动、开展研究、展示成果、反思提升，在整个活动中培养学生的能力，发展学生的个性。

（二）掌握指导语文综合性学习的基本技能

1. 指导选择综合性学习课题与主题的技能

综合性学习课题的选择，首先要考虑学生的特征。综合性学习不是兴趣小组活动，而是学生全员参与的实践活动。要考虑到每位学生的参与需求，要动员全体学生选择研究课题，

因为学生是综合性学习的主体。一切为了学生的发展，是综合性学习的宗旨。教师应从学校推荐、教师设计和学生自定的大量课题中，指导学生选择那些和自己的生活、学习环境、社区人群等息息相关的问题作为研究课题。同时，综合性学习的课题不能太大，要便于学生把握。

综合性学习课题的选择，还要考虑到研究的条件，要选择那些具备一定研究条件的课题。要充分开发和利用学校及其周边的各种课程资源，如人文资源、自然资源、信息资源、设备资源等。

语文综合性学习的首要任务是进行主题内容的确定。语文综合性学习的"主题"一方面来自语文教科书中综合性学习专题编排的内容，另一方面也可以根据地方资源和学情特点自行选择。语文教科书在单元编排中，综合性学习是其中内容之一。部编本九年级上册第四单元，安排了《故乡》《我的叔叔于勒》《孤独之旅》三篇小说类选文后，设置了主题为"走进小说天地"的综合性学习，体现了阅读教学与综合性学习的有机整合。而部编本七年级下册第四单元主题为"孝亲敬老、从我做起"的综合性学习则需要结合地方资源选择相应的主题内容。

2. 指导制定综合性学习方案的技能

综合性学习主题确定以后，教师要指导课题组制定综合性学习活动计划，设计综合性学习方案。综合性学习的目标要具体明白，要选择那些具有行为指向的词语描述目标与要求。综合性学习的内容范围、资料来源及查询方向要交代清楚。综合性学习的各项任务要落实到人，每个学习小组、学习小组内的每一个成员所承担的任务都要交代清楚。实施综合性学习的各项条件，如时间、场地、设备、经费、安全等也要详细说明，同时也要鼓励每个成员能创造性地实施学习方案。学生可以自愿组成小组，每组 4—6 人为宜。

3. 指导组织实施综合性学习过程的技能

综合性学习进入实施阶段后，学生将面临一个完全不同于课堂学习、完全不同于接受性学习的情境。这是一个没有讲解引导、没有现成资料、没有现成标准答案的学习情境，学习小组的每位成员会发现，一切是那样陌生、新奇、引人入胜或不可思议。这种情境体验对学生的发展具有重要意义，教师要提出明确要求，指导学生描述并反思这些体验是综合性学习的重要内容。语文教师在组织和实施综合性学习的时候，需要具备以下三个方面的基本技能：创设情境的技能、支架搭设的技能和组织小组合作的技能。

(1) 创设情境的技能

教学情境的创设，包括真实情境的创设和虚拟情境的创设。真实情境的创设关注的是学生常态的生活经验，如家庭生活、班级活动和社区活动等。虚拟生活情境，往往是通过具体生活片段的模拟来创设的。英国语文教材《牛津英语教程》"在荒岛上"的情境创设很有代表性，围绕荒岛生存，学生须完成一系列的任务，解决一系列的问题，譬如"选择伙伴问题""选择设备问题""模拟生活问题""沟通合作问题"等等，而每一个问题的解决又与语文活动紧密联系，如写日记、讨论、演讲等。

（2）支架搭设的技能

学习支架有多种分类，根据实际教学任务和支架目的，可分为接收支架、转换支架和产品支架；根据功能标准，可分为概念支架、元认知支架、程序支架和策略支架；根据表现形式又可以分为范例、问题、建议、向导、图表等类型。根据综合性学习的需要，可以搭设不同的支架。

（3）组织小组合作的技能

小组合作是语文综合性学习中最常用的教学组织形式，参考美国学者约翰逊兄弟的研究成果，语文教师在综合性学习中要重点指导学生三种合作技能：① 建立积极的信赖关系，特别是角色信赖；② 培养人际交往技能，核心是明确人际交往的规则；③ 反思小组合作活动，改善、提高小组合作的技能，培养和谐相处的能力。[①]

4. 指导评价综合性学习成果的技能

《义务教育语文课程标准(2011 年版)》指出："综合性学习的评价，应着重考察学生的语文综合运用能力、探究精神与合作态度。主要着眼于学生在综合性学习过程中的表现，如是否能积极参与活动，是否能主动提出问题，还有搜集整理材料、综合运用语文知识探究问题、展示与交流学习成果等方面的情况。第一、第二学段要较多地关注学生参与语文学习活动的兴趣与态度。第三、第四学段要多关注学生在语文活动中提出问题、探究问题以及展示学习活动成果的能力。各个学段综合性学习的评价都要着眼于促进学生提高语文水平的效率，并有助于他们扩大视野，更好地掌握学习语文的方法。"[②]

综合性学习的实质是要促进学生的更大发展，而适合的评价是促进学生发展的有效动力。在综合性学习中，一是要坚持整体评价的原则：可以借鉴多元智力理论设计评价目标体系，学习活动与评价要有利于学生素质的全面发展。二是要发挥评价的激励功能：综合性学习没有失败，无论是成功的体验还是挫折的体验，都是学生促进自己发展的极好经验。三是要关注学习过程的评价：综合性学习的过程有时候比结果还重要，自主、合作与探究的学习过程，不仅体现了学习方式的转变，体现了学习行为的转变，而且会影响到学生学习习惯与价值观的转变。四是要发挥多元主体的评价作用：学生的自我反思与自我评价、小组同伴之间的相互评价、指导教师的评价、家长以及社区的评价等，会从不同的角度发现综合性学习的意义与价值，多元主体参与评价会给学习者全方位的启迪。五是要关注对综合性学习成果展示的评价：成果的科学性不是评价关注的主要内容，成果展示中的情感体验、团队精神、能力获得、对下次综合性学习的积极建议等，是评价应该关注的焦点。

① 王荣生：《语文综合性学习教什么》，华东师范大学出版社，2014 年版，第 85 页。
② 中华人民共和国教育部：《义务教育语文课程标准(2011 年版)》，北京师范大学出版社，2012 年版，第 31—32 页。

三、案例评析

【案例 6-1】

基于赣南客家文化资源开发的语文综合性学习案例①

一、教学目标的选择

（一）体现“语文性”

语文课程是一门学习祖国语言文字运用的综合性实践性课程。基于地方课程资源开发的语文综合性学习的目标设计应围绕语言文字运用的知识、技能、方法和情意展开，重点培养学生的主动探究能力、阅读能力、写作能力、口语交际能力，以及热爱语文和地方文化的情怀。如开展以“走进三百山，了解秀美安远”为主题的语文综合性学习活动，其教学目标可设定为：(1) 能够上网查阅文献资料以及运用调查和访谈的方法搜集三百山的文献资料；(2) 了解搜集处理信息、访谈的方法与步骤；(3) 利用图像、文字呈现搜集加工的相关资料；(4) 撰写导游词或设计旅游规划方案。

（二）关注学情

学生时时刻刻生活在赣南客家传统文化影响下的这一片土地上，也在或显或隐地深受其影响。但是，学生对地方课程资源是否感兴趣，对哪些课程资源感兴趣，开发地方课程资源需要哪些语文能力和一般能力等等，都需要有较为准确的判断和把握。了解教学前学情的有效手段是调查和访谈。如以“寻访赣南客家传统文化”为例，通过对任教班级学生的调查和访谈，了解到有95%学生对这一主题非常感兴趣和比较感兴趣。教师相应地给出五个参考专题：“赣南风景古迹、祠堂族谱”“赣南饮食文化、资源特产”“赣南杰出人物”“赣南风俗民情”“赣南地方戏、童谣儿歌民谚”。

二、教学内容的选择

本研究以“赣南客家文化资源”为例，探索基于地方课程资源开发的语文综合性学习设计。客家是汉民族的一支系统分明的民系，它是中原汉人南迁过程中，与当地族群、当地文化不断融合、发展的产物。发掘研究这些文化是赣南人不可忽视的责任。

（一）开发地方课程资源的路径

1. 发掘语文教材中的相关地方课程资源

发掘并利用语文教材中的相关地方课程资源，是语文综合性学习的一条便捷路径，可以使语文综合性学习活动的开展取得事半功倍的效果。

2. 搜集学校生活中的地方课程资源

校内生活中赣南客家文化资源可分为物质资源和人文资源两种。物质资

① 王从华、郭婳：《基于地方课程资源开发的语文综合性学习设计探索》，《基础教育研究》，2016年第19期。有删改。

源包括校内的硬件设施，如图书馆中的赣南客家文化书籍，实验室中的赣南客家文化器具，校园内的客家名人塑像、客家古典建筑等。人文资源主要指校内师生的情感态度、精神风貌等，也包括学生的学风、班风、校风中与赣南客家文化相关的资源。

3. 发现家庭生活中的地方课程资源

家庭生活蕴含的赣南客家文化潜移默化地影响着赣南人。家庭生活中存在的传统文化资源主要可从以下几方面挖掘：(1) 从家人或亲戚朋友口中了解一些口耳相传的客家民间传说、风俗习惯、历史故事、优良传统等。(2) 组织家庭传统文化活动，如一起包饺子，学习饺子文化，一起写对联，学习对联文化等。(3) 在饮食方面，赣南以美食著称，开展题为“自然环境对赣南饮食的影响”的综合性学习活动，透过饮食了解赣南地区地形地貌特点，气温湿度情况，将语文学科与地理学科结合了起来。(4) 从生活习俗出发，让学生了解自己家族的婚姻习俗、祭祀习俗、节庆习俗等，开展相应的综合性学习活动。

4. 关注社会生活中的地方课程资源

学习与社会相融合，既可以增进学校与社会之间的联系，又可以强化学生学习和生活的关系，激发学生关心社会生活的态度，培养学生的社会责任感。面对逐渐兴起的社区文化，如广场上兴起跳采茶舞，教师可鼓励和引导学生关注和参与社区活动，感受社区中蕴含的赣南客家文化。

(二)选择适合教学内容的途径

适合教学内容的选择要依据课程标准、教材特点和学情特征。由此我们可以确定“走进三百山，了解秀美安远”综合性学习内容：(1) 通过网络、访谈或游览的方式搜集三百山的资料或图片，讲述自己搜集资料或写游览的经历或写旅游景点“三百山”介绍，在小组内分享与交流；(2) 在阅读资料和现场游览的基础上，写导游词，开展“三百山优秀导游”选拔赛活动；(3) 采访有关人员和查阅旅游景点开发的资料，编写“三百山”旅游景点开发与建设的规划书，在小组内交流；(4) 写一篇散文，表达自己对“三百山”独特的情感，编写一期以“美丽的三百山”为主题的手抄报或班刊并在全班交流。

三、学习支架设计

在综合性学习活动设计过程中，语文教师要在了解学情的基础上为其提供必要的言语实践活动的支架。在综合性学习中，被大量运用的支架一般有四种：活动支架、知识支架、思维支架和资源支架。下面仍以“走进三百山，了解秀美安远”为例谈谈四类支架的设计。

(一) 活动支架的设计

根据前面选择的教学内容，以“走进三百山，了解秀美安远”为主题的综合性学习安排了四次活动，前两个是小组内活动，后两个是班级内活动；前面两个活动为后面两个活动做准备，因此，前面两个活动可以看做是后面两个活动的支架。

（二）知识支架的设计

在广义的知识观下，语文知识包括陈述性知识、程序性知识和策略性知识。在综合性学习活动中，学生需要更多的是程序性知识和策略性知识。在以“走进三百山，了解秀美的安远”为主题的综合性学习活动中有四个地方需要知识支架，其中前三个活动学生需求的主要是程序性知识或策略性知识，据此可设计以下知识支架：(1)以访谈的形式搜集资料的策略性知识。访谈的策略是：保持良好的谈话气氛；适当地提出问题；事先准备资料，包括访谈提纲、记录笔、记录纸等；关注访谈者的情绪。(2)导游词写作的策略性知识，考虑读者对象的需求选择介绍的内容。(3)编写旅游景点规划的程序性知识：提出规划区的旅游主题形象和发展战略；提出旅游业发展目标及其依据；明确旅游产品开发的方向、特色与主要内容；提出旅游发展重点项目，对其空间及时序做出安排；提出要素结构、空间布局及供给要素的原则和办法；按照可持续发展原则，注重保护开发利用的关系，提出合理的措施；提出规划实施的保障措施。

（三）思维支架的设计

思维支架是指帮助学生打开思路和进行反思的工具。在综合性学习活动中，特别是在文字资料的处理中，学生的思维往往受限，学习活动开展不下去。如散文写作活动，学生往往不知道写什么或怎么写。这时候，可以设计头脑风暴的活动，让每个学生说说可以选择哪些内容描写《美丽的三百山》，表达自己哪些方面的情感，也可以提供两到三种散文写作结构图，帮助学生组织散文的结构。

（四）资源支架的设计

所谓资源支架是指使抽象的知识变得具体可感的辅助工具。如学生在写作旅游景点规划书和散文时，教师可以给学生提供一些范例供学生参考，这些范例就是资源支架。

四、评价工具的设计

我国语文综合性学习在设计中让教师颇感头疼的是评价工具的设计和使用，有的语文教师干脆放弃了评价工具的设计，对学生的综合性学习活动不提任何评价要求，这显然是不合适的。语文综合性学习评价工具形式多样，但评价工具的开发一定要紧扣学习目标和学习内容，在便于操作和量化的同时，还要发挥评价的激励作用和生成作用。

【评析】

此则案例有如下特色：一是发挥学生学习的主体性。学生是学习的主人，教学设计让学生至始至终都处在能动的探索之中。二是充分关注学情。地方性课程资源选择学生熟悉的生活经验，在学生语文学习最近发展区设置学习任务，有利于教学目标的达成。三是提供形式多样的学习支架和评价工具。学生在综合性学习活动中，既需要主动参与、自主参与，也需要教师的指导帮助，该教学设计在分析学情的基础上，设计了形式多样的学习支架和评价工具，为综合性学习活动的顺利开展，提供了保障。

四、思考练习

1. 谈谈你是如何理解语文综合性学习的特点和综合性学习指导技能的。
2. 阅读本节案例，评析设计这个案例的教师具体运用了哪些综合性学习指导的技能。
3. 与同伴合作，从中小学语文教材中任选择一次“综合性学习”的主题，设计一份案例。

第二节 指导研究性学习的技能

一、技能概说

（一）定义

现代社会要求人们思想敏锐，富有探索精神和创新能力，对自然、社会和人生具有更深刻的思考和认识。所谓指导语文研究性学习技能，就是语文教师指导学生选择研究性学习课题、制定研究性学习方案、跟踪研究性学习过程、评价研究性学习结果的能力。

（二）类型

普通高中阶段的语文研究性学习具有以问题为载体、以探究为中心、以反思为线索的特点。以问题为载体是指语文研究性学习强调综合运用各种学科知识研究语文学习问题；以探究为中心是指语文研究性学习注重学生参与应用知识、获取方法的实践活动过程；以反思为线索是指语文研究性学习注重学生的审美体验与探究精神的形成与反思环节，提倡理论学习与实践探究之间的自我对话。

根据语文研究性学习的过程，指导语文研究性学习技能，可分为指导选择研究性学习课题的技能、指导制定研究性学习方案的技能、指导跟踪研究性学习过程的技能、指导评价研究性学习结果的技能。

语文研究性学习指导应该使学生在实践活动中达成一定的目标：① 促进学生听读说写言语实践能力的全面发展，促进学生语文素养的全面发展。② 培养学生发现问题和解决问题的能力，培养学生的批判性思维能力和创造性思维能力。③ 培养学生收集、分析和利用信息的能力，培养学生利用现代网络技术获取、建构、创新知识的能力。④ 培养学生的审美情趣，提升学生的美感水平，发展学生的鉴赏能力。⑤ 帮助学生涵养自主、合作、探究的良好学习习惯，促进学生学会合作学习，学会资源共享，涵养独立思考和自主完成工作任务的精神。⑥ 培养学生的社会责任感和历史使命感，使学生懂得自己是社会人和自然人，对社会和自然负责是每个公民应尽的义务；促进学生涵养科学精神和科研道德，发展科学、严谨、求实、自律的文化人格。

二、训练要点

（一）了解指导语文综合性学习与研究性学习的异同

1. 语文研究性学习与语文综合性学习的指导要求的相同点

组织理念是基本一致的，主张全员参与、课内外结合、形式多样。和以往的语文学习兴趣小组形式相比，它突出的是全员参与，主张全体学生参与语文综合性学习与语文研究性学习活动，学生个体的兴趣差异是通过角色分工、探究途径、行动方式的不同来体现的；而以往的兴趣小组形式则强调有兴趣就参加，没兴趣就不参加。

组织形式是基本一致的，主张课内外相结合、形式多样化；可以是课堂活动、学校活动，也可以是社会活动；可以是个体的、小组的，也可以是班级的；而以往的兴趣小组形式则强调小组化的课外语文学习活动。

2. 语文研究性学习与语文综合性学习的指导要求的不同点

从课题生成的角度看，语文综合性学习的课题基本上是语文教科书中已经设计好的课题，而语文研究性学习的课题则是基于学校文化和校本资源特色的课题，是体现学生的学习需求和学习兴趣的课题，它的生成具有一定的开放性和灵活性。

从时间安排的角度看，语文综合性学习的时间安排是和教科书的单元设计同步的，而语文研究性学习时间安排具有相当大的灵活性，可以通过周几学时、月几学时的方式体现，也可以在一学期里集中一定的学习活动时间来完成。

从小组成员的角度看，语文综合性学习的小组成员是由同一班级的学生组成，而语文研究性学习的小组成员既可以由同一班级的学生组成，也可以由不同班级的学生组成。

从展示形式的角度看，语文综合性学习的各个小组展示的内容和活动形式虽然不同，但是各个小组必须是紧紧围绕同一个课题来展示学习成果的，也就是说各个小组分工完成了同一个学习任务；而语文研究性学习的成果展示，则体现了各个学习小组不同的学习任务，对各个小组之间也不要求有这样那样的联系。

从成果形式的角度看，语文综合性学习的成果展示不一定要求有文本成果，而语文研究性学习的成果展示则一定要求有文本成果。

（二）研究指导语文研究性学习的基本策略

在指导思想方面，语文研究性学习必须坚持学生自主发展的基本原则。整个教学活动过程的设计与指导均以学生活动为中心，并在活动中力求使每个学生主动参与，主动尝试，自主探索，把“自动权”“自主权”还给学生，让学生在参与中提高，在情境中探索。

在课题选择方面，语文研究性学习必须突出校本文化特色。开发本土文化资源，要坚持以校为本的教育情景与师生共同参与学习过程相结合的课程理念。语文研究性学习以改变学生的学习方式、提升学生的主体精神为目的，以开发符合本校学生和当地教育特殊需求的课程方案与资源包为保障，语文研究性学习关注的是学生的个性差异需求和处在不断变化中的生存能力需求，所以选择的课题要适合学生的学习，有利于促进学生的发展。

在发现知识方面，语文研究性学习应当改变单纯传授知识的教学习惯。以“发现”为线索，加大知识转型与教学范式转型的力度，鼓励学生在自主探究的过程中发现知识，鼓励学生在解决具体问题的情境中学会搜集资料、整理资料、分析资料，进而重建自己的知识结构，提升自己认识问题、解决问题的能力，确立学习的主体意识。语文教师也必须转变自己的角色，满腔热情地协助学生、服务学生，抓住契机引领学生发现知识、发展自我。

在言语实践方面，语文研究性学习应当突出语文课程的言语实践特点。在问题探究过程中综合运用并提升听读说写能力。语文研究性学习关注的是和学生相关的生活、自然、社会中的语文学习问题，研究过程所接触的是言语文本，研究过程所展示的是学生的言语实践能力，而成果又是学生的言语产品。研究性学习始终围绕言语实践展开探究活动，正好突出了语文学习的特点。

在情感态度方面，语文研究性学习应当关注学生的过程体验与情感变化。在探究问题的过程中，要设法强化学生的学习兴趣，撩拨学生的好奇心、激发学生的求知欲、分享学生的成就感；使学生对研究性学习首先感到有趣，接着寻找乐趣，进而形成志趣。每一个语文教师都有责任帮助学生树立信心，克服困难，排除干扰，在研究性学习过程中使学生养成自觉、果断、坚毅、自律的良好意志品质。教师要引导学生注意搜集过程体验与情感变化的形成性资料，注意在情感态度变化的前后对比中展示研究性学习的成果。

在审美体验方面，语文研究性学习应当关注学生的审美意识、审美倾向、审美能力的生成与发展过程，因为形成审美体验是语文课程的重要目标之一。审美体验是学生在研究性学习中生发的一种心理活动，是学生对研究材料中所蕴含的美的把握，是对研究材料的意象、意趣、意境、意识产生的一种情感共鸣。审美体验具有陶冶情操、涵养气质、诗化品格、飞扬心灵的教育功能。语文教师要不失时机地点拨、引领学生的审美活动，提升学生的审美水平，把学生的审美体验转化为言语产品。

在动手操作方面，语文研究性学习提倡学生“在做中学”。开设研究性学习的初衷，就是要突破封闭的课堂教学模式，鼓励学生走向社会、走进生活、参与实践，就是要改变语文教学单一的纸笔手段，促进学生在实践过程中动眼、动耳、动手、动口、动脑，在现场观察、亲自制作、反复实践中获得能力，发展智慧，体验生活的意义。语文教师要尽其所能，或者依靠专业人员的帮助，鼓励学生多动手，多实践，在“做”中享受生存的价值。

在信息技术方面，语文研究性学习提倡学生熟练运用现代信息技术。现代信息技术在教育理念和学习手段上的优势，表现出以高效率为总体特征的一系列新的学习特点：资源的丰富性、操作的便捷性、过程的开放性、交流的高效性。语文教师要鼓励、赞赏、引导全体学生充分利用现代信息技术策划活动、设计方案、实施研究、处理信息、评价过程、展示成果，从而提高语文研究性学习的科技含量和传媒效果。

在合作意识方面，语文研究性学习提倡学习小组成员之间、小组之间、教师与学生之间的合作学习。合作学习可以使成员从同伴身上获得一种激励，能够产生感染的行为和竞争的努力；在解决新的复杂的问题时，集体的努力显然要胜过个人的努力；对有争议的问题展开讨论，可以开阔学生的视野，激发学生的思考兴趣，从而促进学生的智力发展。语文教师要利用一切交流机会，促进学生的智慧经验在合作中得到分享，促进学生的自主探究在互动中获得成功，促进学生的情感志趣在交流中历练养成。

在总结反思方面，语文研究性学习要善于进行理论总结，并强化反思环节。理论总结可以避免研究性学习在低层次重复，反思可以通过群体交流不断发现自身之外的知识世界来构建新的经验体系。语文教师作为学生发展的促进者，要帮助学生由一个较低级的认知结构发展为一个较高级的认知结构，要帮助学生由一种被动的情感态度发展为一种主动的情感态度。语文研究性学习更注重学生的自我反思，自我反思的本质是一种理解与实践之间的对话，又是理想自我与现实自我的心灵上的沟通。

（三）研究指导语文研究性学习的具体方法

1. 利用教材资源，从中挖掘、生成研究课题，开展语文研究性学习

（1）将课后练习题转化为课题来研究

语文教科书中的练习题都是编者根据教材在长期教学实践的基础上经过多次精选而专门设置的，其中一些练习题其问题的深度、广度及创新性都是比较适宜作为研究性学习课题的。比如，教学《荷花淀》，利用课后习题“试以水生嫂和祥林嫂为例，说说时代变迁对妇女命运的影响”，引导学生比较研究。学生既回忆了《祝福》中祥林嫂的形象，又进一步认识到社会环境对人的命运的深刻影响。这样，一方面达到了本课教学的目的，另一方面也大大拓宽了学生的知识，增强了探究能力。课后练习中的很多问题，只要稍加转化，即能成为师生共同探讨的语文研究性学习的课题，而且这样的研究可以使学生对课文的含义做出更深刻的理解。

（2）把课文中的历史人物、历史事件作为课题来进行研究

语文课文中涉及众多的历史人物、历史事件，这些也可以作为研究性学习的课题。例如，教学选自《三国演义》的《失街亭》，可以让学生参读《三国志》，可以让学生理解文学作品与历史著作的区别，还可以引导学生分析研究诸葛亮、马谡等人物形象。

（3）以若干篇课文为一组，开展比较式研究

叶圣陶说：“就读的方面说，若不参考，分析，比较，演绎，归纳，涵咏，体味，哪里会‘真知’读？哪里会‘真能’读？”[①]比较是一种思维方法，也是一种研究方法；比较的过程就是培养思维能力的过程，也是研究的过程。比较，可以是题材上的比较，如《荷塘月色》与《绿》同为写景散文，比较两篇在感情、风格上的不同；也可以是内容的比较，如可以把《师说》《劝学》《为学》等归类组成劝学专题，进行比较；还可以是方式的比较，如教读《六国论》和《过秦论》时，可让学生对两文在提出论点的方式、论证的方式及风格三方面进行比较研究；也可以是语言

① 叶至善、叶至美、叶至诚编：《叶圣陶集》第13卷，江苏教育出版社，1992年版，第110页。

技巧方面的比较，如在教学《邹忌讽齐王纳谏》《触龙说赵太后》《谏太宗十思疏》等文章后，可让学生就"劝谏"技巧的异同进行比较分析，等等。

(4) 利用教材编排特点，形成专题板块，开展研究

现行高中语文教科书，已经为学科教学中研究性学习的开展做好了充分的铺垫。例如"汉魏六朝以前诗歌""唐宋诗词""古代散文""中国古典小说""中国古典戏剧""中国传奇小说""现当代外国小说""中外话剧"等教学单元的内容，本身就构成了一个个研究专题。只要根据单元特点，有针对性地进行挖掘、提炼，就能生成许多研究课题。

2. 在课堂教学中强化问题意识，引导学生质疑、探究，开展语文研究性学习

强化问题意识，对于教师来讲，意味着要善于总结、概括学科中的问题，把以知识体系为核心、以训练为主线的传统学科教学转变为以问题为载体，以探究为中心，以反思为线索的研究性学习；对于学生来讲，要从以回答问题为课堂主要活动内容转变为以发现问题、提出问题、分析问题、解决问题为学习主线，而使自己真正成为课堂主体。例如，在教学《项链》时，教师可提出"主人公玛蒂尔德除了有爱慕虚荣、想入非非等落后思想外，有没有优点"这一问题，激发学生的探究意识。在探究过程中，学生依据文本，各抒己见：有的认为没有优点，玛蒂尔德仅仅是一个被资产阶级虚荣心腐蚀而丧失青春的悲剧形象；有的认为有优点，从人性的角度思考，认为玛蒂尔德身上也体现出我们今天还在继承和发扬的美德——诚实、吃苦耐劳，在生活中磨炼成长，从而从新的角度重新审视玛蒂尔德的美学意义；有的则采取折中态度，认为既有缺点，也有优点。这样的质疑、探究，使学生不唯上、不唯书，有助于培养独立思考、质疑探究的习惯。

3. 围绕文本适度延伸到课外，与同类事物进行横向比较，开展语文研究性学习

语文研究性学习的资源不限于教材文本，更在教材之外。应该让学生在学习和掌握教材的同时，尝试由课内向课外扩展，与同类事物进行横向的联系比较，在比较中加深对课本的理解，使学生的知识由个别知识衍化为普通知识，以拓展学生的知识面，提升学生的语文素养。如学完《〈诗经〉二首》——《氓》《采薇》之后，教师可推荐一组《诗经》必读诗歌，如《关雎》《硕鼠》《七月》《伐檀》等，设计一个《诗经》研究性学习专题，并结合教学要点推荐几个子课题：(1)《诗经》的思想内容及现实主义精神的表现；(2) 赋、比、兴的表现手法；(3) 重章叠唱的结构特征；(4)《诗经》对后世文学创作的影响，等等。

4. 以"模拟庭审"等方式，开展语文研究性学习

"模拟庭审"是一种很受学生欢迎的课堂学习方式，有许多课文内容，特别是一些小说、戏剧类的作品都可以设计成"模拟庭审"的方式来开展教学活动。如《装在套子里的人》中对别里科夫的种种守旧思想和行为进行"庭审"；《杜十娘怒沉百宝箱》中对杜十娘之死到底是谁之罪进行"庭审"，等等。当然，要根据作品的主题、故事情节及课文组织教学的需要来决定是否可以采用这种方式。"模拟庭审"这种教学方式，重在训练学生的临场思辨能力，因为"庭审"过程是一个动态变化的过程，并不能把课前的准备材料原封不动地端上去，而是要根

据“法庭”辩论过程中的变化不断做出修改、调整。这一过程有效地训练了学生的临场应变能力和口头表达能力。

5. 发现、挖掘、利用社会生活中的语文研究性学习资源，开展语文研究性学习

社会生活中的语文研究性学习资源是取之不尽、用之不竭的，关键在于敏锐发现和善于选择。教师要树立学生主体观念，换位思考，多从学生的角度去考虑问题，多关注学生的生活体验和情感体验。通过活动唤起学生参与研究性学习的热情，这是传统的“满堂灌”式的教学难以企及的。

（四）组织与实施语文研究性学习的一般流程

1. 选择课题，确定目标

专题性研究阅读，必须有明确的目标，即明确研究这个专题有什么意义，通过阅读研究，要解决什么问题，达到一个什么目的，等等。也就是说，提出专题时须做一番必要的论证。专题论证，主要做好两项工作：一是探讨研究的价值，即论证该专题的研究是否有价值及价值的大小；二是探讨研究的可行性和可操作性，即对这一专题的研究，学生已有知识的储备是否达到一定的程度，是否具有足够的能力等。

例如，某教师在实施“鲁迅专题研究”时，做了这样的论证：鲁迅的研究，有许多前人的研究成果，作为中学生来研究并非一定要提出前人之所未提的创见，就研究的某一点的深度来讲，中学生的研究一般是不可能超过专家的，但通过对这一专题的研究，中学生可以学到许多课本以外的知识，对鲁迅的认识更全面、更深入。对于鲁迅及其作品的研究，有多方面内容可作深入，如鲁迅的政治思想、教育思想，鲁迅的爱国情感、人格魅力，鲁迅的作品风格、语言特点，等等。语文教学渗透德育，还承载着对学生进行人文教育、思想教育的重任，可把鲁迅的忧国忧民思想和当下的爱国主义教育结合起来，通过研究，在提高学生语文素养的同时，也进行正确的世界观、人生观教育。

确立课题，是研究性学习中一项非常重要的工作。爱因斯坦在《物理学的进化》中说：“提出一个问题，往往比解决一个问题更重要。”高中学生的知识状况，不允许选题定题好高骛远，课题涉及内容的深浅、研究范围的大小，应与学生的知识结构相适应，必须立足课内知识、现有能力去拓宽知识，提高能力。同时，还应指导学生从自己的兴趣、特长等出发，对研究的方向和具体的题目做出相应的选择。

2. 制定计划，组织分工

研究课题确定以后，就进入研究性学习计划的制定。凡事预则立，不预则废。做任何事情都应有一个切实可行的计划，并在实施过程中不断修正、充分完善，研究性学习的课题研究当然也不例外。详细而又周密的计划是研究性学习活动得以顺利开展的重要保证。在研究性学习初期，学生普遍对研究性学习了解不多，对研究性学习计划的制定更是陌生，教师应该及时、科学、全面地对学生进行相关的指导。教师的有效指导是研究性学习成功实施的基本条件。学生研究性学习水平的高低也与教师的指导密切相关。

如果是多人合作的课题，则必须明确分工，将课题研究组负责人、成员名单及分工情况写出，各司其职，增强课题研究组成员的责任感，以利于计划的落实。这样，一方面可以使研究工作井然有序地展开，另一方面也可以培养学生的团队合作精神。教师应指导学生根据特长和爱好及课题特点进行分工，强调人员的搭配，既要扬长避短，又要考虑在实践中提高每一个人各方面的能力。

3. 搜集材料，明确时间

课题研究必须以广泛的阅读为基础。比如对屈原的研究，作为伟大的诗人、政治家，屈原的著作很多，他的思想在先秦诸家思想中很有特色，他的品格为人们所敬仰。对于屈原及其作品，有多方面内容可作深入探讨，可以从多个角度进行研究性学习，并且对他进行研究的著作也很多。因此，在搜集和提供材料的时候尽量要有针对性，要有所侧重。学有余力的学生根据其选题的需要，阅读面可更广一些。与此同时，搜集与阅读材料要有明确的时间要求，从而提高研究性学习的效率。

4. 分析点拨，提供指导

教师的指导十分重要，在学生研究过程中，教师要及时了解学生开展研究活动的情况，并有针对性地进行指导、点拨、督促、帮助。一部影片摄制得是否成功，除演员的表演外，导演是很关键的，演员是根据导演的总体设计来表演的，演什么、怎么演，需要导演指导；同样，学生研究专题，选择什么课题、怎样开展研究，时刻需要教师的指导。再者，我们的学生多年来已习惯于接受性的学习，对研究性学习方式一时还不适应、不习惯，因此，更需要教师的引领和指导。

5. 合作研究，结题成文

将学生分成若干研究小组，按照研究性学习的一般程序，由小组讨论，集体设计研究方案，说明课题研究的背景，阐明课题研究的目的、意义，确定研究方法，设计活动计划，明确各自任务。然后，在大量阅读和占有材料的基础上，结合教师的分析指导，研究小组充分讨论，对所提供的材料进行分析筛选，针对自己所选的论题有选择地加以利用。这阶段的工作，使学生学会判断信息资料的真伪、优劣，识别对本课题研究有重要关联的有价值的资料，淘汰边缘资料，学会有条理、有逻辑地整理与归纳资料、重组资料。

结题成文是在学生讨论研究的基础上，由课题撰写者综合小组意见，将取得的收获进行归纳整理，总结提炼，形成书面小论文。形成小论文是总结专题研究成果并进行交流的基本方式，同时也是学生语文综合素质的体现。这种小论文，不一定是学术意义上的论文，而是形式灵活、体现学生个体（或小组）研究性学习观点和思路的议论性文章。

6. 交流评价，总结反思

这一环节主要目的是反馈学生的研究质量，并且对学生在研究中存在的问题进行适当的纠正，同时也是学生互相学习、取长补短的有效途径。对同一专题下的不同研究课题，学生通过自我评价、相互评价、小组评价等多种方式进行交流后，不仅对自己研究的课题获得新的感受和认识，同时也对本专题有一个更加全面的理解和掌握。互相交流后学生还可以从他人的研究中获得启发，再对自己的研究作进一步地修正和完善。

在学生交流过程中，教师应当作适当的评价，对学生的研究成果给予肯定，以保护研究的积极性；对思路欠成熟、见解有偏颇、论述欠周密的小论文，只要有闪光点，就要给予鼓励；对于借鉴他人过多的，只要不是大段大段抄录，而是经过自己筛选重组的，也给予一定的肯定。当然，也要适当指出研究中存在的不足并纠正补充。教师的评价也不是到最后结题时作泛泛评语，而是在整个过程中对学生参与研究的态度、研究中取得的成绩、学生的创新精神和探究能力进行适当的评价。因此，语文研究性学习要采用形成性评价的方式，重视对过程的评价和在过程中的评价，重视学生在学习过程中的自我评价和自我改进，使评价成为学生学会实践和反思、发现自我和欣赏别人的过程；同时，要强调评价的激励性，鼓励学生发挥自己的个性特长，施展自己的才能，努力形成激励广大学生积极进取、勇于创新的氛围。

三、案例评析

【案例6-2】

"王安石变法"专题学习的教学设计①

吴　泓

一、教学专题确定

1. 此前，学生进行过"蒋廷黼《中国近代史》"专题学习，对洋务运动、康梁变法、慈禧新政等中国近代史上发生的一系列政治改革（改良）运动比较熟悉，对作为改革者所应具备的素质、改革所必须具备的条件，以及改革过程中会遭遇到的问题等有了较为全面而深刻的认识。这为"王安石"专题学习打下了一个良好的基础，做出了一个很好的铺垫。

2. 和历史上其他有争议的变法人物及变法（如商鞅变法）等不同的是，作为一位改革失败者，即王安石本人，其人格局限在后世饱受争议；而作为农耕专制社会由高峰走向衰颓的一次失败的变法，即王安石变法，其与中国近代史上一系列政治改革（改良）多有综合、可比之处因而最具现代启示意味。而这人格的局限和现代启示意味等正是其研究价值所在。

3. 进一步巩固和强化"蒋廷黼《中国近代史》"专题学习的"语言目标"的教学要求。

二、专题教学目标

1. 语言目标。（1）进一步学习从纷繁复杂的阅读材料中提炼出各种不同的观点，在对各种不同观点的分析、比较中，概括、归纳出自己的观点；（2）进一步学习从纷繁复杂的阅读材料中选定能够充分证明自己观点的事实材料，用

① 选自吴泓工作室网站：http://blog.sina.com.cn/s/blog_4e6af0be0100k8gd.html。有删节。

事实说话，逻辑严密、条理清晰地去证明自己的观点；(3) 进一步学习运用准确、严谨、缜密的语言表达自己的观点和看法。

2. 思想目标。(1) 深刻性：认识历史事件“王安石变法”的本质，理解历史人物王安石性格的复杂性；(2) 独创性：充分地掌握王安石及“王安石变法”的事实材料，力图提出自己新颖、独特的观点；(3) 批判性：通过分析、归纳、比较、推论等思维过程得出自己的结论。

3. 人格目标。(1) 核心价值观：学习王安石的无畏与坚韧；(2) 辅助价值观：了解并认识到王安石的偏执与自负与变法失败有着莫大关联，学会与不同的人打交道。

三、学习材料选定

据此，“王安石”专题学习教学设计拟从以下四个方面选定学习材料，上传到“家园——高中语文专题学习网站”的学习平台上(以下简称“家园网”)：

1. 王安石生平事迹及创作。

2. 王安石作品及赏析文章。具体篇目是诗歌《登飞来峰》，游记《游褒禅山记》，书信《答司马谏议书》，策论《兴贤》，奏表《上时政疏》《本朝百年无事札子》。

3. 与王安石本人及变法有关的具有思维挑战性的阅读材料(以下简称“论述类文章”)。具体篇目是朱国华《王安石小人化过程之推考》(有删节)，王晓如《闲话王安石的人品》，黄仁宇《王安石变法》，王中宇《毁誉千年王安石》，红树林子(网名)《独守千秋——感悟王安石》，杨明世《隐秀褒禅山》，岳晓东《王安石偏执误政》。

4. 学生习作导写类阅读材料。(1) 红树林子(网名)《独守千秋——感悟王安石》，岳晓东《王安石偏执误政》。(2) “家园——高中语文专题学习网站”上2005届学生“王安石”专题学习习作。

本专题阅读材料文字在10万字以上。随着学习进程的深入，学生根据自己研究的需要在互联网上搜索的资料不计算在内，如研究王安石与张居正两人变法成效迥乎不同，研究王安石与苏轼的友谊，谈及文人相轻亦相亲话题。

总之，学习材料的选定本着丰富、复杂、开放的原则。因为只有丰富、复杂、开放的学习材料，才能挑战学生的思维，极大地满足学生深入了解和深度探究的欲望。

四、专题研读前的导读

1. 师生共商。师生到电子阅览室，登录“家园网”，进入学习平台，初步了解“王安石”专题学习的内容、价值和意义。通过查阅，学生明白为什么要“读”，“读”了有什么用，按一个什么样的顺序“读”，“读”时有可能遇到哪些困难。

2. 教师引导。教师精选名人对历史人物的评价和今人对王安石及王安石变法的评述，和学生一起朗读。

五、专题学习流程

第一阶段

学习内容及目标：(1) 浏览王安石生平事迹及创作，有助于正确理解王安石作品的思想内容；(2) 精读王安石的作品，读其书，推想其为人；(3) 研读论述类文章，进入挑战性专题研究学习阶段。具体环节如下：

1. 泛读概述。学生在“家园网”上浏览王安石生平事迹(含王安石变法内容)及创作。

2. 精读原作。学生精读王安石诗歌《登飞来峰》及赏析两则，游记《游褒禅山记》及赏析两篇，书信《答司马谏议书》及赏析一篇，策论《兴贤》及分析一篇，奏表《上时政疏》《本朝百年无事札子》及分析两则。

精读原作是在积累语言资本，得下足工夫。思考也好，对话也罢，前提都离不开精读原作。此环节教师要做好两方面的工作：

(1) 设计好精读程序。为节省时间，增强效率，可从两方面着手：① 学生人手一份纸质印刷的“三读王安石”，以便在没有网络平台的早读课上反复诵读，加深对原作的理解；② 学生进入网络教室，登录“家园网”，进到学习平台，采用默读法完成“三读王安石”，细致体悟原作所要表达的思想、情感、态度和主张，以及赏析文段所要表达的观点、看法及评价。

(2) 走到学生当中。因为之前的“浏览”，学生极易滞留于王安石变法这一事件本身而无法走进这些作品。此时，教师要观察学生的诵读状况，体察学生的阅读困难，帮助学生走出浮于表面或者偏移主题的理解，力图走进作者的内心深处。如读《游褒禅山记》及两篇观点不同的赏析文字，认真体会作者的创作动机或写作意图；又如读《答司马谏议书》及赏析，细心体察文字背后作者流露出来的情感、态度及价值取向。

3. 研读“家园网”上与王安石有关的具有思维挑战性的论述类文章，即朱国华《王安石小人化过程之推考》(有删节)，王晓如《闲话王安石的人品》，黄仁宇《王安石变法》，王中宇《毁誉千年王安石》，红树林子(网名)《独守千秋——感悟王安石》，杨明世《隐秀褒禅山》，岳晓东《王安石偏执误政》。

此环节教师给学生研读的要求和提示是：

(1) 学生进入网络教室，进到学习平台，完成“四读王安石”(朱国华文)、“五读王安石”(王晓如文)、“六读王安石”(黄仁宇文)、“七读王安石”(王中宇文)、“八读王安石”(红树林子文)、“九读王安石”(杨明世文)、“十读王安石”(岳晓东文)。

(2) 教师对思辨、研究类选文加以提示：“注意加粗的字，阅读这些文字时你想到什么？请把自己的想法、感受及时写入‘网友评论’栏，供大家思考、学习、交流、讨论。”

第二阶段

学习内容及目标:(1) 学生再读原作,深入理解王安石作品的思想内容;(2) 教师"深解"原作,让学生对作品的思考与理解更为敏锐、深刻和厚重;(3) 学生再读论述类文章,比较并思考不同作者、不同文章其立论的逻辑起点和论证的思维路径,力图得出自己的思考和思想,为确立自己的研究方向作准备。

这一阶段,由于学生思维、思想发展的步伐有快有慢,或深或浅,有时表现为前进,有时又表现为滞后,方向或路径也有不同。为此,师生的教与学的行为也不同步,它显得更为机动、灵活,教师的"教"更加个别化,学生的"学"也更加个性化,如学生更喜欢走出"家园网",进入互联网广阔的世界里遨游,查找、阅读与自己研究相关的资料;也更喜欢采用"文件夹"(大多为 QQ 文件夹)的存储方式来保留资料、整理资料。而教师则要在对学生学习状况的观察和判断以及对其学习节律把握的基础上,制定出大体的统一的学习步骤,然后再一次走进学生当中,教师答疑、解难,师生交流、探讨。大体环节如下:

1. 学生进入网络教室,再读原作。教师不时加入一些新作,主要是在论述类文章中所引用的诗文,如王安石的《桂枝香·金陵怀古》《收盐》《泊船瓜洲》《梅花》等。教师的这种"加入"体现在教学行为上是个别提示,如学生再读《登飞来峰》及赏析两则时,告诉学生这是王安石早期的诗作,与晚年诗作《泊船瓜洲》《梅花》《桂枝香·金陵怀古》相比,表现出的心境是不同的;又如学生再读《答司马谏议书》及赏析一篇时,提醒学生能否找王安石其他的书信来比较阅读,从中有新的发现……学生再读以默读为主,同时教师要及时指导学生记录下自己新的感受或领悟,为后期的学习准备语言素材及写作观点。

2. 师生适时进入演播室或传统教室,教师"深解"原作。

3. 学生进入网络教室,再读论述类文章。比较并思考不同作者、不同文章其立论的逻辑起点和论证的思维路径,力图得出自己的思考和思想。

第三阶段

学习内容及目标:(1) 学生确定研究方向(以下简称"定向"),选定写作标题(以下简称"选题");(2) 教师指导学生写作,师生共同讨论定向、选题及写作;(3) 学生写作、修改、上交习作;(4) 学生评价习作或进行专题学习反思。

这一阶段,从定向到习作上交,拟用两周时间,学生自主安排学习时间和内容(含课内课外)。中间,教师会根据学生学习情况在课内安排定向、选题、写作的指导课、讨论课和习作点评课;习作上交不要求统一时间、统一形式(特指专题学习进入成熟阶段可直接上交电子稿而非手写稿)。具体环节如下:

1. 学生定向、选题。一般来说,学生在这一环节上,会出现这样或者那样的问题,比如选题过大;选题与定向不分;只能定出研究方向,不能选定具体标题;随研究的推进,定向和选题都有所改变等。

针对学生定向、选题过程中存在的具体问题，教师做如下工作：

(1) 开设定向、选题的研讨课。学生依座位号顺序说出自己定向、选题的思考以及写作上的大体思路，听取同伴的意见或建议，与同伴平等地交流、互换、共享研究成果，让大家在相互点评过程中相互借鉴，相互启迪。研讨课上，教师适时参与并适度评价。

(2) 教师针对个别学生的定向、选题进行指导，让学生选择适合自己写作水平及能力的写作题目。如朱珠同学的定向“王安石的性格和日常作风与改革的关系”。这一研究方向，其核心内容是研究“性格”，在王安石的“日常作风”当中，哪些事情最能体现王安石的性格呢？那就是与朋友交往，与朋友交往主要体现在书信上，从书信看王安石的性格就是最好的角度，从而确定选题。

针对学生选题、写作过程中存在的具体问题，教师做如下工作：

(1) 教师开设写作指导课。以红树林子(网名)《独守千秋——感悟王安石》和岳晓东《王安石偏执误政》为例，分析感悟类文章和思辨类文章的差异及构思谋篇的写作技巧，如内容与形式、立意与行文等，帮助学生提高选题、选材的能力。

(2) 推荐学生阅读“家园——高中语文专题学习网站”上2005届学生做“读王安石”专题学习习作。习作共31篇，教师可推荐10篇。

借鉴往届学生习作，可以帮助学生提高选题、选材成文的写作能力，克服选题、写作上的畏难情绪。

2. 修改甚至重写，主要是针对“此次”专题写作有困难的学生。必须承认，部分学生的习作并不能一次性完成，修改或重写是相当重要和必要的，它是学生重新认识、重新发现、重新创造(包括思想、思路、文体、样式、遣词、造句等)的过程。好文章是改出来的，教师要帮助学生习作过关，写一篇像样一篇，这不仅是学生专题习作过关的问题，更是学生信心不断积累的问题。为达成此目的，教师需“一对一”反复多次地帮助学生，也可以让学力水品高的学生帮助写作有困难的学生。

3. 习作上传“家园网”，开设学生习作点评课。

习作点评不是一两篇学生“好文章”的教师讲评，而是五六篇甚至十多篇一组的自由式、互助式的学生点评。必要的话，学生上交习作后及时写下反思和回顾。

【评析】

研究性学习的设计须把学生引向社会，引向生活，在生活实践中进行探究。本案例体现了研究性学习以问题为载体、以探究为中心、以反思为线索的特点，选择学生感兴趣的“历史题材”的阅读材料，调动了学生的积极性和主动性，培养了学生进行科学探究的能力和独立思考的精神。本案例也体现了语文学科的特征，尽管本专题的综合性学习的材料是历史学科的，但教学目标的设定、教学内容的选择和教学评价都紧紧围绕语言训练目标展开，阅读材料之丰富、交流形式之多样、学生参与的积极性都是值得称道的。教师不仅设计了指向理解的阅读，而且设计了指向写作的阅读，开发了促进阅读与写作交流的平台，增强了研究性学习的效果。

四、思考练习

1. 你是如何理解语文研究性学习的特点的?
2. 你认为指导语文研究性学习应具备哪些技能?
3. 与同伴合作，设计一份高中语文研究性学习案例。

第七章　说课、听课、评课的技能

说课、听课、评课是三种促进教师专业发展的活动。说课通常发生在授课前，也可以在授课后，听课和评课则发生在授课中和授课后。说课、听课、评课也是三种教师应具备的专业技能。

第一节　说课的技能

一、技能概说

（一）定义

说课作为一种教学研究和师资培训形式，最早是由河南省新乡市红旗区教研室于1987年提出来的。近20年来说课活动颇为盛行，许多中小学校将说课作为教师岗位考核、教学竞赛乃至教师招聘的形式之一，一些师范院校也将说课作为培训师范生从教的技能之一。

所谓说课，是指说课者或授课教师在备课、写出教学设计的基础上，面对特定的听众（如同行、专家、领导或评委等），在规定时间内将自己对所教课题在教材内容的理解和把握、教学方式和方法的选择和实施、教学程序的安排和设计及其理论依据进行系统的介绍和阐述的活动。这里所指的课题，既可以是教材的某一章节或某篇课文，也可以是针对教育、教学的某一观点或某个问题。简言之，说课其实就是授课者阐说自己打算做什么、怎么做以及为什么要这样做。①

所谓说课技能是说课者或授课教师在科学的教育教学理论的指导下，从钻研教材到教学设计，再到说课的构思，面对同行、专家、领导或评委有条理、有依据地进行口语表达的能力。说课技能以把握教育教学理论和课程标准的理念及要求为理论基础，以认真钻研教材、精心设计教学为实践前提，以有理有据的阐述、从容不迫的表达为基本形式。实践证明，说课活动有效地调动了教师学习教育理论、钻研课堂教学、投身教学改革的积极性，是提高教师素质、培养造就研究型学者型教师的有效途径。

（二）类型

根据不同标准，说课可以分为多种类型。相应的，也就有了多种说课技能的类型。

1. 根据说课者或说课组织者的目的分类

（1）训练性说课

师范院校学生或初上岗的教师为了提高自己的说课技能和教学水平而进行的说课。这种说课重在训练，听者要多予指正，说课者要不断总结、调整说课的内容和形式。

① 李云锦：《反思深化 研教相融——关于“说课”的断想》，《文教资料》，2008年第2期。

(2) 教研性说课

语文教研组或是年级教学组为了上好语文课、提高教学质量而进行的说课。这种说课重在交流，这是进行教学研究、提高教学质量的一种简便而灵活的方式。

(3) 示范性说课

为了给其他教师提供教学指导而安排的优秀教师的说课。这种说课一般由经验丰富的教师来承担，给其他教师提供示范。

(4) 考核性说课

学校或教育管理部门为了招聘教师或是评定教师教育教学水平而组织的说课。说课可以反映教师的教学思想和教学技能，因而成了教师考核的简易形式。这种说课教师要做充分的准备，以此展现自己的教学素质。

(5) 竞赛性说课

学校、教育组织或教育管理部门为了鼓励教学、评定教师教学水平等级而组织的竞技性的说课。这种说课往往带有表演性，教师说课时要声情并茂，具有审美性和感染性。

2. 根据说课活动的组织形式分类

(1) 集体说课

以教研组、备课组或师训班为单位，在集体研究的基础上，就同一教学内容或同一研究课题各抒己见，进行“八仙过海”式的说课。

(2) 个体说课

每位说课者根据指定内容独立设计教案，写出要说清楚的讲话提纲，在规定的时间内各自说课。

3. 根据语文教学的内容和课型分类

(1) 阅读教学说课

这是就一篇课文或一个单元如何理解、如何教学而进行的说课。

(2) 写作教学说课

这是就一次完整的作文教学活动如何设计、如何展开而进行的说课。

(3) 口语交际教学说课

这是就一次完整的口语交际教学活动的组织安排而进行的说课。

(4) 综合性学习或研究性学习说课

这是就一次综合性学习或研究性学习活动的组织安排而进行的说课。

在各种说课活动中运用得最多的还是阅读教学说课。以下着重就阅读教学说课进行阐述。

二、训练要点

(一) 明确说课的特点

1. 说课具有研究性

研究性是说课的本质特点。研究性在此有两层含义：其一，研究性体现为说课的思辨色彩。说课介于备课和授课之间，建立在备课的基础上，重在“教什么”“怎样教”和“为什么这样教”的阐述，是对备课的理性考问和冷静反思，从而使备课的“质”获得进一步的拓展和升华。其二，研究性还表现为说后的质疑与评论。同行、专家对说者的“个案”进行分析、辩驳、评判与探讨，析疑义，现瑕瑜，切磋琢磨，达成共识。

2. 说课具有实效性

实效性是就说课的终极目的而言。首先，说课姓“教”，千说万说，目的在教——科学而有效地实施教学。说课通过对备课的反思实现了对教学内容的“二次开发”，所以，说课是备课的深化和提纯。备课由于说课的反馈，教学设计得到进一步优化，教学方法更为科学，教学手段也更趋合理，从而使教学效果获得更大的保证。其次，实效性也体现在说课对说者驾驭教学的能力、教学业务水平和教育理论素养的全面提升。

3. 说课具有参与性

参与性是说课形式上的特点。说课者在学习课标、钻研教材、分析学情、拟定教案的基础上，向同行介绍教学设计、阐述理论依据，然后由说者和听者共同探讨，集体研究，扬长避短，寻求最佳设计与最优方案。就参与性而言，备课多是单兵作战，说课则是群体协同打仗。

4. 说课具有灵活性

说课的灵活性主要表现在：时间的灵活——说课没有时点和时段的限制；空间的灵活——说课没有地点和场所的要求；对象的灵活——人数可多可少；程序的灵活——可在授课之前，也可在授课之后；形式的灵活——可各人分头说，也可多人集中说；语言方式的灵活——既可口头说，也可书面说。[①]

（二）安排说课的内容

说课的前提是掌握教育原理、领会课程标准、钻研教材，在此基础上进行教学设计，安排说课内容。语文说课的内容很广泛，其基本内容可概括为以下几方面。

1. 说教材

(1) 说对教材的钻研，指出其主要内容及其在整套教材中的地位和作用

教师要读懂教材，把握教材的主要内容。要了解本知识点在整个教材中的地位以及与其他课文的联系，还要说明这个知识点的学习对于培养学生知识、能力和情感、态度、价值观有哪些作用。

(2) 说对教材的处理，指出其教学内容的取舍依据

教师要依据课程标准和实际需要，说出对教材的处理方案，明确指出教学的主要内容，尤其要根据教学重点和难点对教学内容进行取舍。

2. 说学情

学情是指所教学生的实际情况，包括年龄特点（生理和心理特点）、认知水平、思维习惯、

① 李云锦：《反思深化 研教相融——关于“说课”的断想》，《文教资料》，2008 年第 2 期。

学习方法、学习能力、学习兴趣及已有知识和经验等在内的总和，它是教师组织教学活动的依据，是学生学习新知识的基础。说学情，既可以与教材一起作为教学资源加以分析，也可以单独阐述。

3. 说教学目标

教师确立的教学目标是教学的起点和终点。教学目标应以核心素养为本，注重语言、思维、审美、文化传承与理解能力的提升，注意知识与能力、过程与方法、情感态度与价值观的交融整合，制定出科学、正确、全面并可以操作和检测的教学目标；对教学目标的表达尽可能明确、具体，语言应尽可能简洁、准确。教师处理教材的方式不同，面对的学生情况不同，制定的目标也会有差异，要说出制定此目标的理由。确定教学目标的主要依据是语文课程标准和学生的实际情况。

4. 说教学重点和难点

教学重点和难点的确定是一节课成功的关键，一节课不成功的主要原因就是重点不突出、难点没突破。教学重点确定的依据要从课程标准、教材内容、教学目标、学生情况等方面来说明。教学难点确定的依据要从造成学生难懂、难理解、难接受的原因来说明。教学重点和难点是有区别的，重点不等于难点，重点不一定难；但有时又是统一的，重点同时也是难点，应根据具体情况来确定。说教学重点和难点就是要说出其确定依据，说出教学中引导学生突出重点、突破难点的办法与措施。

5. 说教学方法

教学方法包含了教师的教法和在教师指导下的学生的学法，是教法和学法的统一。说教法要根据具体的内容和目标、根据学生的年龄特征和教师自身的特点合理选用，以教师启发、学生练习为主，把多种教学法有机地结合起来，达到最佳优化和组合。说学法就是要说出本课教学中要教的或强化的哪些学习方法，并说出其理论依据，既要学生“学会”，又要学生“会学”，以培养学生独立分析问题、解决问题的能力。说教学方法要注意：一要从理论上讲明为什么选择这种方法；二要从实践上讲明如何运用这种方法。

6. 说教学程序

教学程序的科学设计，对优化课堂教学结构具有重要的指导意义。说教学程序就是说出教学过程的整体安排，一要说出课题如何导入，新课怎样展开；二要说出教学过程中教与学的双边活动和必要的调控措施；三要说出重、难点的解决以及各项教学目标的实现；四要说出课堂练习设计和课外练习题的安排，并说出这样安排的理由；五要说出本课如何结束。说教学程序不是宣读教案，而应着重说清教学过程的基本思路及其理论依据，最好还要说出各教学环节的时间分配。

7. 说板书设计和多媒体运用

板书是课堂教学的重要手段，它能体现教学意图、显示教学思路，便于学生理解和记忆。说板书设计，主要是介绍这堂课的板书类型、板书内容和形式以及设计的依据。多媒体技术可把难以理解的内容或是不容易观察到的事物，用计算机展现出来，它的直观性和生动性可以唤起学生的想象，激发学生学习的激情，为教学创造良好的氛围，有效地弥补传统教学的不足，因此，要说出多媒体运用的计划、内容及其缘由。

8. 说评价

教师要对学生活动及教学效果进行预测，要估计到教学方法运用会出现什么问题，教学目标的达成度如何。说出学生学得怎么样，自己教得怎么样，进一步找出存在的问题，再运用教育教学理论提出改进措施，优化课堂教学。

要注意的是以上列举的这些说课内容，在实际说课中并不须一一罗列，面面俱到。针对具体的文本应有所侧重，也可将几项内容有机地组合在一起说，如在说教学程序时说教学方法，在说教学方法时说板书设计和多媒体运用。

（三）把握说课技能的构成要素

说课是一项综合活动，说课技能也是多种技能的综合。提高说课技能务必要坚持训练，从多个方面提高技能。说课技能由以下几个要素构成。

1. 说课的构思技能

说课不同于备课，备课是说课的前提，说课是备课的延伸。说课并不是对备课笔记或是教学设计的宣读或背诵，而是对其中的精要问题做一个简明扼要地介绍，并且还要谈一些备课笔记中没有的教学理论和自己的看法。这就需要说课者在说课前有一个精密的构思，构思出说课的内容和框架，由此写出说课稿。构思的问题是多方面的，包括对备课内容做进一步提炼，从中整理出要陈述的要点；寻找自己各项教学设计的理论依据；安排说课的程序；揣摩说课的话语；设想说课的情景等。构思技能是一种心智技能，是以一定的教学材料为内容的心智运用。可以说，构思技能是说课技能的第一要素。

2. 说课的组织技能

说课不同于上课，面对的是同行、专家、评委或领导，说课者要沉着冷静、虚心坦诚、有条不紊地说出所准备的内容。整个说课过程，都需要调动听者的注意力和情绪，并灵活、机智地处理各种突发问题，这就需要说课者注意各个环节的组织。说课者要适应环境，营造氛围。说课开始，要用三言两语将说者和听者都带入到说课的情境中，调动大家参与此项活动的积极性；说课中要注意各个环节的合理衔接，并适当地随机应变；说课结束时要激发大家的评论热情，听取他人的批评。说课活动虽简短，也同样需要说课者的精心组织。一次说课就是一次由说课者主持的、其他教师参加的小型的教研活动，说课者的组织技能对说课的顺利开展极为重要。

3. 说课的表述技能

说课主要是用口头语言表述，既要说出自己的看法，又要讲出充分的理由。说课时要使用普通话，语音清晰，音高得当；说话要条理清楚，层次分明；同时还要注意自己的动作体态、眼神表情。体态语是说课中不可缺少的一个因素，仪表优雅、表情自然、眼神有韵、举止从容的体态语可以很好地配合教师的口语表述，也能有效地激起听者对说课者的关注和兴趣。除此之外，有时在说课中还要适当地运用板书和课件，对板书和课件的设计和操作也是一种表述行为，能辅助口语表述。可见，表述技能是说课的核心技能，它直接决定着说课的成败。

4. 说课的咨询与答辩技能

说课并非说完就了事，完整的说课还应该包括听者的评价和提问，那么说课者就应该主动咨询，积极答辩。说课结束时应虚心而热切地以语言或表情向听者提出咨询，以获得听者客观、公正的评价。通过借鉴他人的意见，总结经验教训，完善教学设计，使教学取得更加理想的效果，同时提高教师教育教学理论素养。当听者提出问题时，说课者也要及时地予以回答，这种回答要就事论事，要以理服人。[①]

（四）注意说课中的问题

1. 说课心理要“稳”

由于说课的对象是同行、专家、评委或领导，又要求教师在短时间内说完一节课设计的整体思路，教师心理压力较大，很容易在说课时失去心理平衡，形成心理障碍，从而影响正常水平的发挥。这就需要教师卸下思想包袱，消除紧张心理，注意自我心理调节，保持稳定的心理状态，做到精神饱满、信心十足。说课教师需要在说课活动之前，做好充分的心理准备，正确地评估自己的实力；说课时要落落大方、从容自如，使能力得到应有的发挥。这种自我控制心理的能力在平时就要加以训练。

2. 说课内容要“实”

说课要从教材的实际出发，从学生的实际出发，从教学的实践出发。拟定的教学目标要有可行性，选用的教学方法要有实用性，安排的教学程序要有可操作性，设置的课堂练习和课后作业也要讲究实效。既要有明确的教学要求，又要有落实的措施，使人看得清，抓得住。说课内容要实实在在，避免空乏和夸夸其谈，不着边际的大谈教学改革和创新教育无异于“纸上谈兵”和“空中楼阁”。

3. 说课语言要“精”

说课不是上课，也不是做报告，要精选内容、精心设计，语言必须精练。在有时间限定的情况下说课，不必追求面面俱到，要有详有略，突出重点，但重点部分一定要说透。尤其在介绍教学程序时不必说出每个小的环节和细节，只要说出整体思路和步骤即可。防止说课变质，既不能把说课变成“试教”或“压缩式上课”，也不要把说课变成宣读教案或简述讲课要点。

4. 说课观念要“新”

教学是一门科学、一门艺术，应有创造性。说课的本质是教学研究，以探求最佳的教学方

① 蔡冠群、聂家顺：《微格教学与教师教学技能实训教程》，东北师范大学出版社，2008年版，第98—99页。

式。在说教法和学法的同时，要针对特定的教学内容充分说明所选择的教法及学法的理论依据。说课过程中，要尽量展示先进和现代的教育思想理念，如新的教材观、教学观、学生观；在运用优良的传统方法的同时还要注重新方法、新手段的运用。说课者最好对教学有独到的见解、对教学程序有别具一格的安排、对教学策略有独具匠心的运用。

5. 说课形式要“美”

语文教师说课不仅要有说服力，而且要有感染力。从内容上讲，说课要充实、深刻；从形式上讲，说课要生动、形象。说课教师要衣冠整洁、举止大方，具有仪态美；说课教师要语言清脆悦耳、娓娓动听，具有语言美；说课教师要精神饱满、热情洋溢，具有情感美；说课教师板书设计要精巧、字迹工整，具有板书美；要在短短的十几分钟的说课中展现自己的魅力，给人以美的熏陶和深刻的印象。

三、案例评析

【案例 7-1】

《赤壁赋》说课稿①

各位老师，大家好！下周我要带同学们学习《赤壁赋》这一课，现将我对这篇文章的理解和教学设计向你们做一个汇报，请大家批评指正。

一、说教材

《赤壁赋》是人民教育出版社普通高中课程标准实验教科书《语文》第一册第二单元中的第二课。这个单元中的四篇文章都是文言文，都是写景记游的散文。另外三篇是王羲之的《兰亭集序》、王维的《山中与裴秀才迪书》和王安石的《游褒禅山记》。其中《赤壁赋》是重点学习的文章。

这篇文章是苏轼被贬黄州以后，坎坷的经历、艰难的处境、复杂的心情，诸种原因在胸中积淀日久，终于酝酿而成的一篇千古名篇。本文从泛游大江之乐写起，转到顾念人生之悲，再复归于精神解脱的愉悦，在悲乐转换之中提出了人生有何意义这样一个哲理命题，表现作者虽身处逆境，却能忘却一时的得失、随遇而安的人生态度。《赤壁赋》是一篇独具特色的“以文为赋”的上乘之作，它兼具南北朝骈赋和唐宋古文的双重特点，文质兼美，情理并茂。将对社会人生的抽象认识通过欣赏风月、凭吊古人的方式来完成，在主客观的契合间发出哲理的意蕴。这篇文章可让我们理解苏轼的思想感情，也可指导我们对人生和自然的认识。

我将通过两课时教学使同学们读懂这篇文章，明白其主旨，了解苏轼的生平和思想感情。重点理解作者豁达的人生态度，掌握形象性、情感性、哲理性融于一体的表现手法。本文中倒数第二段中阐释“变”与“不变”是个难点。

---

① 蔡冠群：《微格教学与教师教学技能实训教程》，东北师范大学出版社，2008 年版，有删改。

二、说学情

由于初中生文言文学习篇目有限，高一学生对文言文的词语和句式理解存在较多的知识障碍，甚至对文言文还有些抵触心理，这篇赋的学习难度较大。当代学生更多的是关注眼前的物质消费和感官享乐，对于中国古人的思想感情接触很少，要让学生走近苏轼的心理世界也比较难。学习这篇文章要想办法激发学生的热情和兴趣。

三、说教学目标

高中语文课程标准要求学习古代优秀作品，要体会其中蕴含的中华民族精神，汲取民族智慧；要背诵一定篇目的名篇。由此，我设置的这篇文章的教学目标是：(1) 积累名句（如正襟危坐、沧海一粟、杯盘狼藉、清风徐来、水波不兴）；(2) 认识本文骈散结合的语言特点；(3) 把握叙述、描写、抒情、议论相结合的表现手法；(4) 理解作者所表达的宇宙观和人生观；(5) 背诵全文。

四、说教学方法

因为苏轼文学成就巨大，高中第一次接触他，又因为学习古代作品要知人论世，教师用讲述法介绍作者和背景，这可让学生较全面地认识作者；这是高中第一次遇到赋，文中有较难理解的词（如羽化而登仙），所以用讲解法说明赋的特点，并讲解学生难以理解的词句。

学生是阅读的主体，阅读是学生、教师及文本的平等对话，可以进行个性化的多元阅读，这篇精美的散文我要让学生有感情地反复诵读，重在整体感知，在此基础上理清文章的思路，了解作者的思想，并由此培养学生的阅读能力。另外我要引导学生对作者作品进行探究，开展讨论，以便更深入地理解作者和作品，并培养学生的探究能力。

五、说教学程序

（一）导入：以回忆《核舟记》中雕刻的人物形象导入新课。

（二）让学生回想苏轼的诗词名句，接着教师介绍苏轼生平和成就，生平中重点讲被贬黄州一段。

（三）听录音并看多媒体课件画面，提醒学生注意字音的准确，语句节奏的缓急和节奏的变化，排除文章的词语障碍，（让学生将难词句写在黑板上，然后请其他学生解释，不能解释的由教师解释）特别注意：

词类活用——使动用法：舞幽壑之潜蛟。

意动用法：侣鱼虾而友麋鹿。

名词作动词：况吾与子渔樵于江渚之上。

句式——定语后置：客有吹洞箫者。

宾语前置：何为其然也。

（四）学生默读，引导学生理出思路。以精练的语句理出文章的思路和要点，在教学过程中书于黑板。（出示课件，板书以下内容。）

思路：	线索：时间	感情
第一段——月出泛舟游赤壁——陶醉	月出	乐
第二段——饮酒放歌听箫声——快乐		
第三节——见景忆史生感慨——哀愁		愁
第四节——谈水说月论人生——享乐		
第五节——狂饮酣睡到天明——洒脱	天亮	喜

（五）经过以上的分析，再让学生齐读课文，仔细体会文章的语言，探讨事、景、情、理的关系。教师板书：

事——夜游赤壁　（以事记人）

景——江风月　　（以景动人）

情——乐忧喜　　（以情感人）

理——人生意义　（以理警人）

（六）组织探究，讨论以下话题：

1. 对主客问答中的两种人生态度进行评论。

2. 文中“美人”指谁？

3. 欣赏文中的“水月”意象，并谈谈古人的山水意识。

（七）介绍赋及赋的特点的演变：骚赋—大赋—小赋—骈赋—律赋—文赋。

这篇课文打破了赋在句式、声律和对偶上的束缚，用比较自由的句式构成带韵的散文，兼具诗的情韵和散文的理意，体现了韵文优美、绵长的特色。

（八）请学生谈此文对今天的生活有何意义，然后齐声朗读。

（九）以教师对本课的总结而结束。

（十）布置作业：

1. 背诵全文；

2. 写一篇500字的赏析或评议；

3. 自学《后赤壁赋》并比较与本文的异同。（选做）

六、说教学评价

我相信，根据这样的安排去上课，学生一定会有很大的收获。通过本文的教学，学生不仅可以理解赋这一古文体，掌握叙述、写景、抒情和议论相结合的写作手法，而且可以进一步认识苏轼这位古代文化名人，尤其对其矛盾心理和达观的人生态度有所知晓，还可通过这一课的学习带领学生领略自然风光。但部分学生可能对文章的学习缺乏热情，对本课的问题探究不够深入。如何大面积地提高学生的学习成绩，这是我一直思考的问题，在这一方面我希望得到各位老师的指导和帮助。

我的说课完毕，请大家提问，欢迎批评指正。

【评析】

这篇说课稿内容完整，由对教材的理解到教学设计，最后到教学评价，每个方面都做了介绍。能准确把握课文内容和重难点，能看出教师对文章及作者做了深入的分析。能够根据教育的基本原理和语文课程标准的要求来设置目标、选用教学方法，既发挥了教师的启发、引导作用，又调动了学生的学习兴趣和热情，发挥了学生的主体性。教学环节安排合理，由温习旧知识导入新课，注重朗读，由总体感知到深入探究，最后进行拓展。板书设计精巧，多媒体运用恰当，说课语言精练，首尾呼应、简洁有力。但是对每个环节的设计依据介绍得不够详细，几个环节的连接也较为生硬，没有过渡语言；对探究的问题安排过深，一般学生难以入手；对总结结束这一环节说得过于简单，应该稍作阐述。

四、思考练习

1. 说课的特点是什么？说课的基本内容是什么？
2. 对备课、说课、上课的异同给予评析。
3. 任选一篇课文进行钻研，撰写一份说课稿。

第二节 听课的技能

一、技能概说

（一）定义

听课是听课者（如同行、专家、领导或评委等）为了考察授课教师的教学质量，或为了相互学习、共同提高，在真实的课堂教学环境中，观摩授课教师的教学行为和教学过程的活动。听课是提高教师教学水平、提升教学质量的重要方式。

讲课都需要一定的技能和方法，听课也需要一定的技能和方法，需要一定的学习和培训，并不是什么人都能听懂课、听好课的。听课技能是听课者凭借眼、耳、手等自身的感官及有关的辅助工具（记录本、调查表、录音录像设备等），从课堂情境中获取相关的信息资料，进而学习、评价及研究的能力。听课技能是以原有教学思想和经验参与为基础，以看、听、想、记和谈多种听课活动协调为保证的综合能力。听课本身不是目的，听课是手段，是途径。通过听课达到甄别认定课堂教学优劣，从而提升课堂教学及其研究的水平才是目的。

（二）类型

根据不同标准，听课可以分为多种类型。相应的，也就有了多种听课技能的类型。

1. 检查型听课

检查型听课是为了了解学校和教师教育教学工作的总体、过程、某一方面或某个问题的情况而进行的听课活动。如上级教育部门对学校督导评估的听课、检查教学常规落实情况的听课、中考和高考复习调研的听课、学校领导听新教师的课、新课程实施情况的调研性听课等。

2. 评比型听课

评比型听课主要是为了对教师做定性评价的听课活动。如评优课、考核课及评优秀学科教师、名师、特级教师等的听课。

3. 观摩型听课

观摩型听课是为了总结、推广、交流及学习教学经验和方法等而进行的听课活动,包括公开课、示范课、展示课等。

4. 调研型听课

调研型听课是为了研究、探讨有关教育教学问题或了解教学改革实验进展情况而进行的听课活动。如研讨课、实验课、调研工作中的听课等。

本书主要讨论观摩型听课。

二、训练要点

(一) 做好听课准备

1. 学识准备

学识准备包括以下几个方面:① 学习和掌握有关学科的教改信息和新的教育理论;② 熟悉语文课程标准,充分把握教材;③ 熟悉教学内容,粗略构思自己的教学方案,以便跟执教者进行比较。

2. 情况准备

情况准备是指听课前要了解所听对象的相关情况,包括:① 要了解听课班级学生的基本情况,如学生的学习基础、学习能力等;② 要了解执教者的有关情况,如学识水平、教学水平、教学态度、教学成绩、教学经历等。

3. 心理准备

心理准备包括态度上的准备和情绪上的准备:① 在态度上,听课者要做到"五心"——虚心、诚心、专心、细心、公心;② 在情绪上,听课者要做到精神饱满,精力集中。

4. 物质准备

听课者不能徒手进教室,要认真准备好听课所需要的物质材料,如教科书、参考书、听课笔记、笔等。如果是课堂实录,还要准备好录音机、摄像机、话筒等。还可以使用电子听课笔记系统,这是一款为教师群体设计开发、适合教师听课记录使用的笔记软件,它改变了教师传统的听课笔记记录模式,实现了听课笔记本数字化和移动化。教师不仅可以使用电子听课笔记录文字,还可以用它拍照、录音、录像,并且把这些听课资源整合成素材包,可随时学习或与其他教师分享交流。

(二) 掌握听课方法

1. 听

一听教学过程,具体讲就是听执教者怎样复习旧知,怎样导入新课,怎样组织学生讨论,怎样启发学生思维，怎样进行学法指导，怎样进行拓展延伸，等等。二听教学内容，具体讲就是听内容是否适量，重点是否突出，难点是否分散，详略是否得当，是否有知识性错误。三听教学语言，具体讲就是要听执教者的讲授语言是否规范、明白，富有条理性；交流语言是否真诚、亲和，富有启发性；评价语言是否精当、丰富，富有变化性。四听学生发言，通过听学生的课堂发言来甄别执教者教学目标的达成情况、学生能力的发展情况和智慧的生成情况。

2. 看

一看学生：看学生课堂上的注意状态、参与状态、合作状态、思维状态、情绪状态和目标达成状态，看学生是否人人“吃得好”“吃得饱”，有一种丰实感和满足感，是否对后续的学习更有劲头，更有信心。二看教师：看教师的教学理念是否正确、先进，看教师的教材把握是否准确、科学，看教师的教学策略是否恰当、有效，看教师的课堂组织是否得当、有序，看教师的课堂智慧是否机智、灵活，看教师的专业基础是否扎实、丰厚，看教师的板书设计是否规范、美观，看教师的多媒体使用是否熟练、合理，看教师的教态仪表是否自然、得体。三看课堂：看课堂是否鼓满着张力，是否充溢着磁力，是否激荡着活力，是否形成了效力。

3. 记

一记听课的日期、节次、班级、学科、执教者、课题、课型。二记教学的主要过程与环节，包括主要的问题设计、板书要点。三记本节课在教学思想、教学内容处理、教学方法改革等方面值得思考的要点。四记教师的执教情况和学生在课堂上的活动情况。五记对这节课的简要分析。

4. 思

一思教师为什么这样处理教材，换个角度行不行、好不好？二思对教师成功的地方和不足或错误之处要思考原因，并预测对学生所产生的相关影响。三思如果是自己来上这节课应该怎么上？四思如果自己是学生，是否理解和掌握了教学内容？五思新课程的理念、方法和要求，怎样才能真正体现在日常课堂教学中并内化为教师自觉的教学行为？六思这节课是否反映了教师正常的教学水平，如果没有听课者，教师是否也会这样上？等等。

5. 谈

谈就是利用课前、课后的时间主动与执教者交谈，与所在班级的学生交谈。如可请执教者谈谈这节课的设计和执教思路以及执教得失，请学生谈谈听这节课的感受和收获，等等。

（三）学会听后反思

一节课听完后，要重视及时进行总结反思，借其长为我所用，见其短引以为鉴，并主动参与评课和交流活动，在互动中提高自己，这样做才能实现听课的最大价值。

（四）听课注意事项

1. 预先通知

如果是教师个别听课，要预先征得执教者的同意，让对方有一定的心理准备，不要目中无人，推门直入，让执教者产生反感或不愉快的情绪。

2. 摆正心态

要以平和的心态听课，要抱着虚心学习的态度去发现执教者的长处，发现课堂教学的闪光点，思考值得自己学习的地方。不要带着挑剔的眼光去吹毛求疵，也不要因为执教者资历老、名气大而全盘照抄或刻意模仿。

3. 保持沉默

在听课过程中，听课者最好保持沉默，以免影响执教者的思路。

4. 遵守纪律

听课时不能迟到、早退，不要抽烟、走动、讲话、接手机，要认真记录，专心思考，尊重执教者的劳动。

（五）附表

听课记录及评价表

学校＿＿＿＿＿＿＿＿ 班级＿＿＿＿＿＿＿ 时间＿＿＿＿＿＿＿

教师＿＿＿＿＿＿＿＿ 课题＿＿＿＿＿＿＿＿＿＿＿＿＿＿＿＿＿

评价指标	评价因素	分值	评估等级				简评
			A	B	C	D	
教学目标	1. 教学目标科学、合理、全面						
	2. 学习全过程围绕目标展开						
学习过程	3. 学生在良好的学习情境中积极、主动地学习						
	4. 学习过程突出重点，化解难点，重视过程与应用						
	5. 学习活动有实效，体现民主、互动、开放、合作等原则						
	6. 学生在教师的引导下能及时反思并调整学习过程						
教师基本功	7. 表述科学、精练，板书简明，能熟练而有效地运用教学媒体						
	8. 教态亲切自然，师生关系融洽，有较强的应变能力和创新意识						
学习效果	9. 学生情绪高昂，态度积极，思维活跃						
	10. 学生在掌握知识的同时，相关能力得到了锻炼						
总评						总分	
						听课人	

三、案例评析

【案例7－2】

《咬文嚼字》听课反思①

张丽娟

文本解读是读者与作者的对话，是读者的“二度创作”。如果课堂上仅仅注重对作者意图的理解和接受，显然不够。语文课程标准强调语文课与学生生活实际的联系，如果文本解读不联系学生自身经验或生活实际，这样空洞的解读既不能引起学生兴趣，更不能促进学生发展。听王老师讲《咬文嚼字》，觉得教师个人素质不错，课堂板块清晰。不足处是“无我”。

一、学生的解读“无我”

老师让学生找出前四段的例子。学生找出来三个例子：郭沫若改剧本，王若虚改《史记》，贾岛的“推敲”。然后教师引导学生一个一个例子分析。

师：第一个例子，怎么改的？好不好？好在哪里？

生：“你是”改为“你这”。

生：“你这”是坚决的判断，表示憎恶的惊叹语。

师：“你有革命家的骨气”改为“你这革命家的骨气”好不好？

生：不好。语法、逻辑都有问题。

师：字变了，意思也就变了。

这里学生只是在文中寻找作者的例子和观点，并没有自己去深入思考体会句子的含义。这就是语文课堂常见的“无我”之病。学生浮在文本的表层之上，只满足于了解作者的意思。他们对“你这”的句式并不熟悉，当然不会去有意识地运用。如果学生能够继续思考，追问为什么“你这”句式有憎恶之意，并试着用“你这”“你是”来造句，那么对文本的解读会更深入些。其实，“你这”句式并不仅仅表示憎恶，也可能是一种亲昵嗔怪，如“你这懒虫”“你这坏家伙”。学生的“无我”，说到底根植于教师的“无我”。

二、教师的点拨“无我”

师：第二个例子怎么改的？改得好不好？

生：少了三个“石”字，文字似乎更简洁了。

生：但是改得不好。

师：为什么呢？

生：……（无语）

师：这个意思同学们下去品味吧！同学们一起来看第三个例子，你觉得用“推”好还是用“敲”好？写一段话说明自己的看法。

① 张丽娟：《语文课堂的“无我”与“有我”——〈咬文嚼字〉听课反思》，《中学语文教学参考（下旬）》，2018年第9期。有删改。

（学生写，然后发言）

引导学生分析第二个例子时，教师明显失之草草。到底王若虚改得好不好，学生没有细品两段文字，当然不能做出回答。教师自己更是没有深入文本，做出自己的判断，只是笼统地告诉学生，你们自己下去品味吧！其实，这里不仅仅是文字繁简的问题，更是文字"味道"的问题，教师要反复玩味，真正品味出两段文字不同的意味，并将这种品味的过程和感受告诉学生，引领学生走进文字深处。

王若虚对《史记》的修改真的如朱光潜所言"远不如原文"吗？原文有没有需要修改之处？其实，王若虚究竟改得好不好，真的可以见仁见智。许多学者专家就此发表过自己的看法，未见得原文的"见草中石，以为虎"就好于"见草中虎"，后者更可以表现当时李广将石作虎的真实心态。另外"终不能复入矣"感觉不到"放弃得斩钉截铁"的意味，倒是有些不甘和无奈的感觉。可惜教师的匆匆略过，让学生失去了咬文嚼字的最精彩的范例。

好教师各有千秋，不好的教师都是一个样。他们说的话在他们面前漂浮，就像卡通书中气泡框里说的话一样。不好的教师把自己置身于他正在教的科目之外，在此过程中，也远离了学生。这位教师显然在回避之中远离了文本和学生。

引导分析第三个例子时，教师让学生通过写作来表达自己的看法。到底"推"好还是"敲"好，其实这时的写作并没有很大的意义，因为口头表达完全可以说得清楚。学生斟酌之后提笔写作，几分钟后学生展示，三个学生都说"推"字好，因为"表达了一种清冷孤单的意境"，而这正是文中朱光潜的观点。这时教师没有再问一句有没有不同看法，朱光潜对"推敲"的"推敲"是否合理？也没有在学生说完之后谈出自己的看法，课堂便不会朝着纵深发展，学生的思维也没有被激活。其实，重读《题李凝幽居》，细细揣摩贾岛要表现的意思，觉得他之所以用"敲"字，也许有自己的理由，他要表现的只是一种幽静自在呢！"敲"字能表现寂静，也能暗示期待和温暖。

三、课文的学习"无我"

师：全文用这些例子说明什么道理呢？本文的中心观点是什么呢？

生：文字的改变是思想的改变，我们需要有一字不肯放松的谨严。

师：很好，你为什么这么认为呢？

生：因为那些例子其实都是为了说明这个道理。

师：跳出"套板效应"是说要脱离俗套，不落窠臼，其实说的也是语言运用的新鲜问题。归根结底还是咬文嚼字的问题。

学习"咬文嚼字"，却并未"咬文嚼字"，仅止于对文中作者观点的把握，终归是隔靴搔痒。朱先生写此文的目的，是希望告诉人们字词的改变就是思想的改变，对待文字须有一字不肯放松的谨严精神。

教师可以联系自己对待文字的态度，再选取一些炼字的典型范例，与学生一起咬文嚼字，在咀嚼中体会朱先生的观点，让学生学会敬畏文字。

古人云“两句三年得，一吟双泪流”“吟安一个字，捻断数茎须”，而今天的语文人少有这般执着的精神了，朱先生的咬文嚼字，不正是对语文教师善意的提醒吗？

“无我”是教师点拨的缺位，“无我”是学生思维的缺位，“无我”是个性意识的缺位，“无我”是审美想象的缺位，“无我”是分析习惯的缺位，“无我”是有机联系的缺位，“无我”是心灵世界的缺位。

语文课堂应该从“无我”走向“有我”。优秀的老师善于在生活中将自己、教学科目和学生联合起来。他们能够将自己、所教学科和他们的学生编织成复杂的联系网，以便学生能够学会去编织一个他们自己的世界。真正好的教师和真正好的教学，就是从分离走向联合，就是从“无我”走向“有我”。

【评析】

作者在这则《咬文嚼字》听课反思中，指出了执教者不足处是“无我”。作者认为：文本解读应该从“无我”之境进入“有我”之境。“无我”之境是语言、思维、情感、审美的缺位，是文本、学生、教师的分离。“有我”之境是语言、思维、情感、审美的归位，是学生、教师、文本的联合。

四、思考练习

1. 听课前应做好哪些准备工作？
2. 听课的具体方法有哪些？应该注意什么？
3. 到中小学听一堂语文课，做好听课记录，并交流听课心得。

第三节 评课的技能

一、技能概说

（一）定义

评课是指评课者（如同行、专家、领导或评委等）在听课后对授课教师的教学行为和教学过程及其结果进行评价的活动。评课是听课后的“常规动作”，俗话说“听课不评课等于没听课”，这话虽绝对，但可说明高质量的评课对改进课堂教学、促进教师专业发展具有重要意义。对于教师来说，评课是教师应该具备的一项基本功，也是教师提高自身教学水平的有效途径。

评课技能是评课者对执教者在课堂教学中的成败得失及其原因做切实中肯的分析和评价，并能够运用教育教学理论对教学现象做出合理阐释的能力。评课是学校和教师的一项重要工作。评课对提高课堂教学质量、提升教师教育教学素养、提高教师教育教学水平、深化课程改革都具有重要意义。

（二）类型

根据不同标准，评课可以分为多种类型。相应的，也就有了多种评课技能的类型。

1. 从课型来看，评课有以下几种常见的类型

（1）实习课

师范院校学生毕业前的教学实习、新教师刚上岗的课堂教学统称实习课。评课时应营造轻松的交谈气氛，以热忱、商量、启发的语言为主；对不足、弱点、失误，根据初教者的承受能力，中肯、策略地指明，使其坚定信心。

（2）实验课

实验课是指尝试教材处理、探索教学方法、训练学生动手操作能力的课。评课时无须求全责备，能总结出一两条新鲜经验加以推广就行。

（3）交流课

交流课是指执教者之间自发的、相互的、经常性的小型评课。评课多采用分散的自由漫谈式，以心换心，互帮互学。

（4）示范课

示范课是指县市、学校举办的大中型公开课、观摩课。评课时既要总结执教者的先进经验，也要指出其中的不足，避免落入逢场作戏、应酬溢美的俗套。

（5）检查课

检查课是指领导课前预约或"突然袭击式"的听课。评课时以定性评价为主，用以确定执教者教育教学水平。

（6）评优课

评优课是指校、县、市、省各级评选的优质课、教学能手课。评课时要按照评选标准进行甄别，出以公心，好中选优。

（7）课前课

课前课是指在听实习课、示范课、评优课之前，执教者先邀请部分优秀教师听自己试讲或"说课"，虚心听取他们的意见和建议。评课时要实事求是，肯定优点，指出缺点，提出自己的建议，供其参考。

2. 从评课方式来看，评课有以下几种常见的类型

（1）个别谈话式

这种形式是在听课人数较少的情况下所采取的一种评课形式。也有在集体听课后，觉得某些问题不便在公开场合谈，而采取个别交谈的方式。评课时先由执教者比较详细地谈谈自己的教学设计，然后由评课者交换对课的看法和建议。

（2）集中评议式

这种形式多适用于公开课、实验课和观摩课等，听课、评课人数较多。评课程序主要为：一是执教者说课，二是听课者评议，三是专家或权威总评。这种评课，发言者多，观点多，具

有很高的教育教学研究价值。

(3) 书面评议式

评课要受时间、空间、人员、场所等多种因素的影响，有些不便在公开场合交谈的问题，或者口头评议不够深刻，可以通过书面表达自己的见解。主要有三种形式：一是填写评课表进行定量评价；二是写出书面意见进行定性评价；三是撰写教研论文进行理论评价。

(4) 师生互评式

这是体现教学民主的一种评议方式。教师评议学生的学习态度、学习效果、学习方式、合作情况和知识技能掌握情况等。学生则主要评议教师上课的精神面貌、教学方法对学生的适合度、师生之间配合默契程度，等等。

(5) 陈述答辩式

先由执教者陈述自己的教学设想、教学思路、教学方法、教学理念、教学特色、教学成败等问题，接着由评课者提出疑问，执教者做出回答，双方展开交流、探讨，最后由权威专家做出终结性评价。

(6) 自我评议式

在听取了别人的评议之后，执教者要及时进行反省性的修改、优化，进行二度设计。反思、梳理自己课堂教学的优劣得失，并记录下来，有人称之为写“教后记”。

二、训练要点

(一) 明确评课的特点

1. 综合性

评课的综合性主要体现在评课广泛涉及许多相关学科的基本原理和方法，涵盖面广、综合性强，特别要求评课者在评课中要综合运用教育学、心理学、课程论、教学论、学习论等理论，对教师课堂教学行为和结果做出恰如其分的科学评价。依据课程论剖析教师处理教材的能力，依据教学论评价教师如何教，依据学习论评价教师如何导学。

2. 实践性

评课是一种理论性很强的教育实践活动，评课的实践性突出表现在评课教师的主导性、评课对象的能动性、评课内容的真实性、评课标准的科学性和评课方案的可行性等方面。要求评课者要抓住课堂教学这一实践环节，紧紧围绕“如何教”，着重评价教师在教学过程中所进行的教学设计、教法选择和教学效果。

3. 科学性

评课是对教师课堂教学活动的科学评价。评课的科学性突出表现在评课者对教学规律的认知理解的深度和掌握运用的程度上，要求评课者要着重评价教师在教学过程中所选用的各种教学方法的理论依据和实际效果。

4. 发展性

随着社会的不断进步，教育的快速发展，尤其是教育科技的日新月异，教材教法的不断更新，评课内容会更加丰富，评课理论会更加完善。因此，评课必须与时俱进，不断创新和发展，还必须以发展的眼光审视评课在现代教学工作中的重要地位和作用，把评课作为提高教师从教能力的有效途径和衡量教师教学水平的重要尺度。[①]

（二）了解评课内容

1. 评教学思想

评议教学思想在课堂教学中的体现，包括：以人为本的思想、面向全体的思想、培养和发展学生能力的思想、着力于提高学生整体素质的思想、以学生为主体的思想，等等。在现阶段应体现立德树人的要求和着力培养学生语文学科核心素养的精神。

2. 评教学目标

预期教学目标的达成度是硬指标，是评课的中心。评教学目标就是要看教学目标的设计是否合理准确，执教者如何贯彻教学目标、如何指导学生实现教学目标，学生的达标情况如何，等等。如果教学达不到既定目标，其他方面的评价就失去了意义。

3. 评教学过程

从教学结构这一环节出发，评议执教者在教学组织活动中教学环节安排是否合理、教学的组织形式是否科学、教学的整体结构是否严谨、教学节奏是否得当、执教者是否适时适当地使用现代教学手段等；从新课改精神来看，更要关注学生的主动参与和合作交流，让学生在谈论、质疑、探究中，在情感的体验中学习知识，完善人格。

4. 评教材处理

从教学内容处理的角度，评议教材体系及知识体系是否把握得准确、教学重点是否突出、教学难点是否突破、内容定量是否妥当等；是否全面规划教学任务、培养学生思维能力；是否在关注学科知识基础性的同时，强调与现实生活、学生经验的联系，强调实际应用；是否加强了方法、应用、探究等方面的内容以及学科间的整合和综合；是否将新授知识转化为学生感兴趣的问题，从而促进学生积极主动地学习。

5. 评教法运用

从执教者对教学方法处理的角度，评议执教者在课堂教学中所运用的教法是否符合所教学生的心理特点、是否激发了学生的学习兴趣、是否创设问题情境以引导学生积极思考、是否有利于培养学生的能力、是否调动了学生的学习积极性、如何处理反馈的信息以及施行何种偏差纠正方案等。

6. 评学法指导

对执教者在课堂教学中对学生学法指导的情况进行评议，如能否从学科内容与特点着眼，针对学生的年龄差异、心理特征、学习基础、学习方法、学习能力、学习速度、思维特点、学习修养、学习环境和条件进行相应的指导；是否建立和形成发挥学生主体性的多样化的学习方式，促进学生主动地个性化地学习。

7. 评教学效果

教学效果指学生对知识的掌握程度、学生能力的形成程度、学生思维的发展程度、课堂

① 陈火弟、杨淑群：《评课理论探析》，《辽宁教育研究》，2003 年第 11 期。

问题的生成情况等。教学是否注意联系学生生活的实际，从而使学习变成学生的内在需求；是否注意挖掘教学内容中的情意因素，做到知、情、意结合；是否坚持因材施教，让每一个学生在原有的基础上得到充分的发展；是否关注学生的个性发展、和谐发展和可持续发展。

（三）掌握评课方法

1. 综合分析法

这种评课方法是评课者对一节课做出全面、系统、综合性的评价，如综合评价教学目标、教材处理、教学程序、教学方法与手段、教学基本功、教学效果、教学个性、教学思想等方面。具体操作可以分三步：第一步，从整体入手，粗略地看一看全课的教学过程是怎么安排的，有几个大的教学步骤；第二步，由整体到部分，逐步分析各个教学步骤，要分别理出各个方面的内容；第三步，从部分到整体，将各个教学步骤理出的内容汇总起来，然后再按照一定的顺序，从全课的角度逐个分析评价。

2. 归纳分析法

这种评课方法是评课者对一节课不做全面、系统分析，而是对整节课的优缺点做总结归纳，从而找出该课的主要优点和缺点。

3. 片段评课法

这种评课方法是评课者从课堂教学中选取有代表性或典型性的教学片段进行评析。这种评析可以按一节课教学进行的顺序，分若干片段进行全程评价，然后再做一个小综合评析；也可以从一节课中选择一两个片段进行评析。

4. 寻找特点法

综合分析法等评课方法对执教者的课堂教学进行评析固然全面、系统，但不一定能够发现执教者的教学特点。任何一节课，即使由名师来执教，也不可能是十全十美的。因此评课时，与其面面俱到，贪多求全，不如努力寻找执教者的教学特点，即教学过程中的闪光点，发现它，捕捉它，总结它，并帮助执教者形成自己的教学风格或教学个性。

5. 以果溯因法

这种评课方法是指评课者根据一节课的成败效果，去探寻产生的原因，从中总结出规律性的东西。也就是说，通过这种方法的评课，可以从现象到本质、从表象到规律，丢开枝节，抓住实质问题，概括出执教者教学的突出特点或主要问题。这种评课方法大致有三个步骤：一是判定效果，二是以果溯因，三是总结规律。

6. 诊断分析法

这种评课方法通常要经历“诊——断——治”三个阶段。所谓“诊”，就是提出问题和发现问题，通过对课的分析，找出优点和缺点，分析特点。所谓“断”，就是对于提出的问题要进行原因分析。所谓“治”，就是针对“患病”的原因，对症下药，提出改进教学的意见。

（四）评课注意事项

1. 避免绝对化，要一分为二

评课一定要坚持一分为二的原则，要避免说好，十全十美；说差，一无是处。多肯定优点、特点、闪光点，少求全责备，指出主要缺点，不要吹毛求疵。

2. 避免就事论事，要借助理论

就事论事使评课停留在低水平的阶段，必须提高理论修养，要注意运用新课程理论来分析问题。

3. 避免空谈理论，要以事论理

评课时不要空对空地谈理论，陈说条条框框，一定要把教育教学理论与所评之课的实际情况结合起来。好，好在哪里？差，差在何处？要有的放矢。

4. 避免强求统一，允许保留意见

评课希望能取得一致的意见，但是如果出现意见分歧也没关系，要允许个人保留意见。教学研究要发扬民主，不搞少数服从多数，更不能采用行政手段“统一认识”。

5. 评课要注意场合

从评课的效果考虑，场合不是一个小问题，尤其评一节不太成功的课，更要慎重考虑评课场合。要将评课和评教师分开，讲话要注意分寸，留有余地，不要在大庭广众之下使执教者难堪，对不宜在公开场合提出的意见则应在私下个别交换。

（五）附表

济南市教研室评课表①

评课维度			评课因素	分值	评课等级				对比因素
					优	良	中	差	
评价教师行为5个维度40分	组织能力15分	组织教材	对教材进行科学合理的调整、充实与处理；突出重点、分散难点、抓住关键；教学目标明确、恰当	5					照本宣科，缺乏创新，重难点处理不妥，教学目标不符合要求，脱离学生实际，教学过程与教学目标脱节，教学过程设计不合理，时间安排不恰当，内容空，难度过大或过小，节奏不协调，课内活动单调或只追求表面形式，学生不能积极展开思维，无实效
		组织教学活动	教学程序安排科学合理，衔接自然，符合学生认知规律，教学节奏科学、协调；课内活动新颖实用，形式多样，重视组织学生经历有教学思想含量的“教学化”过程，能引发学生积极思维	6					
		组织语言	教法及教学手段运用自如，教学有特色，与现代教育信息技术自然整合，运用恰当，注意实效；教态亲切和蔼，语言清晰生动、文明规范；能根据内容的起伏节奏和学生情绪变化及时调整语调、语速，富有启发性和感染力	4					

① 叶禹卿：《新课程听课评课与优秀案例解析》，中国轻工业出版社，2006年版，第143—148页。

续 表

评课维度			评课因素	分值	评课等级 优	良	中	差	对比因素
评价教师行为5个维度40分	注意力5分	关注学生	注意力放在学生身上，关注不同层次的学生在参与学习的过程中思维与心智的发展情况	3					教态严肃呆板，语调平板，缺乏激情，不能感染和吸引学生；语言逻辑混乱，口齿不清
		及时反馈	及时反馈与调节学生的活动	2					
	教学态度5分	尊重信任	充分尊重和信任学生，以热情和宽容的态度善待学生	3					注意力放在自己的教案或自己的思路上，只顾自己唱主角，让学生为配合自己服务；对学生冷淡，不耐烦，摆出权威架子，经常用指责的方式管理学生
		激励评价	注意捕捉合适的时机激励评价学生，有足够的热心和耐心帮助学困生	2					
	教学机智5分	灵活调整	敏锐、快速地捕捉各种信息，根据学生需要灵活调整教学策略，保证主要目标的完成	3					反应较迟钝，应变能力较差，不善于采取适当的解决问题的方法处理偶发事件，不善于及时调整教学思路，不善于和学生沟通
		恰当处理	恰当处理课堂教学中的偶发事件，消除学生心理暂时形成的不利兴奋点，把注意力重新转移回来，使教学程序恢复正常	2					
	教学境界10分	面向全体	把握教学目标，正确处理基础与发展的关系；因材施教，使各种不同的学生的学习需要获得不同程度的满足；促使每一个学生都拥有必需的学习机会和时间	4					不能有效调动学生的积极性，只注意少数学生，把认知性任务当成课堂教学中心或唯一目标；不重视创造友好、民主、平等的教学氛围激励学生主动参与学习，不重视学生个性特长的充分发展
		全面发展	知识、技能、原理的叙述具有科学性，准确恰当，有利于学生的学习和发展；注重暴露思维过程，提高每个学生的概括、分析、综合、应用、思维等基础能力；让每个学生都会用自己的情感体验主动参与学习	3					
		自主发展	从学生实际出发，教学设计符合认知规律，注重教会学生自行获取知识的方法，促使学生主动参与实践；注重学生的个性发展，培养学生的创造能力	3					

续 表

评课维度			评课因素	分值	评课等级				对比因素
					优	良	中	差	
评价学生学习活动的5个维度60分	参与状态14分	参与形式	参与学习活动的形式多样、恰当，如师生谈话、合作交流、动手实践、自主探索等	4					学生无精打采或只有少数学生在按教师要求学习；只重视练习阶段学生的参与，学生参与学习的方式单一
		投入	学生能积极参与教学的全过程	3					
		展开	不同层次的学生都能积极参与	2					
		深入	学生在参与学习中，师生、生生能进行深层次的思考和交流，即能进行实质性参与	3					
		拓展	学生不仅参与学，还参与教；不仅在课内，而且延伸到课外	2					
	情绪状态10分	气氛活跃	学生具有适度的紧张感和愉悦感	4					课堂气氛沉闷，学生情绪较低落；学生注意力分散，课堂秩序较混乱
		及时反馈	学生善于自我控制，调节学习情绪，保持良好的注意状态	6					
	交往状态14分	交流充分	能构建师生、生生及媒体之间信息交流的立体结构，信息交流充分	6					师生配合不够，缺少民主；师生或生生之间讨论的内容属浅层次、低水平或没有经过个体精思就匆匆展开合作讨论，或合作讨论不充分，无视实际效果
		有效合作	合作讨论的内容有思考性、有价值；有明确分别，每人都有事可做；注重合作前的独立思考；有足够的时间和空间展开合作讨论	8					
	思维状态12分	积极参与	能引发大多数学生积极思考，展现出解决问题的强烈愿望；学生敢于提出问题，发表见解	6					学生很少有发表见解的机会或对学生的质疑缺乏及时的深入的研讨；学生自主独立的思考时间少
		深层发展	学生提出的问题与见解具有挑战性或独创性；学生能把经过猜想和探索发现的结论作为新的思维素材，去努力探索新的发现	6					

续 表

评课维度			评课因素	分值	评课等级 优	良	中	差	对比因素
	生成状态10分	成就感	学生能各尽所能，感到踏实和满足；学生保持一种积极进取的心态，有强烈的成功欲望，对学习更有信心和兴趣	5					学生学习态度很被动或紧张；缺乏上进心、自信心，不积极参与思考或分析问题；思路狭窄，不灵活；易受不良情绪干扰
		严谨	学生能调控自己学习的消极心理，调整不利于积极思维的思维定势及惰性、畏难、自卑、闭锁等不良心理	5					
综合评价					优（90/100）	良（75/89）	中（60/74）	差（60以下）	问题、建议

三、案例评析

【案例7-3】

谈谈《老王》一课的教学设计

我听了《老王》一课，收获颇大，现就该课的教学设计，谈几点看法。

一、聚焦一句，提纲挈领

杨绛的《老王》表现了作者一直都在极力地帮助老王，希望老王的生活能好起来，但最后作者却说“这是一个幸运者对不幸者的愧怍之情”。这本不应该有愧疚之情，但也正是这愧疚之情，才是作者最大的善良的表现，因此该课设计的第一个环节就抓住文章的最后一句话引发开去，让学生在作者的反思中发现自己，在发现自己中意识到自己对他人的关爱不够，对不幸之人的尊重、平等观念不深，从而使学生的感知更敏锐，情感更丰富，情趣更高尚。

二、抓住细节，品透悟深

任课教师设计了“最让你感动的细节是什么”这一环节，学生积极地找到了细节，找到了关键词，在阐述理由时都能把人物的情感与句中的词联系起来，“镶嵌”在门框里的老王让人流泪，鸡蛋“多得数不清”是老王一片真心的体现，“忘了请他进来喝茶”是作者担忧后的深深的愧疚。在读中品，在品中思，尤其是学生说：“因为作者无法给老王更多的帮助，但他这样目送着老王走下楼梯，那担心的目光，即使老王没有回头看，也一样能感觉到。这里作者对老王的尊重关爱，虽然没有言语，但同样表现了出来。”学生真的在品味中有了深深的触动，有了与作者同样的反思。

三、载道以文，因文悟道

语文课程工具性和人文性统一的特点已成为语文教师的共识。即课文的内容和课文的语言不是两张皮，而是一个整体，只有把两者很好地结合，才能借助精妙的语言来感悟文中深邃的思想、精辟的见解、丰富的情感。落实到每一堂课的教学设计中，每个教师应该清晰地认识到，既要有对文本的深入认识，又需要设置与之相关的语言教学环节，任何对文本内容的分析如果离开语言的支托，那文本内容的精髓也只能是空中楼阁。

【评析】

评课者没有面面俱到地作全面点评，而是紧扣执教者的三个教学设计进行了个性化的点评，肯定了执教者课堂教学的长处和特点，也体现了评课者的教学思想和追求。

四、思考练习

1. 评课需要遵循哪些原则？常见的评课方法有哪些？需要注意哪些事项？
2. 到中小学听一堂语文课，根据所听内容，写一篇 500 字左右的评课稿。

第八章　教学评价与反思的技能

教学评价、教学反思与教学实施密切相关，语文教学评价与反思的技能，也是语文教师必备的教学技能。语文教学评价与反思的技能包括语文学科定量评价的技能、定性评价的技能、试卷编制的技能和教学反思的技能等。

第一节　定量评价的技能

一、技能概说

（一）定义

语文教学评价是依据一定的教学目的和标准，在系统搜集资料并加以分析的基础上，对教学过程及结果做出价值判断，从而调整教学活动以增进教学效果的过程与方法。语文教学评价从不同的角度可分为不同类型。这里主要讨论"定量评价"和"定性评价"两种类型，主要指向语文学习评价。

定量评价又称量化评价。语文教学定量评价的技能是收集资料并采用定量计算的方法进行语文教学评价的能力。定量评价发轫于20世纪初，是以飞速发展的现代科技为背景的，它采用数字方法将评价结果量化，评价结果精确而且信度高，能够减少人的主观推论，并且能进行个体之间的相互比较。它适合于测定语文基础知识和较低程度的语文能力，诸如认读、识记、简单的理解等。就评价范围而言，主要是基于语文核心素养，指向"知识与能力"维度的目标。

（二）类型

问卷调查、纸笔测验是常用的定量评价的方法，也是常用的定量评价的技能。

1. 问卷调查

问卷调查是以书面的形式提出问题，让评价对象做出回答，从而收集评价对象的信息并形成数据的一种评价方法。这种方法一般用来收集通过观察法得不到的关于被评价者的学习兴趣、动机、态度、习惯等的信息，或者是用来了解被评价者对某一事件或事物的看法。问卷调查法便于在短时间内获得大量信息，并且便于将得到的结果进行量化处理，操作方便、高效。这种方法的缺憾之处在于，问题以及可选的答案都是由调查者事先设计好的，因而调查的结果只会局限在调查者预先的假设中，调查活动也无法获得教育现象中大量生动、丰富的动态生成的因素。

2. 纸笔测验

纸笔测验是使用最普遍的一种评价方法，它要求学生依据题目要求进行书面解答。常见的类型有：安置性测验、形成性测验、诊断性测验和终结性测验；标准参照测验和常模参照测验;标准化测验和教师自编测验。

二、训练要点

(一)问卷调查技能的训练要点

1. 掌握问卷设计的策略

(1)题目与想要了解的信息直接相关

要将调查的目的和问题转化成明确的理论假设,即要考虑调查的目的和问题有可能与哪些因素有关,这些因素相互间有什么关系;如果对于影响所调查问题的因素考虑不周全,或是有意回避某些因素,则问卷结果的科学性与有效性就会大受影响。

(2)掌握设计问题的原则和技巧

由于问卷多涉及被评价者的兴趣、爱好、意志、情感、习惯、动机、看法等精神领域,被评价者出于一种本能的自我保护意识,有可能不愿意袒露真实的想法,因此要做到:第一,题目清楚不含糊,应用的术语通俗易懂;第二,要保持一个题目中只包含一个问题;第三,多用客观选择题,少用主观开放题;第四,选择题备选答案应该是可以穷尽的,选项具有排他性;答案的设计要避免有明显的倾向性,以免被评价者根据备选答案的倾向性做出违心的选择,从而隐瞒真实情况。

2. 重视调查实施的策略

在调查开始前要与评价对象进行充分的沟通,使其尽可能理解评价的目的、作用以及意义所在,以便让评价对象以良好的态度对待评价。

问卷要尽量使用无记名的形式进行,以减轻被评价者的疑虑和不安情绪;如果调查的内容确实需要作个别分析,从而有利于日后有针对性地加强引导措施,则必须做出保密的承诺。

(二)纸笔测验技能的训练要点

1. 了解安置性测验、形成性测验、诊断性测验和终结性测验的功能及实施策略

安置性测验,又称为准备性测验或调查摸底性测验,是在学期或单元教学开始时,为确定学生现有水平,以便有针对性地制定教学计划、确定教学目标而实施的测验。

形成性测验,又称为单元测验或阶段测验,是在教学进行过程中实施的用于检查学生学习掌握情况和进步情况的测验。

诊断性测验,是为探测与确定那些长期存在学习困难的深层原因而实施的一种测验,这种测验是对形成性测验所反映出问题的原因,进行深入的探究,问题严重时还需要学科专家、心理学专家甚至生理学专家共同介入,以便做出确凿的诊断并寻找解决的途径。

终结性测验,主要是对学生学习结果进行的检验,一般在学期末进行。

2. 分清标准参照测验和常模参照测验的参照标准及适用范围

标准参照性测验,又称为目标参照测验或水平测验,是以既定的教学目标为参照系考查

被试者是否达到预定水平的测验，常规教学中的单元考试属于这种测验。

常模参照性测验，又称为选拔测验，该测验的分数是以某一群体的整体状况(常模)为参照来确定其排名或等级的，如语文知识竞赛、升学考试等。

3. 掌握标准化测验和教师自编测验的利弊及编制技能

标准化测验，是一种按系统的程序编制、具有统一的标准，并对误差作了严格控制的测验，其测验结果准确可靠，分数可比性较强，操作方便且经济。但是标准化测验只能得到思维的结果，却无法考察思维过程的合理性、严密性和灵活性，无法将情感、意志、兴趣、态度等纳入考察范围，也不利于考查思维的创新性。

教师自编测验，是教师依据教学各个阶段的需要自行设计、编制的测验，它简单易行，机动灵活，反馈及时，是一种非常有效的测验类型；但较之于标准化测验，其信度和效度比较差。

三、案例评析

【案例 8 - 1】

阅读下面这首词，完成 16—19 题。(共 18 分)①

醉翁操① (苏轼)

琅然，清圆，谁弹？响空山。无言，惟翁醉中知其天。月明风露娟娟，人未眠。荷蒉过山前，曰有心也哉此贤②。　醉翁啸咏，声和流泉。醉翁去后，空有朝吟夜怨。山有时而童巅③，水有时而回川。思翁无岁年，翁今为飞仙。此意在人间，试听徽外三两弦④。

注释：① 据本词序，欧阳修喜爱琅玡幽谷的山川奇丽、泉鸣空涧，常把酒临听，欣然忘归。后沈遵作琴曲《醉翁操》，崔闲记谱，请苏轼填词。② 蒉：草筐。《论语·宪问》："子击磬于卫，有荷蒉而过孔氏之门者，曰：'有心哉，击磬乎！'" ③ 童巅：山顶光秃，山无草木曰童。④ 徽：琴徽，系弦之绳。此处代指琴。

16. 下列对本词的理解，不正确的一项是____。(3 分)

A. "响空山"与王维《山居秋暝》"空山新雨后"的"空山"，都写出了山的空寂。

B. "荷蒉"两句以《论语》中荷蒉者对孔子击磬的评价，赞赏醉翁懂得鸣泉之妙。

C. "醉翁去后"两句描写醉翁离开琅玡后，作者空对流泉，以吟诵表达思念之情。

D. 词作最后三句是说醉翁虽已离世，声和流泉的美妙意境却仍然得以留存人间。

① 选自 2015 年普通高等学校招生全国统一考试(北京卷)语文试卷。

17. 词作开篇几句运用了以声写声的手法,用玉声形容泉声的清亮圆润。按照要求,完成下列各题。(5 分)

① 下列诗句,没有运用这种手法的一项是____。(3 分)

A. 龙吟虎啸一时发,万籁百泉相与秋。(李颀《听安万善吹觱篥歌》)

B. 商声寥亮羽声苦,江天寂历江枫秋。(刘长卿《听笛声留别郑协律》)

C. 蜂簇野花吟细韵,蝉移高柳迸残声。(韦庄《听赵秀才弹琴》)

D. 寒敲白玉声偏婉,暖逼黄莺语自娇。(王仁裕《荆南席上咏胡琴妓》)

② 在横线处填写作品原句。(2 分)

白居易《琵琶行》同样运用了这种手法来写琵琶声:"________,________。间关莺语花底滑,幽咽泉流冰下难。"

18. 在横线处填写作品原句。(4 分)

① 古代文人常常喜欢"啸咏",除了本词中的醉翁,陶渊明曾写道:"________,________。聊乘化以归尽,乐夫天命复奚疑!"(《归去来兮辞》)(2 分)

② 这首词与欧阳修《醉翁亭记》有密切关联。词中"唯翁醉中知其天""醉翁啸咏,声和流泉",呼应了《醉翁亭记》中"醉翁之意不在酒,在乎山水之间也""________,________"等寄情山水的名句。

19. 欧阳修《醉翁亭记》描写了琅琊山的四时景色,表现了作者以山水自适、与民同乐的情怀。与之相比,苏轼这首《醉翁操》所描写的景色和表现的情怀有何不同?(6 分)

【评析】

1. 评价的类别

所选案例是高考试题,是"纸笔测验"中的"常模参照测验",属于定量评价性质。

2. 参考答案及试题分析

上述 4 道考题,涉及中小学语文课文 5 篇:《山居秋暝》《论语》《琵琶行》《归去来兮辞》《醉翁亭记》,涉及古代诗、词、辞赋、散文等体裁,还有几首课外古代诗歌,都是古代文化经典。试题考查的视点多元化取向显著,具体涵盖以下几个方面:

一是对诗词内容的理解。如 16 题(答案 C),题干中有对"空山"的理解,题目不是单一要求,而是要通过与课内所学进行对比,鉴赏其意境的创造。还有对《论语》典故运用的考查,也反映了课内学习与课外迁移的有机融合,巧妙地处理了课外考查与课内积淀的关系。

二是对诗歌创作手法的识别与鉴赏。如17题①（答案B），只有该项“商声寥亮羽声苦，江天寂历江枫秋”不是以声写声，而是借助古代两种不同的声音类别的特征，来渲染秋色的肃杀与悲凉。完成该题的选择，必须以读懂题干的所有诗句为前提，题目落实的是基于素养的考核目标。

三是对运用同一艺术手法“以声写声”的诗句的积累记忆。如17题②（答案：嘈嘈切切错杂弹，大珠小珠落玉盘）。考查的不是死记硬背能力。

四是对所用典故内涵的掌握及其涉及的诗文名句的默写。如18题①②（答案：①登东皋以舒啸，临清流而赋诗。②山水之乐，得之心而寓之酒也）。“啸咏”“舒啸”涉及古代文化常识，这里主要还是考查理解性记忆和迁移能力。

五是对相关诗文内容及形式进行对比赏析，如19题。对于中学生而言，语文核心素养之“审美鉴赏与创造”的更高要求是：能比较多个不同作品的异同，能对同一作品的不同阐释发表自己的观点，做到内容具体、依据充分；能对作品的艺术形象及价值有独到的感悟和理解。该题6分，说明了试题的难度。

解题：欧阳修《醉翁亭记》，通过描写琅琊山的四时景色的变化及怡人，抒发作者寄情山水的悠然自得之情和洒脱的人生态度；所写都是作者自己所观所感，故以情景交融取胜。苏轼《醉翁操》：通过描写琅琊幽谷的山川奇丽、泉鸣空涧，以及流泉的自然声响带来的美妙效果，想象醉翁常把酒聆听、欣然忘归的情境；表达的是对欧阳修追求自然的妙趣和洒脱的人生态度得以流传的赞叹与欣慰之情，故以借景抒情见长。

【案例8－2】

阅读下面这首词，完成15—18题。（共18分）[①]

西村（陆游）

乱山深处小桃源，往岁求浆忆叩门。高柳簇桥初转马，数家临水自成村。
茂林风送幽禽语，坏壁苔侵醉墨痕。一首清诗记今夕，细云新月耿[①]黄昏。

注释：①耿：微明的样子。

15. 下列对本诗的理解，不正确的一项是（　　）（3分）

A. 作者到西村“叩门求浆”，是在清风吹拂、新月初现的黄昏时分。

B. “初转马”与“小乔初嫁了”中的“初”都是“才”“刚刚”的意思。

C. “茂林风送幽禽语”意谓清风送来茂林深处的鸟鸣，衬出西村的幽静。

D. “坏壁苔侵醉墨痕”意谓残壁上青苔侵蚀了昔日醉后留下的字迹。

① 选自2016年普通高等学校招生全国统一考试（北京卷）语文试卷。

16. “茂林风送幽禽语，坏壁苔侵醉墨痕”两句，以“声”“色”调动人的听觉和视觉感受。

下列诗句：“声色兼备”的一项是(　　)(3 分)

A. 梁台歌管三更罢，犹自风摇九子铃。(李商隐《齐宫词》)

B. 横笛闻声不见人，红旗直上天山雪。(陈羽《从军行》)

C. 春来茗叶还争白，腊尽梅梢尽放红。(韩元吉《送陆务观福建提仓》)

D. 梅子留酸软齿牙，芭蕉分绿与窗纱。(杨万里《闲居初夏午睡起二绝句》其一)

17. “莫笑农家腊酒浑，丰年留客足鸡豚。山重水复疑无路，柳暗花明又一村。箫鼓追随春社近，衣冠简朴古风存。从今若许闲乘月，拄杖无时夜叩门。”这是陆游的另一首纪游诗《游山西村》。结合具体诗句，比较这首诗和《西村》在内容上的相同点和不同点。(6 分)

18. 在横线上填写作品原句。(6 分)

① 陆游在诗中称西村为“小桃源”，使人联想到《桃花源记》，其中有：________________，__________________，有良田美池桑竹之属。________________，________________。

② 追忆往事，是陆游诗歌中常有的内容，如《书愤》一诗中“________________，________________”一联，就是对抗金历史的回忆。

③《西村》是一首律诗，中间两联是对仗的。杜甫《登高》中也有两联是对仗的，请写出其中一联。________________，________________。

【评析】

上述题型及分值、考核目标定位以及开放度，基本与 2015 年保持一致。4 道试题涉及所学过的课文 4 篇：苏轼《念奴娇・大江东去》、陶渊明《桃花源记》、陆游《书愤》、杜甫《登高》，体裁包括诗、词、散文，涉及课外古代诗歌也是 4 首，都是古代文化经典。试题考查的视角仍然保持多元化，但在总体难度上比 2015 年稍有降低。

如第 15 题，虽然还是考查对诗歌内容的理解与把握，但是只涉及一篇课文，并未涉及用典知识，因此只要着眼于整首诗考虑，选出答案 A 项应该不困难。第 16 题与 2015 年的第 17 题① 一样，考查阅读鉴赏的迁移能力；但该试题 4 个题干中“声”“色”的描写，字面上也比较浅显易懂，B 项同时具备“声”“色”描写，很好选定。

第 17 题，仍然考查对比阅读能力，与 2015 年第 19 题相比，题型和分值都一样，但是 2016 年将所要对比的诗歌《游山西村》全部呈现出来，无需学生完成回忆后才能做题，这样就大大缩短了时间，也降低了难度，使试题考查目标直指阅读鉴赏能力。该题目属于同一诗人、同类型诗作比较鉴赏，难度也不大。首先，要指出两首诗的共同点：从题目、题材看，两诗都是乡村纪游诗；内容上都通过对乡村意境的描绘，表达了对乡村的热爱和赞美之情。其次，要指出两首诗的不同点：从描写的侧重点看:《西村》侧重于对乡村自然风光的描写,而《游山西村》侧重于对乡村古朴民俗和醇厚人情的描写;更大的区别是,后者还体现了"宋诗主理"特质:"山重水复疑无路,柳暗花明又一村"富含深刻的生活哲理,尽管眼下道路曲折坎坷,几近绝境,但只要坚持下去,就会见到曙光和希望。

第18题的三个小题目,就是考查名篇名句的识记、理解和运用能力,但明显有其亮点:三道小题具有很好的梯度和区分度,前两小题以具体情境为试题载体,以典型任务为主要内容,避免以单纯的知识点和能力点设计考题,而导致死记硬背。第二小题引导语"对抗金历史的回忆"暗含典故的考查。第三小题既考查了律诗的对仗知识,又体现了选择性,降低了难度。一道6分题,默写名言名句涉及三位作家的诗文,辐射了初高中课文篇目,具有丰富性。

通过剖析全国高考诗歌阅读鉴赏试题,可以管窥并探寻基于学科素养的语文课程考核评价理念。无论哪一种类型的考核评价,试题的命制都应遵循共同的原则:以语文核心素养为考查目标,以情境任务为试题载体,以综合考查为命题导向;追求基础性、综合性、应用性和创新性的有机融合。[①]

四、思考练习

1. 简述语文教学评价的几种类型及其功能。
2. 本节所选案例,还可以从哪些角度命题?试命制2—3个题目。
3. 设计一份用于了解新生非智力因素情况的调查问卷,适用的年级段自定。

第二节 定性评价的技能

一、技能概说

(一)定义

定性评价又称质性评价。语文教学定性评价的技能,是通过描述、解释的方法进行语文教学评价的能力。教学的定性评价采用描述性语言进行评定,因此能够涉及量化评价难以评价的领域,如学生的意志、兴趣、情感态度等。定性评价便于评价学生阅读理解、鉴赏、评价的能力及口头或书面表达的能力,主要适用于主观的评价内容。就评价范围而言,主要基于语文核心素养,指向"过程与方法""情感态度与价值观"维度的目标。

(二)类型

行为观察、日常检查、表现评价、档案袋评价是常用的定性评价的方法,也是常用的定性评价的技能。

① 金荷华:《诗歌鉴赏能力评价的目标与方向》,《语文建设》,2017年第2期。

1. 行为观察

行为观察是通过有计划有目的地观察学生的行为表现及其变化，来了解学生的优点、潜能、不足以及发展的需要的评价方法。行为观察法包括“非参与式行为观察法”和“参与式行为观察法”两种类型。

2. 日常检查

日常检查是在日常教学过程中对学生学习情况的零散检测的方法。使用这种方法有两个好处，一是使教师有机会对学生学习中存在的问题和感到困难的内容进行引导和重审；二是给学生提供一个对学习内容加以检验或巩固深化的机会。日常检查的形式有多种，如课堂提问、专题讨论、个别谈话、批改作业等。

3. 表现评价

表现评价是通过学生在完成任务过程中所表现的行为与心理过程以及完成任务的结果来对学生进行评价的方法。包括两大类，一是操作表现法，即通过观察评价对象的实际操作过程来进行评价的方法。二是活动表现法，即通过观察学生在各种形式的主题活动中的表现对学生从知识、能力、情意态度等方面进行全方位评价的方法。

4. 档案袋评价

档案袋评价又称卷宗存档法、成长记录袋评价法，是指有目的地收集有关学生学习表现的一些信息并放入个人档案袋中，并进行合理的分析与解释，从而展示个人学习历程的评价方法。

二、训练要点

（一）行为观察技能的训练要点

1. 非参与式行为观察法

这是观察者不参与到被观察对象的活动中，只是从旁观察被观察对象的行为，并根据观察的目的设计相应的记录工具，观察并记录被观察对象行为的方法。设计这种类型的表格要注意的事项，以“学生课堂回答问题记录表”为例：第一，要明确观察的目的，就是观察学生课堂回答问题的行为表现；第二，要将观察的变量具体化，即把学生可能出现的行为全部列出来；第三，要考虑时间间隔，一般以 10 分钟作为一个时间段记录较为适宜。这种方法适用于课堂观摩、教学活动观察等研究形式。

2. 参与式行为观察法

这是观察者成为被观察对象中的一员，亲自参与到被观察对象的活动中，并用叙述性的文字把观察到的学生的行为记录下来的方法，其内容一般包括被观察对象的基本情况，事件发生的时间、地点、场景，以及被观察对象的语言、行为、表情以及记录者的感想和解释等。对所描述的现象进行解释的脉络体现为三方面：一是探寻执教者如此教学的原因；二是阐明描述者是如何看待这一现象的；三是发掘其他研究者对这类教学现象的解读。该方法使教师和学生打成一片，共同进行某项活动，相互间有较为亲密的情感联系，因而观察到的是自然情境中学生的真实行为表现,能够发现学生具有典型意义的个别行为。

当然,使用观察法对学生进行评价,要注意避免评价者的主观偏见,以保证评价的客观公正。行为观察法经常和访谈法结合起来对学生进行评价。

(二) 日常检查技能的训练要点

日常检查的形式有多种,如课堂提问、专题讨论、个别谈话、批改作业等;其中,课堂提问是语文教学中最普遍的检测方法,它能直接、快捷地获取反馈信息。要提高课堂提问的有效性,就必须注意提问的策略。教师提的问题一般有两大类:第一类是记忆性问题,只要求学生回忆、再现具体的事实或信息,学生只需回答"谁""是什么""对""不对",问题主要指向"知识与能力"目标。第二类是发展性问题,往往需要学生经由理解、比较、联系、想象、重组等心智活动,对事实做出推理、判断和评价,或者把已有知识运用于新的情境,问题主要指向"过程与方法"和"情感态度与价值观"目标。

(三) 表现评价技能的训练要点

1. 操作表现法

这是通过观察评价对象的实际操作过程来进行评价的方法。如考查学生使用工具书的技能,可让学生当场查检字典词典;考查学生的书写能力,可让学生进行书法表演;考查学生的作文能力,可让学生当堂完成命题作文。操作表现法简单易行,方便高效,一般只涉及学生某一方面的语文素养,无需进行太多的准备和组织活动,可以根据教学过程的需要随时采用。

2. 活动表现法

这是通过观察学生在各种形式的主题活动中的表现,对学生从知识、能力、情意态度等方面进行全方位评价的方法。这类活动多种多样,可以是演讲赛、辩论赛、诗歌朗诵赛、课本剧表演、读书报告会,也可以是模拟招聘、学科问题研究、社会调查、社区服务活动等。

表现评价法具有纸笔测试无法达到的优势:① 能够评价学生能做什么;② 更适合考查学生高层次的思维水平和解决复杂问题的能力;③ 能在一定程度上观察到学生思维过程和情感态度,包括与个人经验、实践有关的一些默会知识;④ 学生预先知晓评价的目标,评价的标准就是学生应该达到的目标,属于目标参照性评价;⑤ 在观察学生行为表现中,能发现学生发展状况的更丰富的信息,有助于教师进一步改进教学;⑥ 没有标准答案,学生可以充分发挥自己的个性和创造性,属于开放性评价,有利于培养学生的创新精神。

当然,活动表现法也有不少局限,例如评价表现的标准难以确定,评价的准确性、可靠性很难保证;又如评价需要教师事先进行周密的计划安排和组织指导,这将耗费很多精力和时间,难以在实践中经常使用。

(四) 档案袋评价技能的训练要点

1. 档案袋内容的选择

档案袋内容的选择,一般由学生和教师共同商定,但学生是主要决策者。具体内容涵盖从起始到完成的整个阶段，包括平时作业、考试成绩、笔记、作品、照片、录音带等，还要附上学生自我评价、教师评语、同学评语以及家长评语等。假如评价的是写作，那么档案袋内容应该包括不同类型的作品、写作历程和创作脉络，包括最初的构思提纲、草稿、修改稿、最终的定稿等。

2. 档案袋评价的类型

美国教育心理学教授格莱德勒以档案袋的不同功能为标准，把档案袋评价分为理想型、展示型、文件型、评价型、课堂型，其中最有代表性的是理想型。理想型档案袋的构成有三部分：一是作品产生和入选说明；二是入选的系列作品；三是体现学生分析和评定自己作品能力的反思材料。作品产生和入选说明，其构成可以是文字的，也可以是图画以及录音录像带等。入选的系列作品，是学生在完成某一学习计划过程中创作的各种类型的作品集；如果说对一项作品产生过程的记录表明了学生语文学习成效的深度，那么档案袋中的系列作品则表现了学生取得成效的范围和广度，例如档案袋中的作品可以包括发表过的随笔、论文、诗歌以及课堂表现的录音等。理想型档案袋评价的目的是提高学生学习的质量，通过一段时间的成长，帮助学生成为自己学习历史的思索者和非正式的评价者。

3. 档案袋评价的实施标准

(1) 评价的目的是否明确

如果目的任务不明确，收集材料流于形式，则无法实行真正的评价功能。

(2) 评价所收集的材料是否与评价的内容相结合

如果是要评价学生的价值观，则应该收集对学生的访谈记录、调查问卷、行为观察记录等材料。

(3) 评价的形式是否多样化

评价要考虑学生的个性差异，如果每个学生的档案袋在内容和形式上都完全一致，那势必把生动活泼的评价活动搞得单调乏味，对学生失去吸引力，难以实现评价的激励和发展功能。

(4) 评价是否加入了学生的自我反思

档案袋评价的主要意义在于为学生提供一个学习的机会，使学生能够通过对已经收集的材料进行自我反思，发现自己的优势与不足，学会自我调适，在评价过程中获得发展。

(5) 评价是否在很大程度上加重了学生和教师的负担

档案袋评价并不是一把万能钥匙，其本身也存在不足，并不是适用于所有评价领域；如果使用不当，必然会耗费大量的精力和时间，加重学生和教师的负担。

(6) 评价过程中是否进行评价结果的交流与分享

对评价结果进行交流与分享，是发挥档案袋评价发展性功能的关键环节，因为正是在交流与分享过程中，学生体会到成长的快乐感和自豪感。

4. 档案袋评价的层次

(1) 随意存放

教师不提质量要求，学生可以随意放入自己的任何作品以及相关材料。该层次是起步阶段，对学生的要求只是完成，主要目的是强化建立成长记录袋的意识。

(2) 按要求存放

教师对作品提出一定的要求，学生选择符合教师要求的作品以及相关材料放入档案袋。该层次对学生的要求是让其学会审视自己的作品。

(3) 展示性存放

教师要求学生选择可以展示自己学习成果的作品以及相关材料，并且写出或说出放入的理由。该层次是让学生学会对自己的作品进行鉴赏。

(4) 按目标存放

教师只提目标，学生根据目标自定标准，自选形式，自主决定具体内容。该层次要求学生有较强的独立能力和反思能力。

总之，基于核心素养的评价是多元化、综合性的，可以从以下几方面探寻评价途径及策略：一是运用形成性评价对学生的表现进行长时间持续、完整的记录；二是开发针对特定素养的形成性评价工具；三是在面向全体学生的统一考试中，将对素养的评价融入学科考试之中；四是适当选用真实情境考查学生跨学科的问题解决能力。

三、案例评析

【案例 8-3】

两条笔下“路”　情理各分明①

1. 习作。以下是以“路”为题的高二年级两篇限时作文。

路(1)

总在梦中摇曳着一条小路，黑黑的泥土凝成弯弯的小路，路两旁绿草苍翠，鲜花烂漫。我赤着脚在路上奔跑，笑啊，唱啊，就连树上那不知名的鸟儿也和着我的音，唱出委婉的曲子来。我追着风儿，赶着云儿，旖旎的景致一路都是。

梦中的我，总是怀着满腔信心，携着一手的幸福，在梦中路上奔啊，跑啊，用一颗童心去编织出美好的未来。

而眼前，也横亘着一条路，坚硬的土，坚硬的石。望望前方，路过去还是路，我别无选择，只能一脚踏上去，它送我的只是一声沉重的“咚”。于是本来缓缓流淌的血，陡然魔幻般地奔突起来。再望望前方，苍茫的天穹下只有这一条延伸的，单调的，也许是沉寂了千万年荒芜了千万年的路。于是，我不禁迷惘。

然而，我终究还是义无反顾地迈出了我的脚。

① 金荷华：《语文教师 PCK 发展与聚焦》，南京大学出版社，2016 年版，第 219－223 页。有删改。

在路上，我用血肉之躯尝试着去追风儿，赶云儿，但石头很快就碰伤了我的脚。路，给了幼稚的我第一个教训。路上的我，是小小的我，痴痴的我，被频频捉弄的我。

当我春风得意时，它会用一根藤绊倒我；当我急急前行时，它会用一块巨石挡住我；当我累极了，想坐下来歇口气儿的时候，丛丛的荆棘又会让我摇头。

路漫漫兮！有死寂的荒漠，噬人的沼泽；但也有怒吼的黄河，迷人的绿洲。

这，就是我的生命之路啊！时而魔鬼般狰狞，使我茫然无助；时而又像慈母般温柔，使我信心倍增。

生命之路像一块极长极韧的砺石，不是磨出锋芒，就是被磨掉棱角。

梦中之路中，我追求尽善尽美；人生之路中，我追求无憾无悔。让这两条路交错着载我前进。

路(2)

那是一个平常的下午，我去朋友家。去朋友家有两条路。大路远些，我走的是小路。

那是条"路"——"走的人多了，也便成了路"的路。每户人家到它的近邻之间，都是最短的捷径。可是这所有的捷径缠在一起却成了一张网，我陷在这张网里了。这里有走不完的岔道口。一条漫漫而修远的路摆在我的面前。我总想从中找出捷径，然而捷径也有岔路，又要再选择一次。这样几经选择，捷径往往也成了歧途。我记不清自己拐过多少个弯，只是本来同路的，渐渐成了陌路；本来陌路的，又会同走一段路。渐渐变成我一个人独行。可是不久，在另一个岔道口，我又遇上了最初的同路，我们又同行了一段路。

我看不到路的尽头。渐渐也分不出路的优劣。远些的，可能路面好一些，路面差的，可能风景却不错。我不再寻求捷径了，只是认准大致的方向，走下去。

这样走了很久。有时前面遇到人家，仿佛无路可走，待走到跟前，却发现又有一条小径。有时明明走了很远，仔细一看，却又到了刚才走过的地方。

渐渐地我发现，一个岔口上的路经过迂回百折，会在另一点交汇，那里就是另一个岔路口。

最后，终于到了目的地。可是算算时间，并不比走大路省。

回家时，我走大路。那是条平坦而宽阔的路。每到岔口，都有明确的路标，方便极了。

可是，路标是前人留下的，总是有限的，而真正的路，似乎没有尽头。

路，只能靠自己走出来。

2. 评价标准

《普通高中语文课程标准(实验)》中表达与交流目标第1条："学会多角度地观察生活，丰富生活经历和情感体验，对自然、社会和人生有自己的感受和思考。"该目标从客观和主观两方面提出写作的基本要求。(1)从客观方面说，表达与交流的基础源于生活，故必须“多角度地观察生活”；强调多角度，是因为外部世界本身就是丰富多彩的，可以“横看成岭侧成峰”。(2)从主观方面说，表达与交流的动因应该来自于学生的内心需求，故必须丰富情感体验“有自己的感受和思考”。因此，在“教学建议”中提出：“在写作教学中，教师应鼓励学生积极参与生活，体验人生，关注社会热点，激发写作欲望。”

3. 教师点评

上述两篇习作，应该说都是来自学生自己对生活的“感受和思考”，是学生对目前自我经历、自我心境的“情感体验”。

《路》(1)：先描述梦中的“绿草苍翠，鲜花烂漫”的“路”，以及在这条理想的“路”上“怀着满腔信心，携着一手的幸福”的美好感受。而后笔锋一转，用细腻的笔触描写了生活中自己的“路”：“苍茫的天穹下只有这一条延伸的，单调的，也许是沉寂了千万年荒芜了千万年的路”，习作者既写出了自己“望望前方，路过去还是路”时，自己的恐惧、迷惘和无奈；又写出了在这样一条“别无选择，只能一脚踏上去”的“路”上，自己的教训、艰辛和坚定。最后表达了对理想之路和现实之路的积极态度：“梦中之路中，我追求尽善尽美；人生之路中，我追求无憾无悔。让这两条路交错着载我前进”，可谓卒章显其志。

《路》(2)：开头以非常朴实的语言交代自己去朋友家时对路的选择，看似写实，走路舍远求近乃人之常情；但此处实为伏笔，为下文阐述生活哲理做好铺垫，同时也定下了全文宛如一篇散文诗的基调。文章处处在写实，然而却处处有寓意。作者写自己选择了“捷径”后的遭遇、困扰、迷惑和感悟。例如，“我总想从中找出捷径，然而捷径也有岔路，又要再选择一次。这样几经选择，捷径往往也成了歧途。”“本来同路的，渐渐成了陌路；本来陌路的，又会同走一段路。”这里不正蕴涵着生活的辩证法吗？又如，“渐渐也分不出路的优劣。远些的，可能路面好一些；路面差的，可能风景却不错。我不再寻求捷径了，只是认准大致的方向，走下去。”这里所寄寓的道理，与王安石的《游褒禅山记》中所言“而世之奇伟、瑰怪、非常之观，常在于险远，而人之罕至焉，故非有志者不能至也”多么相似！再如，“有时前面遇到人家，仿佛无路可走，待走到跟前，却发现又有一条小径。有时明明走了很远，仔细一看，却又到了刚才走过的地方。”这里与陆游的“山重水复疑无路，柳暗花明又一村”有着异曲同工之妙。文章最后颇有异峰突起之效：“最后，终于到了目的地，可是算算时间，并不比走大路省。”“回家时，我走大路。那是条平坦而宽阔的路。每到岔口，都有明确的路标。方便极了。”本以为，这是习作者经过挫折后的“醒悟”，在情感态度上表现出“亮色”；然而，文章并未到此结束，作者真正要表达的“感悟”却是：“路标是前人留下的，总是有限的，而真正的路，似乎没有尽头。”“路，只能靠自己走出来。”这样的收笔，比简单的展示亮色要深邃得多。

据了解，《路》(1)作者是一个单亲家庭的孩子，成绩优秀，但是家庭的困顿，尤其是母亲的含辛茹苦常使他的心境处于矛盾状态：既对美好未来满怀信心，又对艰难处境充满忧虑。正是这样的生活体验，使他流淌在笔端的都是真情实感。他并不回避在艰难困苦面前的"负面"情绪，如在现实"路"中自己的恐惧、迷惘、无奈等；惟其如此，文章才别具一种震撼心灵的力量。充分认可这些，才能够把新课程的写作要求重视学生对生活的感受、体验，鼓励学生留心观察，善于发现，珍视感受，有创意地表达；要求学生在写作中说真话、做真人落到实处。《路》(2)的作者也是一个品学兼优的学生，但是在选择学习文科、理科时，曾经犹豫再三，几经反复后选择了理科，但是后来的学习景况不太理想，他为之苦恼过、彷徨过。也许正是他的这段经历促成了他的深刻思考，从而成就了该篇佳作——一条铺满生活哲理的"路"。

综观两篇习作，不难看出，两文卒章所显之"志"，基本上体现了语文课程标准中写作教学目标对"情感态度和价值观"方面的要求。义务教育阶段写作目标重点强调激发学生的写作愿望和兴趣，而对于高中生来说，随着身心发展渐趋成熟，社会参与日益深入，基本具备社会人自觉的意识，光强调兴趣已经远远不够，应该重点强调"负责的态度""真实的情感"和"科学理性的精神"。所以，语文课程标准在"教学建议"中提出："不说假话、空话、套话，避免为文造情。"因此教师评价习作时，要彻底改变过去对学生作文求全责备的过分要求，也不可以动辄通过作文对学生进行"道德拷问"，前者会使学生对写作望而生畏，后者则容易导致学生写作言不由衷。

《普通高中语文课程标准(2017年版)》关于写作的"学习要求"有："自主写作，自由表达，以负责的态度陈述自己的看法，表达真情实感，培育科学理性精神。""努力学习综合运用多种表达方式，力求有个性、有创意地表达。"我国教育界前辈刘佛年说："只要有点新意思、新思想、新设计、新做法，就称得上创造。"以上两篇习作在个性化方面也体现得很好。就总的特色而言，《路》(1)以写景状物、抒情言志见长，《路》(2)以叙事明理、托物寄思制胜。就布局谋篇而言，《路》(1)通过梦中路和实现路的对比描写，抒发了自己对待生活的情感态度；《路》(2)则通过一次平常的出行的叙述，寄寓自己对生活事理的思考。就语言风格而言，《路》(1)笔触细腻，用词生动传神，富有意境，如梦中路是"摇曳"着，现实路是"横亘"着；同时通篇长句和短句交织使用，使文章给人以跌宕多姿的感受。《路》(2)笔力深邃，语言平实而不失含蓄，晓畅而更兼蕴藉；许多语句具有双关意义，如"所有的捷径缠在一起却成了一张网""本来同路的，渐渐成了陌路；本来陌路的，又会同走一段路"等，读来感觉洋溢在字里行间的尽是思想的火花。

【评析】

1. 评价的类型

以上所选是一个同题作文评价案例，这是颇具历史渊源和现实意义的作文评价角度。从文学史上朱自清、俞平伯同时写作《桨声灯影里的秦淮河》的文坛佳话，到今天中小学语文课程的写作训练，乃至中考、高考的写作试题的解析评价，都涉及这种评价方法的运用。就评价的类别而言，作文评价是用描述、解释的方法进行的评价，是属于质性评价范畴，但从根本上讲，质性评价并不是对量化评价的简单否定和排斥，而是把它统整于一体，在适当的评价内容或场景中依然使用量化的方式进行评价。比如，该案例在对两篇习作进行描述性的定性评价后，既可以用打出等第的形式，也可以仍用分数作为评价的结果呈现。

2. 评价的定位

"课程标准"取代"教学大纲"，标志着课程与教学的时代转型，"课程标准"规定的课程内容，其价值趋向于从精英教育转向大众教育；课程目标着眼于学生素养的全面提高；课程管理从刚性转向弹性。因为课程标准主要是对学生在经过某一学段之后的学习结果的描述，而不是对教学内容的具体规定。因此语文课程评价要根据总目标和学习任务群的内容，抓住关键，突出重点，在保证达成目标的基础上，尊重学生的个体差异，关注学生的不同兴趣、不同表现和不同学习需要。据此可判断，该案例中评价目标的定位是较为准确的；对两篇习作进行比较评价中，始终紧扣课程标准中的具体写作目标和"评价建议"中的具体评价要求。

3. 评价的视角

首先，理清两篇《路》的思路，从整体上把握文章的内容及主旨，这里许多评析的结论，相当于作文批改中的"旁批"；其次，用类似"知人论世"的方法，结合习作者的成长经历和生活境况，探究理解不同文章中所表达的不同感情，但都是作者的真情实感；最后，从文章的形式方面对两篇《路》进行全面概括，揭示了两文在构思立意、布局谋篇、语言风格等方面异曲同工之处，这相当于作文批改中的"总批"或"尾批"。一般说来，评价一篇文章写得怎样，大体上从内容、结构、语言三大方面去考查具体的写作教学目标及要求落实得如何。因此，该案例的评价思路和方法，还是具有一定的现实指导意义的。当然，这个案例只是针对具体的习作水平来评价的，如果是常规教学中的作文评价，那么，书写规范、修改态度、定稿递交时间以及个体写作水平的变化等方面的评价内容，则不可忽略。

四、思考练习

1. 简述定性评价的几种方法及其功能。
2. 结合语文教学评价案例，说明定性评价在实施新课程中的现实意义。

3. 设计一份《口头读书报告的总结性评分表》,包括“内容”与“表达”两大部分。

提示:“内容”部分应包含书名、作者、对书的描述、精彩处列举、总结性评价等细则;“表达”部分应包含语速、清晰度、音量、语言使用、体态和手势等细则。

第三节 试卷编制的技能

一、技能概说

(一) 定义

试卷编制的技能是指教师根据教学目标编制检测教学效果的试卷的能力。试卷编制,是语文教学评价中笔试的具体表现,是语文教育测量的一种手段的体现。试卷编制是一项极其严肃、认真而又十分复杂的工作,因为一份试卷质量的好坏将直接影响到考试评价的真实程度、教学效果的反映、教学发展方向的引领以及教育主管部门的决策。同时,编制试卷也是衡量语文教师教育教学水平的一项基本能力。编制过程必须全面地考虑各种因素,按规范程序进行。

(二) 类型

语文试卷可以有不同的分类,如从测试的目的看,可分为学业考试(又称成绩考试、课程考试)试卷、水平考试(又称选拔考试)试卷、学能考试(又称预估考试、潜能考试)试卷;从检测的内容看,有以学生使用的语文教科书为主的单元测试试卷、期中考试试卷、期末考试试卷,也有除语文教科书外,适当考查课外内容的中考语文试卷,还有按照考试大纲规定的范围,以考查学生的语文能力为主,适当兼顾语文教科书内容的高考语文试卷等。语文教师应当掌握编制各种类型试卷的技能。

二、训练要点

(一) 明确试卷编制原则

1. 符合教学目标和考试目的

语文考试的命题设计,从形式到内容,都要依据语文课程标准制定的课程目标、实施建议等方面的要求,根据不同阶段的具体的教学目标进行设计。如果一套语文试题,放在任何一个学段、年级的学生中都能考查检测,并且结果相差无几,那就说明这套试题的设计缺乏信度,是不科学的、无的放矢的。

2. 符合学生的认知水平,难度合适

语文课程具有工具性和人文性相统一的特点,语文的能力考查与测评既要考查学生对语文知识的掌握与运用,解决读写问题的能力,又要检测他们对祖国语言的热爱情感,体现出他们健康向上的人文情怀。因此,语文测试的试题要能体现出工具性与人文性的相互融合与促进。并且,这种相互融合与促进又是适应学生认知水平的。命制试题的难度要适中,太容易或太难的试题都是没有效度的命题。当然,难度的把握基于对学情的充分了解,对教学目标、考查目标的准确定位。

3. 考查内容有典型性、层次性

根据语文课程目标和教学要求,考试命题的考查内容必须有典型性和层次性。比如,同是考查基础知识内容,包括语音、字形、词语辨析等,七年级的命题内容就要以七年级教材所涉及的需要掌握的内容为重点,选取最能反映七年级学生语文知识与能力的基础知识为考查内容,具备一定的典型性;七年级可以着重考查知识的识记与理解,而九年级则要考查能力的综合运用与拓展迁移,从而体现不同的层次。

4. 题干的表述简明扼要,具体明确

在试题中,问题题干的表述要简明扼要,具体明确。一般来说,一个问题的表述,不要超过 30 个字,尽量干净利落。另外,语文试题虽然具有较大的开放性,但问题也切忌大而空,无边无际,最好设置一定的指向性和限定性。试题的问题一般宜小不宜大,宜具体不宜抽象。不要因为审题不清和审题困难,造成学生答题文不对题,或误导学生答题思路的结果。减少不必要的审题难度,避免答案歧义,试题检测的目标和目的才能实现。

5. 结构布局合理,层级分明

一套语文试题,有一定的知识梯度和能力层级。比如,中考语文的能力层级,一般是识记、理解和运用,而高考语文的能力层级,一般是识记、理解、分析综合、鉴赏评价、表达应用和探究六种能力,这六种能力表现为六个层级。在设计试题时,可以按照一定的能力层级顺序来进行,每个层级之间有一定的梯度。即使是每个层级中,也要注意点面结合,循序渐进。特别要注意的是,一套试题,尽量避免层级存在重复,而选考题与必考题所考查的能力也不应该存在着重复,有层级交叉的,在难易度上加以区分。

(二)了解试卷编制程序

命制试卷分为三个阶段:准备阶段、命制试题阶段、检查与校正阶段。

1. 准备阶段

(1) 明确考试目的

由于各种性质的考试,其目的不同,那么命题的难易程度、各类知识的比例、试题形式就会有所不同。因此,命题前必须明确考试目的和要求,还要研究学生的实际,准确掌握命题标准。例如,期中考试一般要求时间短、题量小、试题偏易,更多考查基础知识和基本技能,期末考试一般要求时间长、题量大、试题较期中试题稍难,加大对能力方面的考查。

(2) 研读相关内容

出题前要认真研读语文课程标准、考试大纲(说明)以及教材等相关内容,充分了解教学目标,把握教学重难点,理清知识脉络,包括知识点的层次类型(记忆、理解、应用)、知识点的重要程度(了解、熟悉、掌握、熟练掌握、拓展延伸)。确定基础题、中档题、提高题的比例;试题要充分体现教学目的和考试大纲要求，尽量突出重点，覆盖面广。同时，考试必须要考一些实质性的东西，杜绝偏题、怪题和超纲题。

（3）设计命题计划和制定“命题双向细目表”

命题计划是编制试题的依据，是科学设计试题、周密安排考试内容、便于命题有章可循的蓝图。命题计划应包括两项内容：① 编制试题的原则和要求，说明考试的内容范围、方法目标、试题类型、编制试题和组配试卷的要求；② 规定试卷中试题的分布，即具体考试内容中各部分试题的数量分布和所占比例。

双向细目表是一种考查目标和考查内容之间的关联表。一般来说，表的纵向列出的各项是要考查的内容即知识点，横向列出的各项是要考查的能力，或说是在认知行为上要达到的水平，在知识与能力共同确定的方格内是考题分布以及分值。双向细目表的价值：确保试卷有较宽的覆盖面；确保试卷的质量，避免随意性和盲目性。

双向细目表的设计步骤：① 确立知识要点。一是列要点。先要认真分析考纲或教材，把考纲或教材中的知识点找出来。可将各单项的细小的知识点合并归类，组成大的知识块。二是定比例。即确定每一单元要点应占的分数比例。② 确立能力水平层次。一般按美国教育学家布鲁姆关于教学认知目标所分的六个层次，即识记、理解、应用、分析、综合和评价。③ 排列各部分所占比例。即排出分值、题型和难易度。④ 汇总与调整。依据汇总情况，分析整个测试在能力水平方面的要求，是否符合测试目的、要求以及学生的实际情况。

下面是一份语文试卷命题双向细目表的参考样式。

表 8-1　2018 年全国新课标卷Ⅰ语文双向细目表

版块 \ 项目	题号、分值		考查内容：知识内容	能力层级						难度要求
				识记	理解	分析综合	鉴赏评价	表达应用	探究	
论述类文本阅读	1	3	筛选整合文中信息		√					易
	2	3	分析作品的论点论据和论证方法			√				中
	3	3	分析作者观点态度			√				难
	4	3	分析作品内容、艺术特色			√	√			易
文学类文本阅读	5	6	理解文中重要语句的含意		√					中
	6	6	分析作品的体裁特征和表现手法			√				难
实用类文本阅读	7	3	筛选整合文中信息		√					中
	8	3	筛选整合文中信息		√					中
	9	6	归纳内容要点 探究文本特色			√			√	难

续表

版块 \ 题号、分值 \ 考查内容 \ 项目			知识内容	能力层级						难度要求
				识记	理解	分析综合	鉴赏评价	表达应用	探究	
古诗文阅读	10	3	文言断句		√					中
	11	3	了解并掌握常见的古代文化常识		√					中
	12	3	归纳内容要点			√				中
	13	10	翻译重要语句		√					中
	14	3	鉴赏诗歌思想内容				√			中
	15	6	评价诗歌的思想感情				√			难
	16	6	古诗文默写	√						中
语言文字运用	17	3	辨析并修改病句					√		易
	18	3	语言表达连贯得体					√		中
	19	3	正确使用词语(熟语)					√		难
	20	5	语言表达得体					√		中
	21	6	图文转换 表达简明连贯准确					√		难
写作	22	60	材料作文					√		中

2. 命制试题阶段

编制试卷要依据命题原则，紧扣命题内容，围绕命题双向细目表，严格选择材料。在编制试题过程中，所编试题的数量应超过试卷实际需要量，以供精选。网络材料或旧题最好不要全抄，改造一下或只用其中一部分。

试题题型有客观试题和非客观试题，客观试题包括判断题、选择题、填空题等；非客观试题包括简答题、论述题、作文题等。

3. 检查与校正阶段

(1) 审查修改筛选

试题拟好后要逐题进行审查、修改，并进行筛选。首先对照细目表，审查所编试题是否与各知识点及学生学习水平相符，并根据具体情况进行增补或删减；其次，依据测验的时间要求，确定题量，并对试题做进一步的调整。在以上工作的基础上，对已确定下来的题目，从科学性、逻辑性、独立性以及语言表达等方面作最后的审定和修改。

(2) 试答全部试题

命题结束后，命题人必须对试题进行试答，并记录答题时间。一般情况下，用于实际考试的时间，为命题教师试答试卷时间的 2 倍；并估计年段学生考试的平均分，误差控制在 3

分以内；最好请同一备课组成员进行试答并审核。

（3）调整完善

根据答题实际时间的需要和答题结果估计试卷难度，对试题内容进行适当调整。

（4）制定评分标准

评分标准要包括三项内容，参考答案、给分尺度和具体评分标准。

（三）掌握试卷编制方法

无论是中考、高考，还是平时的语文测试，语文考试内容都可分为阅读和表达两个部分。阅读部分包括现代文阅读和古代诗文阅读，表达部分包括语言文字应用和写作。阅读和表达试卷编制的方法各有其特点，下面以近年来的高考语文试卷为例加以说明。

1. 现代文阅读测试题

现代文阅读测试的目标主要是检测学生现代文的阅读能力，包括对论述类文本、文学类文本、实用类文本的阅读能力。现代文阅读测试的形式，既有主观题，也有客观题。

（1）论述类文本阅读的测试

要求阅读中外论述类文本。了解政论文、学术论文、时评、书评等论述类文体的基本特征和主要表达方式；注重文本的说理性和逻辑性，分析文本的论点、论据和论证方法。主要从理解和分析综合两个角度考查：① 理解，包括理解文中重要概念的含义；理解文中重要句子的含意。② 分析综合，包括筛选并整合文中的信息；分析文章结构，归纳内容要点，概括中心意思；分析论点、论据和论证方法；分析概括作者在文中的观点态度。考试题型以客观选择题为主。如“下列理解和分析，不符合原文意思的一项是（　　）”。

（2）文学类文本阅读的测试

要求阅读和鉴赏中外文学作品。了解小说、散文、诗歌、戏剧剧本等文学体裁的基本特征和主要表现手法。阅读鉴赏文学作品，应注重价值判断和审美体验，感受形象，品味语言，领悟内涵，分析艺术表现力，理解作品反映的社会生活和情感世界，探索作品蕴涵的民族心理和人文精神。一般从理解、分析综合、鉴赏评价和探究等角度考查：① 理解，包括理解文中重要词语的含义；理解文中重要句子的含意。② 分析综合，包括分析作品结构，概括作品主题；分析作品的体裁特征和表现手法。③ 鉴赏评价，包括体会重要语句的丰富含意，品味精彩的语言表达艺术；鉴赏作品的文学形象，领悟作品的艺术魅力；评价作品表现出的价值判断和审美取向。④ 探究，包括从不同角度和层面发掘作品的意蕴、民族心理和人文精神；探讨作者的创作背景和创作意图；对作品进行个性化阅读和有创意的解读。考试题型既有客观选择题，也有主观题。如“下列对小说相关内容和艺术特色的分析鉴赏，最恰当的两项是（　　）”，再如“小说以《锄》为标题，有什么寓意？请结合全文简要分析”。

（3）实用类文本阅读的测试

要求阅读和评价中外实用类文本。了解新闻、传记、报告、科普文章的文体基本特征和主要表现手法。阅读实用类文本，应注重真实性和实用性，准确解读文本，筛选整合信息，分析思想内容、构成要素和语言特色，评价文本的社会功用，探讨文本反映的人生价值和时代精神。从理解、分析综合、鉴赏评价和探究等角度考查：① 理解，包括理解文中重要概念的含义；理解文中重要句子的含意。② 分析综合，包括筛选并整合文中信息；分析语言特色，把握文章结构，概括中心意思；分析文本的文体特征和主要表现手法。③ 鉴赏评价，包括评价文本的主要观点和基本倾向；评价文本产生的社会价值和影响；对文本的某种特色作深度的思考和判断。④ 探究，包括从不同角度和层面发掘文本反映的人生价值和时代精神；探讨作者的写作背景和写作意图；探究文本中的某些问题，提出自己的见解。考试题型既有客观选择题，也有主观题。如"文中认为'属于陈忠实的句子永留人间'，为什么？请结合材料简要分析"。

现代文阅读测试题在整张语文试卷中所占比重很大，高考试卷一般都从课本之外选择语料，每种文本的篇幅大多在1000字左右。对语料的选择、加工以及试题的命制难度很大，需要命题人员殚精竭虑、集思广益，才能打造出精品。

2. 古代诗文阅读测试题

要求阅读浅易的古代诗文。从识记、理解、分析综合和鉴赏评价等角度考查：① 识记，默写常见的名句名篇。② 理解，包括理解常见文言实词在文中的含义；理解常见文言虚词在文中的意义和用法；理解与现代汉语不同的句式和用法；了解并掌握常见的古代文化知识；理解并翻译文中的句子。③ 分析综合，包括筛选并整合文中信息；归纳内容要点，概括中心意思；分析概括作者在文中的观点态度。④ 鉴赏评价，包括鉴赏文学作品的形象、语言和表达技巧；评价文章的思想内容和作者的观点态度。

文言文阅读测试的目标和内容比较明确(大多为史传散文或古代笔记)。试题通常包括两种类型：单项选择题、古文翻译题。如"下列对文中第一句加线句的断句，正确的一项是(　　)""把文中画横线的句子翻译成现代汉语"。

诗歌鉴赏测试的目标和内容包括对诗歌思想内容的鉴赏和作品艺术手法、艺术效果的鉴赏以及评价作者的观点态度三个方面。诗歌鉴赏分值虽不高，一般都是主观题。如"诗的前两句描写了什么样的景象？这样写有什么用意？"

古代诗文阅读测试难在选择合适的语言材料，严格按照考试大纲的要求命题，同时要考虑学生的原有学习水平。

3. 语言文字应用测试题

要求正确、熟练、有效地使用语言文字。从识记和表达应用等角度考查：① 识记，包括识记现代汉语普通话常用字的字音；识记并正确书写现代常用规范汉字。② 表达应用，包括正确使用词语(包括熟语)；辨析并修改病句；选用、仿用、变换句式，扩展语句，压缩语段；正确使用常见的修辞手法；语言表达简明、连贯、得体、准确、鲜明、生动；正确使用标点符号。测试形式，主观题与客观题交错分布，题型包括：熟语测试题、病句辨析题、语意连贯题、关联词使用题、语言表达题。如"下列各句中，没有语病的一句是(　　)"，再如"在下面一段文字中的横线处补写恰当的语句，使整段文字语意完整连贯，内容贴切，逻辑严密，每处不超过 15 个字”。

4. 作文测试题

要求能写论述类、实用类和文学类文章。作文考试的评价要求分为基础等级和发展等级。① 基础等级：符合题意；符合文体要求；感情真挚，思想健康；内容充实，中心明确；语言通顺，结构完整；标点正确，不写错别字。② 发展等级：深刻——透过现象深入本质，揭示事物的内在关系，观点具有启发作用；丰富——材料丰富，论据充实，形象丰满，意境深远；有文采——用语贴切，句式灵活，善于运用修辞手法，文句有表现力；有创新——见解新颖，材料新鲜，构思新巧，推理想象有独到之处，有个性色彩。作文测试比较常见的题型包括：命题作文、半命题作文、话题作文、材料作文。

如：2016 年普通高等学校招生全国统一考试（上海卷）语文试卷。

> 27. 随着现代社会的发展，人们的生活更容易进入大众视野，评价他人生活变得越来越常见，这些评价对个人和社会的影响也越来越大。人们对“评价他人的生活”这种现象的看法不尽相同，请写一篇文章，谈谈你对这种现象的思考。
>
> 要求：(1) 自拟题目；(2) 不少于 800 字。

高考作文命题要考虑到考试的公平性，消除学生之间学习背景的差异对于考试的影响，处理好封闭性和开放性、文学性和实用性的矛盾。既要防止宿构套作甚至抄袭，又要贴近考生的社会生活实际、思想认识实际、写作实际。通过作文测试，有效地考查考生的创新能力、想象能力、文学素养、思辨能力和综合能力。

三、案例评析

【案例 8 - 4】

> **深化考试内容改革 助推素质教育提升**
>
> ——**2018** 年全国高考语文试题评析（节选）①
>
> 张　开
>
> 2018 年全国高考语文科试卷共有 8 份，其中教育部考试中心统一命制 3 份，另有北京、天津、上海、浙江、江苏自主命制 5 份。整体而言，2018 年全国高考语文试题充分发挥语文科的独特优势，积极反映时代特征，体现素质教育要求，实现“立德树人、服务选才、引导教学”的高考核心功能。具体而言，在两大方面体现了试题的整体特点。
>
> 一、以德为先，试卷内容彰显语文化育功能
>
> 语文科在考查设计中充分展现学科的功能优势，在文化浸润中实现育人、

① 节选自张开：《深化考试内容改革 助推素质教育提升——2018 年全国高考语文试题评析》，《中学语文教学》，2018 年第 7 期。

化人的教育功能。一方面，全国的语文试题都立足于时代发展前沿，着力于把新时代中国特色社会主义建设的伟大成就，团结奋进、不断创造美好生活的时代精神有机融入命题，明确传达正确的价值导向，引导考生树立远大理想，增强考生为中华民族伟大复兴而努力的历史使命感和责任感。另一方面，语文科以古今优秀作品为载体，在落实“以文化人”，体现社会主义先进文化、革命文化和中华优秀传统文化中，引导学生真切体会社会主义核心价值观和中华优秀文化传统，温润心灵，滋养人生，增强文化自信。

1. 突显价值导向，以积极的思想引领人

试题是高考选拔和育人的直接载体，在反映时代社会发展，实现思想引领中发挥重要作用。命题要将思想教育和价值引领作用细化、实化、具体化，即试题的整体设计力争做到春风化雨，推动学生领会、接受试题背后的价值观念和人文精神。2018 年的高考语文命题立足于时代特征，着力于把中国特色社会主义建设的伟大成就以及团结奋进、不断创造美好生活的时代精神有机融入命题。将思想教育和价值引领作用细化落实，培养学生的主人翁意识，期待学生能拥有强烈的国家意识和社会责任感，投身新时代建设伟业，在接力奋斗中追梦、圆梦。

2. 体现文化浸润，以精彩的文学作品感召人

中国文化博大精深，润泽后世。优秀的文化传统是化人之本，古代思想精华是中国优秀传统文化的重要组成部分，也是建构和创新当代思想、文化的精神之源。今年全国高考语文试卷精心选材，通过历史人物的群体垂范、古代思想的现代映射、传统美德的当代传承，在考查语文能力的同时，实现对考生的精神浸润。全国Ⅰ卷“论述类文本阅读”节选自杨国荣《历史视域中的诸子学》。材料从两个层面探讨从“诸子学”到“新子学”的发展，强调“新子学”应该同时致力于中国和世界文化的建构，引导考生认识到传统思想的当代映射及其重要价值，寄意深远。

3. 精心选材设题，以优雅的语言文字引导人

语言文字是民族文化的重要载体，在凝聚民族精神、增进文化认同、提高国民素质等方面意义重大。今年高考语文试卷精选语料，巧妙设题，引导考生在正确、规范使用祖国语言文字的过程中，深刻理解祖国语言文字的文化内涵，深刻理解祖国文化精神的厚重博大，在提高语言文字运用水平的同时，提高自身的文化素质。全国高考语文卷在语料的选取上，着意选择了蕴意丰富、涵义相近的词汇，既强化对考生正确、规范使用祖国语言文字能力的考查，又促使考生深入思考近似词汇背后的情感色彩和文化内涵。例如，全国Ⅰ、Ⅱ、Ⅲ卷均有成语辨识内容，要求考生不仅正确把握“名噪一时”与“名垂青史”、“照猫画虎”与“按图索骥”、“随波逐流”与“随遇而安”等成语的不同意义，而且要对成语背后包含的文化内涵、情感色彩甚至道德倾向细细品味。考生在感受祖国语言文字本身魅力的同时，也可以很好地领会到中华民族文化的内涵深度和精神特质。

二、以才为本，试题考查聚焦关键能力和方式创新

聚焦能力考查，目的在于引导学生培养发展综合素质，为高校选拔基础扎实、具有创新潜质的学生。中央《关于深化教育机制体制改革的意见》指出，要注重培养支撑终身发展、适应时代要求的关键能力。高考语文科考查的能力不仅要涵盖学习生活中必须具备的重要认知能力，还包括适应国家经济社会发展对多样化高素质人才提出的应用能力、创新能力等。这些能力要求与素质教育的终身学习、终身发展理念相辅相成，也是素质教育在高考中的具体落实和生动体现。

1. 全面考查语文科关键能力

2018年高考语文科试题设计聚焦关键能力考查，围绕学科主干内容，创新试题设计，重点体现语文科考查的内容改革。尤其把考查支撑学生终身发展和适应时代要求的独立思考、逻辑推理、信息加工、学会学习、语言表达和文字写作等关键能力作为考查重点，提高语用水平、塑造思维品质、关注信息处理、倡导主动学习，融入有利于终身学习的语言、文学、文化的必备知识，育才成人，助推素质教育。

一是注重基础性、工具性，拓宽考查语言实用性的视野，在阅读与鉴赏、表达与交流、梳理与探究中凸显语文应用的特点。在文学类文本中，注重引导考生针对不同的艺术表现方式，从语言、构思、形象、意蕴、情感等多个角度欣赏作品，获得审美体验。如全国Ⅱ卷第6题要求考生体会并简析老舍幽默生动的语言，全国Ⅲ卷第6题"谈科幻小说中'科学'与'幻想'的关系"、古代诗歌赏析艺术特色，都着眼于考查考生鉴赏的关键能力。

二是提升思维品质，促进独立思考，对学生的形象思维能力和逻辑思维能力进行了全面测查。一方面，重视对形象思维能力的考查，体现审美情趣和审美品位。2018年的高考语文试题，以小说、散文、诗歌等多种方式呈现美，层层设问，考查学生发现美和欣赏美的能力。北京卷对辛弃疾词作的内容、艺术手法进行理解分析，并提供传统词话的材料，引导考生深入作品。另一方面，深化对逻辑思维能力的考查，体现思辨和探究。以全国Ⅱ卷作文"幸存者偏差"为例，材料直观、饶有趣味，但又耐人寻思；叙述严谨，又有一定的"留白"；含意明确，又有一定的开放性。

三是符合信息时代发展特点，关注信息处理与迁移的能力。2018年高考语文面对现代社会发展的要求，加强对考生获取信息、处理信息、应用信息能力的考查，从文本呈现方式、试题设问等方面，有效考查了考生面对不同类型的信息时选取恰当策略进行信息处理的能力，集中体现在对考生在整合加工、辨析推断信息方面的策略考查。文本的类型不同，所提供信息的形式、密度及设题的方式也不同。论述类文本主要关注文本的核心概念、关键语句、论点论据和论证方式，考生要对文本信息进行深加工，进而分析、推断，形成独立见解；实用类

文本关注文本的信息内容、信息间的关联、信息背后的立场等,考生在作答时首先要快速浏览,根据试题内容定位信息、筛选信息,然后进一步整合加工。同时,也对考生面对信息的迁移应用能力的考查予以充分重视。

2. 强化情境化的试题设计,体现语文的“运用”

语言是人类最重要的交际交流工具,其生命力和价值就体现在运用方面。从近年的试题考查设计来看,情境化默写题目、任务驱动作文题和相当一部分的主观题设计中,都给学生一个情境化的问题和任务,要求学生展示出正确的解决方案,这些设计都是语文试题情境化设计的探索,已经得到了社会的广泛认可。在此基础上,2018 年全国卷对语言文字应用试题进行了情境化的设计。

综观 2018 年高考语文科试题,可以看到全国各份试卷在积极推进和落实考试内容改革的进程中,找准党的理论创新成果和国家发展与语文考查的契合点,全面贯彻党的教育方针。命题严格依据考试大纲,优选考核内容,注重基础和主干,增强真实情境设置,丰富试题呈现方式,坚持必备知识、关键能力、学科素养与核心价值的有机统一,考主干、考能力、考素养,重思维、重应用、重创新,促进学生融会贯通、真懂会用,帮助学生把握祖国语言文字的特点和运用规律,提高运用祖国语言文字的能力,在考查中培育社会主义核心价值观,为进一步落实立德树人根本任务,彰显素质教育鲜明导向,促进学生提高综合素质,服务高校科学选才做出了应有的努力和贡献。

【评析】

张开从“以德为先,试卷内容彰显语文化育功能”“以才为本,试题考查聚焦关键能力和方式创新”两个方面详细评析了 2018 年全国高考语文试题,指出了 2018 年高考语文科命题着力于把新时代社会主义的时代精神有机融入命题,在深化内容改革的探索中,聚焦语文科的关键能力,体现考试大纲的主干内容,彰显文化优势,突出引领功能,有利于进一步落实立德树人根本任务,服务高校科学选才功能,彰显素质教育鲜明导向,促进学生提升全面素质。

四、思考练习

1. 语文试卷的命题原则有哪些?

2. 为八年级语文期中考试拟定试卷的总体结构和题型分布。

3. 选择一个你所在省份或大市当年的语文中考或高考文言文阅读题,评析其优劣得失。

4. 与同学分工合作,以初中或高中语文教材中的某一个单元为对象,编制一套单元测验题。

第四节 教学反思的技能

一、技能概说

（一）定义

教学反思的技能是指教师为了实现有效的教育教学，对已经发生或正在发生的教育教学活动以及这些活动背后的理论、假设，进行积极、持续、周密、深入、自我调节性的思考，而且在思考过程中，能够发现、清晰表征所遇到的教育教学问题，并积极寻求多种方法来解决问题的能力。

在上述定义中，"积极、持续的思考"是指教师愿意对教育教学活动及其背后的理论、假设进行思考，并能持之以恒。"周密、深入的思考"是指教师多角度、多侧面地分析、评价教育教学活动及其背后的理论、假设，进而做出合理判断、选择。"自我调节性的思考"是指教师能运用"周密、深入的思考"的结果，对教育教学活动进行监控、调节，进而提高教育教学效果，促进学生、教师共同发展。

可见，教学反思是一个能动的、审慎的认知加工的过程，也是一个与情感和认知都密切相关并相互作用的过程。在此过程中，不仅有智力加工，而且需要有情感、态度等动力系统的支持。

这个定义还告诉我们，教学反思与教学过程中的问题紧密相关，教学反思必须研究教学问题。教师不善于观察自己的教育教学活动，就难以找到教学实践中的问题。

教学反思对语文教师专业发展具有重要意义。因为教师发展的过程是自主学习和提高的过程，其涵义在于教师行为的改变，这种变化来自教师的内心，可以说，教师专业发展就是一种自我反思的过程。美国著名教师教育专家波斯纳给出了一个教师成长的简洁公式是：成长＝经验＋反思。在教学实践中，反思还是发现的源泉，是改进教学、提高自身能力的最好方法。

首先，教学反思可提升教学的合理性。教学实践的经验表明，每位教师的教学都不可能尽善尽美，总不可避免地存在与教育教学外在价值标准错位的现象。教师的教育教学实践是否科学有效，既需要别人的评价，也需要不断的自我反思。教师通过反思，与教育目标进行对比，努力追求其实践的合理性，可以使教师从冲动的或例行的行为中解放出来，以审慎的方式解决教育教学问题，更好地完成教育教学任务。教师只有将反思作为一种习惯，立足于自我以外，觉察、剖析、矫正和完善自身不合理的教学行为，使教学认识不断得到建构和提升，教学行为不断得到控制和修正，才能使自己的工作更好、更有效率。

其次，教学反思有利于打破教学的固定思维。不少教师多年从教形成了一套固定的思考、处理问题的模式和与之相应的经验习惯性思维或经验思维，已不知不觉地影响并支配着自己的日常教学，使其囿于习惯性教学而成为经验型教师，教学上难有创新，自身专业成长缓慢。为此，广大教师应当培植起强烈的自我反思意识，学会在实践中反思自身教学经验与习惯，反省、思考、探索和解决课程实践中存在和出现的各种教育教学问题，对长期积淀的教学经验和习惯进行审视、筛选，摒弃不合时宜者，不断改进和丰富自身“经验性知识”，打破陈规，在创造性实施过程中得到专业成长与发展。

再次，教学反思有利于把经验升华为理论。每位教师在其职业生涯中都积累了一定的经验，这些经验成为许多教师教育教学赖以实施的理论基础，但他们对这些教育教学经验蕴含了哪些原理却很少分析。反思，可以消化吸收书本中的新理念；可以凝聚产生自己的新观念；可以提炼出自己的教学思想。教师在行动中进行反思，在反思中改进和提高，既运用专家的学术理论，又可提炼自己的朴素经验，最终形成其个人的“行动”理论。

教师的反思能力是其专业发展和自我成长的核心要素，也是现代教师素质的重要组成部分。没有教师反思，就难以实现教师的专业发展和自我成长，也难以适应立德树人、提升学生核心素养的要求。反思应成为教师的生活和存在的方式，在发现问题、分析问题和解决问题的过程中，实现教师的专业发展和自我成长，进而实现教师自身价值的提升。

（二）类型

在课程改革实践中，广大教师创造了多种类型的教学反思，这些类型的教学反思极具现实意义。根据江苏师范大学魏本亚教授的观点，常见的教学反思类型有教师个体的自主教学反思、教师群体的互助教学反思和教师共同体的探究教学反思。[①]

1. 教师个体的自主教学反思

教师的教学实践具有鲜明的个体性特征。教师根据国家课程标准、国家提供的教材，结合自身的经验设计教学、实施教学，完成学科的教学任务。这种经验性的教学关注的是操作的程序、方法，这种反思更多的是一种教师个体的自主行为。所谓“学然后知不足，教然后知困”，这里的“知不足”“知困”，就是一种反思。

教师个体自主教学反思的价值取向应体现在四个方面：第一，反思是对自我经验的怀疑与挑战，经验之所以能够成为经验，就是因为它能够满足实践需求，一旦自我经验与实践发生冲突，就需要教师自我进行完善。第二，个体自主反思是基于自我完善的自觉行为，行为主体有这个需求，自主反思才能够实现。第三，个体自主反思指向课堂教学情境中各种教学技能与技术的有效性，在这个层面上，主要反思教学主体目的的适应性和教学策略使用的合理性等。第四是养成自主反思的研究习惯。

2. 教师群体的互助教学反思

所谓教师群体是指一个备课组或一个教研组，所谓互助教学反思是指备课组或者教研组共同对某一课堂教学实践的反思。这种群体的互助教学反思可以是集体备课——实践前的反思，也可以是集体评课——实践后的反思。这两种情况在教学实践中使用非常普遍。

① 魏本亚：《反思与重建：校本教研的异形同构》，《天津师范大学学报（基础教育版）》，2008 年第 1 期。

新课改以来一些学校的教师已把集体备课当作了“教学策划”,把集体评课当作了“校本研究”。而且,教师们已经把“教学策划”和“校本研究”当作了日常工作。

教师群体的互助教学反思的价值取向应体现在四个方面:一是教师互助教学反思是日常教学工作的一部分。教师们认为教师上完课理应有集体教学反思,因为集体教学反思是每一位教师的责任。二是互助教学反思不是为了一堂课的变革而是为了大家的共同进步。三是反思主要针对课堂的假说和特定的策略以及课堂的结果。四是教师共同发展成了大家自觉的追求。

3. 教师共同体的探究教学反思

所谓“教师共同体”是指一线教师、教研室教研员、高校教育研究专家共同组成的研究共同体。一线教师是课堂教学的策划者、实施者,也是研究者;教研员是指导者,也是研究者;高校专家是教学实践的指导者,也是研究者。在这个共同体里,一线教师、教研员、高校专家是一个研究群体,大家没有贵贱之分、高下之别。面对一次教学实践活动,实践者本人如果有切身的体会,他的反思就会有鲜明的个性特征。实践者的同伴有相同的经历,反思也会切中要害。教研员统观全局,视野开阔,对教学策略的把握就更准确。高校专家高屋建瓴,既可以统观全局又可以洞察秋毫,故而反思的探究性更强。

教师共同体的探究性教学反思的价值取向应体现在四个方面:一是教学反思是对教学经验的修正或丰富。二是教学反思应具有鲜明的理论色彩,如教学法层面的技术性东西,课程论层面的策略性东西,教育学层面的理念性东西等。三是教学反思的起点是课堂教学,着眼点却是学生的发展。四是教学反思带有明显的探究性,它对提升教师的研究能力有直接的帮助。

二、训练要点

(一) 明确教学反思的内容

教学反思的基本出发点是探究和解决教师自己在课堂教学中遇到的问题。因而教学目标、内容、组织、策略及师生互动等,就成为教学反思的主要内容。反思该节课的“成功”与“不足”之处有可能帮助发现教学过程中的一些问题,从而对知识与技能等缺漏情况了如指掌,有的放矢地采取相应的补救措施。长期坚持教学反思不仅能总结与积累教学经验,探索教学规律,还能逐步形成自己独特的教学风格。

教学反思与课前说课互补,形成一个完整的“说课→授课→反思”的程序。一节课过去了,教师教法应用如何,达到预期目标没有,效果怎样,学生学习积极性如何,与教学要求是否相符,这些都属于教学反思的内容。教师在教学过程中及时进行思考与分析,找出问题的关键,把影响教与学的原因揭示出来,记录下来,日积月累,会不断丰富与提升自己的教学经验。

（二）熟悉教学反思的过程

国内外教学反思，一般有两种反思过程。①

Smith 和 Hatton(1993)将教学反思过程分为四个阶段：描述阶段→发现问题阶段→正视发现问题阶段→重构已有经验。

描述阶段。在此阶段，教师根据已经发生的教学活动，对整个教学过程及其效果进行描述。

发现问题阶段。在回忆和描述的基础上，教师对整个教学活动的组织和实施进行评价与反思。通过评价与反思，教师找出教学中存在的问题或者需要改进的方面。

正视问题阶段。在这一阶段，教师针对上一阶段发现的问题，找出问题产生的原因，并且从不同角度对问题进行深度解析，尝试找出解决问题的办法。

重构已有经验阶段。教师根据已发现的问题及其解决办法，对已有的经验进行重构，调节教学活动，从而提高教学水平。

赵明仁、黄显华(2007)根据 Dewey、Schon 等国内外学者的研究发现，提出教学反思的三个环节："识别问题→描述情景→分析与建构"。

识别问题。在教学实践中，当教师行为与预期结果相悖时，教师面对负向经验或自我理解出现的危机，可能产生困惑，从而引起反思。在此阶段，反思的起因分为"感触"和"问题"两类，"问题"又可分为"应对型问题"和"发现型问题"。

描述情景。在识别问题的基础上，教师将问题出现或发生的情景进行回顾，描述，进一步聚焦问题所在，深入理解问题出现的特殊情景，通过对情景的深化认识从而重构问题。描述情景分为"不描述""概括性描述""事实性描述"三类。

分析与建构。Stennan 和 Kottkamp(1993)所提出的教师的两种理论知识，根据"宣称理论"(espoused theories)和"使用理论"(theories-in-use)之间的落差，教师在分析与重构的基础上改善教学方案，提高教学效果。分析与建构分为："要改变使用理论"的需求、"要改变宣称理论"的想法、确认宣称理论的有效性和使用理论的一致性，达到思想和行动的统一。

以上研究者的观点表明，教学反思是一个循环往复、不断发展的过程。在此过程中，首先是对问题的关注和识别，承认教育困境；其次是对问题发生情景的回顾与描述；再次，根据问题及其产生的具体情景分析问题，对困境做出解释和回答，并在原有经验和观念的基础上重新建构新的观念和认识；最后，将重构的教育教学观念或认识进行尝试运用，检验其中的可行性或者有效性。在不断反复循环的过程中实现教学水平的提高，教学效果的改善。

（三）掌握教学反思的形式

语文教师进行教学反思，主要形式有：叙事研究、集体反思、观摩反思、网络教研反思等。

---

① 王静：《国内外教学反思综述》，《海外英语》，2014 年第 20 期。

1. 叙事研究

教育叙事是对有意义的教育教学事件的叙述，并通过对事件的描述与分析，揭示出隐含在这些事件与行为背后的教育思想与观念，探索教育教学规律。[①] 这里的事件可以是看到的、听到的关于别人的、发生在别人身上的，也可以是自己经历或感受的，其中的关键在于所叙述之事是“有意义”的教育事件。

教育叙事研究就是对教师日常的专业生活进行描述与反思，它注重教师独特的体验与个体化的思想与行为。教育叙事对反思的意义体现在：它是教师教学实践对象化的过程，这个过程不仅为思维主体建构了反思的对象，而且使思维主体获得一种审视自身的距离，教师通过叙事从自己教学实践中抽身而出，在叙述中沉思自己日常活动中蕴含的个人化的行动和观念，通过追问与诘难，发现叙述话语背后体现的教育学意义。而撰写教学日记，就是很好的方法。撰写教学日记必须澄清自己教学活动的思路，因此，记录过程本身就是一次很好的教学反思。记录下来的教学日记作为反思的材料，可以供教师将其与教学中的其他活动状况作对比分析，促进教学成长。

撰写教学日记有利于不断更新教育观念，改进教学工作，促进专业发展。借助教学日记将课堂教学中获得的感性认识升华为理性认识，并进一步内化为教学知识和教学观，从而在根本上提高教师的专业素养。反思日记没有固定的格式和要求，教师可按自己喜欢的方式及感兴趣的内容予以记录，自由展示撰写风格和特色。

2. 集体反思

教学反思多为教师的个人行为，带有鲜明的个性化特征。不过，教师群体的反思也十分必要。

集体反思法即语文教师集体共同听课，共同研讨，对课堂教学的理念、教学目标、教学方法、教学过程、教学手段等是否合理进行的反思活动。通过相互剖析，更加清晰地认识教学中的问题，共同分享教学的成功经验。教师积极参与这样的集体反思活动可以围绕相同的专题进行深刻反思，在交流的平台下教师互相合作，共同讨论，能够使教师的反思达到更高的境界。这种头脑风暴、资源共享的反思方式，已成为教师专业发展生命力的源泉。

3. 观摩反思

观摩别人的公开课、分析别人成功和失败的原因，来反观自己的教学行为，是教学反思的一条重要途径。对这些典型的剖析可以为教师提供一个活生生的教育教学思想和方法的范式，感受与学习不尽相同的授课内容、组织形式、教学风格；即使观摩不如意的实验课，也可使我们借鉴教训，少走弯路。如果教师把自己的同类经验与之联系起来，可以获得产生必要知识的某种体验，同时也促使自己的感觉、表达与行动都介入其中。

---

① 吴为民、李忠：《教育叙事与案例撰写》，华东师范大学出版社，2006 年版，第 2 页。

4. 网络教研反思

在各种反思的途径和手段中最值得推广和重视的就是要鼓励教师充分利用网络进行反思。随着教学条件的改善和教育技术的普及，人们写作的方式也在逐渐发生变化，有一种比较流行的写作方式就是写博客。江苏省苏州市一些小学就要求每位教师在学校自己的个人博客上每个月上传教科研阅读记录和教育随感。

在博客上发表自己的体会和见解，其他人可以发表评论，群体的分享和交流促成新的火花，新的思想，从而产生更多的体会和感受，达到共同进步和提高的目的，促进教学行为的改变。如此循环往复，逐渐形成终身学习的习惯。

（四）学会撰写教学反思

“先叙后议”与“夹叙夹议”是教学反思的两种基本结构。“叙”是指描述自己课堂教学中的某一现象（故事）。“叙”包括课例实录式与案例描述式两种。课例实录式貌似文学剧本，而案例描述式则像记叙文。“议”是指分析现象，领悟与发现教学规律，并提出自己的观点。“议”是教学反思的重心所在，因为教学反思是一种以思考、分析与议论为主的文体，而捕捉、记录与描述教师自己的教学现象（故事），则是进行教学反思的前提与基础。

1. 抓住精彩点，总结有效教学经验

课堂中的精彩事件，是教师教学设计能力与课堂驾驭能力的综合体现。因而，抓住精彩事件回放，不仅可以让教师探索教学成功的经验方法，而且可以树立教师的自信心，使教师体验到成功的喜悦与满足。教师在教学反思过程中应善于自我发现，发现课堂中的精彩，发现课堂中的成功，发现课堂中的亮点，并从理性的角度深度阐释成功的原因，由此及彼，由点到面，从一节课的成功推及同类知识点的教学，从而积累丰富的教学经验，为今后的教育教学提供借鉴。

2. 抓住生成点，设想多重教学方案

课堂是教师、学生、教材多重作用下的综合性空间。教师的教学设计仅仅是教学的预案，这种预案随着课堂教学的逐步推进也在产生着变化。

课堂不可能是教学预案的简单再现，而是教师引导下的情境生成。每一节课都有可能发生一些教师无法预知的教学事件，课堂也是教师的预设与自主生成的统一体。对于课堂中的生成事件，教师要及时采取应对策略，然而，这种应对并不一定是科学的，也不一定是最佳方案。对此，课堂中的生成事件应当成为教师反思的重要内容。因为课下时间充足，教师可以从多角度全方位思考、处理课堂生成事件的教学方案，这样的教学方案不仅是教师教学思想的重要体现，而且也是增强教师教学机智，提升教师课堂应对能力的有效手段。在以后的教育教学过程中，因为平时的磨练，对于课堂突发性生成事件的应对能力就会大大增强。

3. 抓住失误点，深度剖析根本原因

课堂的失误原因是多方面的，也许是教学目标定位不准，教学难点预设不够，教学方法选择不当，教学设计不科学，学生认知基础有问题等。对于课堂中的失误，教师不应避而不谈，而应作为研究的对象，教师要敢于自我剖析，“问诊”课堂。从教学目标的把握、教材的前期处理、教学的设计预案、课堂的整体调控等方面逐个查找原因，分析问题，在研究失误、自我剖析中寻求科学的教学策略，提升自己的教育教学能力。

4. 抓住疑惑点，借助资料加强学习

课堂中，教师疑惑不解的地方也可作为教学反思的重要内容。教师对教材的不理解、对学生的不理解、对教学的不理解等，都可以通过在课后查找有关资料，研读专业理论书籍，找到合理的解释，提高认识，进而使自己的教育教学更具理性，更符合教育教学规律。很多优秀语文教师的成长经历表明，一些研究课题就是在质疑解惑过程中产生的。

（五）教学反思的注意点

1. 增强教学反思的意识，养成反思习惯

要想提高教学反思的能力，必须具有良好的教学反思意识。只有对教学反思具有明晰而正确的认识，才能真正地进行反思。只有意识到经常性地进行教学反思能使自己不断地发现教育教学中出现的问题，通过不断地分析问题、解决问题，才能实现自我发展、自我成长，从而提高自身教学反思行为的自觉性。而在长期的反思实践过程中，自己的反思习惯也就会慢慢地养成，反思意识也就会逐渐地增强。因此，正确的反思认识、强烈的反思意识、良好的反思习惯的形成是教师反思能力培养的前提和基础。要坚持以主体身份自觉地进行教学反思与实践，把教学反思当作是教学中不可缺少的一部分，哪怕是教学任务繁重，也应该克服困难，勤于反思。

2. 关注教学对象，参照学生感受

教学过程是教师和学生互动的过程，只有充分关注学生，才能让教学反思更有价值。因此，教学反思必须关注教学对象，及时了解他们的课堂学习情况。课后特别关注班级特殊学生的语文学习感受，找一些学生谈谈他们对该课的反映，如对什么样的方法或者活动感兴趣，哪里存在疑惑，有一些什么看法或者建议。还可以鼓励学生带着思考走出课堂，走近老师，透过学生课后所提的问题，体会和积累学生在教学活动中的真实感受，对预设进行反思，为预设下一节课的教学，乃至今后的设计提供借鉴。在一次次的否定、一次次的新生中，学会自觉反思，丰富预设，生成教育智慧，逐步确立以学生实际为重的预设观和以学生发展为本的教学观。

3. 对教学行为进行持续不断的系统化思考并改进实践

偶尔的反思并不困难，也是绝大多数教师能做到的，但持续不断的系统反思却不见得是每个人轻易都可以做到的。作为研究的反思，应该是持续的、不间断的、系统的，它摆脱了零散片段反思的状态，将反思渗入语文教学的全过程，从而在很大程度上保证教学研究的针对性和有效性。全国著名特级教师李镇西每天坚持写教学反思，少则一两千字，多则五千来字。这份坚守，这份执着，值得我们每个人学习。

除此之外，教师要注重将反思的结果用于实践之中。反思本身不是目的，其目的在于切实变革实践，提升教师的教学水平，为学生的发展服务。因而，教师一方面要注重对教学现象或问题的反思；另一方面，也要注重将反思的成果用于后续的教学活动，不断改进实践状态，提升教学智慧。

4. 拓宽教学反思的交流空间，提升教学反思的积极性

学校要努力拓宽教师教学反思的交流空间，从制度和管理等方面积极引导。比如，可以尝试使用校园局域网、教研组集体反思等方式，将教师的部分教学反思内容在网上公布，或在教研组内讨论传阅，使教学反思“公开化”。这样一方面对每位教师是一种督促，无形中也是一种压力，可促使教师努力将教学反思进行得更好。另一方面，对教师也是一件省时高效的事情，每个教师都能学习、借鉴和应用同行的心得体会。此外，学校领导可以随时查看，对学校评价管理工作也能起到一定的监督和检查作用。

总之，教师的教学反思不全是为了获得理论知识，提升教学理论水平，应该扎根于具体的课堂情境，通过对教学行为的反思，明确支撑行为的理念，一方面找出其成功之处，以便进一步推广，起到引领示范作用；另一方面，找出教学中的问题，寻求解决问题的对策，以便于更好地提高教学质量。好的教学反思，应该是一剂良药，可以药到病除，解决教学中的偏差。教学是一门必须成功又会带有遗憾的学问，需要我们不断地行动，反思，再行动。

三、案例评析

【案例 8-5】

《祝福》教学反思①

王舒成

本课的基本教学思路可通过下图表示。在上课的实际过程中，有很多不足之处，造成课堂效果不理想。我现在从如下几个方面反思、总结。

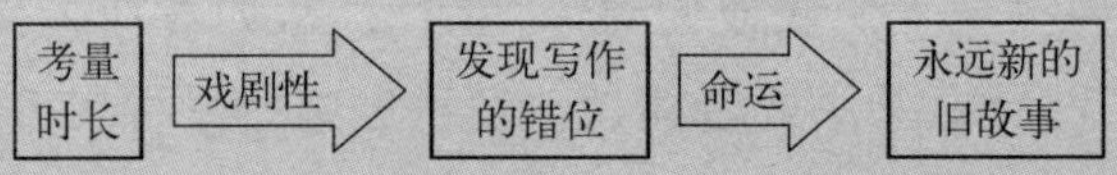

第一，学生预习不充分，造成课堂有些环节耗时过长，无法有效突出课堂学习重点。从不增加公开课班级学生负担的角度出发考虑，我课前只要求学生读两遍课文，没有布置更多的预习作业。其实，课堂中的一些教学内容，比如文本两个序列时长的指认，比如鲁迅写作目的的确认（图示“考量时长”“戏剧性”），都可以通过布置预习作业和印发课外学习材料的方式，让学生先行思考和学习，课堂上只做适当总结即可。这种局部实施的翻转课堂，既可以让学生积极主动地参与到学习过程中来，更可以提高学习效率，把更多的课堂时间让给重点问题的讨论。

① 王舒成：《寻找缝隙，建立原点——〈祝福〉教学反思和总结》，《教育研究与评论（中学教育教学）》，2019 年第 1 期。有删改。

第二，预设太强烈，师生之间无法构成更为有效的课堂对话。本课对鲁迅《祝福》的解读是有新意的，我和文本之间的对话可以说是比较充分的。但是，授课者的解读并不等于课堂有效解读的生成；相反，因为授课者过于充分的备课和由此产生的自得的心态以及想要把这个结论亮出的迫切感，在课堂上的"谦让"显得不够，没有给学生的阅读和结论生成（哪怕是和授课者本人意见相反的结论）留下更多的空间，也未能设计更为巧妙的问题和教学环节让学生沿着有趣的道路去探索文本。因为授课时间的不足，后半节课（从图示"发现写作的错位"开始）基本是以个人的讲授为主的。上成半讲座式的研究课也是课堂的一种可能性，但总不如学生的积极参与和主动投入学习过程来得更为理想。

第三，留下的问题有思考空间，但因为公开课的特点，也无法检验学生的学习效果。在课的最后，我没有给出既定结论，而是留下了五个有内在逻辑，同时又是开放性的问题供大家思考。这个做法原本是好的，但因为公开课的特点（教师和学生的见面交流只有一节课的时间），这五个问题我无法进一步向学生讲解，也无法组织讨论。如果备课时准备得再充分一些，印发相关阅读材料作为参考，让学生在课后参读讨论，此课才会显得更加完整。有了教师和文本的对话，还要有学生和文本的对话，毕竟语文课的要旨在于金针度人，教学相长。因而，对《祝福》文本较成功的解读，只是一节课的准备部分，设计有效的教学活动，恰当地引领学生于主动学习的过程中获知、生发、扩展教师预设的结论，才是一节理想的课的全部。

第四，寻找"阅读的缝隙"，建立阅读文本的"空白的原点"。"阅读的缝隙"这个概念，是陈思和先生在《中国现当代文学名篇十五讲》里提出来的，指出这是"作家遗漏的或者错误的地方……离作品完美境界的差距"。就我的阅读来说，《祝福》的"阅读的缝隙"，就是鲁迅写得太"巧"了。这"巧"一是指时长和结构安排得巧，这是技法上的优点；二是指情节上（祥林嫂的遭遇）过于巧合，无法解释为社会的压迫和催逼，只能解释为厄运。而这两重"巧"，后者正是由前者带来的。我在讲此课的时候，以"时长"为基本切入点，也就是基于对这个缝隙的发现。

【评析】

这是江苏省扬州中学王舒成老师执教《祝福》公开课后的反思。这篇教学反思有这样两个特点：

一是紧扣文本设计并反思教学，反映了执教者的教学追求。

鲁迅的《祝福》是现代文学史上的名篇，也是中学语文教材中的经典文本。关于《祝福》的文学解读和教学解读都很多。王老师主张要学会建立一个阅读它的"空白的原点"，即暂时抛却以往已有的阅读经验和结论，把眼前的文本当作一个全新的作品来阅读。不以任何一种现成结论为定论，随时准备辩驳、探讨，直到把一个结论真正想清楚。这既需要自信和勇气，也需要平时的阅读和积累。

二是从学生角度出发反思教学，分析了教学全过程的得失及原因。

王老师从一般读者所忽略的叙事文本中的时长切入本课的教学。他所设计的第一个问题是："这篇小说有几个序列的时长?"考虑到学生对"几个序列"这个问法可能会感到陌生，他进一步添加了两个辅助问题：(1)"祥林嫂的故事"有多长？(2)这么长的故事，在多长的时间里"讲出来"？第一个辅助问题，作用是帮助大家梳理文本。通过文段中若干标志时间的语句叙述("有一年的冬初""第二年的新正""得到祥林嫂好运的消息之后的又过了两个新年""快够一年")，可以推出"祥林嫂的故事"虽跨越近二十年，实际为四年。第二个辅助问题告诉大家本文有一个特定的叙述视角，并提醒大家思考，这个叙述视角"我"本身，在鲁镇的活动也是有时间长度的(为两天)。

回答了上述几个问题后，学生就知道了，鲁迅通过两天左右的人物活动的短时段叙述，讲了一个人跨越近二十年的半生命运。《祝福》全文 112 小节，9100 余字，对于中学课本中的小说文本来说，属于篇幅比较长的；但是对于它所描写的实际故事时长来说，其实是篇幅较短的。由此，他提出了第二个问题："鲁迅是怎么把长故事讲得这么短的?"这是一个由小说时长而引发的小说技法的问题。首先，讲述祥林嫂的半生，并非是逐年讲述，而是选取了她初次来到鲁镇后的前四年。这四年发生了若干影响她一生走向的事件，从丧夫、改嫁、二次丧夫、丧子到最后捐门槛而不被认同。这些事件，是通过若干生活片段呈现的。其次，在讲述这些片段时，并非"我"一人独讲。比如改嫁这段，是卫老婆子讲；阿毛死这段，是祥林嫂自己讲；捐门槛的讨论，是祥林嫂和柳妈一起讲……正是因为刻意回避了全知的"上帝视角"，所以在讲述这些片段时，鲁迅留下了大量的省略和空白，从而得以只详写他想写的内容，又给读者留下了阅读空间。

至此，王老师对课堂做了一个阶段性总结：通过对《祝福》文本两个序列叙述时长的探讨，我们可以知道，鲁迅把祥林嫂悲惨的半生(近二十年)控制在一万字以内写完，他的笔墨是非常经济而又精致的。接着，王老师就"祥林嫂的故事"继续追问："鲁迅为什么要写这样的一生?"这牵涉《祝福》的主题界定问题。在学生明确答案之前，他给出了四个思考方向作为路径提示：(1)作者怎么说？(2)文本怎么说？(3)其他相类作品怎么说？(4)文学史怎么说？通过课堂提问和师生的共同探讨，使学生进一步了解作品的主题。

最后，王老师又追加了几个问题，供学生课后思考：(1)如果鲁迅写得更长，"祥林嫂的故事"会更完备、更有批判力吗？(2)对社会的批判度是衡量小说艺术成就的唯一标准吗？(3)鲁迅写作时触碰到"命运"这一母题，是否是一种未经期待的幸运呢？(4)你还读过哪些以"命运"为母题的文学作品？(5)如何看待教材中本板块的小标题"永远新的旧故事"？这几个问题，内部有逻辑关联，也是对本课学习的进一步追问以期引发同学们的思考。

教学反思就是为了提升教师的教学理念和改进教师的教学实践，其最终的目的不但在于思，更在于行，把反思结果运用于实践、改进实践。反思成功是为了积累经验，借鉴经验，丰富经验，优化自己的教学行为，提高教学能力使自己更成功，对教学更成竹在胸。反思不足与失败是为了理清问题，分析原因，寻找解决策略，少走弯路，不重复昨天的故事。像这样不断地把教学反思中的点点滴滴，所思、所想、所疑投入到教学实践中，勤实践，勤调整，勤积累，勤提升，定能在持久的勤奋的实践反思中提高实践的智慧，获得并完善植根于自己的教学实践和教学思考之间的教学理念。

四、思考练习

1. 什么是教学反思？教学反思的类型有哪些？
2. 上网查阅 3—5 则语文教学反思案例，然后写一份心得体会。
3. 就自己的试讲情况写一篇教学反思。

第九章　开展教学研究的技能

教师的教学研究是教师对自己专业实践进行的一种系统的、有计划的研究，是教师从“经验型教师”走向“研究型教师”的必由之路。教师开展教学研究的技能主要有选题的技能、搜集与分析资料的技能、撰写教学研究论文的技能等。

第一节　选题的技能

一、技能概说

（一）定义

选题，顾名思义，指经过选择来确定所要研究的中心问题。从广义上讲，选题包括两方面含义，一是确定科学研究的方向，二是选择进行研究的问题。[①] 在研究领域，选题也叫选择课题，是为研究选择所要解决的问题，确定研究工作的具体方向和范围。选题的技能即指研究者捕捉研究的问题并确定研究工作的具体方向和范围的能力。

选题有时也说成选择论题。课题一般指确定研究的对象与范围，论题指所要研究解决的具体问题或问题的主旨。一个课题可以是一个论题，也可以是若干个相关联的论题。大课题中有子课题，子课题中又有论题。可见，论题不同于课题，论题也不同于题目，题目是指论文的标题。

选择适当的课题既是科学研究的起点和关键环节，也是科学研究的过程。因此，它对于语文教育工作者顺利地开展并完成研究任务起着至关重要的作用，也历来为研究者所重视。

（二）类型

类型是分类的结果，而分类既是研究发展的必然结果，又是进一步深入研究的具体步骤。无论是社会科学还是自然科学，其研究课题都可以从不同角度做出不同的分类。从研究的功能这一角度划分，可分为基础研究、应用研究和发展研究；从研究的层次划分，可分为宏观研究、中观研究和微观研究；从研究的方法划分，可分为描述研究、实验研究、比较研究、理论研究等。不同的研究类型，对选题的技能也有不同的要求。

1. 按功能类别分类

（1）基础研究

又称基础理论课题研究。这是通过对研究对象的特征和本质的探索，揭示其内在关联和普遍规律，并建设和形成基础理论的研究。它具有科学性、理论性和综合性的特点。它的研究课题，主要是尚未研究、尚有争论、尚有不足的理论性问题，这反映在语文教育研究上，

① 裴娣娜：《教育研究方法导论》，安徽教育出版社，1995年版，第71页。

主要有以下方面:① 语文教育基本理论的研究,如“语文教育课程基本属性的研究”“语文学科和相关学科关系的研究”“语文教学模式的研究”“语文教育原则新探”等课题即属此范畴;② 对语文教育的建设与发展的研究,如“语文课程标准的构成要素和编制原则”“语文教科书编写的文化要求和应对措施”等;③ 语文教育历史的研究,如“我国传统语文教育精髓的探讨”“梁启超、蔡元培、鲁迅、胡适等的语文教育思想研究”等;④ 外国语文教育理论和经验的研究,如“外国母语学科的地位和目标的评介”“外国阅读或写作教学理论评介”等。

(2) 应用研究

这是关于语文教育和教学过程中的实际问题的研究。它运用基础理论研究的成果,探索教育的新途径。它着重研究如何把基础理论转化为教学技能、教学方法和教学手段,使基础理论知识同实际教学衔接起来,以达到预定的教学目标。语文教育研究中,诸如对语文教育原则的具体应用与落实的研究,语文教科书的使用情况研究,教学方法的引进、移植与验证性研究,各类文体和教学方法的运用与创新的研究,听说读写能力培养的研究,语文教学效果测试与评估的研究,现代教学手段在语文教学中的运用的研究等,都属于应用性的研究课题。

(3) 发展研究

这是依据历史演变过程和现实状况,对未来发展趋势进行预测性的研究。如“21 世纪中期语文教育展望”“语文教育的网络研究”“未来语文教科书的形态”等都是发展研究课题。发展研究还有另一种含义,即指对某项教育内容与教学方法进行重大改革创新的系统的创造性研究,是将研究成果与经验加以推广,直接运用于教育、教学实践。例如,将布卢姆“教学目标分类学”运用到语文单元目标教学的研究,推广高原、刘朏朏“作文三级训练”理论的实验研究等,因此,有人称之为“开发性课题”研究。

这三类研究有各自不同的目的、性质、特点、作用,然而三者的关系又是相互关联、相互渗透、相辅相成,不能截然分开的。三类研究之间存在着逐级扩展的关系、某种程度的相融关系以及逐级反馈的关系。

2. 按层次类别分类

(1) 宏观研究

这是指对语文教育全局作综合性系统性的研究,其特点是具有较强的方向性、整体性与本质性。

语文教育是一个较大的体系,具有多样性、开放性、综合性,涉及的领域、方面、因素很广泛。因此,宏观研究课题也就较为广泛,对基础性、应用性、开发性方面的问题要作全局性探讨、分析以及多种理论的融化、综合,在此基础上,要提出新的见解,建立新的理论与学说。语文学科性质的研究、语文课程标准的研究、语文教材整体研究,都是宏观研究的课题。

(2) 中观研究

这是指对语文教育的局部性(某一方面、一个区域、一条纵线)的研究。例如,语文教育中的阅读教学研究、写作教学研究、口语交际教学研究、各种文体的教学研究、多种教学方法的研究，都属于这一类。

(3) 微观研究

这是指对语文教育个别实际问题的研究。这里的个别，具体指个别现象、个别原则、个别方法、个别课文、个别环节、个别要素。对某篇课文的分析研究，对某种课型的研究，对一课教案的设计，某种方法的应用，某次作文的讲评等均属微观研究课题。其特点是具体性、实践性和单一性。这样的研究往往较为直接，容易操作，周期也短，容易见效。

这三类研究存在着辩证关系。三者研究的范围由大到小，研究的特性由综合性到具体性，由整体性到单一性，由方向性到现实性，由统一性到灵活性。宏观研究具有指导作用；微观研究具有基础作用，具体体现在直接为教学实践服务，对中观、宏观研究起验证作用；中观研究具有中介作用，在微观、宏观研究之间起桥梁、过渡作用。

3. 按要素类别分类

语文教育作为一个开放系统，其研究课题具有全方位性。就其内容来说，它涉及语文教育内部的诸种要素以及外部关系的方方面面。这里仅就语文教育基本要素——主体、客体、过程、方法、效果五方面的研究课题作些阐述。

(1) 教育主体的研究

在语文教学中，教师是教的主体，学生是学的主体。对于学生主体的研究，主要有学生在学习中主动性的研究、学习心理研究、学习动机与兴趣培养的研究、男女生学习语文的差异研究、学习方法研究等。对于教师主体的研究，主要有教师主导作用的研究、教师心理的研究、教师的责任感研究、教师素质修养的研究(包括对教师的知识结构、教育技能、教育风格等方面的研究)等。

(2) 教育客体的研究

教育的客体主要是指教育内容，具体是指对教材的研究。如：① 关于教材建设的研究。主要包括教材编辑的指导思想，教材的体例结构、模式、类型及选编原则等方面的研究。② 关于单篇教材的研究。单篇教材的研究又分综合研究与专项研究(又称特色研究)。综合研究，主要是指对单篇作全面性的研究。专项研究，主要是指就某一视角来分析研究教材。常见的单篇教材分析研究的视角有以下10种：从思想角度选题；从写作角度选题；从文学角度选题；从美学角度选题；从语言角度选题；从逻辑角度选题；从艺术风格角度选题；从历史角度选题；从作者的角度选题；从注释角度选题。[①] ③ 关于语文知识的研究。包括语音、文字、词汇、语法、修辞、逻辑、文章、文学等。对语文知识的研究不是去研究知识的系统性问题，而是研究这些知识的教育问题。如"社会用字情况对学校文字的影响和对策""具有不同家庭背景的学生识字量有何不同""如何增强家庭与学校教育的合作""学生语言运用中使用频率高的词语的调查研究""学生捕捉重点词语意识的能力的调查研究"等都属于此类课题。

① 董菊初：《语文教育研究方法学》，语文出版社，1998年版，第113页。

（3）教育过程的研究

主要指：① 语文教育总体过程研究。包括学生语文成才过程的研究，教学的阶段衔接研究，课内外关系的研究。② 语文课堂教学过程研究。包括课堂教学的步骤、阶段与环节的研究，课堂教学结构与模式的研究，听说、阅读、写作过程的研究。如"学生说话意识的调查研究""学生口语风格和习惯的调查研究""不同年龄的学生阅读爱好的调查研究""学生自由阅读中鉴别和加工信息能力的培养""学生作文后是否自己修改的对比实验"等。

（4）教学方法的研究

包括教学方法的移植、应用与创新的研究，各种文体教学法的研究，听说、阅读、写作教学方法及训练程序的研究，教学过程中各因素、环节之间的关系研究（如：教与学的关系、读与写的关系、讲与练的关系、听说与读写的关系、知识与能力的关系），各种体裁的单元教学研究（如：某单篇或单元的导读设计、某种课型或某一教学环节所采用的方法）等。

（5）教学效果的研究

主要有：① 语文教学的评价研究。包括听课、评课、定性定量分析、评比研究等。② 考试研究。包括命题的类型、技巧、方法的研究。③ 听说读写能力的规格标准及其评定的研究。④ 语文教育所要培养的学生思维品质的内容及成效的评定研究。

除此之外，课题还应包括语文教育史研究，中外母语教育比较研究，语文教育与其他学科关系研究等。

以上是从语文教学过程中五个不可缺少的要素方面提供的课题，它们是广大语文教师教育研究最常见、最适宜、最普遍的研究课题。这些课题既具有实践性，又具有理论性，这五类课题都包含着不同层次的研究。教师应根据主客观条件选择适当的层次进行研究。

二、训练要点

（一）了解课题的来源及依据

课题既不是头脑中固有的，也不是天上掉下来的，而是研究主体与对象客体相结合的产物。选题可以从如下几个方面来考虑。

1. 从学术信息中选题

搞科研必须掌握学术动态。如不了解研究动向、学术信息，选的题目很可能是过了时的，或是别人已经解决了的。如语文课程性质的争论，从新中国成立以来就未间断过。这期间多类杂志都发表了大量的相关文章，这既反映了问题的所在和分歧的实质，也表明了在不同历史阶段出现的新观念。对这些问题的研究就需要作较为翔实的资料整理工作，理清线索，概括综合要点，这样研究的课题，写出来的文章才有可能不拾人牙慧，而提出新的见解来。目前，语文教学研究的问题很多，如语文素质教育的贯彻实施、语文知识内容的内涵及界定、新教材的研究、课程资源的开发、教学模式的建构、语文教学质量的评估等均是亟待实践和深入探讨的重要课题。掌握学术动态与获取新信息的能力密切相关，只有获得了新信息，才能使科研的题目新、内容新，才是具有价值的科研题目。这都要求研究者具有随时汲取、捕捉信息的敏感，把握新的动态，使自己处于语文教育研究领域的前沿。

2. 从语文教育教学实践中选题

课题源于实践。作为科学研究的课题，只能从实践中来，是实践中的矛盾与问题的体现。语文教育科研课题主要来自两个方面的实践。其一，教育教学实践。语文教育教学的过程本身就是解决矛盾、解答问题的过程。在这样的实践中，或者遇到矛盾困难，或者获得成功，这些教训与经验，就是教育实践提出的新的研究课题。其二，学习实践。人们在学习理论、史料、文献的过程中，只要保持清醒的头脑，就能发现种种问题、差异、矛盾，产生有价值的研究课题。比如：学习接受美学理论可结合研究学生在阅读中的主体地位的问题，学习交际语言学理论原理可研究学生口语和书面语的培养途径问题，学习人类文化学学说可研究语文教科书中的文化内涵和表现形式问题等。语文教育史料也是语文教育研究者选题的重要方面。我国的语文教育源远流长，远始于春秋，迄至当下，几乎每一主要历史时期都有语文教育著作、语文教育学者、语文教材以及学校语文教育的实验等可供我们研究。如蔡澄清的"点拨教学法"体系就是在汲取传统语文教学精华基础上结合现代教育理论发展建立起来的，又如周正逵的文章《语文教材体系陈旧已延续百年》也是在研究现代语文教材编写的经验教训基础上撰写而成的。语文教师的教育科研最好能结合教学实践、学习实践。实践经验为理论提供了事实根据，理论又反过来指导实践，二者相辅相成、相得益彰、互为滋补。

3. 从社会需要中选题

社会需要，是语文教育科研的另一源泉。语文学科本来就是具有广泛社会性的学科，脱离了社会的需要，语文学科就成为无源之水、无本之木。语文教育研究也必须根植于社会，从社会需要中选题，才能使语文教育研究充满活力。

我国当前的社会正处于改革之中，它向语文教育提出了一系列重要而迫切的研究课题，诸如语文教育的创新问题，人文教育的加强问题，语文核心素养培养与提升的问题，语文学习与减轻学业负担的问题，研究性学习的问题等，无一不有待于语文教育理论工作者和中小学语文教师将其纳入自己的科研课题之中，并把它作为一种义不容辞的责任。现在有许多研究课题实际上是由中小学语文教师来承担的，他们是这一领域选题并开展研究的主力军。这表明广大教师科研意识的增强，研究水平的提高。

4. 结合研究者心理因素选题

心理因素对选题具有不可忽视的作用。在科学研究中，居于第一位的就是意志。科学研究是艰苦的，它有时要经历曲折的过程，周期性也较长，如果没有意志作为支撑，其研究工作是很难完成的。其二，对理想志向的执着追求也是选择课题的重要心理因素。对科研成功的追求，对事业的追求，是一种永不枯竭的动力。一个语文教师如果满足于当知识的搬运工，当一个教书匠这样浅层次的要求，缺乏追求，他就不可能埋头科研。其三，兴趣、情感对于选择课题来说，也有其特殊的重要性。人的兴趣不是凭空产生的，它与人的实践密切相关。兴趣来源于人们在实践中对认识对象的熟悉、理解；掌握了某一方面的知识与能力，满足了主体某种要求欲望，有所得时，兴趣、爱好、感情才能出现；而有了兴趣、爱好、感情，又推动人们进一步学习与研究。其四，怀疑。怀疑就是对已有结论、常规、习惯、行为方式等的合理性作非绝对的肯定，或作否定的判断。怀疑必然会引起人们对事或物的重新审视，会在原来以为没有问题的地方发现新问题。可以说怀疑是追求新知进行创造性思维的开始，它对于选题具有重要的意义。

5. 根据主客观条件选题

选择课题还应根据研究者的主观素养和客观条件而定。所谓主观素养，是指自己已有的理论水平、专业知识掌握的深度和广度，教学时间的长短和教学经验的多少等等。所谓客观条件，是指自己和所在学校及地区有关语文教育的资料订阅、收藏情况。主客观条件都好，可选大点的题目，否则可选小点的题目。如果不考虑主客观条件，盲目求大，往往费力构想好的选题，结果也难以成文。

当然，主客观条件也是可以逐步改变的，语文教师应加强自身的修养，扩大自己的知识视野，使自己能适应教育科研的要求。

（二）明确选题的要求和方法

1. 选题要有价值

（1）选题必须要考虑课题的应用价值

所谓应用价值，就是语文教育研究所选的课题，应该是当前语文教学改革与语文教育实践中最迫切、最亟待解决、最关键性的问题。课题的研究成果将有助于这些问题的解决。例如，21 世纪初，黄厚江的“语文共生教学”，李仁甫的“生成课堂”，孔凡成的“语境教学”，王旭明的“真语文”，王君的“青春语文”，熊芳芳的“生命语文”等，都是密切联系语文教学现实提出的，具有很强的实践性与针对性。从应用价值方面来看，越是能够从语文教育实践出发，越是能做切实的观察、调查、实验或总结工作，越是能够有针对性地提出问题和有效地解决问题的研究，就越有价值。选择应用领域开展研究，中小学教师的优势最能充分呈现出来，其成效也更为显著。

（2）选题还必须要考虑课题的理论价值

这就是说，课题不仅要有利于教育实际问题的解决，推动教育实践的进步，而且要满足语文教育科学理论体系的自身建构与发展的需要。实用价值与理论价值、实用性与学术性是辩证的统一，实践期待着、催促着理论，理论又指导着、推动着实践。如余党绪在 2017 年第 5 期《语文学习》上发表的《批判性思维，推动语文教育的素养转向》，就是从语文核心素养之“思维发展与提升”的高度，对批判性思维作了比较系统的论述，引起中学语文界广泛讨论和思考，把语文教学理论引领到一个新的层面，是理论价值较高的研究课题。

（3）正确认识与处理应用价值与理论研究的关系

实用与需要是推动科学研究的动力，学术性离不开实用性，理论研究，当然有应用价值，只是一时没有显露出来。理论研究与应用价值二者是紧密相关的，这两种研究本身没有高低贵贱之分，专业科研工作者与语文教师应根据主客观条件选择适当的课题。既要改变理论工作者囿于理论研究，不深入中小学实际的情况，也要改变中小学教师往往热衷于应用性研究，而忽视理论研究的情况。当前尤其是要努力改变理论研究落后的情况，使理论研究与当前的语文教育实际相适应，促进具有中国特色的语文教育新体系的建构。

2. 选题要有创新

创新是语文教育研究的生命与灵魂。语文教育研究的课题创新性主要表现在两个方面：其一，指课题应是前人没有解决或没有完全解决的问题；其二，指用新观点、新方法，从新的角度去解决问题。具体有如下几种情况。

（1）独辟蹊径

语文教育的科学研究，应该独辟蹊径，标新立异，有所发现与创造，提出新的观点、新的方法、新的途径。它可以分为两个方面：一是在人们耕种已久的熟地上去发现"新大陆"；二是到人们没有涉足的地方去开垦"处女地"，或是到相邻学科交叉的地方寻找"空白点"。可以从如下几个方面思考：① 创立新的理论体系，如张志公的《汉语辞章学论集》一书中的理论构建，给人一种耳目一新的感觉；② 创立新的教学模式，如黎世法"异步教学法模式"，胡明道"学长式教学模式"；③ 开展一些新的实验课题，如张孝纯"大语文教育"实验，颜振遥"语文自学辅导教学法"实验；④ 移植、借鉴国外教育理论的研究，如"模糊理论与语文教学""格式塔心理学与语文教学""接受美学与阅读教学""元阅读：从理论到实践""巴赫尔的'对话主义'与语文教学"等。

（2）推陈出新

用新观点、新方法来研究旧的课题，获得新的认识。这也有多种情况。① 继承传统中有价值的东西。张志公在研究传统语文教育时，对蒙学读物的对仗与押韵的编写方法，对属对的训练功能都作了肯定，指出其价值。② 对通说的纠正。所谓通说，就是通行流行的说法。其中有的有道理，有的则不一定有科学道理。为了避免以讹传讹，必须加以纠正。③ 对成说的争鸣。如《中学语文》开设的"教材新视角""教材新探""争鸣园地"等栏目刊发的大量文章，都是具有创新性的研究文章。又如钱理群对鲁迅等现代名家名作写的评析文章，新意迭出，启人思考。

（3）变换角度

对有些选题进行变换角度换位思考，就能发现其新的意义。正如苏轼所云："横看成岭侧成峰，远近高低各不同。"如谈语文教师专业发展问题，一般人往往从"语文学习"本身来谈，但如果变换一下角度，也可以写出新意来。例如李仁甫在2015年第3期《江苏教育（中学教师版）》上发表一篇题为"非正式语文学习视角下教师的专业行动"的文章，从"非正式语文学习"的视角谈语文教师应有的专业行动，因他人没有如此论述过，故引起广泛关注，产生一定影响。

（4）方法翻新

时代发展了，我们应引进新的研究方法，用新的观念去研究问题。如李杏保的《语文教学控制论》一文，运用控制论的原理来研究语文信息传递过程中的调控艺术和教学规律。章熊在研究阅读教学测试等课题时就运用信息传播等方法，给读者以新鲜感。又如《中西作文教学比较研究》一文，就通过中西语言文字的比较研究，中西写作观念的比较研究，揭示了语言、思维方式及社会文化背景对写作教学理论和实践的影响，并提出了欧美国家重视定性与定量分析相结合的研究思维与研究方法的借鉴作用。在语文教育研究领域运用比较方法者不算少数，惟把它运用于中西写作教学这一特定课题时，就体现出新意，产生了创作优势。

3. 选题要有科学性

选题要抓住问题的实质。对于课题应作由表及里、去伪存真的分析。我们应该认识到，并不是所有的问题都有科学价值，问题有真伪之分。选择时既要避开假的问题、伪科学的问题，又要避免在无意义的问题上纠缠、走入迷宫与死胡同。

选择课题要符合客观规律。这里所说的客观规律，主要指事物的发展规律与人的认识规律。事物发展有一个由量变到质变的过程，人的认识也有一个由个别到一般、先分析后综合的过程。选择课题时要大处着眼、小处着手，避免好高骛远，要在不断研究过程中，逐步认识客观事物，同时不断提高自己的研究能力。

选择课题要克服猎奇与偏见。选题不能凭主观好恶与情感偏见，不能吹毛求疵，夸大其词。如“误尽苍生是语文”这样偏激的观点就不符合客观实际，应不为我们所取。在选择课题上赶时髦与钻牛角尖都是不科学的态度。选题时，我们既要尊重科学，又要不拘泥于事实；既要接受已有的理论指导，又要敢于突破传统观念的束缚，这才是辩证的科学态度。

三、案例评析

【案例 9－1】

关于如何进行生成性课堂教学的问题(教育论文选题技巧举例)

1. 从学生学习的角度来研究课堂教学

生成性课堂让学生在“课中央”，让学习真实地发生。学生在学习的过程中主动选择来自他者的信息，并在已有的知识结构中建构起属于自我的意义，从而带来“不可预约”的精彩生成。由此我们可以提炼出以下一些选题：

——生成课堂：一种真正意义上的学习课堂

——“息壤”：关于生成性学习的一个隐喻

——在生成中培养学生的质疑能力

——例谈生成课堂的能力生成

——以学定教，智慧生成

——沸腾于有备，生成于无痕

——生发于文本，成长为智慧

——在情感的洗礼中生成智慧

……

2. 从教师助学的角度来研究课堂教学

《普通高中语文课程标准(2017 年版)》告诉我们,这是一个以"学"重新命名的时代:"教学模块"曰"学习任务群","语文教学活动"曰"语文学习活动"。这意味着教学即"助学",教师应当成为"助学者"。每一次助学都是一次借助,即借力打力;不过教师所打之力并非蛮力,而是智力——灵动性教学智慧。由此我们可以提炼出以下一些选题:

——试论教师动态性的教学智慧

——生成课堂要把握好预设与生成的平衡点

——基于碎片化阅读学情的课堂生成教学探究

——在生成点的把握中渐入教学佳境

——因势利导巧助学,开合之间见精彩

——俯身的教姿和生成的风采

——互联思维:提升语文教学品质

——文言文的课堂教学也可以如此灵动

——生成智慧:让"课堂事故"成为"课堂故事"

……

3. 从师生对话的角度来研究课堂教学

对话是由关系和理解构成的,当人与人之间的关系改变时,理解也会随之而变;当人与人之间的理解加深时,则会形成新的关系。新的理解和新的关系,都是在对话中自然生成的。可以说,对话乃是生成课堂支撑性的策略。由此我们可以提炼出以下一些选题:

——"分享—交流":一道美丽的语文课堂风景线

——教学对话:随着意义的流动访胜探幽

——"教学"与"现场"的自由交汇

——师生合奏"和谐旋律"

——对话的情怀与智慧

——有意对话,无意生成

……

【评析】

好的论题往往关注国际前沿理论,应和国内教改呼声,注视课堂教学动态,有较强的前瞻性,同时又回到常识和起点,瞄准学生的学习体验和教师的助学智慧等。唯有如此,我们的教育教学研究才能既契合时代,又接地气。

不过,选题时,切入口不能太大,不妨着眼于某一方面,然后就这方面往纵深处挖掘,由浅入深,由表及里,层层深入。

当然,选题在准确性的前提下,还要尽可能生动一点,比如使用一点修辞技巧,如比喻、引用,从而产生一定的视觉冲击力。

四、思考练习

1. 谈谈选题的要求及方法。
2. 简述研究课题的类型与内容。
3. 请结合教学的实际,设计你对某一问题的选题。

第二节 搜集与分析资料的技能

一、技能概说

(一) 定义

搜集与分析资料的技能即研究者对与确定的选题相关的资料进行寻找积累、筛选鉴别、综合归纳、判断推理的能力。

从某种意义上来讲,语文教育研究者(及其他研究者)搜集与分析资料能力的高低,直接决定着其科研水平的高下。资料的搜集与分析是研究的起点与前提,也是顺利完成研究任务的基础和保障。因此,要充分做好资料的搜集与分析工作,只有这样,才能保证研究工作的质量和水准。

(二) 类型

根据不同的分类标准,资料可有不同的分类,相应的,对搜集与分析资料的技能也有不同的要求。

1. 按信息加工程度分类

(1) 零次文献

这是指经历过特别事件或行为的人撰写的目击描述或使用其他方式的实况记录,是未经发表和有意识处理的最原始的资料,也称作第一手文献,包括未发表的书信、手稿、草稿和各种原始记录。

(2) 一次文献

也称原始文献,一般指直接记录事件经过、研究成果、新知识、新技术的专著、论文、调查报告等文献,是发表过的资料。

(3) 二次文献

又称检索性文献,是指对一次文献进行加工整理过的文献,包括文献特征、内容要点,并按照一定方法编排成系统的便于查找的资料。

(4) 三次文献

又称参考性文献,是在利用二次文献的基础上,对一次文献进行系统的整理并概括论述的文献,这类文献具有主观综合的性质。

2. 按文献性质分类

(1) 学术文献

如专著、教科书、科普读物、杂志、丛刊、学报等。

(2) 资料性文献

如文摘、百科全书以及各种档案资料等。

3. 按实物形态分类

(1) 文字类资料

如各式各样的印刷品形式的文献资料。

(2) 非文字类资料

如各种音像资料(录像带、录音带、视频)等。

二、训练要点

(一) 遵循资料收集的原则

1. 紧扣选题

刘勰指出:"综学在博,取事贵约,校练务精,捃理须核,众美辐辏,表里发挥。"(《文心雕龙·事类》)其中"众美辐辏"即是指众多有用的资料要像车辐集中于车毂一样,围绕选题。与教育研究相关的资料可谓浩如烟海,同样,与语文教育研究相关的资料也难以计数。因此,只有有目的和有针对性地搜集紧扣选题的资料,才能做到有的放矢。我们要收集围绕选题的最核心的最直接的材料,外围材料可适当关注,但要避免无限制扩大。

2. 真实确凿

真实确凿是材料的生命所在。因此,搜集资料,首先必须注意材料的来源,要求是第一手资料(第一次文献),即原始材料,不能满足于第二手材料甚至第三手材料。不能只从人家的文章中转引文献资料。凡是转引而确实有用的,也都要认真查对无误,才可使用。其二,任何道听途说、模棱两可的材料不能要;不合逻辑,前后矛盾的材料不能用。材料搜集要坚持客观性与科学性,不要先入为主。其三,要使材料保持真实、客观,还要注意搜集完整的材料。摘抄材料不要断章取义,不要掐头去尾,要求全面完整。

3. 翔实丰富

著名的语言学家王力说过:"一个小小的题目,我们要占有很多的材料,往往是几十万字,要做几千几万张卡片……这叫做充分占有材料,材料越多越好。材料不够就写不出好文章。"[①]材料是揭示规律、建构理论的基础,只有占有充分的材料,才能避免"孤证"。也就是说,必须有大量的语言材料为依据,才能概括出某种法则与规律。要做到充分占有材料,必须做到两点:其一,要全方位地搜集材料,这就是要搜集历史的现状的、正面的反面的、核心的外围的、中国的外国的,形成一个立体网络式的材料系统。其二,要"博览",这就是要把与课题有关的材料,一个不漏地阅看一遍,如韩愈那样"贪多务得,细大不捐",这样才能对选题所研究的成果、问题和不足有全面的了解,做到胸有全局,立论高远,论证严谨,这样的研究才有较高的学术价值。

① 王力等:《怎样写学术论文》,北京大学出版社,1981年版,第4页。

4. 典型新颖

搜集材料还要注意典型与新颖。典型性要求资料要有代表性，要有说服力，并且要有权威性，要有深度。因此，凡是确有价值的材料，不管是什么人的，都要搜集；对于名人的材料也要看其是否真有道理，是否有科学性。当然，一般说来，名家名作总是所见广些，水平高些，认识深些。名人之所以有名，特别是在学术方面，总是有其过人之处。所以，名人的言论值得重视。所谓新颖，就是所收集的材料应有其独特之处，不是人云亦云，老生常谈。新颖的材料，有助于开拓视野，引发人们的创造性思维。新颖的材料包括新的事实，新的观点，新的方法，它往往是非传统的。因此，收集资料时不能因循守旧，不能对新东西视而不见，甚至把新发明新学说视为异端邪说。当然也不能为新而新，以至于"猎奇"。

（二）了解资料收集的途径

1. 个人藏书

一个语文教师只要经济条件许可，不妨多买一些书和报刊杂志。《曾国藩家书》中说："藏书要多，读书要少。"他作为一个大学问家，强调要多藏书，读书要少而精。藏书多以备查，扩大视野。语文教师对自己的全部家当要心中有数，充分利用，尽量发挥自己藏书（包括同事朋友的藏书）的作用。

2. 图书馆

收集资料还要充分利用学校及社会上的图书馆。其一，要了解图书馆的概况与特点。如有关学科图书的范围及数量，图书馆各书库和服务机构的布局、管理制度及图书分类方法等。其二，要了解并熟悉文献查阅的线索。主要包括各种题录、索引、简介、文摘等，如图书及期刊目录的编排及检索办法，有哪些综合的及专门的索引等。其三，要了解图书馆工具书收藏的种类及使用方法。如：① 字典、辞典及各种专业辞典；② 国内外各种百科全书；③ 年鉴、手册；④ 图录年表；⑤ 类书、政书等。其四，要了解该图书馆所订报纸杂志及复印资料收藏情况等。

3. 调查报告和各种会议

主要包括以下方式：① 参加各类各级研究会、年会、学术报告会，现场听取、交换或索取论文、科学报告等。② 参加各种观摩活动、展览会，及时获得有关情报资料。③ 在观察、调查、实验过程中，及时做好实录或照相、录音、录像等。这样获取情报，速度快、内容新、可靠性强。[①]

4. 网络资源

随着信息技术的飞速发展，各级各类教育教学网站如雨后春笋，层出不穷，语文教师应该认识到利用互联网上丰富的教育资源，既可以培养学生的学习兴趣，挖掘学生内在的学习动力，发展学生的创造性思维，又可以帮助教师提高自身素质，实现终身学习。对于教师的

---

① 董菊初：《语文教育研究方法学》，语文出版社，1998年版，第316—317页。

科研工作，网络无疑可以为教师提供丰富的资料。

这些网络资源主要有：① 语文教案资源网站；② 语文综合资源网站；③ 语文专题类网站；④ 教育综合类网站；⑤ 学术期刊网站，如：中国知网、万方数据、维普网、龙源期刊网、读秀、百度学术等。此外，还有超星移动图书馆、中国大学 MOOC 以及语文工具类网站。

（三）掌握资料收集的方法

1. 读书笔记法

这是最常用的收集资料的方法，记录时可以用成册笔记本，也可用活页本。前者用以记录比较系统的资料，因为内容多，篇幅长，用成本的笔记本，把它作为专题，完整地记录下来，便于保存，不致散失。后者用来记录个别性的材料，如论点、论据或论文提要，用活页纸，一个材料记一张。这样既可以集中，不致散失，又可以进一步补充调整和分类，灵活性强。

2. 卡片法

这也是收集资料常用的为研究者所喜欢的一种方式。卡片可以自己制作，也可以购买，非常方便。从内容来说，分为目录卡、资料卡、心得卡。卡片的优点是便于携带，便于分类、调整与系统化，便于使用。抄录卡片要注意一个问题记一张，哪怕一句话、一个书目都要单独制卡，各项内容混在一起，不利于分类与系统化。卡片字迹要工整，格式要规范，天头地脚要有一定空白，以便整理分类时编号立目。当然，是否用卡片，制作什么样的卡片，要由资料的内容来决定，研究者也有各自的习惯。

3. 报刊剪贴法

将有关的情报资料从过期的报纸与期刊上剪下来，贴在统一规格的纸上，分类装进材料袋，易于保存、查找与使用。

4. 资料复印法

在复印条件普及的情况下，制作复印件，简便易行。还可以使资料比较完整详细。但复印件并不能完全代替卡片与笔记。

5. 网络下载法

网络为我们提供了浩如烟海的丰富资源，这也为我们语文教师带来了极大的方便，我们可以随时下载需要的资料信息，便捷地保存在优盘或电脑里，以备随时查用。当资料的量累积到一定程度时，我们可以把它刻录到光盘里保存，当然要记得分门别类以方便日后查找。

当然，不管使用何种记录方式，有两点必须注意：首先，务求精准，也就是记录资料要十分审慎，要经过认真校核，以校真伪，辨实虚，以免以讹传讹。其次，要注明出处，便于必要时查找核实，便于使用时加注。

（四）掌握资料的分析与研究方法

资料的分析研究方法，可以分为定性研究方法与定量研究方法，有时二者是交互使用的。

1. 定性研究法

这是指对收集到的丰富的资料，特别是观察、调查及实验过程中获得的教育事实及现象材料，经过去粗取精、去伪存真、由此及彼、由表及里的思考加工过程，揭示本质，形成概念范畴及理论系统的方法。其主要方式有以下几种：

（1）分析与综合

分析，就是把复杂的事物或现象分成各个简单的组成部分，单独予以仔细考察，认识各个组成部分的性质与特征。在教育情报资料的研究中，常常使用对比分析（横向或纵向对比）、定向分析（确定其时空范围）、因果分析（分析其内因、条件与结果的关系）与系统分析（把研究对象各因素及其关系作为有机整体）。综合，即是对从分析中获得的结果加以全面的概括，作为统一整体来加以认识。在教育情报资料的研究中，常用的综合方法有：① 简单综合，即对发现某些材料的相同之处与不同之处，作综合归纳，或者从部分到整体，使知识集中化、系统化；或者从整体到部分再到整体，利用已有的知识，创造新的知识体系。② 提炼综合，把个别的、局部的、分散的情况结合在一起，从中提炼产生某一现象的共性原因或特殊原因，从而提出新的认识、概念与结论。③ 系统综合，即从系统的观点出发，对专题进行大范围的综合研究。

（2）抽象与概括

抽象就是从具体的感性材料中，抽出其中某些最本质的东西，使复杂的材料简单化，使混沌的材料清晰化，从而抓住事物的本质。概括，就是将同类事物的本质属性抽出来，归纳概括成一个普遍性、共同性的本质与属性。抽象概括是与上述的分析综合结合进行的。

（3）归纳与演绎

归纳是由个别到一般、由具体到概括的推理方法。归纳，一种是完全归纳，即根据全部事物做出结论：一种是不完全归纳，即根据部分事物做出结论。演绎则是由一般推出个别的方法。在分析研究中，归纳与演绎常结合起来使用。

2. 定量研究法

这是指通过数量的统计与分析，展现事物发展变化的过程及其相互关系，把握研究对象的现状与发展趋势，掌握其发展规律的方法。具体的统计分析的手段有：① 绝对数与相对数分析法；② 平均数分析法；③ 动态数列分析法，即通过发展水平、增长量发展速度、增长速度等动态指标来显示事物的发展变化；④ 表格法与图示法；⑤ 平行数列对比法，揭示现象之间的联系及因果联系；⑥ 相关法，通过相关事物的分析研究，揭示事物的发展规律。[①]

总之，资料的分析，要根据资料的不同性质及不同的研究目的来选择适当的方法，以便对资料做出定性与定量的分析，为指导下阶段的研究或撰写研究报告、论文提供事实根据或理论根据。

选题确定并对获得的资料进行分析后，就要考虑具体的研究方法。在研究方法体系中，各种方法均有自己的特点，在不同的研究任务内容面前显示着不同的效能。因此，研

① 李秉德：《教育科学研究方法》，人民教育出版社，1986 年版，第 243—251 页。

究方法的使用，要根据研究的目的、任务、对象、内容及研究过程的需要进行选择，有的还必须结合自身的条件来选择，不能为方法而方法。一般而言，研究过去的情况用历史法，估计未来的用预测法，研究现状的可用观察法、调查法或文献法；已有设想、假设而不知结果可用实验法，或已知结果而不知原因则可用追因法或经验总结法；欲知确切量须用测量法，而整理数据则须用统计法；研究风格流派的可用对比法，研究个人风格则可用个案研究法。

三、案例评析

【案例 9-2】

中国知网知识发现网络平台，面向海内外读者提供中国学术文献、外文文献、学位论文、报纸、会议、年鉴、工具书等各类资源统一检索、统一导航、在线阅读和下载服务。在“中国知网”以“语文教育评价”进行专题检索，选取近年来在语文教育评价研究领域有创新价值的代表性论文，放置在语文教育研究发展历史和当前语文课程改革背景下予以评析，既是资料搜集整理工作，又是学术累进的过程。下面是中国知网中已收录的部分与该专题相关的期刊论文：

1. 陈红、马玉春:《从“纸笔测试”到表现性评价——小学生语文素养评价的困境与突围策略》,《江苏教育》2019 年第 38 期。

2. 陈玉琴:《高中语文专题教学评价的问题与改进》,《福建基础教育研究》2019 年第 4 期。

3. 熊宁利:《指向语文核心素养的语文高考命题改革探析》,《江苏第二师范学院学报》2019 年第 2 期。

4. 李荣芬:《小学语文“目标—教学—评价”一体设计》,《江西教育》2018 年第 14 期。

5. 牛超露:《近十年语文教学评价研究现状及展望》,《新课程研究(上旬刊)》2018 年第 10 期。

6. 赵琪凤:《我国中小学语文口语交际能力测评初探》,《考试研究》2018 年第 5 期。

7. 管贤强:《核心素养取向的非连续性文本阅读能力评价》,《中学语文教学》2017 年第 11 期。

8. 陈雪:《教与考的矛盾冲突及调和机制——基于我国当前语文教育评价的现实问题思考》,《科教导刊(上旬刊)》2017 年第 6 期。

9. 孙洁:《论语文教育价值观及核心能力评价标准》,《语文建设》2017 年第 5 期。

10. 李倩:《教育评价理念转型:从被测试者到学习者——基于对中考语文试卷的分析》,《教育科学研究》2016 年第 6 期。

11. 杨永在:《语文能力精确化测量是推进课改的关键》,《内蒙古教育》2015年第3期。

12. 崔晶菁:《2011年版〈义务教育语文课程标准〉中评价建议的变化》,《语文学刊》2015年第2期。

【评析】

资料搜集有多种途径,而这种搜集资料工作是最为基础和有效的。首先,写作者必须对大量的相关资料进行甄选,资料的典型性、资料的新颖性、资料的突破性,都是资料搜集时必须考虑的问题。其次,写作者还必须对资料进行梳理、整合、概括、评析,对资料相关意义与价值进行再认识,为今后的研究构筑了一个平台。其三,多点切入。有的文章从宏观入手,如"论语文教育价值观及核心能力评价标准";有的文章从类别入手,如"从'纸笔测试'到表现性评价——小学生语文素养评价的困境与突围策略";也有的文章是对多篇论著进行归类评价,如"近十年语文教学评价研究现状及展望",要言不烦、点评精要,评析与论著构成一种对话关系,使评析文章具有了自身的价值,成为了一种资料中的"资料"。

四、思考练习

1. 搜集资料有哪些要求和方法?
2. 怎样分析资料才能找到所研究选题的新意?
3. 结合上节案例,搜集相关资料,分析并整理出一篇教学论文的提纲。

第三节 撰写教学研究论文的技能

一、技能概说

(一) 定义

撰写教学研究论文的技能即研究者对搜集的资料进行分析后谋局布篇、写作成文、修改润色的能力。

撰写是语文教学科研的最后一道关口,其重点不在写,而在于思考如何整体设计文章结构方式,使用何种特色的语言,怎样润色才能使文章臻于完善。

(二) 类型

教育教学科学研究论文分为实证性研究报告、文献性研究报告和理论性研究报告(即狭义概念的论文)三类。相应的,对撰写教学研究论文的技能也有不同的要求。

1. 实证性研究报告

如教育调查报告、教育实验报告、经验总结报告等。这类报告主要是用事实说明问题,它要求通过有关资料、数据及典型事例的介绍和分析,总结经验,找出规律,指出问题,提出建议。

2. 文献性研究报告

主要以文献、情报资料作为研究材料，以文献的考证、分析、综合为主要内容，以着重研究教育领域某一方面的信息、进展、动态的述评、综述为主要表达形式，在教育史学、文献评论研究中用得较多。

3. 理论性研究报告

即狭义论文，以阐述某一事物、某一问题的理论认识为主要内容，重在研究对象的本质及规律。独特的看法、创新的见解、深刻的哲理、严密的逻辑、准确的语言是它的重要特点。

据此，语文教育论文大致可以分为三大类：一是语文教育调查报告；二是语文教育实验报告；三是专题学术论文。专题学术论文是表达语文教育研究成果的最普通、最常用的手段，也是语文教育研究的基本形式。专题学术论文又有以下几种类型。

理论探讨型。这是针对教育领域里存在的某些现象、问题或出现的新情况、矛盾进行研究和讨论，从而写成理论性较强的论文，如叶圣陶的《国文教学的两个基本观念》，吕叔湘的《汉语文的特点和当前的语文问题》，张志公的《语文学科的现代化问题》等。

经验总结型。教育、教学经验总结，是中小学语文教师最常写的一种教育、教学论文，它主要是介绍自己在语文教育、教学实践中的经验体会并上升到一定理论高度，使之成为条理化的理论性总结，如李吉林关于情境教学的经验总结，于漪老师写的关于语文阅读教学与作文教学的经验总结，这些文章内容深刻，富有启示性。

课文分析型。课文分析文章是教材研究的成果，是中小学语文教师的主要研究手段，分析课文是语文教师必须掌握的基本功。分析课文可以从语言学、文艺学、美学、文章学、教育学等不同角度切入，既可以进行综合性评析，也可分专题研究。分析课文最重要的就是要找到好的切入点与突破口，条分缕析、思路清楚、语言干净、见解新颖，这样的分析文章耐读、耐看，也容易发表。

语言分析型。语文教育从本质及专务来说，是为了使学生正确理解和运用祖国的语言文字这一目的。因此，对语言知识的研究也是语文教育研究论文的主要内容。文字教育、词语教育、语法修辞教育等都是语言研究的内容。如对实用语言学的研究就是近些年来语言研究的重点，张志公的"汉语辞章学"为这方面的研究做出了开创性的工作，为语言学与语文教学相结合的研究做出了示范。

二、训练要点

(一) 了解语文教育研究论文的基本构成

1. 标题

标题是文章的眼目。标题应是全篇内容的高度概括，起指引读者阅读的作用。一篇好文章的题目应符合以下要求：① 题目用语准确。用词要避免空洞抽象、不着边际，以准确恰当为好。要准确概括文意，做到文题相符；论述和推论的范围要与研究对象相符，勿宽勿窄；题目要与研究程度相符，即论文本身研究到什么范围，深入到何种程度，标题就反映到哪种程度。② 题目要新颖。它能引人注目，能激发编者与读者的兴趣，并引起学术界和教育实践者的关注。③ 题式要多样。不要凡事都用“论”字式题目。就“论”字式，也可用“也论”“再论”“三论”表示论文的背景、序列、频度；还可以用“浅论”“简论”“刍论”等表明课题研究的程度。不带“论”字式的题目也有三种类型：一是用疑问代词作标题，如《怎样写教学研究论文》；二是用联合词组作标题，表明事物之间的联系，或作分别论述，或作比较分析；三是用判断词与能愿动词组成标题，表明研究者的看法和结论。④ 题目要简洁。要做到文约而事丰，言简而旨远。

2. 摘要和关键词

规范严肃的研究报告和论文都要求有摘要和关键词。摘要，主要是围绕文章的中心内容和主要观点，如对研究目的、主要方法、结论进行客观的阐述，避免用“本人认为”“作者指出”等类词语，也不需对文中观点进行评价。有些对外交流杂志还有英文摘要的要求。关键词是反映文章主题内容的词或词组，一般每篇文章可选 3—5 个关键词。关键词必须是规范的科学名词，尽量从《汉语专题词表》中选用，英文关键词要与中文关键词相对应。

3. 前言

又称引言、引论、绪论等，是教育研究论文的开头部分。它要说明写作本文的意义，要交代前人或时人的研究情况、存在的问题，本文的研究目的和预期结果。必要时，还可以有历史回顾之类的背景材料和课题的意义等。在撰写前言时，研究者要注意以下方面的要求：一是语言应简洁、精当、准确；二是实事求是，不能过分夸大课题的研究价值；三是文献综述要有选择，尽可能选择一些权威和经典的文献进行综述，评论要客观公正、科学准确，不要断章取义、随意贬损他人的研究成果。

4. 正文

又称本论或主论，是研究论文的主体部分。这一部分要充分运用在研究过程中所获取的资料，全面展开对论题的阐述和论证，以推导出科学的结论。写作正文部分，要求论据确凿而齐备，论点正确而鲜明，论证充分而合理。正文部分最能反映文章的质量，也最能表明研究者的认识水平、思维水平和语言运用水平，因此要求作者格外重视。

5. 结论

这是研究论文的结尾部分，是经过作者论证后的逻辑结果。它包括以下内容：一是研究的主要结论性成果的概括，如研究解决了哪些问题，还有哪些没有解决；二是对某些教育、教学现象或研究课题未来发展的展望；三是对教育、教学实践提出有价值的建议等。结论部分要求深化主题，揭示规律，指明方向。语言应要言不繁，简明扼要。

6. 注释与参考文献

注释是对文中所引用的内容出处的说明。引文注释分页末注（脚注）、文末注（篇后注）、文内注（行内夹注）和书后注几种。参考文献是对研究所参考的文献资料的排列。凡在论文中引用过的他人的观点、材料和论著，都要一一注明出处（论著名称、作者、出版单位、出版年份等）。注明出处，一可以体现出文章的客观依据，二能反映出作者对课题涉及的广度和深度，三可表明对他人的劳动的看重，四能给读者查阅原文提供线索。

（二）遵循语文教育研究论文的写作要求

撰写论文是语文教学科研的最后一道关口，对于初学写作论文者来说这一步比起选题而言，难度更大些。经常会有这种情况，即使有了观点和材料，也还是写不出文章，这是因为能否把自己在头脑中形成的观点诉之于笔下，不单要依靠前几个阶段的工作成效，还要看思维加工能力和语言运用能力如何。下面结合撰写论文的程序，谈谈在写作中应遵循的基本要求。

1. 定位明体

所谓定位就是在撰文前明确读者对象和自己的身份，这直接关系到写作目的和作者应取的态度。假如是写给学生的，目的在于指导，作者就应以教育者的身份，采取循循善诱的态度；假如是写给同道者，目的在于探讨问题，采取的则应是互相切磋的态度；而假如只是上报给权威部门，目的在于获得认可，就该采取征询、请示的态度。而不管面对哪类读者，都要求尊重对方，切忌以武断的态度教训对方。否则，不仅不能达到写作的目的，甚至会引起读者的反感，事与愿违。

所谓明体，即确定写作风格与语言体式。语文教育研究论文，其研究对象是具有专门性的语文学科，表述的内容有其独特性。这种独特性的外在表现，就是在语体的运用上，尤其是在独特的术语、概念系统的运用上，与日常的生活语体以及政治语体有明显区别。概念范畴的系统化，表述语言的术语化，是一门学科成熟的标志。所以，语文教育研究论文应该少用意义笼统、含混的日常用语，应该精选内涵明确的科学术语以及语文教育研究工作者认同的语体，以提高研究论文的科学性与学术性。当然，语体的专门性，还指不同文体的具体语言要求。语体的专门化，并不是深奥化，也并不排斥语言的简明性与平易性，这一点应特别指出。

2. 谋篇布局

这是对文章结构方式作整体设计。对文章的结构，我国古代学者刘勰在《文心雕龙·附会》中曾有精辟的论述。他说："何谓附会？谓总文理，统首尾，定与夺，合涯际，弥纶一篇，使杂而不越者也。若筑室之须基构，裁衣之待缝辑矣。""总文理"，即强调文章结构首先要从总体上把握全篇的思路。论述的集中、完整，反映在思维过程中，便是思路的连贯性。整篇文章意脉贯通，文气畅达，从容不迫。要做到思路贯通，就要使论述的先后既体现事物的发展过程，又符合人们认识上的心理过程。可以说，结构是思路的外在形式。"统首尾"，这是说谋篇要重视开头与结尾，并使之统于一体，圆合无迹。"定与夺"，这是说根据表达的观点，决定内容材料的轻重取舍，做到观点材料一致，使文章妥贴、曲折。虽然这是一个尽人皆知的要求，但对于初学者来说出现的问题也最多。材料不甚典型，但尚可用，就不愿再费时费力寻找，材料明显多了，却因都是辛苦得来，而不愿割爱。这样一来，势必导致或因有力论据不足而说服力不强，或因材料堆积而内容不精。因此，要做到观点和材料的统一：一要选取的材料具有代表性，使材料具有相应的质量；二要分清层次，有价值则取，反之则舍；三要尽量选取他人未用过的材料，以增强吸引力。“合涯际”，这是说一篇论文的层次段落之间应该前后勾连，弥合无缝。要抓住主要观点，又要考虑各部分、各段落之间的衔接，彼此呼应，而且要有过渡段或连接词语，使之浑然一体。此外，正论和分论之间段落要对应，字数比例均衡，容量适度，长短不宜过于悬殊，要给人以完整或对称美感，形成一个具有内在联系的完整结构框架。

学术论文的结构一般为前言、正文、结论三段式，总体上同提出问题、分析问题和解决问题的研究过程相吻合，对于初学写作论文者来说，最重要也是最难把握的是正文部分，即本论部分。作为学术论文的主体部分，主要是选用最有力的论据集中阐述自己的学术见解。它需要一层层剖析，一步步扩展，一步步深入，直到把问题阐释得明晰、透彻。这一部分既重要又复杂。它的复杂性表现在其内容构成中的诸种逻辑关系上，除了横式结构、纵式结构之外，通常还有几种。一是链式结构，即各论题和论据之间表现为线性的逻辑关系，表述上是连贯的，一环扣一环，紧密相连。其形式如下：全文中心论题→论证1→论证2→论证3→论证4→结论。二是螺旋式结构，即各种论题和论据之间表现为层层递进的形式，一个问题论述完之后，再就这个问题深入或上升一步进行论述，逐一深入。三是立体式结构，即多方面、多角度、多侧面和多方位地论述问题。这种结构不仅可包括链式和螺旋式结构，即论述中的各问题论证以链式或螺旋式展开，而且，各部分论证之间也可形成直接或间接的错综复杂联系，形成一种立体结构。这种结构既反映了研究结果多方面的本质联系，又反映了思维的立体性。

3. 语言表达

任何一篇研究论文，单有可取的观点还不行，它需要借助语言文字给以表达。语言文字虽然是思想观点的表达形式，却不单纯是技术问题，论文的写作者采用什么样的语言文字表达思想观点，从来都取决于他对客观事物的认识和感受。因此，表达某种思想观点就要采用与之相应的语言文字。对研究论文语言文字的要求，居第一位的是精确而简洁，精确的思想观点是要靠精确的语言文字来表达的。同时要求简洁，即用少量的语言文字表现出丰富的内容，研究论文语言文字的另一重要要求是通顺畅达。为此，选字用词要常见而不生僻，造句要通畅而不别扭，使读者读起来顺嘴，听起来顺耳，以达到思想交流和说服人的目的。

在运用语言表达时，不要忽视数字和表格的使用，以平实为基础的调查型研究论文，把统计数字用表格表达出来，既节省语言，又一目了然。

4. 修改润色

我国是文章大国，历来重视文章的修改。《论语·宪问》中曾记载郑国起草文件的过程：“为命，裨谌草创之，世叔讨论之，行人子羽修饰之，东里子产润色之。”裨谌、世叔、子羽都是郑国大夫，子产是宰相。一篇公文，经过四位学者的拟稿、评论、修改和写定，这一方面说明人们历来对写文章十分重视，另一方面也说明，文章作为客观事物的反映，要反映正确，并非易事。教学论文的写作，同样要写和改相结合，重视修改，才有可能使文章臻于完善。

修改主要从以下几个方面入手：一是关于文章的全局性问题，如文章是否阐述了所研究的问题，而不是重复众所周知的常识？文章表达了与众不同的观点了吗？文章论点是否正确、论据是否充分、论证是否有力？文章重点突出没有？特点体现了没有？二是解决文章存在的局部性问题，如数据是否准确？说明是否清楚？前后是否呼应？概念是否准确？语言是否规范？图表引用和解释是否恰当？三是关于文章的细节性问题，如错别字、标点符号、图表、参考文献和注释、页码、序号等。以上几方面，都与语言的修改、润色有联系，论文的语言应力求简明、流畅、通达。

修改方法是多种多样的，下面提出几点以供参考。一是吟于口。这就是说，修改要边读边改。这也是古今中外学者的共识，光用眼睛看，语病不容易发现。吟于口，如果文意有病就难以畅读。清人何绍基说："理不足读不下去，气不盛读不下去，情不真读不下去，词不雅读不下去，起处无用意读不起来，篇终不混茫读不了结。"(《与汪菊士论诗》)叶圣陶、鲁迅、郭沫若等大家也都十分强调要边读边改。他们也一直实践着边读边改的修改方法，直至把文章改到炉火纯青的极致。二是变身份。这就是说，修改文章要改变自己的身份，要站在旁人的立场上，来观察、挑剔、推敲自己的文章。要站在读者的角度，审视自己的文章能否让读者理解，是否符合读者的思维习惯和阅读习惯，不符合的就要改。三是求师友。修改，当然贵能自改，而且主要靠自己改，但有时对于初学写论文者，求师友作指导往往能起到很好的作用。因为文章修改时是"当局者迷，旁观者清"的，首先应诚恳虚心、不耻下问，其次还要善于选择。尤其应该请教那些对课题有研究的专家、同行，这可以获得中肯而切实的指导。四是冷处理。有时文章写完后，一时无法修改，可以先放一段时间，等摆脱原来的思维定势再行修改。这时可能有了新的材料、新的认识，甚至新的思路，容易发现原文不妥之处，有利于修改。正如清代李渔所说："脱稿之后，隔日一删，愈月一改，始能淘沙得金，无瑕瑜互见之失矣。"(《闲情偶寄》)改文章是没有止境的，要写好研究论文，就要舍得在修改上花力气，下功夫。

研究论文完成后，除作为课题研究鉴定的材料之外，还要积极参与学术交流，以扩大影响，提高课题的研究价值。具体途径有：参加学术会议交流；通过网络发布；积极参与科研评奖活动；在刊物上公开发表或出版社正式出版。在刊物上发表并产生社会影响，效果最好。要发表就有一个投稿的策略问题。研究者在投稿时要注意以下几个方面的策略：一是要了解有关杂志的特色和专业出版社的特点，如编辑方向、体裁风格、开设栏目、作者群体；二是要根据自己研究的内容，有针对性地选择发表的园地；三是要与学术界建立广泛的联系，与编辑建立良好的学术合作关系；四是要有自己鲜明的学术特色和专业特长。

三、案例评析

【案例 9-3】

基于核心素养的小学生阅读学业成就评价研究[①]

罗 丹

基于语文核心素养的小学生阅读学业成就评价应该包括教学内容标准评价和表现评价。小学生的阅读学业成就评价，在内容上包含知识与能力、过程与方法、情感态度与价值观三个层面。考查教学内容具体包括学生语言理解能力的评价，即能读懂文本的主要内容，了解文本表达上的特点；知道积累优美的、有新鲜感的语言材料，具有初步的语感，以及学生思维能力的评价，即能在阅读、表达等言语活动中，主动思考；能运用想象与联想，形成对客观事物的初步认识，对语言和文学形象的初步认识与感悟，具有初步的评判意识。表现评价作为阅读学习的结果，并不仅仅表现在记诵内容的多少或文本意义获取的多少，还包含了学生在阅读过程中阅读兴趣的拓展、阅读类型的选择、阅读环境的创设、阅读习惯的养成、阅读态度与方式的改变等各个方面，因此增加了问卷与量表等评价工具。基于语文核心素养的小学生阅读学业成就评价，既参照了课程标准规定的教学内容，又依据学生核心素养规定的领域和要求，通过对其的研究可以改进小学生阅读素养培养方式，提高小学生阅读素养水平。

一、调查设计

1. 研究内容

为了测试小学生语文核心素养中语言建构与运用、思维发展与提升两个方面的真实状况，本研究借鉴陈先云提出的核心素养清单，确定小学生语文阅读学业成就评价的主要内容为：测查小学生语言建构与运用能力发展水平、思维发展水平，探讨小学生语文核心素养发展存在问题和改进建议。

2. 调查对象及内容

本研究选取河南省三十所学校低年级小学生为调查对象，主要包括学生的阅读情况调查问卷和测试试卷两部分。其中测试试卷主要考查学生语言建构与运用、思维发展与提升的能力，每套试卷为 15 分。根据小学一年级语文教材内容进行阅读题目设置，挑选出有代表性的更能反映学生阅读能力、思维分析水平的试题编制成测试卷。

二、试卷分析及问卷调查

1. 试卷题目分析

（略）

---

① 罗丹：《基于核心素养的小学生阅读学业成就评价研究》，《语文建设》，2019 年第 2 期。有删节。

2. 问卷调查分析

发放试卷的同时，又向三十所学校的一年级学生发放阅读情况调查问卷1550份，有效回收1270份。问卷从阅读兴趣、阅读类型、阅读环境、阅读习惯、阅读态度与方式五个方面展开调查，使用SPSS17.0软件进行数据录入、统计与分析。

(1) 阅读兴趣体现自主性

80.9%的学生喜欢或者是比较喜欢课外阅读，在阅读中体现出较强的自主性，77.1%的学生可以自觉阅读而不是在家长和老师的要求下才进行阅读，77.2%的学生在阅读过程中关注阅读材料的内容，仅6.7%的学生选择封皮好看的阅读材料。总体来看，学生在选择阅读材料时比较理性。

(2) 阅读类型多样化

学生的阅读类型较为广泛和多样化，经常阅读的书籍包括科学类、漫画类、故事类等。21.9%的学生选择阅读科学类图书，36.2%的学生选择阅读漫画书或脑筋急转弯类书，34.3%的学生选择阅读故事类书，还有7.6%的学生选择阅读其他类型的书籍。由于识字量的局限，60%的学生喜欢文字为主，配一些图画的书籍；18.1%的学生选择图画为主，只有很少文字的书籍，这与学生心理发展需求是一致的。

(3) 阅读环境优越

89.5%的学生阅读的书籍是买的，说明家长普遍重视阅读的投入。在购书过程中，家长更尊重学生自己的选择，67.6%学生的书籍是自己选购的。100%的学生班级中都有阅读角，25.7%的班级经常开展读书交流活动，这样高的比例说明学校和家庭为学生阅读提供了良好环境。

(4) 养成良好的阅读习惯

即使是一年级的学生，也有40%的学生一周去一次书店，39%的学生一个月去一次书店。35.2%的学生每天课外阅读半小时，37.1%的学生每天课外阅读半小时至1小时，22.9%的学生每天课外阅读1小时以上。大多数学生可以保证每天阅读，并经常去书店，有着良好的阅读习惯。

(5) 阅读态度认真，掌握一些阅读方法

46.7%的学生在读课外书时，都能做到认真朗读，35.2%的学生能进行有效默读，这说明学生的阅读态度比较认真，可以保证阅读质量。在阅读过程中学生也会使用一些有效的阅读方法，37.1%的学生喜欢把自己读过的故事讲给别人听，42.9%的学生有时讲给别人听。阅读时有76.2%的学生能经常猜出文章中生词的意思，47.6%的学生会写下认识的字词句，48.6%的学生能对文章中不理解的地方提出疑问，33%的学生可以经常与同学交流课外读书的情况。

3. 教学内容标准评价和表现评价的相关性研究

根据学生得分情况，将有效试卷成绩划分为13分及以上、9～12分、7～9分、7分以下四个等级，根据四个等级不同层次的成绩划分，将试卷进行分类，期待寻找学生阅读素养与阅读背景是否存在相关性。调查结果分析发现：

(1) 阅读成绩与性别相关

测评中男女生比例为1:1，而分数在13分以上的女生为67.8%，分数在7分以下的男生为100%，从中可以发现从一年级开始女生阅读能力已经优于男生。

(2) 阅读成绩与阅读时间相关

分数在13分以上的学生，有22.6%每天阅读时间都在1小时以上，而分数在7分以下的学生没有人阅读时间在1小时以上。由此可以推断，阅读时间的长短对阅读理解有一定影响。

(3) 阅读成绩和阅读方法相关

通过对阅读试卷测试的分析发现，分数在13分以上的学生，有41.9%的学生能够认真朗读，38.7%的学生默读；而分数在7分以下的学生，仅有14%的学生能够认真朗读，41.8%的学生默读。分数在13分以上的学生，有80.6%的学生阅读时能经常猜出文章中生词的意思；分数在7分以下的学生，仅有51.4%的学生阅读时能经常猜出文章中生词的意思。另外，能写下认识的字词句的学生，分数在13分以上的有58.1%能做到，而分数在7分以下的仅有25%能够做到。这些说明有效的阅读方法可以提高学生的分数，对于学生尤其是低年级的学生来说，阅读方法的指导很重要。

三、反思与启示

1. 建构小学生阅读学业成就评价的内容框架

小学生低年级阅读学业成就评价的内容框架以语言理解能力和思维能力为重心，同时搭建起阅读兴趣、阅读类型、阅读环境、阅读习惯、阅读态度与方式等评价框架，使阅读学业成就评价具有明确的评价范围参照，可以避免阅读学业成就评价实践中的盲目性。阅读能力评价框架以提取重点信息为核心，兼顾对文章语境的理解与连贯性推理，文章表达、构思的分析与鉴赏能力，引导阅读学业成就评价，关注学生在阅读中的情感体验、自我评判、质疑精神和联想想象。

2. 评价取向转变为关注学生创新性阅读

以前的阅读考试以文章的思想内容作为重点，因而在很大程度上影响了学生阅读兴趣与阅读态度的发展。评价既要参照课程标准规定的教学内容，体现第一学段提出的“阅读浅近的童话、寓言、故事，向往美好的情境，关心自然和生命，对感兴趣的人物和事件有自己的感受和想法，并乐于与人交流”“诵读儿歌、儿童诗和浅近的古诗，展开想象，获得初步的情感体验，感受语言的优美”等目标要求，又要注重学生阅读习惯、兴趣、途径等方面的考查，关注基于学生兴趣的创新性阅读，引导学生学会在批判性思维中学会创新，从而解决实际问题。

3. 内容标准评价转变为发展核心素养

评价内容知识考查转变为发展核心素养。文本阅读能力评价不能仅仅侧重考查与文本相关的简单的阅读技巧，更应该关注学生在当今社会工作和生活中，需要具备的“语言建构与运用”“思维发展与提升”的阅读素养，这些阅读素养又由语言理解能力和思维能力构成。要善于借助家庭、学校、社会多样的阅读情境，引领学生提高自身的阅读素养，教会学生初步了解一些阅读习惯，进行有意义的阅读建构，从文本、自我和世界的互动关系中去审视文本，促进学生形成核心素养要求的关键能力和必备品格。

【评析】

这是一篇关注时下语文教育热点话题的论文，该文针对学生阅读学业成就评价进行研究，探讨了小学生语文核心素养发展存在的问题和改进建议。

文章首先解读了基于语文核心素养的小学生阅读学业成就评价所包括的教学内容标准评价和表现评价的涵义。随后，介绍了此次研究所选取的调查对象和调查内容，主要包括学生的阅读情况调查问卷和测试试卷两部分。其中测试试卷主要考查学生语言建构与运用、思维发展与提升的能力。最后，作者在此次调查的基础之上进行了反思，探讨了启示价值。通过作者的反思与启示，足以引起读者的深入思考。

由上观之，小论文的要求一般包括这样几点：角度要新，切口要小，内容要实，针对性要强，能启发读者思考。

四、思考练习

1. 语文教育研究论文基本类型有哪些？你认为还可以有哪些类型？
2. 完整的论文构成要素有哪些？
3. 对照自己的某一篇论文，体会语文教育研究论文撰写的具体要求。

第十章 运用网络与现代教育技术的技能

2010 年颁布的《国家中长期教育改革和发展规划纲要(2010—2020 年)》明确指出:“把教育信息化纳入国家信息化发展整体战略,超前部署教育信息网络。到 2020 年,基本建成覆盖城乡各级各类学校的教育信息化体系,促进教育内容、教学手段和方法现代化。充分利用优质资源和先进技术,创新运行机制和管理模式,整合现有资源,构建先进、高效、实用的数字化教育基础设施。”①《普通高中语文课程标准(2017 年版)》将“探索信息化背景下的教与学方式的转变”列为“教学建议”之一。指出:“要借助信息技术优化整合课堂教学,引导学生经历多样化的学习过程,促进学生在更广阔的语言环境中主动学习,实现知识迁移与运用。要积极探索基于网络的教学改革,利用具有交互功能的网络学习空间,创设线上线下一体化的‘混合式’学习生态,为课堂教学和课外学习服务。”②随着网络与信息技术的发展,互联网+教育的深度展开和融合,运用网络与现代教育技术,已成为语文教育工作者必须掌握的新技能。

第一节 制作微课、实施翻转课堂的技能

一、技能概说

(一) 定义

2014 年 3 月 30 日,教育部下发《关于全面深化课程改革 落实立德树人根本任务的意见》(教基二〔2014〕4 号)。文件要求:“整合和利用优质教育教学资源。采取多种方式,构建利用信息化手段扩大优质教育资源覆盖面的有效机制。加快推进边远贫困地区小学教学点数字教育资源全覆盖项目建设。大力开发与课程教材配套的基础教育和职业教育优质数字教育资源。建设一批高校精品视频公开课程和精品资源共享课程。各地可通过购买服务等方式,引导学校、科研院所、社会机构等开发服务于学生的优质教育资源。地方各级教育行政部门要整合区域内各种优质教学资源,建设共享平台。加强信息技术教学应用展演交流,促进优质教学资源开发和应用。加强中小学社会实践基地和高等教育、职业教育实习实训基地建设,充分发挥社会资源的育人功能。学校要探索利用科技馆、博物馆等社会公共资源进行育人的有效途径。”所谓制作微课、实施翻转课堂的技能,即是指教师在教学过程中运用网络与现代教育技术,制作数字教学资源、指导项目学习的能力。

(二) 类型

1. 微课

微课(Microlecture),是为支持翻转学习、混合学习、移动学习、碎片化学习等多种新型

① 中华人民共和国教育部:《国家中长期教育改革和发展规划纲要(2010—2020 年)》,《光明日报》,2010 年 7 月 30 日。
② 中华人民共和国教育部:《普通高中语文课程标准(2017 年版)》,人民教育出版社,2018 年版,第 43—44 页。

个性化学习方式和网络教研方式，以短小精悍的微型流媒体教学视频为主要载体，针对某个知识点或教学环节而精心设计开发的一种情景化、趣味性、可视化的数字化学习资源包。微课的核心组成内容是微型流媒体教学视频，同时还包含与该教学主题相关的教学设计、素材课件、教学反思、练习测试及学生反馈、教师点评等辅助性教学资源，它们以一定的组织关系和呈现方式共同营造了一个半结构化、主题式的资源单元应用小环境。因此，微课既有别于传统单一资源类型的教学课例、教学课件、教学设计、教学反思等教学资源，又是在其基础上继承和发展起来的一种新型教学资源。

2. 翻转课堂

翻转课堂是指在上课前，学生在教师指导下利用网络平台按照一定的任务来学习以教学视频为主要形式的数字学习资源，完成知识的学习；课堂上，学生带着学习过程中遇到的问题，师生共同对学生的问题以及教学的主题内容进行分析和讨论的教学模式。翻转课堂译自“Flipped Classroom”或“Inverted Classroom”，也可译为“颠倒课堂”。这主要指相对于传统课堂教学的模式发生了颠倒。传统教学分为知识传授和知识内化两个阶段，一般是在课堂上传授知识，而在课外学生通过做作业内化知识。翻转课堂则颠倒了教师讲授然后学生做作业的教学过程。知识传授阶段是在课前进行的，也即是在课堂外完成的。课前学生利用教学视频对相关知识进行自主学习。上课时，学生带着问题来到课堂上，师生之间进行讨论，教师针对学生的问题答疑、解惑，学生通过作业和练习完成知识的内化。此时，教师是教学活动的指导者，而不再是知识的传播者，学生则由被动接受者转变为学习活动的主体。不同于传统的教学模式中教师掌控课堂，学生只是被动学习的状况，课堂内学生能够更专注于主动的项目学习，共同研究解决问题，从而获得更深层次的理解。教师不再占用课堂的时间来讲授信息，这些信息需要学生在课后完成自主学习，他们可以看视频讲座、听播客、阅读功能增强的电子书，还能在网络上与别的同学讨论，能在任何时候去查阅需要的材料。教师也能有更多的时间与每个人交流。

二、训练要点

（一）了解微课的特点

1. 教学时间短

微课都具有一个明显的特点，即微课的视频时间都比较短，通常在5—10分钟，一般最长不会超过15分钟。微课授课时间短，可以避免学习者因学习时间长而注意力分散，其目的是使学习者在短暂时间内高效地完成学习任务。所以微课符合网络时代学习者的注意力模式和在线教学的技术要求。

2. 教学内容精

由于微课时长比较短小，所以微课的内容必须精致。一般来说，一节微课只会针对某一个小的知识点进行讲授。设计微课时不能拖泥带水，必须精致紧凑；讲解时不求内容丰富，但求清楚明白。

3. 资源容量小

一般微课资源的总容量相对在线网络资源课程要小得多，使得视频在手机等便携式网络终端上的传播成为可能，便于学生的学习和教师之间的交流。

4. 学习移动性

微课资源容量小，除了给交互式学习提供便利外，还使移动学习成为可能。移动学习是指在数字化学习的基础上，通过有效结合移动计算技术让学习者随时随地进行学习。移动学习被称作是当前教育信息化发展下的学习革命，也被认为是一种学习者在未来学习时不可缺少的学习模式。在微课学习中，学生可以利用手机、MP4、ipad等多种播放器进行观看，这正是微课移动性的体现，这种学习的移动性使得学生的学习更有效率，并且给学生带来多元化的学习体验，促进学生的自主学习。

（二）熟悉微课的制作

1. 选题

选题决定微课要讲授的内容，在语文课程中，以相对独立的语文知识点作为选题比较合适。语文微课选取的教学内容一般要求主题突出、指向明确、相对完整。优秀的语文微课一定有一个充满创意的教学设计，并且能够让学生在这种特定的教学情境中获得语文能力的提高。具体来说，语文微课的选题需要注重以下几点：

一是语文微课选题宜小不宜大，一般以语文知识点为单位，指向明确。比如学生在学习韩愈的《师说》前，教师准备设计一个微课，让学生进行课前学习。教师如果将微课的题目定名为"《师说》"，那这个微课势必成为45分钟常规课堂教学的一个压缩版，需要兼顾《师说》各方面的内容，这样很难取得好的教学效果。而如果将题目改为"《师说》的写作背景"，让学生在课前学习，那么在课堂教学的时候，可以省掉这一环节，而这个微课的学习，会让学生对理解韩愈文中的一些论点以及文章的主旨有较大帮助。

二是语文微课应选取教学过程中的重点，课程内容的难点、疑点、易错点、易混淆点以及学生的薄弱点进行专门讲解。如学生学习苏轼的《赤壁赋》与《念奴娇·赤壁怀古》时，对作品的主旨及文中苏轼的感情变化往往难以理解，针对这个难点，教师可以设计和制作一个微课《"乌台诗案"对苏轼创作的影响》，对北宋元丰二年（1079）苏轼遭遇的"乌台诗案"这个事件做个交代。让学生了解"乌台诗案"之前苏轼生活十分顺遂，年轻气盛，而经历"乌台诗案"后，因其他党派借苏轼的诗句给他定了莫须有的罪名，这使苏轼开始认识到，自己在政治方面过于天真和单纯，根本对付不了官场上极其复杂的人事斗争。苏轼开始对仕途心灰意冷，并自然而然地倾向于佛道思想。思想的转变也使苏轼的创作风格发生了转变。"乌台诗案"对苏轼的创作产生的深刻影响可以从他诗歌的题材和风格看出来。苏轼在"乌台诗案"之前关注国家，选择的大多是政治上的题材，之后苏轼更偏向于人生思考。"乌台诗案"前的作品大气磅礴、豪放奔腾，之后的作品则空灵隽永、朴质清淡。这个微课对于学生学习教材中的《赤壁赋》与《念奴娇·赤壁怀古》以及《记承天寺夜游》等课文都会有帮助。

2. 录制前的准备

第一步，准备教学素材。如PPT、图片、音频、视频等等。

第二步，选择教学媒体。制作者要分析在什么情况下用什么形式去制作这节微课才能利于学习者接受，要判断是用文本、图片、音频、视频、动画，还是其他形式体现效果更好。此外，还要考虑背景的设置。

第三步，拟定教学方案。要对教学的知识点，即选题有一个准确的认识和描述，确立教学的基本思路，有针对性地选择和组合相关教学内容及具体方法。微课教学方案一般包括：微课名称、学科、知识点、适用年级、知识点描述、视频长度、设计思路等内容。

第四步，撰写教学脚本。由于在录制微课时，录制者是面对屏幕的，缺少了与学生的眼神交流以及教学过程中的互动环节，详细的脚本设计既会使教师把握好授课的节奏，又会使微课的录制过程更加自然流畅。

3. 录制

微课的制作常用的有录像机、手机＋白纸，屏幕录制软件＋PPT，以及屏幕录制软件＋手写板＋画图工具等形式。下面介绍最常用的两种方式。

(1) 手机＋白纸录制微课。这种制作方式适合于教师讲授某个知识点时边讲边写。教师不出镜，视频中显示的是教师讲授时对知识点的书写过程，类似于学校课堂教学中的板书，这样有利于学生的思维和注意力跟上教师讲述的节奏。如果教师把写好内容的白纸放在镜头前，让学生看着写好的内容来听讲授，教学效果往往不佳。

制作环境和设备需求：相对安静的环境，合适的操作台或桌子，手机，白纸，红色胶带，美工刀，固定手机的支架，话筒。

制作方法：将手机支架安放在操作台边缘，将手机固定在支架上。打开手机相机功能，将拍摄模式选择为“视频”。将手机的取景调节到合适的距离，用红色胶带贴在桌子上手机镜头取景区间的方框外(也可以在桌上画一个框用于识别镜头区域)。将白纸放到红色区间内，开始录制视频，录制视频结束后，按下停止按钮，结束拍摄。拍摄过程中注意拍摄者的头部不要挡到手机镜头，书写时不要将白纸移出定位框。视频拍摄结束后可将视频加以编辑，然后上传，或直接发给学生进行网络教学。

这种录制微课的方式为了增加趣味性，还可以制作一些适合文本内容的卡通图片，随时动态呈现在镜头里。如有教师制作《亡羊补牢》的微课，就将羊圈的栅栏、主人公和羊分别制作成卡通图片，在讲述这则寓言的故事情节时，不断用卡通图画配合自己的讲述，这样很容易引起低年级微课学习者的学习兴趣。

(2) 用Powerpoint的录制功能制作微课。这种方式是当下语文教师制作微课时使用最多的方式。

制作环境和设备需求：相对安静的环境，一台带有Powerpoint软件(需要用Powerpoint2013以上版本)的电脑，USB话筒，提前根据教学内容设计好的PPT文档，提前拟好的讲稿。

制作方法:打开授课 PPT,点击菜单栏中的“幻灯片放映”,点击“录制幻灯片演示”,点击“从头开始录制”。准备好后,点击“开始录制”。配合 PPT 的显示进行讲解。讲解完成后,按“Esc”键退出录制。单击菜单栏中的“文件”,选择“导出”,单击“创建视频”。选择“计时”和“旁白”,单击“创建视频”,保存为 MP4 类型的文件,等文件生成后就可以完成微课视频的录制。

这种方式讲解配合 PPT 播放为主,利用 PPT 软件中可以录制旁白的功能,即可以给每一张 PPT 插入旁白对本张 PPT 的内容进行解说。同时也可以将音频、视频文件插入 PPT,增强微课视频的可视化效果。

需要注意的是,微课视频的录制如果要取得好的音效和视觉化效果,需要进行后期的调整甚至是重新录制。为增加语文微课的趣味性,以便使学生乐于在课前学习,教师需要在语言、画面和内容的呈现上多动脑筋:设计较为形象生动的语言,适当采用卡片、玩具等小道具,适当配以使人轻松愉悦的音乐,插入活泼有趣的动画,等等,这些在丰富微课内容的同时,也吸引了学生的注意力,能让学生在愉快的氛围中学习。

以上介绍的两种微课录制方式技术难度低,操作简单,同时易于分享。但如果要取得高质量的音效和视觉化效果,应该使用 Camtasia studio 和“会声会影”等软件对微课视频进行后期编辑处理。

(三)微课的教学模式及翻转课堂的实施

翻转课堂可由慕课、微课等多种方式实现,就当前而言,我国中小学的语文课堂,以微课方式开展翻转课堂更符合教学实际。

1. 微课的教学模式

微课教学主要由自主学习任务单、学习资源、课堂教学三个部分组成,各个部分各司其职,又相互影响。学习任务单的设计影响着学习资源的利用方式和效果,学习资源的利用又影响着课堂教学是否能顺利进行,三者相互促进,统一于微课教学系统中。根据微课程教学法的“课前”与“课堂”两个阶段,可以图 10-1 展示微课程的教学法的教学模型。①

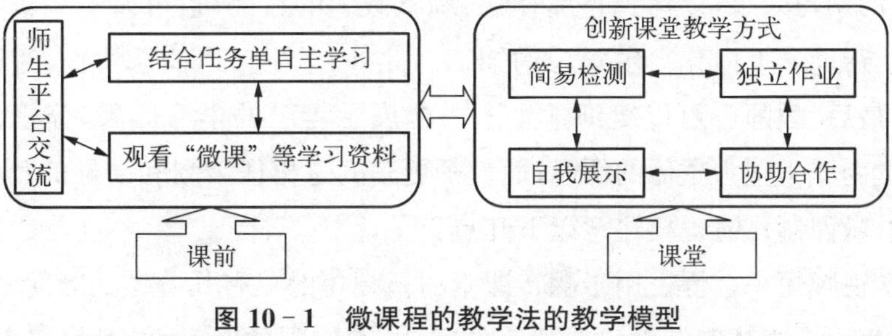

图 10-1 微课程的教学法的教学模型

微课程教学法的简易教学模型,主要由“自主学习任务单”“配套学习资源”“创新课堂教学

① 何燕:《用微课程教学法进行小学语文识字教学》,扬州大学硕士学位论文,2017 年。

方式”构成。利用微课程教学法设计的课程，其实施模式与传统的教师“教”、学生“学”有所不同，体现的是教师“导”、学生“学”，即“导学一体”的新型教学方式。这种教学方式的特点有：

第一，自主学习任务单和学习资源虽然是用于课外学生的自主学习，但其中依然贯穿着教师的引导。任务单本就是教师设计、学生学习新知的向导，其中的“学习任务”和“学习指南”以任务为驱动，驱使学生去学习新知，以问题为导向，引导学生应该掌握哪些新知，学生在完成任务单的同时能清晰地掌握本节课的知识框架，了解需要学习的重难点。

第二，配套学习资源的目的是帮助学生完成学习任务，因此教师需要预估什么样的学习内容是学生需要的，思考哪些知识是需要在微课中明确讲清楚的。学生在观看微课的时候，教师是远程的指导者、帮助者，体现“导学一体”的性质。

第三，课堂教学所要达到的目的不再是讲解和学习新知，而是内化新知。确定学生是否已经将新学到的知识内化进自己的知识框架，就要看学生是否能调动新知识解决问题，因此内化新知完全是学生的任务，课内检测或者学生上台展示对知识的理解等等方式，都是检验学生是否已经内化新知的方式，而教师的角色只是协助者、检测者、活动引导者。

微课程教学法的自主学习任务单、学习资源、课堂教学方式三个模块中都贯穿了“导学一体”教学方式，可以说“三大模块”为外在结构模型，“导学一体”为内在教学方式，这可以作为微课常用的教学模式。

2. 翻转课堂的实施

微课翻转了传统教学的结构和顺序，将学习的任务放在课外完成，因此课堂教学主要用于内化和拓展知识。课堂的内容与功能的改变，促使教师必须选择与传统课堂教学不同的教学方式来引导学生开展课堂活动。翻转课堂是否能够成功，除了学生有效的自主学习外，还在于课堂教学的有效利用。在课堂上，教师已经不是知识的传授者，而是课堂活动的组织者和引导者，学生真正成为课堂的主人。

课堂教学活动的展开方式可以是多种多样的，但需要围绕具体的内容和目的。翻转课堂之后的教学活动主要围绕检测、作业、协作、展示四个方面进行。教师可以安排课堂小测验来检测学生的学习效果，以达到查漏补缺、调整教学的目的；也可以围绕学生课后学习的内容布置作业，帮助学生内化自主学习的知识。此外，学生可以团队协作，讨论和交流自主学习的内容。最后，教师也可以组织学生上讲台展示自己的学习成果，分享自己的学习经验。总之，课堂变成学生为主体的课堂，而教师更多的是担任策划和引导的角色。为了方便实施翻转课堂，微课制作时也要注意以下几点：

第一，教学视频短小精悍。用于翻转课堂的视频短的只有几分钟的时间，比较长的也只有十几分钟。每一个视频都针对一个特定的问题，有较强的针对性，查找起来也比较方便；视频的长度控制在学生注意力能比较集中的时间范围内，符合学生身心发展特征；通过网络发布的视频，具有暂停、回放等多种功能，可以控制进度，有利于学生的自主学习。

第二，教学信息清晰明确。用于翻转课堂的教学视频往往是教学内容的特写镜头，以及配合特写镜头的讲解的画外音。这是“翻转课堂”的教学视频与传统的教学录像的不同之处。视频在不恰当时间出现的教师的头像和与教学内容无关的杂物，都会分散学生的注意力，特别是在学生自主学习的情况下，应注意避免。

第三，重新建构学习流程。通常情况下，学生的学习过程由两个阶段组成：第一阶段是“信息传递”，是通过教师和学生、学生和学生之间的互动来实现的；第二个阶段是“吸收内化”，是在课后由学生自己来完成的。由于缺少教师的支持和同伴的帮助，“吸收内化”阶段常常会让学生感到挫败，丧失学习的动机和成就感。“翻转课堂”对学生的学习过程进行了重构。“信息传递”是学生在课前进行的，教师不仅可以提供视频，还可以提供在线的辅导；“吸收内化”是在课堂上通过互动来完成的，教师能够提前了解学生的学习困难，在课堂上给予有效的辅导，同学之间的相互交流更有助于促进学生知识的吸收内化。为了实施“翻转课堂”，很多人将精力都放在了视频的制作上，这其实是个误区。视频自然重要，但比视频更加重要的是如何支配课堂上多出来的这些时间。课堂的对话和讨论，需要教师做出精心的准备和细致的观察，真正做到因材施教。“翻转课堂”之所以成功，是因为课堂讨论所带来的学生“吸收内化”学习过程效益的提升。

第四，检测巩固学习效果。学生观看了教学视频之后，教师应及时了解学生是否理解了学习的内容。在视频后面紧跟着的四到五个小问题，可以帮助学生及时进行检测，并对自己的学习情况做出判断。如果发现几个问题回答得不好，学生可以回过头来再看一遍，仔细思考哪些方面出了问题。学生对问题的回答情况，应该及时地通过云平台进行汇总处理，帮助教师了解学生的学习状况。教学视频另外一个优点，就是便于学生一段时间学习之后的复习和巩固。评价技术的跟进，使得学生学习的相关环节能够得到实证性的资料，有利于教师真正了解学生。

三、案例评析

【案例 10－1】

“床前明月光”中“床”指什么

——高中语文探究式学习微课案例

张立兵

教学目标：

1. 通过对“床前明月光”中“床”的三种不同解释的对比分析，重新认识“床前明月光”中“床”的含义。

2. 通过对常见材料作有深度的分析，激发“于无疑处质疑”的学术思维习惯。

教学方法：

1. 以讲解法为主，发挥教师主导作用。

2. 对比分析法。

3. 情境教学法，主要用课件和教师语言创设情境。

教学时间：6 分钟

微课录制方式：Powerpoint 录制

教学过程：

导入：在视频展示根据《静夜思》诗境制作的幻灯片，教师朗诵《静夜思》以画外音出现。然后引出对“床前明月光”一句中“床”的几种不同解释。

提出对床字的三种解释：

(1) 卧具说。很多人将“床前明月光”中的“床”字理解为我们今天的睡觉用的床。

分析：“床”如果是卧具，那就要安放在室内。在唐代以前门窗都非常的小，门是木制的，不透光。窗非常小，月光很难进入室内，尤其如果在窗户上糊上纸和绫子的时候，光线根本进不来。所以诗人在睡觉用的“床”上很难看到月光。另外，“疑是地上霜”一句，因为月光明亮而怀疑室内的地面上结了秋霜，诗人的这种想象也不够合理。

所以将“床前明月光”中的“床”理解为卧具不够合理。

(2) 坐具说。“床”在唐代还有坐具的意思。有人认为“床前明月光”中“床”是马扎、交椅，也有人认为是坐榻。

分析：作为坐具的“床”是在院中屋檐下的阶沿之上、临窗之处安放的。如杜甫诗《少年行》，诗云：“马上谁家白面郎？临阶下马坐人床。”诗后原注：“床，胡床也。”如果认为“床”是坐具，那就可以安放或搬到院中。那李白在作《静夜思》这首诗时应该是在院中，而非在屋中。《静夜思》更早的一个版本“牀前看月光，疑是地上霜。举头望山月，低头思故乡。”“山月”一词说明，山与月相伴，作者远望“山月”，则月亮并不是正悬空中，所以应该是在视野更广阔的院中来看更为合适，而非屋中。而且“疑是地上霜”一句诗人将院中地上的月光误认为是秋霜，也更加合理。

这种观点认为“床”为坐具，而李白坐在院中望月，并非在室内。这种观点比把“床”当作卧具要合理。

(3)“井栏”说。还有一种解释，认为“床前明月光”中的“床”指的是“井栏”。

分析：李白的诗中多次用了“床”这个意象，大多情况指的都是“井栏”。比如他的《长干行》中“郎骑竹马来，绕床弄青梅”，说的就是在门前的井栏边玩耍。另外像他的其他诗歌：“前有吴时井，下有五丈床”(《洗脚亭》)、“怀余对酒夜霜白，玉床金井冰峥嵘”(《答王十二寒夜独酌有怀》)、“梧桐落金井，一叶飞银床”(《赠别舍人弟台卿之江南》)，这些诗句中的“床”都指井栏。

古诗词中，“床”这个词经常和“井”一起出现。“井”在汉民族的民俗文化里与“家”和“故乡”是紧密相连的。在农耕社会里，水井与人们的生活息息相关，人们把“井”看成是家的同义语，离开家，就是离开“井”，离开“井”，就是离开家，成语“背井离乡”说的就是这个意思。

如果把“床前明月光”中的“床”理解为“井栏”，这首诗呈现给我们的景象便是：李白在一个月明的秋夜，在寓所中披衣而出，在庭中踱步。这时月光如水，朗照着他脚下的庭院。庭下一片空明，诗人一刹那间有些恍惚，觉得地下落满了秋霜。诗人看到了月光下庭院中的井栏，与故乡家中的水井有几分相似，不觉凝神。他举头望着明月，望着这轮从峨眉山一路陪伴他而来的明月，低下头来，思绪飞到了故乡。整首诗意境清逸空静，高远疏阔，可谓“思而不哀”，和李白豪放不羁的人格是一致的。而如果将“床”字理解为室内的卧具，那么这首诗的意境就显得狭小逼仄了许多。

所以，将“床前明月光”中的“床”理解为“井栏”，更为符合诗情诗境，也更能体现出李白的思乡之情，我赞同“床”为“井栏”这种说法。

结课：强调“诗无达诂”，向学生提问：“你认为‘床前明月光’中的‘床’指什么呢?”引发学生继续思考。

【评析】

上面的微课案例在语文微课的选题方面值得参考。

《静夜思》是语文教材中的一首短诗，学生一般会在义务教育第一学段学习这个作品。《静夜思》篇幅短小，语言和情感明白易懂，对这首诗的内容进行讲解或从审美角度进行赏析，在10分钟时间内完全能够讲解清楚，所以选这样的短诗来做微课，本来就是适当的。但是通过微课对这首诗进行整体讲解，很难有新意。

《“床前明月光”中“床”指什么》这个微课案例，只选了诗中的一个“床”字进行分析，把选题聚焦到具有学术讨论价值的一个知识点上，选题虽小，但容易深入。一首大家都熟悉的小学低年级的小诗，通过重新挖掘其中的语文学习知识点，成为了高中语文探究性学习的资源。

在这个微课案例中，教师发挥主导作用，提出几种解释，引导学生积极思维。微课借助对“床前明月光”中“床”的含义这个知识点的分析，为学生提供多个思考问题的角度、多种不同的见解，让学生能够重新认识这一容易被忽视的问题。通过分析，介绍并比较三种不同的学术观点，让学生掌握探究式学习的方法，培养学术思维的能力和勤于思考、“于无疑处质疑”的习惯。

【案例 10 - 2】

课程教学设计——《离骚》[①]

马晓妍

教学时间：8分钟

① 马晓妍：《高中语文微课程教学研究》，沈阳师范大学硕士学位论文，2016年。

教学主题：音乐性之《离骚》

教学目标：以吟唱的方式让学生感受楚辞的韵律感和音乐性

教学方法：吟唱法，讲授法

教学过程：

1. 导入新课(30秒)

大家都还记得我们之前学过的《氓》和《采薇》吗？大部分古代诗歌都呈现出一种语言美和韵律美，今天我们继续学习一首抒情长诗——《离骚》，让我们以一种特殊的方式，来感受楚辞的韵律。

2. 吟唱楚辞(2分钟)

在古代，楚辞都是以歌唱的形式表现出来的，下面老师将为大家吟唱这首《离骚》，在此期间，请大家仔细阅读文本，想想关于韵律方面，这首诗的用字、用词以及写作手法上面有怎样的特点。

3. 分析《离骚》的韵律感、音乐性(5分钟)

(1) 用字、用词

我们先从用字、用词角度来分析，我相信大家一定发现有一个字在整首诗中反复出现，那就是“兮”。

既然整首诗中普遍使用，那这个“兮”字有什么具体的意义吗？

其实“兮”字并不具有实际意义，它只是一个语气助词，使用在上下句之间的目的是为了增强诗歌的节奏感，例如：“亦余心之所善兮，虽九死其犹未悔”“宁溘死以流亡兮，余不忍为此态也”。

刚刚我们从用字的角度进行了分析，其实一些词语的使用也使诗歌变得更加有节奏感和韵律感。如“余虽好修姱以鞿羁兮”中的“鞿羁”，“长余佩之陆离”中的“陆离”，“忳郁邑余侘傺兮”中的“郁邑”和“侘傺”都是双声词；“高余冠之岌岌兮”中的“岌岌”，“芳菲菲其弥章”中的“菲菲”等都是叠音字，突出了诗歌的节奏感。

(2) 写作手法

想要感受诗歌的韵律感，离不开对诗歌写作手法的分析，这首诗中明显出现的是对偶的修辞手法，那大家还记得什么是对偶吗？老师在这里再为大家解释一下，对偶是指“用字数相等、结构相同、意义对称的一对短语或句子来表达两个相对或者相近、意思相同的修辞手法”，大家依照这个定义看一下这首诗中都出现了哪些对偶句呢，它们又是如何构成对偶的呢？下面我们一起来分析一下。

“既替余以蕙纕兮，又申之以揽茝”是一个完整诗句中上下两句形成对偶。

“固时俗之工巧兮，偭规矩而改错。背绳墨以追曲兮，竞周容以为度”是两个完整的诗句，上下两句形成对偶，又叫错综对。

这首诗中还有一些对偶句，老师就不一一为大家找出来了，希望大家在课后自己将它们画出来并分析是如何构成对偶的。

4. 总结(30 秒)

今天我们学习的主要目的是了解古代诗歌的节奏感和韵律感，从用字、用词以及修辞手法角度对《离骚》进行了简要分析。课后，大家也可以像老师一样通过吟唱的方式再次感受古代诗歌的韵律感和音乐性，今天这节课我们就上到这。

【评析】

高中语文教学的最终目的不是要指向高考，而是要提高学生的语文素养，因此在古代诗歌教学方面要更加注重对学生的鉴赏能力的培养。抛开诗歌本身的内容，《离骚》是典型的音乐性、韵律感都非常强的一首长诗，学生在了解诗歌内容之前，更应该感受诗歌中的韵律美。同时，高中语文教学的时间很紧张，教师很少会将这样的内容放在课堂上讲，因此将这部分内容做成微课程教学，既保证了学生诗歌鉴赏能力的培养，又节省了课堂教学时间。

教学主题"音乐性之《离骚》"的确定一是对教学内容的提炼，二是在划定教学范围的同时，让学生能够直观地看见所要学习的内容。其次，教学目标的设定"以吟唱的方式让学生感受楚辞的韵律感和音乐性"，这一教学目标包含有明确的教学内容和教学手法，符合了微课程教学的特点，在较短的教学时间内，设计一个知识点，接下来的教学围绕着这一个知识点展开，突出了微课程教学目标精简明确的特点。另外，教学内容围绕着《离骚》的音乐性展开，包括"兮"字、叠音字、双声词和对偶句，看似教学内容很多，但实则这些知识都非常简单，学生很容易理解并接受。因此在教学内容设计上符合微课程的围绕几个知识、集中说明一个问题的特点。最后，教学环节设计，本次微课程教学设计和传统教学一样，有完整的教学过程，导入新课、讲授新课、总结，每一环节都做到了语言精简明确，整个教学环节环环相扣，有很强的逻辑性。设计内容遵循高中语文课程标准中的原则，紧系微课程的特点，此微课程教学适用于课前预习和古代诗歌专题教学。

【案例 10-3】

翻转课堂模式下的语文课堂教学设计

——以《烛之武退秦师》为例①

王玮琦

《烛之武退秦师》一文是人教版高中语文必修 1 中的一篇课文，节选自《左传·僖公三十年》，篇幅不长，但文章中包含了丰富的文言知识，适合运用翻转课堂进行讲授。

① 王玮琦：《翻转课堂模式下的语文课堂教学设计——以〈烛之武退秦师〉为例》，《语文教学之友》，2017 年第 3 期。有删改。

一、课前学生开展有效的自主学习

课前，教师需要为学生准备学习《烛之武退秦师》一文的必备学习内容，这些学习内容主要有以下几个方面：

1. 明确学习目标。首先，学生在课前的自主学习阶段，要了解作家、作品以及相关的背景知识，掌握文中重点文言实词、虚词、特殊句式的用法。其次，学生在课前的自主学习阶段，要理清文章脉络，了解烛之武的辩论艺术。

2. 强调重点、难点。将《烛之武退秦师》一文中涉及的重点以及难点讲解制作成微课视频，使学生能够全面系统地掌握目标知识，引导学生挖掘文中的知识点。

3. 列出学生自学反思的问题：(1)《烛之武退秦师》一文基本上是通过人物对话的形式来交代情节发展的，请指出郑伯、烛之武、晋侯等人物是怎样通过对话带动故事发展的。(2) 烛之武是如何挑拨秦晋之间的关系的。(3) 通过学习《烛之武退秦师》一文可以看出晋文公是个怎样的人。

二、课堂上学生间进行有效的交流深化

在教学《烛之武退秦师》一文时，教师可将课堂交还给学生，通过任务驱动法、角色扮演法等方式开展《烛之武退秦师》一文的教学。具体来说，教师可以安排学生扮演外交使节的身份进行交流探讨。学生在模拟外交使节进行交流时，不仅可以锻炼其语言表达能力，而且可以更加深刻地体会到烛之武的能言善辩，进而学习其语言表达的技巧。教学活动的开展推进可大致分为如下几个步骤：

1. 将班级学生分为 8 个学习小组，小组成员依次逐句翻译《烛之武退秦师》一文的语句，待小组学习完毕后，在小组内选择翻译能力较强的 1 名学生代表本小组发言。

2. 选择《烛之武退秦师》一文中的重点语句对代表 8 个小组的 8 名学生进行翻译能力检测，其他学生进行监督评比，在参加测评的 8 名学生中选择出能力较强的 3 名学生。

3. 经过小组内和班级内对《烛之武退秦师》一文的反复翻译，学生对于全文脉络、文章大意等方面已经能够较好地掌握。在此基础之上，以小组为单位，讨论分析烛之武的外交语言技巧，综合运用语文、历史、地理等多方面知识对烛之武成功的原因进行分析总结。

4. 要求学生模仿烛之武的外交语言写一段外交辞令，学生务必要先对自身进行准确定位，得体使用外交语言，以理服人，以情动人。由刚才在翻译能力测试部分选择出的 3 名学生分别扮演烛之武，尝试去说服其他学生扮演的外交使节，使学生在相互交流讨论的过程中体会语言艺术的魅力。

通过巧妙的教学活动设计，能够有效激发学生学习《烛之武退秦师》一课的学习积极性，在对学生文言文翻译情况的反复检测过程中，使学生切身体会到烛之武的外交语言魅力，使学生在轻松愉快的学习氛围中将教学的重点与难点消化，进而使学生的语言表达能力得到显著提高。

三、课后教师引导学生反思

在翻转课堂《烛之武退秦师》一课的教学案例中，教师通过为学生在课前精心准备学习资料，在课堂上利用小组讨论、角色扮演等开放的方式进行文言文阅读课程的探究，引导学生自主探索、独立思考、合作交流、学以致用，增强学生学习文言文的兴趣，使学生能够对所学内容有较为深入的理解和掌握。在课后反馈阶段的调查中发现，《烛之武退秦师》一课的教学基本达到了教师预设的教学效果，但在具体的一些教学环节的操作过程中还存在问题和不足，需要教师在今后的教学实践过程中进行改进。

在课前学习资料准备阶段，教师虽然以微课的形式将作家、作品以及相关的历史背景知识进行了讲解，对文中的重点实词、虚词、特殊的句式用法也进行了细致说明，但在实际课堂教学开展过程中，一些学生由于课前自主学习阶段准备不充分以至于在课堂小组活动进行时明显处于被动状态，不能够积极踊跃地参与到交流讨论中去，这使得教师预设的教学效果大打折扣，需要教师在课堂教学活动中进行相应的补充引导，才能保证教学活动的顺利推进。

【评析】

本文以《烛之武退秦师》一文为例，具体探讨翻转课堂模式下的语文课堂教学设计。

翻转课堂是新兴的教育理念与现代化的科学技术相结合的产物。在翻转课堂中，教师的角色由课堂的主导者转变为课堂的组织者，实现了新课标理念下倡导的以学生为中心的课堂教学改革。在课堂教学过程中，教师不再是以“灌输知识”为主，而是以“教育引导”为主，学生也不再单纯地被动接受知识，而是转变为知识的探索者。从这个角度来说，翻转课堂对于教师和学生而言，都是新的挑战。

翻转课堂的教育理念使得教师角色发生转变的同时，也给学生的自主学习提供了广阔的空间，学生在一定程度上可以以自身独有的方式开展学习，而不必被统一的标准限制，这对学生自身各方面的能力提出了较高要求，也对教师的教学能力提出了新的挑战。在翻转课堂的教育理念下，教师要时刻站在专业知识的前沿，要不断地补充相关知识，力求最大程度地满足学生的学习欲望。除此之外，教师还需要不断学习、熟练掌握现代教育技术，提高自身有效组织翻转课堂的能力，保证翻转课堂的有效开展。

四、思考练习

1. 查阅微课教学案例，选取 1—2 则并加以评析。
2. 完成一份关于翻转课堂的教学案例，并与传统课堂教学加以比较。

第二节　互联网＋语文学科教学的技能

一、技能概说

（一）定义

在语文已有课程的教学过程和学习活动中，把信息技术、信息资源、信息方法、人力资源和语文课程内容有机结合起来，以便更好地完成课程目标，培养学生的创新精神和实践能力，已成为一种新型的教学方式所必备的技能。在教育面向未来、越来越重视信息化的当下，互联网＋语文学科教学的技能显得特别重要。所谓互联网＋语文学科教学的技能，主要是指教师在语文教学过程中，运用网络与现代教育技术，开展在线学习、资源性学习的能力。

（二）类型

1. 教师主导、学生主体在线学习模式

信息技术与课程的整合已经成为教育技术领域研究的一个热点问题，也是教育技术应用于教育实践的一个教学方式。其结构如下图 10－2 所示。

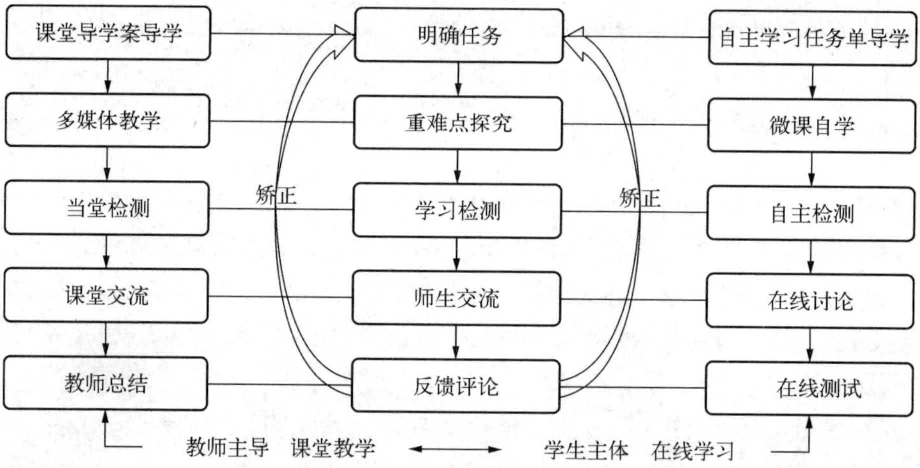

图 10－2　教师主导、学生主体在线学习模式

2. 资源型学习[①]

资源型学习（Resource-based Learning），是一种学习者通过对各种各样的不同的学习资源的开发与利用，来完成课程目标和信息文化目标的学习，也是一种自我更新知识和拓展知识的学习。

资源型学习是以学习者为中心的，学习者积极主动参加学习，学习者在学习过程中使用大量的学习资源，学习地点多样，学习时间灵活；教师在整个学习过程中，担当着主持人的角

① 徐林祥：《中学语文课程标准与教材研究》，高等教育出版社，2016 年版，第 279—280 页。

色，他的主要任务是制定单元教学目标，收集学习资料，给学生以适当的提示启发，监视学习进程，并对学习结果进行评价等。

资源型学习旨在帮助学生逐渐培养形成一种特定的技能：即学生通过从搜集零散的信息到形成相关主题的具体的系统的知识体系的过程，成为自我发现的学习者。

通过资源型学习学生应学会确定什么是学习目标、知道去哪里查找相关资料以及如何查找，学会如何对查找到的资料做笔记，学会如何评价信息，学会如何与他人合作、交流，学会如何评价学习的进展、如何反映学习过程，等等。

资源型学习中的资源是指所有能被利用的资源，其中数字教学资源是最为丰富、最为有效的可利用资源。学生可以利用这些资源查找有关信息，以便完成相应的学习任务。

资源型学习有两个基本特点，即灵活性和自主性。灵活性是指在资源型学习中，针对同一问题学生可以根据自己的学习风格、兴趣爱好、能力水平进行灵活调节，选择自己认为有价值的材料，选择自己喜欢的研究方式来研究解决实际问题。自主性是指在学习过程中学生主动控制学习过程，控制学习步调。

资源型学习是一种新型的学习模式，它同传统的学习模式相比，具有以下几个优点：① 有助于增进学生学习的主动性。资源型学习的学习活动是以学生为中心的，学生只有主动学习，才能完成教师布置的任务，解决问题；教师主要在学习过程中指导和帮助学生提高学习责任感；并且，资源型学习使得学校和课堂能通过主动、创造性的学习形成一种积极、主动的学习文化氛围。② 有助于培养学生自学能力和创造性思维。在资源型学习中，学生学会发现、分析、应用、转化、评价信息，进而能够获得进行独立学习、终身学习所必需的技能，学会如何学习，这是教育的根本目标之一；另外，学校提供给学生多种校内外的资源，鼓励学生不断创新，对信息资源进行二次开发。③ 有助于培养学生的个性。在资源型学习中，每个学生可以有自己的学习风格，学习时间灵活，学习方式多样，可以发挥各个学生的特长，对学生良好个性的形成有很大的促进作用。

WebQuest 是由美国圣地亚哥州立大学教授伯尼·道奇（Bernie Dodge）和汤姆·玛蒂（Tom March）开发的一种基于 Internet 的资源型学习模式。在 WebQuest 中，首先呈现给学生一个特定的假想情景或者一项任务，通常是一个需要解决的问题或者一个需要完成的项目，教学计划中为学生提供了一些 Internet 资源，要求他们通过对这些资源的利用和加工、分析和综合来解决这个问题或完成这个项目。WebQuest 设计主要包括导言（Introduction）、任务（Task）、资源（Resource）、过程（Process）、评价（Evaluation）、结论（Conclusion）等 6 个关键模块。各模块的功能和具体要求，如下表 10－1 所示。

表 10-1　资源型学习各模块功能和具体要求

名称	简称	简　介
情境模块	导言(Introduction)	导言或绪言(为学生的探究创设情境)
任务模块	任务(Task)	给出探究任务 提出任务要求 组成小组合作研究(或个人独立研究)
资源模块	资源(Resource)	完成探究所需的资源(经过教师整理和归类的)
过程模块	过程(Process)	完成任务的详细过程(或细化的子任务)
评价模块	评价(Evaluation)	各类评价量表,自我评价与互相评价
结论模块	结论(Conclusion)	学生进行反思,教师进行总结

二、训练要点

互联网＋语文学科教学是一种融合多种学习方式于一体的新兴教学模式。它既强调注重学生自主学习、合作交流、深入探究,又强调发挥教师在教学中的组织、管理、引导和帮助等主导作用。这里以设计资源型学习为例,介绍互联网＋语文学科教学的技能的训练要点。①

(一) 确定学习目标

语文课程资源型学习的教学目标一般包括两个部分:语文课程目标和信息素养目标。语文课程目标确立了语文教学要达到的标准和要求。信息素养目标明确了语文教学中学生要达到的信息思想、信息方法和信息道德。

(二) 建立与其他学科知识的关联

语文课程的资源有可能涉及多个学科。例如,《背影》一课中有关作者的教学资源有作者简介、生平事迹、文学贡献、传记文学等;有关课文内容的教学资源有人物赏析、场景资料、词语注释等;还有作品评论、文本解析等方面的资源。这些涉及语言、文学、历史、地理以及民俗文化等方面。教师在进行资源型学习设计时,需要围绕教学主题把这些多学科资源整合起来。

(三) 寻找丰富的资源支持

丰富的资源是语文课程实施资源型学习的基础。在语文课程的资源型学习中,学生可以利用各种数字化资源,也可以利用其他学习材料,如图书、期刊、报纸、词典、百科全书等。例如,在《范进中举》一课的教学中,教师出示范进发疯图,然后简述范进发疯的情节,请学生想象范进、报录人(向考中者报喜讯的人)、范母、胡屠户等当时会说些什么,并让学生写下来,而后交流。学生交流之后,教师可引导学生挑选出符合人物身份和故事情节的话,让学生进行"范进发疯"前后的情境表演。通过前面的学习,学生对范进、胡屠户两个主要人物形象的性格特征已有所把握,再加上教师适时的点拨、引导、启发,读、说、写三者的结合便水到渠成。教师最后利用多媒体课件出示教材中人物的直接对话,再与学生创作出来的人物对

① 徐林祥:《中学语文课程标准与教材研究》,高等教育出版社,2016 年版,第 280—281 页。

话作对比，来分析原作语言的准确生动。在这节课的教学中，多媒体中出示的示意图成为教学资源的生发点，引导学生调动积累进行想象体验，还原人物对话，又将学生的想象、说写、言语交际训练融为一体。这就较好地体现了课程资源综合利用的思想，其中还包括了师生这种"内生性资源"。

(四) 设计探究学习活动方案

《全日制义务教育语文课程标准(实验稿)》《义务教育语文课程标准(2011 年版)》积极倡导"自主、合作、探究"的教学方式。《普通高中语文课程标准(实验)》注重语文"应用、审美、探究能力"的培养。《普通高中语文课程标准(2017 年版)》以"学习任务群"组织教学内容。这都要求在教学设计时注意创设探究的情境，营造探究的氛围，培养探究的意识，研究探究的问题，拓展探究的途径，交流探究的经验。对于语文课程的资源型学习活动设计而言，教师应该通过自主学习活动、小组协作活动、课内活动和课外活动等形式，引导学生利用资源完成具体的探究学习任务。

(五) 搭建完成任务的脚手架

"脚手架"最早是由美国著名的心理学家和教育学家布鲁纳从建筑行业借用的一个术语，用来说明在教育活动中，教师为学生建构对知识的理解提供一种概念框架，这种框架中的概念是为学习者对问题的进一步理解所需要的，需要教师事先把复杂的学习任务加以分解，以便于把学习者的理解逐步引向深入。对于语文课程的资源型学习活动设计来说，脚手架策略是促进学生基于资源进行深入学习的有效策略，它既能帮助学生充分有效地利用教学资源，而且能够引导学习者在较高级水平思考及解决问题。

(六) 共享学习结果

教师应要求学生为他们的工作承担责任，并让学生在班级或小组内展示和分享学习结果，鼓励对某一主题进行深入研究的学生以创新的方式介绍他们的成果。

(七) 撰写学习日志

教师应要求学生坚持撰写学习日志，将他们了解到的资源、探究的成果、学习过程的感悟，以及在学习过程中所遇到的问题和相关信息记录下来。撰写学习日志的过程其实也是一个反思的过程，主要引导学生反思如何有效地去学习。

三、案例评析

【案例 10－4】

《雷雨》教学设计①

任　玲

一、导言

一个十七岁的年轻人，带着梦幻，带着热情，带着爱恨无奈，在一个残酷的

① 任玲：《〈雷雨〉扩展阅读课例设计与教学反思》，《中小学信息技术教育》，2002 年第 7—8 期。有删改。

牢笼里憧憬、挣扎，最终成了一出惊心动魄的悲剧的牺牲品……这就是23岁的曹禺就读清华大学时创作的四幕剧《雷雨》中描述的故事。

《雷雨》不仅奠定了曹禺先生在中国话剧史上杰出的现实主义剧作家的地位，同时也是中国年轻的话剧艺术成熟的标志。

有人说，《雷雨》是“一出动人的戏，一部具有伟大性质的长剧”。有人说：“说到《雷雨》，我应当告白，亏了它，我才相信中国确乎有了近代剧。”当然也有人说：“《雷雨》不过是一部多角爱情剧而已。”也许，正是因为《雷雨》里有无数个难解的谜，有深刻而丰富的内涵，才构筑了作品不可抗拒的魅力。

这是一个青年的激情之作，让我们走近被称为“中国的莎士比亚”的戏剧大师，走近《雷雨》，用激情去解读，用心灵去感受。让“周冲”这个年轻的被毁灭的生命带着我们走进他生活的时代吧！让我们倾听戏剧家为生命发出的呐喊，看看那是一个怎样的时代！十七岁的年轻人和他所爱所恨的人，生活在一个怎样残酷的世界！

二、任务

1. 走近大师：了解作者情况、创作过程、艺术见解、创作风格等。

2. 走进作品：对作品的主题思想、戏剧冲突、人物形象、语言特色等有更深入的认识。

3. 通过对一部作品的深入研读，掌握阅读鉴赏作品的方法，增强文学修养，提高鉴赏能力。

4. 学会用自己的头脑思考问题，用自己的心灵感受作品，对作品做出自己的分析，提出见解，并恰当地表达自己的认识和观点。

5. 学会借助现代信息技术查阅、分析、辨别、筛选、整理、积累、利用信息。

6. 关注人的生存需求与生存环境之间的矛盾冲突，感受剧中人物的悲剧命运，在情感体验与震撼中增强生命意识，滋养人文情怀。

三、过程和资源

（一）准备阶段

1. 利用课外时间阅读原著。

2. 观看电影《雷雨》。

3. 反思提示：你读完原著后初步的感受是怎样的？你观看完电影后第一感觉是什么？请把你读原著和看电影的感受记在随笔本上。

（二）课堂研读讨论

1. 设问提示

要求：阅读原著后，找出自己感兴趣并需要解决的一个问题，具体明确地把问题描述出来，以便研读资料时有的放矢，有所侧重。（让学生陈述问题，教师进行设问示例。）

●曹禺是如何创作《雷雨》的？他自己对《雷雨》有怎样的评价？这些情况对我们理解作品有什么帮助？

●周朴园是一个怎样的人？他与鲁侍萍、繁漪，与三个儿子之间的难以调和的矛盾在哪里？作品在各种矛盾纠葛中揭示了他怎样的形象特征？

●繁漪“古怪”在哪里？她与周朴园有怎样的矛盾？你怎样看待她与周萍之间的感情纠葛？又怎样看待她的乖戾与叛逆？

●你对周萍这个角色怎么评价？你怎么看待他与繁漪、与四凤的感情纠葛？

……

●曹禺说：“我用一种悲悯的心情来写剧中人物的争执。我诚恳地祈望着看戏的人们也以一种悲悯的眼来俯视这群地上的人们。”你能体会作者这份贯穿于全剧的悲悯情怀吗？

……

2. 网上资源研读

要求：带着问题研读以下相关资料，研读时把重要的信息复制记录、保存下来。

●链接关于整体赏评的资料：《曹禺谈〈雷雨〉》《李健吾谈〈雷雨〉》《曹禺剧作的变化》《〈雷雨〉(节选)教学探微》等十篇。

●链接关于作者和创作情况的资料：《〈雷雨〉的诞生》《曹禺生平及创作》《第三只眼睛看曹禺》等五篇。

●链接关于作品主题思想的资料：《永远的雷雨》《要么自由，要么发疯》《对于神秘诱惑的憧憬》等。

●链接关于人物形象分析的资料：《我喜欢的繁漪和周冲》《评〈雷雨〉中的人物》《人物形象塑造的复杂性与多元化》《繁漪形象辨析》《沉默的鲁侍萍》《关于周朴园》等八篇。

●链接关于戏剧语言的资料：《论曹禺戏剧语言的抒情性》《谈谈〈雷雨〉的语言》等。

●链接同龄人对《雷雨》的见解：《人性的生存悲剧》《〈雷雨〉的戏剧冲突》等。

3. 在线帮助

链接搜索引擎(指导学生查询资料，并激励学生补充、丰富有效资源)。

4. 课下纸媒体资料研读

书城查阅资料、图书馆借阅资料。

5. 课堂讨论

针对问题，各抒己见，在讨论中深化认识。

6. 学习反思

●你读完原著后初步的感受是怎样的？那些你阅读中很宝贵的第一感觉，是否记在随笔本上了？

●阅读原著时有没有对问题涉及的内容做重点关注？

●阅读资料时把重要的信息摘录下来了吗？比如那些可以佐证你自己观点的材料，还有那些你打算加以辩驳的说法。

●古语说：尽信书，不如无书。阅读的要诀是“受到启发但不被牵制”，你阅读时“质疑”过材料吗？

●阅读过程中是否及时地记下自己思维闪动的火花？

●阅读时有没有发现资源本身的错误或者缺漏？你用心辨识了吗？

●阅读时，发现你要解决的问题资源不足，搜索查询了吗？

●讨论时你及时地记下同学们的重要发言了吗？在讨论的思维碰撞中，你是否捕捉到了新的灵感？

（三）撰写文章

1. 请提炼自己对作品的感受、理解、认识，参阅相关资源，自选角度，自拟标题，写一篇关于《雷雨》的文章。可以是小型学术论文（链接小论文的撰写指导以及范文），鉴赏评论文字，也可以是读后感、随想，等等（学生可根据自身的情况选择作业形式）。

2. 回顾、反思、总结研究性阅读全过程中的情况及得失利弊，写一篇学习随感。

（四）交流借鉴

1. 论坛交流。

2. 上传部分习作，摘要选登精彩见解，供同学阅读、交流、借鉴，亦是学习成果的展示。

四、评价

项目	1	2	3	4	5	得分
准备工作	未及时完成	完成一部分	大部分完成	全部完成	按时完成，准备充分	
收集信息	没有收集与主题相关的资料	收集与主题相关的资料很少	收集了一些与主题相关的资料	收集了较多与主题相关的资料	收集了很多与主题相关的资料	
文章内容	主题不突出，没有自己的观点，叙述平淡，文法有错误	主题不够突出，观点不鲜明，叙述平淡	围绕主题，有自己的观点，叙述平淡	主题较突出，观点较鲜明，资料较丰富，可读性较强	主题突出，观点鲜明，资料丰富，可读性强	
交流表现	语言表达不清，没有激情	语言表达一般，缺少激情	语言表达较好，较平淡	演讲语言较流畅，较有激情	演讲语言流畅，抑扬顿挫，富有激情	

续 表

项目	1	2	3	4	5	得分
完成工作	未按时完成	大部分完成	按时完成	能提前完成	提前完成，且质量较高	
小组任务	对分配角色未尽责，总是依靠别人	尽责很少，总是需要提醒	能完成角色职责	能较好地完成角色职责	能很好地完成角色职责	
组员合作	从不和组员合作	有时和组员合作	能和组员合作	能较好地和组员合作	能和组员通力合作	

五、总结

通过《雷雨》这个单元的课外扩展阅读训练，你们将会掌握课外阅读技巧，养成良好的课外阅读习惯，激起阅读兴趣。完成本次课外扩展阅读训练活动之后，请大家选择课外阅读材料自主阅读，把你阅读的成果，如读书笔记、读书心得、文学简评等继续展示在论坛上，供大家共享学习。

【评析】

用 WebQuest 形式为高中阅读教学设计课例，可以清晰地设置一个学习流程，有目的地集中网络资源，增强阅读教学的实效性。这是用 WebQuest 形式设计的高中语文戏剧作品《雷雨》的课外扩展阅读教学案例。

第一，从整个教学流程来看，这节《雷雨》课是一个具有“范例性”的扩展阅读课，它实现了将探究学习引入常规阅读教学的尝试，为学生展示一个完整而有效的阅读过程，突出学习方法和反思，对学生的阅读学习有很好的示范作用。

第二，本课是一个具有代表性的资源型学习设计，整个教学过程充分地利用网络资源，不仅加大了课堂的密度和容量，而且实现了由课内向课外的便捷延伸。在学生课业负担重、上网条件并不优越的情形下，网上的有效资源减轻了漫无边际的查询之苦，有利于省时高效地进行阅读和思考。

第三，利用网络进行教学，教师组织课堂比讲读授课更为宽松，学生从研读资料到完成作业，都可以更为充分地体现操作的个性化与层次性，学生可以根据自己的实际情况调控研读状态、选择作业层级。优秀学习成果的展示、交流、借鉴，也对学生的学习有更好的促进、激励作用。

第四，课例中，学生的自主探究性和互动性看似不足，但实质上“设问提示”与自主研读资料寻求解答的教学环节，集中地体现出了激疑、设疑、知困并解疑解惑的能动探究性。高质量的设问，是研读解困的动因，但问题意识往往是学生最缺乏的，“设问提示”环节，正是基于刺激学生“知困”的需要而设置的，它有利于刺激学生的问题意识，使阅读由浏览情节的“读过”，上升到带着问题研读相关资料的“读懂”，再到研读中注重设疑解困、生发属于自己见解的“读透”，实现阅读鉴赏能力的提升。

第五，由这个课例生发了一个高中阶段进行课外阅读扩展的总体设想，即设计层级化分明的 WebQuest 形式探究阅读课案。内容为教育部指定的必读名著，每学年重点研读一部，用 WebQuest 形式，高一设计突出探究的“示范性”（如以上课例），展示完整的探究阅读过程。高二提升层次，强调探究的“指导性”，设定一个大致的流程，指导学生自己设疑，分组查询资料，寻求答案，制作成简单的网页，课堂上进行交流借鉴，在互相启发中改进方案，完善思路，深化认识，最后由教师汇总整理所有有价值的问题、资源、精彩文章或解答，完成 WebQuest 的构建。第三阶段强调探究的“自主性”，即由学生自己选题，完成一个课题任务，借助现代信息技术查阅、分析、辨别、筛选、整理、积累，利用信息的能力将得到充分的体现，突出师生间交流的互动性和学生课外阅读的自主探究性。

四、思考练习

1. 试分析基于网络在线学习与传统课堂线下学习的异同。
2. “互联网＋语文学科教学”给语文教育带来哪些变化？
3. 设计一则指导资源型学习的方案，并与同学交流。

参考文献

中华人民共和国教育部:《全日制义务教育语文课程标准(实验稿)》,北京师范大学出版社,2001年版。

中华人民共和国教育部:《普通高中语文课程标准(实验)》,人民教育出版社,2003年版。

中华人民共和国教育部:《义务教育语文课程标准(2011年版)》,北京师范大学出版社,2012年版。

中华人民共和国教育部:《普通高中语文课程标准(2017年版)》,人民教育出版社,2018年版。

叶圣陶:《叶圣陶语文教育论集》,教育科学出版社,1980年版。

王力等:《怎样写学术论文》,北京大学出版社,1981年版。

叶圣陶:《叶圣陶论创作》,上海文艺出版社,1982年版。

董纯才:《中国大百科全书·教育》,中国大百科全书出版社,1985年版。

李秉德:《教育科学研究方法》,人民教育出版社,1986年版。

刘焕辉:《口语交际学》,江西教育出版社,1986年版。

叶澜:《教育研究及其方法》,中国科学技术出版社,1990年版。

饶杰腾、王向渔:《中学语文教师教学基本功讲座》,北京师范学院出版社,1991年版。

周有光:《中国语文纵横谈》,人民教育出版社,1992年版。

李树通等:《普通话》,语文出版社,1992年版。

裴娣娜:《教育研究方法导论》,安徽教育出版社,1995年版。

周庆元:《语文教学设计论》,广西教育出版社,1996年版。

周庆元、王松泉:《语文教师职业技能训练教程》,高等教育出版社,1996年版。

国家教育委员会师范司:《教师口语》,语文出版社,1996年版。

皮连生:《智育心理学》,人民教育出版社,1996年版。

周庆元、程大琥、张良田:《简明中学语文学科教育学》,中国人民公安大学出版社,1997年版。

张志公:《张志公自选集》,北京大学出版社,1998年版。

董菊初:《语文教育研究方法学》,语文出版社,1998年版。

唐树芝、张良田:《开启智慧的金钥匙——教学与口才》,中南工业大学出版社,1998年版。

庄文中:《中学语言教学研究》,广东教育出版社,1999年版。

熊川武:《反思性教学》,华东师范大学出版社,1999年版。

王相文、韩雪屏、王松泉:《语文教材研究》,高等教育出版社,1999年版。

徐林祥、张悦群:《中学语文课堂教学技能训练》,东北师范大学出版社,1999 年版。
徐林祥、刘成华、张悦群:《小学语文课堂教学技能训练》,语文出版社,2000 年版。
胡淑珍等:《教学技能》,湖南师范大学出版社,2000 年版。
冯克诚:《中学语文阅读教学与课堂讲读指导》,内蒙古大学出版社,2000 年版。
张若田、陈良璜、李卫民:《中国当代汉字认读与书写》,四川教育出版社,2000 年版。
张隆华、曾仲珊:《中国古代语文教育史》,四川教育出版社,2000 年版。
王宁:《汉字学概要》,北京师范大学出版社,2001 年版。
时金芳:《语文教学设计》,社会科学文献出版社,2001 年版。
朱绍禹:《语文教育科研导论》,东北师范大学出版社,2001 年版。
蒋成瑀:《教学研究论文写作指导》,浙江教育出版社,2001 年版。
王丽:《新讲台:学者教授讲析新版中学语文名篇》,中央编译出版社,2001 年版。
韦志成:《语文教学艺术论》,广西教育出版社,2001 年版。
钟启泉、崔允漷、张华:《为了中华民族的复兴,为了每位学生的发展——〈基础教育课程改革纲要(试行)〉解读》,华东师范大学出版社,2001 年版。
顾黄初:《顾黄初语文教育文集》,人民教育出版社,2002 年版。
倪文锦、欧阳汝颖:《语文教育展望》,华东师范大学出版社,2002 年版。
余蕾:《语文教学与生活——课内外衔接语文教学实验的理论与实践》,人民教育出版社,2002 年版。
苏立康:《中学语文教学研究》,中央广播电视大学出版社,2003 年版。
郭福根:《小学语文新课程教材教法》,东北师范大学出版社,2003 年版。
倪文锦:《小学语文新课程教学法》,高等教育出版社,2003 年版。
李吉林:《小学语文情境教学——李吉林与青年教师的谈话》,人民教育出版社,2003 年版。
张庆义、方云龙:《语文教育科研导论》,浙江大学出版社,2003 年版。
徐玉珍:《校本课程开发的理论与案例》,人民教育出版社,2003 年版。
教育部基础教育司、教育部师范教育司:《课程资源的开发与利用》,高等教育出版社,2004 年版。
肖锋:《学会教学》,浙江大学出版社,2004 年版。
王家伦:《作文就是说话》,青海人民出版社,2004 年版。
王荣生、王志凯:《口语交际教例剖析与教案研制》,广西教育出版社,2004 年版。
王柏勋:《语文教学情趣论》,社会科学文献出版社,2004 年版。
何更生、吴红耘等:《语文学习与教学设计》,上海教育出版社,2004 年版。
陈玉秋:《语文课程与教学论》,广西师范大学出版社,2004 年版。
皮连生:《教育心理学(第三版)》,上海教育出版社,2004 年版。

孙春成:《语文反思性教学策略》,广西教育出版社,2004 年版。

周勇、赵宪宇:《新课程说课、听课与评课》,教育科学出版社,2004 年版。

“中小学校本课程资源开发的研究与试验”课题组:《校本课程资源开发指南》,人民教育出版社,2004 年版。

杨九俊、吴永军:《走向校本发展》,江苏教育出版社,2005 年版。

刘淼:《当代语文教育学》,高等教育出版社,2005 年版。

张大均:《教育心理学》,人民教育出版社,2005 年版。

曹明海、张秀清:《语文教育文化过程研究》,山东人民出版社,2005 年版。

盛群力等:《教学设计》,高等教育出版社,2005 年版。

李山林:《语文课程与教学论案例教程》,湖南师范大学出版社,2006 年版。

郭初阳:《言说抵抗沉默》,华东师范大学出版社,2006 年版。

叶禹卿:《新课程听课评课与优秀案例解析》,中国轻工业出版社,2006 年版。

姜平:《学校课程开发》,首都师范大学出版社,2006 年版。

吴为民、李忠:《教育叙事与案例撰写》,华东师范大学出版社,2006 年版。

王相文、王松泉、韩雪屏:《语文课程教学技能》,高等教育出版社,2007 年版。

周成平:《中国著名教师的精彩课堂(初中语文卷)》,江苏人民出版社,2007 年版。

张中原、徐林祥:《语文课程与教学论新编》,江苏教育出版社,2007 年版。

张昕、任奕奕:《新课程教学设计》,北京理工大学出版社,2007 年版。

武玉鹏:《语文教师专业技能训练与教育实习》,高等教育出版社,2007 年版。

雷玲:《好课是这样炼成的——品读名师经典课堂》,华东师范大学出版社,2007 年版。

魏本亚:《语文教育研究方法论》,高等教育出版社,2008 年版。

卢卓群、普丽华:《中文学科论文写作》,中国人民大学出版社,2008 年版。

蔡冠群、夏家顺:《微格教学与教师教学技能实训教程》,东北师范大学出版社,2008 年版。

卢海燕:《口才学》,吉林大学出版社,2008 年版。

费蔚:《小学口语交际教学理论与示例》,人民教育出版社,2009 年版。

韩雪屏:《语文课程知识初论》,江苏教育出版社,2011 年版。

魏本亚:《语文教育评价》,华东师范大学出版社,2012 年版。

钟启泉、崔允漷:《从失衡走向平衡:素质教育课程评价体系研究》,经济科学出版社,2014 年版。

于永正:《于永正课堂教学实录(口语交际与习作教学卷)》,教育科学出版社,2014 年版。

荣维东:《语文教学原理与策略》,西南师范大学出版社,2014 年版。

王从华:《语文教学技能综合训练教程》,浙江大学出版社,2014 年版。

王荣生:《语文综合性学习教什么》,华东师范大学出版社,2014 年版。

王荣生:《语文课程与教学内容》,教育科学出版社,2015 年版。

董蓓菲:《语文学习心理学》,北京大学出版社,2015 年版。

马群仁等:《初中课堂运行机制变革:案例分析与故事解读》,南京大学出版社,2015 年版。

王磊、周冀:《无边界:互联网+教育》,中信出版社,2015 年版。

金荷华:《语文教师 PCK 发展与聚焦》,南京大学出版社,2016 年版。

徐林祥:《中学语文课程标准与教材研究》,高等教育出版社,2016 年版。

[美]杜威:《杜威教育论著选》,华东师范大学出版社,1981 年版。

[瑞士]皮亚杰:《教育科学与儿童心理学》,文化教育出版社,1981 年版。

[苏联]苏霍姆林斯基:《给教师的建议》,教育科学出版社,1984 年版。

[美]布鲁纳:《教育过程》,文化教育出版社,1987 年版。

[美]杰拉尔德·S. 汉纳、[美]佩姬·A. 德特默:《课程的情境适应性评价》,浙江教育出版社,2008 年版。

[美]洛林·W. 安德森等:《布鲁姆教育目标分类学》,外语教学与研究出版社,2014 年版。

修订后记

2007 年 2 月和 2009 年 9 月，由我们共同主编的《语文课程与教学论新编》和《语文教学技能全程训练新编》，先后由江苏教育出版社出版。作为普通高等学校汉语言文学专业（师范类）教学用书，《语文课程与教学论新编》更多地侧重于理论的阐释、体系的构建，《语文教学技能全程训练新编》更多地侧重于实践的探讨、技能的训练。两书出版后，被全国 10 多个省市 20 多所高校选用为教材，并被多所高校列为研究生入学考试指定用书。其中，《语文教学技能全程训练新编》2011 年 7 月被江苏省教育厅评为江苏省高等学校精品教材，2015 年 9 月又被江苏省教育厅列入江苏省高等学校重点教材立项建设名单。

本书系《语文教学技能全程训练新编》修订版。本次修订体现《教师教育课程标准（试行）》《关于加强师范生教育实践的意见》等文件精神，进一步加强师范生“专项技能训练”；体现《义务教育语文课程标准（2011 年版）》《普通高中语文课程标准（2017 年版）》《关于全面深化课程改革 落实立德树人根本任务的意见》《关于深化教育体制机制改革的意见》等文件精神，将师范生专项技能训练的目标指向学生语言文字运用能力的培养和语文核心素养的提升；并根据近十年来语文课程与教学论、教学技能训练的研究进展和实际教学情况，以及江苏省高等学校重点教材要求和教材使用中师生的反馈意见，对全书各章节均作了适当修改，完善了各项技能的解说和训练要点，更新了技能的案例及评析，特别是适应网络与现代教育技术的发展，增加了制作微课、实施翻转课堂的技能、互联网＋语文学科教学的技能等内容，使技能的阐释与训练更具时代性、针对性和可操作性。全书精选典型案例 45 则并加以评析，浅显易懂，实证性强，易于模仿，适合教学。书中部分案例选自期刊论文、学位论文和网络文章，部分案例由本书编者、一线教师专为本书编写。全书附有各种训练题 112 条，有利于促进学生学科知识向教学能力的转化。

全书由徐林祥、张中原共同拟定编写提纲。第一版各部分作者分别为：引言，徐林祥（扬州大学）；第一章第一节，宋灏江（淮阴师范学院）；第一章第二、十节，王乃森（扬州大学）；第二章第一、二节，龚孟伟（扬州大学）；第二章第三、四节，石耀华（阜阳师范学院）；第二章第五节，唐书杰（沧州师范学院）；第二章第六、七节，张良田（湖南师范大学）；第二章第八、九节，张中原（南京师范大学）；第三章第一、五、六节，时金芳（南通大学）；第三章第二、三、四节，王家伦（苏州大学）；第四章第一、四节，周玉荣（首都师范大学）、王学义（北京教育学院分院）；第四章第二、三节，乔晖（盐城师范学院）；第五章，屠锦红（宿迁学院）；第六章，靳健（西北师范大学）、王从华（赣南师范大学）；第七章第一节，倪三好（安徽师范大学）；第七章第二、三节，苏伟林（长治学院）；第八章第一、二节，金荷华（江苏第二师范学院）；第八章第三、四节，朱洪祥（江苏大学）；第九章第一、三节，潘纪平（湖北大学）；第九章第二节，柯华桥（湖北大学）；第十章，杨兆君（杭州师范大学）。

本次修订版各部分修订者分别为：绪论，徐林祥；第一章第一节，宋灏江；第一章第二、十节，王乃森；第二章第一、二节，龚孟伟；第二章第三、四节，石耀华；第二章第五节，唐书杰；第二章第六、七节，张良田；第二章第八、九节，张中原；第三章第一、五、六节，时金芳；第三章第二、三、四节，王家伦；第四章，乔晖；第五章，马磊（扬州大学）；第六章，王从华；第七章，苏伟林；第八章第一、二节，金荷华；第八章第三、四节，朱洪祥；第九章，潘纪平、柯华桥；第十章，史成明（盐城师范学院）、张立兵（扬州大学）。全书由徐林祥统稿改定。

教学技能也好，语文教学技能也好，都不是静态的、固定的、封闭的行为方式，而是动态的、发展的、开放的结构体系。随着时代的发展，课程改革的深入，教学技能也将不断更新，不断完善，同样，教学技能与语文教学技能的教材也将与时俱进，修订完善。我们期待使用本书的师生，乃至广大教育工作者加入到教学技能与语文教学技能的研究队伍中来，提升我们的学科教学水平，推动我国语文教育事业的发展。

徐林祥　张中原

2018 年 4 月 30 日